教員採用試験「全国版」過去問シリーズ ④

全国まるごと

2025
年度版

過去問題集

国語科

#分野別　#項目別

協同教育研究会 編

協同出版

はじめに

本書は、全国47都道府県と20の政令指定都市の公立学校の教員採用候補者選考試験を受験する人のために編集されたものです。

教育を取り巻く環境は変化しつつあり、学校現場においても、教員免許更新制の廃止やＧＩＧＡスクール構想の実現などの改革が進められており、現行の学習指導要領においても、「主体的・対話的で深い学び」を実現するため、指導方法や指導体制の工夫改善により、「個に応じた指導」の充実を図るとともに、コンピュータや情報通信ネットワーク等の情報手段を活用するために必要な環境を整えることが示されています。

一方で、いじめや体罰、不登校、教員の指導方法など、教育現場の問題もあいかわらず取り沙汰されており、教員に求められるスキルは、今後さらに高いものになっていくことが予想されます。

協同教育研究会では、現在、六二六冊の全国の自治体別・教科別過去問題集を刊行しており、その編集作業にあたり、各冊子ごとに出題傾向の分析を行っています。本書は、その分析結果をまとめ、全国的に出題率の高い分野の問題、解答・解説に加えて、より理解を深めるための要点整理を、頻出項目毎に記載しています。そのことで、近年の出題傾向を把握することでき、また多くの問題を解くことで、より効果的な学習を進めることができます。

みなさまが、この書籍を徹底的に活用し、教員採用試験の合格を勝ち取って、教壇に立っていただければ、それはわたくしたちにとって最上の喜びです。

協同教育研究会

教員採用試験「全国版」過去問シリーズ④

全国まるごと過去問題集　国語科＊目次

専門教養国語科　傾向と対策

国語に限らず最近の教員試験では、より深い理解と指導力・教師としての実践力が求められてきている。したがって、以前のように単なる専門知識の豊富さを問う問題ではなく、指導のしかた、教材として扱う上での留意事項などが出題されるようになってきた。では、各項目別に具体的な出題傾向を見てみよう。

●現代文　小説・論説文ともに傍線部解釈、要旨や指示内容を制限字数でまとめるもの、作中人物の心理描写・情景描写を書き写す問題などオーソドックスなものが中心で、漢字の読み・書きや空欄補充、文学史の問題などが追加されているのがお決まりのパターン。しかし、この文章を教材として扱う場合や、授業で扱う場合の進め方など指導法の小問の出題が目立ってきている。

●古文　例年同様に、平安時代の作品が中心に出題されているが、中世の随筆等も出題率が高くなっている。歴史物語なども出題率が高いので要注意。枕草子・落窪物語・源氏物語・伊勢物語・堤中納言物語・土佐日記・蜻蛉日記・更級日記・大和物語・大鏡・徒然草・宇治拾遺物語・古今著聞集・とはずがたりなどが定番といったところか。設問形式は、語句の解釈、主語述語の関係、文法問題、空欄補充、要旨のまとめなどが例年の出題形式であり、これは大きく変わることはないだろう。ほとんどの場合、作品と作者についての文学史問題も付いているが、こういった問題で点を取りこぼさないようにしたい。

●**漢文** 論語・戦国策・唐宋八家文読本・中庸・五言古詩・古文真宝・韓非子・世説新語・孟子・荘子・十八史略・老子・史記などは例年出題率が高い。漢詩では、絶句とともに古詩が出題されている。今後、律詩を含めて学習しておくこと。設問は、書き下し文、返り点をつける、空欄補充、語句の解釈と選択問題、基本句形、作者・作品と同時代の作者・作品の選択等。漢詩については、詩の形式、書き下し文、押韻、鑑賞などが出題されている。

●**文学史** 上古から近世までの古典文学と近代以降、現代までの文学作品と作者の関係を整理しておくこと。古典と現代の用語や異称名、作者、作品などが混じった問題、作品の成立順位(日記・物語)を整理する問題、歌人や小説家、作品やグループ名を指定された字数で書く問題。加えて一般常識問題として、様々な問題が出題されるようになった(文学史、文法、国語学等の問題を含めて問う形式)。こうした傾向を十分に理解して学習しておくこと。

●**学習指導要領** 学習指導要領は、目標や内容などの穴埋め問題が頻出しており、細かいところまで目を通しておく必要がある。「目標や内容についての空欄補充」「知識及び技能、思考力・判断力・表現力等に関する空欄補充」「指導計画の作成と内容の取扱いについての空欄補充」「漢字の学習学年について」「各学年の『書くこと』の空欄補充」「『読むこと』の言語活動例」「指導の系統性について」などが出題されている。中学校・高等学校国語の学習指導要領の教科・科目・各学年の目標及び内容、内容の取扱いなどの全般にわたりくまなく目を通しておくこと。

本書について

本書には、各教科の項目毎に、出題率が高い問題を精選して掲載しております。前半は要点整理になっており、後半は実施問題となります。また各問題の最後に、出題年、出題された都道府県市、難易度を示しています。難易度は、以下のように5段階になっております。

非常に易しい	難易度
やや易しい	難易度
普通の難易度	難易度
やや難しい	難易度
非常に難しい	難易度

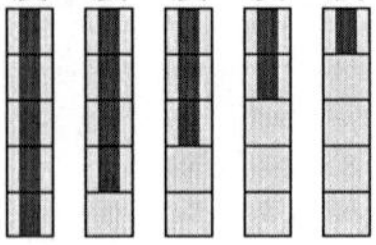

また、各問題文や選択肢の表記については、できる限り都道府県市から出題された問題の通りに掲載しておりますが、一部図表等について縮小等の加工を行って掲載しております。ご了承ください。

現代文（評論・随筆）

要点整理

評論は、論理的な構成を持ち、ある対象についての自らの見解を提示し、他者にその見解を理解し、同意してもらうことを目的とした文章である。その最も端的な例は学術論文や新聞の社説のようなものであるが、一般に「評論」「論理的文章」として国語科の教材になるものは、若干随筆的な要素も含んだものが多い。これは、簡潔明瞭な文章は抵抗なく読めるので検討すべき部分がないということと、読むに値する名文には書き手の個性がどうしても反映してしまうということによるのだと思われる。

評論文の対象となるものごとは実に多様であり、対象に対応する形で美術評論、音楽評論、文芸評論、政治評論、経済評論などの名称が冠せられることになる。国語科の教材によくとられるのは、美術や文芸に関するもの、現代社会や経済に関するもの、言語に関するもの、青年期の心理に関するものなどである。

評論文を読む上で大切なことは、従って、まずその論じられる対象について知っていること、それについて自分なりの見解を持っていることである。「欧米の文芸思想に照らして俳句をいくらか低い文芸のように視る傾向はいまだに尾をひいているように思われる」という記述を見て、戦後の桑原武夫による「第二芸術論」のひきおこした影響を思い起こせるかどうかでこの文章の入り口における理解度はかなり異なる。

次に大切なことは、書き手の論理の展開をきちんと追えるということである。接続語による段落と段落の接続関係、例示とまとめ、論の根拠など、論理を構成する部分の関係に留意する必要がある。既に述べたように、教材となったり問題文となったりするような評論はある意味で随筆的であり、論の飛躍、省略を伴うことが多いので注意しなければならない。

もう一つは、書き手が中心的にその見解を表現しているキーワードを押さえることである。こうしたキーワードはしばしば対になる対立概念とセットになったり、詳しい言い換えを伴っていることが多いので、そうしたことにも目を向けたい。

　本来なら、その上で、書き手の見解を要約できること、また、その見解についての自分自身の見解をまとめることができることが要求されることになるが、採用試験の問題ではそこまで要求はされない。しかし、言い換えを求める問題なども、自分なりの見解があると答えやすいのは事実である。評論文の読みの基本的な形は変わらない。

　具体的な問題の形式としては、指示語のさしている内容を尋ねるもの、抽象的な言い回しやキーワードの詳しい言い換えを要求するもの、逆に抽象度の高い言い方にまとめることを要求するもの、全体の論旨をまとめさせるものなどがある。ただし、これらは相互に密接に関係していることも多いのが実態である。

　高度な問題には、全体の要約を要求する出題もある。しかし、こうした問題は、全体の論が見えてしまえば解答そのものは作りやすいということもできる。

　肝心なのは、設問の要求がどういうものなのか、分類してから考えるということである。この設問は、指示語の内容だから前後から抜き出せばいいのか、それとも詳しい説明も要求しているのかというような判断が正しくなされれば、解答はぐっと容易になるであろう。出題者の意図を読みとることが、評論の場合でもまず大切になるのである。

実施問題

【一】次の文章を読み、以下の問いに答えなさい。

時間の区切りを生み出す儀礼と言った時、人間の一生をつうじて、節目節目に行われる通過儀礼である「人生儀礼」を考えてみるとイメージしやすいはずです。人生儀礼とは、人の一生の中で、ある一定の時期に①執り行われる儀礼を指しています。

人は胎児、幼児、子ども、青年、成人、未婚者、既婚者、壮年、中年、老人、死者というようなライフサイクルを送ります。そうしたカテゴリーの対応物は当然、自然の中にはありません。それらは個々の社会や文化の②ヨウセイに応じて、人為的に作られたカテゴリーなのです。

例えば、かつて日本では一二〜一六歳で成人とみなされ、元服式が行われていましたが、現在では成人式は二〇歳で行われます(二〇二二年四月からは成人年齢は一八歳)。現在ではまだ子どもとされる時期に、かつてはいきなり大人になったのです。おそらくその頃には青年期というものはなかったと考えることができます。

　フランスの中世・近世を研究した③在野の歴史家フィリップ・アリエスは、『〈子供〉の誕生』という本の中で、ヨーロッパには中世まで、「子ども」という区分はなかったと言います。私たちがふつう、子どもとみなしているものは、中世ヨーロッパでは「小さな大人」であり、生育するとともに完全な大人になると考えられていました。ヨーロッパで「子ども」という区分が生まれたのは、一六世紀以降のことだったとアリエスは言います。人生のカテゴリーは、自然の中にあらかじめ存在するものではなく、人為的に作られた④キョウカイですから、時代や地域によっては「子ども」や「青年」のような区分があったり、なかったりするわけです。

しかし、一度、これらが確立されて［A］されると、私たちはそれが人為的なものであることをつい忘れてしまいます。しかし、時間とは本来的には区切りのない連続体であるように、人間の一生もまた、本来は区切りのない連続体だったのだと言えるでしょう。

このようにして、人生儀礼は本来、区切りのない連続体であり、aカオスの状態にある人間の一生に節目をつけて、幼児から子ども、子どもから青年、青年から成人への移行を印づけます。ある状態から別の状態へ、ある地位から別の地位へ移行するという意味で、人生儀礼は、「通過儀礼」だと言えます。

元来、時間というものは区切りのない連続体であると言いました。それを人間は自分たちの社会や文化に応じて、さまざまな儀礼的行為を実施することで、時間の体系を作り出し、カオスとしてある時間を秩序立てて、時間を経験できるようにします。当然、人為的にIそれがなされるわけですから、文化が異なれば、時間の体系も異なってきます。

例えば、私がフィールドワークをした狩猟採集民プナンは、このような時間の経験に⑤トボしく、時間というものをあまり意識していないようです。それはおそらく、II狩猟採集という彼らの生業に深く関わっていると考えられます。

私たち現代の日本人は、学生も社会人も常に時間に追われています。しかし、狩猟採集民は時間に追われるということはまずありません。森の中に暮らし、目の前にいる動物を狩り、それを糧として生きているわけで、そこにあるのは相対的な時間だけです。私たちがふつう感じているような絶対的な時間の意識は希薄です。プナンの人たちは、私たちのように、一週間後の試験や、一ヵ月後の納品の締め切りなどを気にする必要などほとんどないのです。

しばしば勘違いされやすいのですが、人類は狩猟採集を行っている時期、常に食べ物の不足に怯え、あくせくと森に分け入り、獲物を探していたと思われているかもしれません。そして、農耕や牧畜が始まり、食べ物をストックするようになって、⑥ウえに苦しむ心配はなくなったというⅢ「進化」的な歴史認識を持っているるのではないでしょうか。

マーシャル・サーリンズというアメリカの人類学者が明らかにしたことですが、実は狩猟採集民が狩りや採集を行うのは、非常にごくわずかで、それ以外の時間は休んだり、ゆったりと過ごします。ところが、農耕や牧畜になると［B］、作物や家畜の世話をしなければならなくなり、むしろ忙しいのです。狩猟採集のほうがその都度、必要な⑦セッシュカロリーを満たす分の獲物を手に入れればいいわけですから、そんなに働く必要がないわけです。サーリンズは狩猟採集で暮らした石器人こそ、「原初の豊かな社会」を生きていたと唱えて、私たちの認識を逆転させました。

これは狩猟採集民のプナンにもある程度、当てはまることです。彼らには、平日と休日の区別はありません。私たちは平日は学校に行ったり、働いたりするわけで、かつては日曜だけが休みだったのに対して、週休二日制となり、近年では週休三日制にするかどうかということも議論されたりしています。しかし、プナンにとって、労働の時間と余暇の時間というのは、現代社会のように明確に分けられてはいません。狩猟採集に従事する時間とその他の時間がほとんどbシームレスにつながっているのです。

狩猟採集民であるプナンには、農耕民や牧畜民が作物や動物の成長とともに歳月のめぐりを理解する感覚のようなものがありません。⑧ケイフ関係などを調べても、記憶しているのは祖父や曽祖父の代くらいまでの、わずか数世代のみです。誕生年や誕生月はまったく覚えていません。それらを記憶・記録する習慣がないのです。「私は彼よりも先に生まれた」とか「彼は私よりも後に生まれた」と、年齢は相対的なものとして語られるだけです。過去の事件についてそれはいつ頃のことかと聞いても、「お祖父さんが亡くなった直後の頃のことだ」というような答えが返ってくるばかりで、何年前とか何ヵ月前というような言い方以上のものにはなりません。ません。⑨コヨミに照らして物事を記憶していることもありません。その意味で、絶対的な時間やコヨミの感覚を意識していないと言えるでしょう。

これが例えば、農耕民となると、いつまでに種まきをして、いつまでに収穫をして、どれくらいの期間、食物を⑩ビチクすることができて……というように、時間の感覚が生まれてくるのだと思われます。もちろんこれは、仮説に過ぎないのですが、このような意味で狩猟採集民は時間感覚が非常に薄い。相対的な時間の感覚しかなく、絶対的な時間の感覚があまりないのです。

（奥野克巳『これからの時代を生き抜くための文化人類学入門』による）

問一　傍線部①〜⑩について、カタカナは漢字に改め、漢字は読みを平仮名で書け。

問二　空欄 A ・ B に当てはまる語を次からそれぞれ選び、記号で答えよ。

A　ア　簡素化　イ　記号化　ウ　形骸化　エ　抽象化　オ　定式化

B　ア　閑話休題　イ　四六時中　ウ　縦横無尽　エ　徹頭徹尾　オ　無我夢中

問三　二重傍線部a、bの意味を簡潔に書け。

問四　傍線部Ⅰ「それ」とは何を指しているか、書け。

問五　傍線部Ⅱについて、筆者がこのように述べるのはどうしてか、説明せよ。

問六　傍線部Ⅲについて、「進化」という語に「　」が付けられているのはどうしてだと考えられるか、書け。

問七　「狩猟採集民」と「農耕民や牧畜民」の時間に対する感覚の違いを分かりやすく示した板書例を書け。

問八　「高等学校学習指導要領」（平成30年3月告示）に示された科目「現代の国語」に関して、次の各問いに答えよ。

(1)　標準単位数（2単位：70単位時間）の場合、「読むこと」に関する指導は、何単位時間程度配当するものとされているか、答えよ。

(2) 本文を「現代の国語」の教材として活用し、2 内容〔思考力、判断力、表現力等〕C 読むこと(1) にある「目的に応じて、文章や図表などに含まれている情報を相互に関係付けながら、内容や書き手の意図を解釈したり、文章の構成や論理の展開などについて評価したりするとともに、自分の考えを深めること。」について指導する場合、具体的にどのような言語活動が考えられるか、書け。

■二〇二四年度■群馬県■難易度

【二】次の文章を読んで、以下の各問いに答えよ。

1 人間は増えて遺伝するものの末裔ですが、人間の存在は新しい「増えて遺伝するもの」を生み出しました。リチャード・ドーキンスはそれを「ミーム」と名付けました。「ミーム」とは人間の脳に広がる考え方やアイデアのことを指します。たとえばジョークもミームのひとつです。面白いジョークを聞いたら覚えて他の人にも伝えたくなるでしょう。こうしてジョークはたくさんの人の脳のなかに増えていきます。もっと面白くなるように改良する人もいるでしょう。そうすればジョークは変異し、その変異したジョークがさらに広がっていきます。より面白くなったジョークはより速く広がっていくはずです。こうして(1)ジョークも進化することになります。Aここで起きているのは、生物進化と同じ現象です。ただ、生物進化と決定的に異なるのは、ミームは人間の脳のなかでしか存在できないところです。したがって、皆が忘れてしまえばミームは簡単に絶滅してしまいます。

2 ほとんどのミームは長続きしません。すぐにその寿命を終えて、皆の脳のなかから消え去ってしまいます。10年前にどんなジョークが流行ったかなんてだれも覚えていないでしょう。しかし、稀にですが長い間、世代を超えて伝わり、進化し続けるようなミームも存在します。そうしたミームは、「文化」や「芸術」

と呼ばれるようになります。

[3] こうした芸術や文化の驚くべき点は、生物としての人間の生存に対して全く役に立たないところです。実際のところ、[B]どんなに素晴らしい芸術作品でも、映画や小説でも、[C]その作品を見る人の生存や子孫を残す可能性には、ほぼ何の影響も与えないでしょう。[Ⅰ]、本来、生殖に(a)費やすべきだった時間や労力が取られてしまうので、子孫の数を減らしているかもしれません。しかし、それなのにこうした作品は受け取り手に大きな影響を(b)オヨボシ、生きがいとなっていることもあるように思います。

[4] こうした芸術や文化に対する情熱をなぜ人間が持っているのかはよくわかっていません。

[5] ただ、ひとつの可能性として、こうした芸術や文化というミーム自体が私たちの脳に広がりやいようにうまく進化したということはあるかもしれません。つまり、芸術や文化といった増える能力の高いミームは、人間の脳の中で生きのびやすく、かつ増えやすいように変化しているという可能性です。言い換えると、ミームは腸内細菌のように人間と共生しているということです。

[6] [D]こう考えると、芸術や文化的な活動が私たちの生きがいにもなっていることも説明ができます。ミームは増えて遺伝するものなので、必ずより生きのびやすく広がりやすいものが進化します。ミームはただの情報なので、脳の構造に影響を与えることは難しいかもしれませんが、もともと人間が持っている脳の構造に一番よく適応した形へと進化することはできるはずです。つまり、人間が寝ても覚めてもそのことしか考えられないくらいに魅力を感じたり、他の人にも魅力を伝えたくなるように進化するはずです。まさに、(2)私たちが夢中になっている文化や芸術(映画、小説、漫画、ゲームなど)に該当するのではないでしょうか。

[7] そして、こうしたミームたちが、私たちに生きがいをもたらしてくれるのも(c)妥当なことです。なぜなら、生きがいをもたらすようなミームほど、そのミームの宿主の人間はなんとか長生きして、そのミーム

をより魅力的にしたり、多くの人にそのミームを広めることにコウケン(d)してくれるはずだからです。ミームの側からすれば優秀な宿主となります。したがって、ミームはどんどん人間にとって、それなしでは生きていけないようなものとなっていくはずです。その意味で私たち人間はミームと[Ⅱ]しています。人間は脳というミームが存在する場所を提供し、ミームは私たちに生きがいを提供してくれています。相互補完的な関係です。

8 こうした文化や芸術というミームを維持し発展させていくことは、人間にしかできません。文化や芸術は、人間の持つ複雑な情報処理が可能な脳という器官があることで、初めて生まれて増えることが可能になったものです。まさに人間らしい行為だと言えるでしょう。こうした作品の制作に参加する。あるいは一人のファンとして作り出すサポートをすることによって、私たちは(3)他の生物とは違う生き方ができるかもしれません。

(市橋伯一「増えるものたちの進化生物学」から一部抜粋　※問題作成において一部改訂)

1　波線部(a)・(c)の漢字の読みがなをひらがなで書け。

2　波線部(b)・(d)のカタカナを漢字に直せ。ただし、楷書で書くこと。また、(b)は送りがなもひらがなで書くこと。

3　傍線部(1)について、筆者はどのようなことがジョークの進化だと考えているか。文章中の言葉を使って二十五字程度で説明せよ。

4　二重傍線部Aと同じ品詞のものを二重傍線部B～Eから一つ選び、記号で答えよ。

5　文章中の[Ⅰ]に当てはまる接続語を次の(ア)～(エ)から一つ選び、記号で答えよ。

(ア)　むしろ　　(イ)　ただし　　(ウ)　なぜなら　　(エ)　つまり

6　傍線部(2)について、本文中において筆者の説明する「文化」や「芸術」の性質と合致しないものを(ア)～(エ)から一つ選び、記号で答えよ。
(ア)　作品の受け取り手に影響を与え、その人の生きがいとなることもあるもの。
(イ)　人間の脳の中で生きのびやすく、かつ増えやすいように変化しているもの。
(ウ)　人間の脳の構造に影響を与えることで、世代を超えて長い間伝わっていくもの。
(エ)　そのことしか考えられなくなったり、他に魅力を伝えたくなったりするもの。

7　文章中の［Ⅱ］に最も適する語を文章中から二字で抜き出して書け。

8　傍線部(3)とは、どういう生き方のことか。次の（　①　）（　②　）に当てはまる言葉を文章中から探し、（　①　）は八字で、（　②　）は二十二字でそれぞれ抜き出して書け。
（　①　）ことのためだけに生きるのではなく、（　②　）生き方。

9　文章中の各段落についての説明として最もふさわしいものを次の(ア)～(エ)から一つ選び、記号で答えよ。
(ア)　［5］段落は、［4］段落で提示した問題について、一般的な考えを示した後に筆者の考えを対照的に述べている。
(イ)　［6］段落は、［5］段落で述べた「腸内細菌」のたとえを使って、ミームと人間の共通点と相違点を述べている。
(ウ)　［7］段落は、［6］段落の内容について、人間とミームの両者の視点から分析し、両者の関係性を説明している。
(エ)　［8］段落は、［1］段落で端的に述べた筆者の主張について言葉を変えて再度述べることで説得力を高めている。

二〇二四年度　岡山市　難易度

【三】次の文章を読んで、以下の各問いに答えなさい。なお、1～16は、段落の番号を表します。

1 人間は、この世に生まれたときから自分自身をこの世界に投げ出し、(a)世界とがっぷり四つに関わりながら生きています。その際には、単なる生き残りマシンとしてではなく、自分が関わる物事の意味を感じながら生きています。生きていることや自分に関わる物事に意味が感じられ(b)ないと、それこそ死に至るほど悩むものです。

2 このように人間は、自分の身に起こったことや自分の人生などに意味を求める生き物です。ただ、意味は世界のなかに始めから含まれているわけではありません。世界自体はただそのようにあるだけであって、世界で起こったことや世界の有り様について意味を与えるのは人間だけができる作業です。

3 心理学における意味の研究史に関して、２０２０年9月10日にオンラインで行われた、日本心理学会大会の齋藤洋典《ひろふみ》氏による招待講演があります。「意味を索《もと》めて」と題されたその講演は、近代以降、なかでも特に１９６０年代以降の心理学が意味をどのように扱おうとしてきたかをまとめるものでした。

4 この時代における心理学の重要な出来事として、認知革命があります。認知革命とは、一言で言うと、人間に対する新しい見方を取り入れながら、心理学だけでなく、さまざまな領域(計算機科学、人類学、脳科学、生理学等)が協力して人間の精神活動の仕組みを明らかにしようという研究の潮流です。このようにしてできた、複数の学問分野を横断的に活用して人間の精神活動の仕組みを明らかにする研究領域を認知科学と呼びます。

5 心理学における一般的な理解では、認知革命によって認知科学が広く普及し、人間の精神作用をコンピュータになぞらえて理解する研究が爆発的に増えました。人間をコンピュータになぞらえるとは、次のようなモデルを使って人間の精神活動を理解するということです。入力装置から入ってきた情報を記憶装置に蓄え、必要に応じて情報処理装置で処理して、処理結果は記憶装置に保存したり、行動として外に出力するというモデルです。人間をいわばノイマン型コンピュータのような情報処理マシンと見る見方です。

6 この見方に基づくことで、人間の精神作用についての理解が飛躍的に進みました。(c)その意味では大成功と言えます。ただ、人間を情報処理マシンとしてみる見方は、人間が「意味」に関わりながら生きている側面を扱うことを困難にします。ただ、人間を何かの機械とみなす、他の人間機械論も同様です。もちろん、プログラミング的に「意味」を扱うことはできますが、それは通常、さまざまなパターンを学習するプログラムであり、プログラムを実行している機械自身が本当に「意味」を理解しているとは言えません。

7 ただ、認知革命は人を情報処理マシンとして理解することで研究を飛躍的に進めた「革命」だとよく言われており、私もこの講演を聴くまではそう思っていました。また、最初からそれを意図したものだと考えていました。しかし、認知革命の立役者の一人であるブルーナー(アメリカの教育心理学者、認知心理学者、文化心理学者)は、認知革命は人間が意味を形成する仕組みに関心を抱いていたはずなのに、それを捨てて情報処理(計算操作)に走ったことを非難し、意味を探求することの重要性を説いています(ブルーナー、1999)。そして、フォークサイコロジーや物語ること、文化心理学の重要性を主張しています。その主張は心理学に意味を取り戻せ、ということだったのです。

8 フォークサイコロジーとは、「民族心理学」（　d　）「素朴心理学」と訳され、心理学者ではない人びとが人間の精神や行動について説明し予測するためにもっている知識、信念、およびそれらを独自にまとめ上げたものを指しています。それは人間社会における文化を成り立たせ、また人びとが文化のなかにさまざまな物事を位置づけることで意味を生み出すもととなっています。ヴィルヘルム・ヴントは人間の精神の問題に実験という手法を持ち込んで近代の科学的心理学の礎を築いたいわば近代心理学の父ですが、同時に社会制度が人間の精神に与える影響の大きさを認めて「民族心理学」を重視しました。（　e　）、心理学のなかで、実験で客観的に検証可能な行動のみが人間の精神を説明するために重要で、人間の本性は条件反射や動因の連鎖にすぎないと考える徹底的行動主義者（B・F・スキナーなど）からは、文化や意味というものをまとった民族心理学は徹底的に批判されました。その背後には、他の民間学問が科学に取って代わられたように、心理学においても素朴心理学ではなく科学的心理学こそが人間行動について説明することができるという考え方もあったように思われます。

9 他に、やはり認知革命の立役者の認知心理学者で、アップル社のヒューマン・インターフェイス・ガイドラインの策定に関わったドナルド・ノーマンも、認知革命が意味を扱わなくなったことを否定的に評価しています。

10 現在、科学的研究とは可能なかぎり意味のような主観的要素を排除して「客観的に」行うべきだという考えが広く行き渡っていますが、それは一つの考え方に過ぎないのです。そして、人間を知る際に意味を排除することで、人間理解に支障を来すことがあるということです。

11 私たちはさまざまなことを考えます。なぜ自分はこのように生まれてきたのか。さまざまな事故や災害、病気に遭ったとき、なぜほかならぬ自分に、あるいは近しい人たちに、そのようなことが起きたのか。なぜ、自分の努力は報われたり報われなかったりするのか。私たちはこういった問題について、自分なりの回答をし、意味を見いだしながら生きていきます。

12 意味を付与する作業は人間自身が行っていかねばなりません。そして、人間が自分で見いだし付与した意味を作っていくことで、自分がどのような世界に生きているかを了解していくものと考えられます。そう考えると、私たちがさまざまなバイアスをともないながらも、周囲の物事や自己や他者を認識するのは、世界から自分なりに意味を紡ぎ出している努力であると言っていいかもしれません（私たちが自分に都合よく考えがちなのはそのせいかもしれません）。

13 たとえば、この世は自分にとってどのような場所であるのか。安全か、危険か。食べ物を与えてくれるのか、それはどこへ行ったら与えられるのか。自分にとって近しいあの人は、自分にとって安心できる人か否か、あの人との関係は自分にとってどのような意味があるのか。世界は、正しい人が正しく報われるのか、あるいはそうでないのか。事件や事故が起きた原因は誰にあるのか。なぜそのようなことが起きたのか。

14 そういったことについて、あらためてきちんと考えたことがなく、感覚的なものであるにせよ、私たちは自分なりの見方を持っているでしょう。多くの場合、それに沿ってさまざまな認知や推論を行い、物事や人物の行動を意味づけ、理解していきます。そう考えると、(f)バイアスに対して少し違った見方ができるようになるのではないでしょうか。

15 すなわち、私たちが自分にとって意味のある世界認識を、自分自身の五感からくる情報などを手がかりとして作り出していくときの癖が、バイアスであるといえます。それが自分の都合のいいようにゆがんで見えるものであったとすれば、それは私たちが世界や他者や、あるいは自己を、自分にとって良い意味のあるものとして認識したいという方向性の表れなのかもしれません。

16 バイアスをこのように捉えてみると、ブルーナーが認知革命で行おうとしたことを私たちはさらに進めていくことがきっとできるでしょう。また、私たち人間を劣った機械とみなすこれまでの見方から少し距離を置いて、健気にも意味を求めて自分なりに生きていこうとしている存在として、肯定的に受け入れられるようになるに違いありません。

（藤田政博『バイアスとは何か』より）

問一　傍線部(a)「自分が関わる物事の意味を感じながら生きています」を文節に分けたときの数として正しい

ものを、次の1～5のうちから一つ選びなさい。

1　5文節　2　6文節　3　7文節　4　8文節　5　9文節

問二　傍線部(b)「ない」と、同じ用法のものを次の1～5のうちから一つ選びなさい。

1　まだ帰りたくない　2　野菜を食べたがらない　3　立派なおこない　4　小銭がない

5　あまりに情けない

問三　本文中には次の段落が抜けていますが、この段落は、どこに入りますか。最も適切な箇所を、あとの1～5のうちから一つ選びなさい。

さて、話を元に戻すと、私もこの講演のはるか前の大学院生のときにブルーナーの『意味の復権』を翻訳で読んでいました。しかし、認知革命に関する思い込みがあったので、ブルーナーの主張の大事な点がタイトル通り「意味の復権」にあったことを十分理解していませんでした。まさに、バイアスです。

1　[4]と[5]の間　2　[6]と[7]の間　3　[8]と[9]の間　4　[10]と[11]の間

5　[12]と[13]の間

問四　傍線部(c)「その意味では大成功と言えます」とありますが、筆者がこのように表現した理由の説明として最も適切なものを、次の1～5のうちから一つ選びなさい。

1　人間を情報処理マシンとして見る見方により精神作用の理解が進んだという意味では成功したが、人間が「意味」を形成する仕組みの探求が置き去りにされたから。

2　人間を情報処理マシンとして見る見方により精神作用の理解が進んだという意味では成功したが、「革命」と言われるほどの著しい成果は上げられなかったから。

3　コンピュータの進歩により人間の精神作用についての理解が飛躍的に進んだという意味では成功したが、人間が「意味」を形成する仕組みは解明できなかったから。
4　認知革命は人間を情報処理マシンとして理解することで研究を飛躍的に進めたという意味では成功したが、人間を劣った機械とみなす見方を生み出してしまったから。
5　認知革命は人間を情報処理マシンとして理解することで研究を飛躍的に進めたという意味では成功したが、徹底的行動主義者からは完全に批判されてしまったから。

問五　空欄（　d　）、（　e　）にあてはまる語として最も適切なものを次の1～5のうちからそれぞれ一つ選びなさい。
1　しかも　　2　もしくは　　3　ところで　　4　しかし　　5　なぜなら

問六　傍線部(f)「バイアスに対して少し違った見方ができるようになる」とありますが、筆者がそのように考える理由の説明として最も適切なものを、次の1～5のうちから一つ選びなさい。
1　人間がさまざまな事象に付与する自分なりの意味や世界認識は、情報を手がかりにバイアスが作り出しているから。
2　人間が世界から意味を紡ぎ出す作業には、客観的な要素を排除してバイアスを重視することが必要だから。
3　人間が世界を正しく認識するためには、自分にとって良い意味を生み出すという意味でバイアスが必要だから。
4　バイアスは、人間が自分にとって意味のある世界を認識するうえで必要な役割を担っていると言えるから。
5　バイアスの存在が、人間が生きる世界に意味を付与する作業において世界を正しく認識することを妨げているから。

問七　この文章の構成や内容に関する説明として適切なものを、次の1～5のうちから二つ選びなさい。

1　心理学における人間と「意味」との関わりについて、二つの考えを対比的に挙げながら筆者の見解を述べている。

2　心理学者の主張を例示しながら、筆者の体験に基づいて反論し、これまでになかった新たな見解を論じている。

3　人間理解に関する研究における双極の意見を対比させながら、バイアスを肯定的に捉えることの是非を論じている。

4　認知革命による人間の見方における欠陥を排除することで、バイアスを肯定的に捉える根拠を強化している。

5　人間や世界を認知するうえで、主観的要素をできるかぎり排除しようとした従来の考え方に再考を促している。

■二〇二四年度■宮城県・仙台市■難易度■■■□□

【四】次の文章を読んで、以下の問一～七に答えなさい。なお、設問の関係で、本文の段落に1～13の番号を付しています。

1　読書感想文はあくまでも読書という内面的な行為から出発する思考作用を文章で表現するものである。これは発達心理学的にも言えることであるが、人が他者の文章を読んで自分なりの独自の考えを組み立てるためには、思春期を過ぎて大人に近づく過程において自らのアイデンティティを確立することが条件になる。それ以前の低学年、中学年の段階で何の指導もなしに読書感想文の課題を出すことは、子どもたちに困難さを㋐強いることになりがちなのだ。

2 本に文字として書き込まれているもの自体は知識ではない。文字は読まれ、読み手が文脈のなかで意味をとろうと考えをめぐらせることで、はじめて理解できる。その理解を、再度読み返すことで確認したり自分で言葉に出して表現してみたりすることで、理解は形をもったものになってくる。しかしながらそこで理解したものはほんとうに著者が伝えたかったメッセージなのかどうかはわからない。というのも通常の文章には文脈や流れがあり、部分だけを理解するのでは十分ではないからだ。それでも、事実を伝える新聞記事やブログ等々の短い文章ならその理解はそこで完結するかもしれない。 X 1冊の本を読み理解することにはそれ自体多様性を伴う。全体の執筆意図と文体、書かれる際の文脈、そして章節に分かれた文章の流れが複雑な作用をもってテキストの多様な解釈を可能にする。そこで読み取ったものは他の読み手の読みと同じではないし、著者自身が表現しようとしたものとも必ずしも㋑イッチしていない。あるいは、著者自身も自分が書いたものを読み返すたびに、違う読みをする可能性がある。

3 一つのテキストは、読み手の過去に読んだテキストの蓄積や読んでいる時点での経験、読む環境等々によってそこから読み取られるものは異なるのであり、その意味で正しい読み方というものはないのである。Aこうしたことは文学批評の世界では常に言われていることであるが、それ以外のテキストにおいても同様である。学術の世界、とくに自然科学や技術的な領域の読みは一義的ではないかという反論があるかもしれない。しかしながら科学論文を読んでそこから何を受け取るかが読み手によって違うからこそ、読み手である科学者はそうした先行研究をもとにして次の研究に活かそうとするのである。つまりテキストの読みは読み手の過去と現在によって規定されている。これは文字テキストにかかわらない。これまでコンテンツと呼んできたものすべてがそうしたものである。

4 書くためには、本を読み、そこに含まれるコンテンツを理解し、もう一度自分なりに整理し、それが自分の思考や行動にどのように関わりをもつかを考えることが必要である。作品と自分とが対峙し、自分なりの理解を何度も反復させ、読んだことをバネに新たなアイデンティティを確立する。こうした批評的な行為をもたらす心理的な作用は、批判的思考(クリティカル・シンキング)と呼ばれる。これを身につければ、自分を基準にして作品との距離が測れるようになる。これは情報リテラシーを身につける第一歩になる。先ほど情報リテラシーとはコンテンツを理解するだけでなく、提供するシステムの仕組みを理解し使いこなすことと定義づけた。本というもっとも基本的なコンテンツを自分なりに理解し使いこなすことから、情報リテラシーの学習は始まる。また、読書感想文を書くことは、単なるリテラシーにとどまらず、批判的思考を前提とした情報リテラシーを身につけることで初めて可能になる。

5 子どもたちのなかには、リテラシーを自分の力で発展させて、情報リテラシーに展開することができる批判的思考を身につけているものもいる。かつて読書人、教養人と呼ばれた人たちの多くはそういう人たちだった。21世紀のまったく変容した情報社会のなかでも、それがひとりでに身につく人も少なくないだろう。だが、問題はそうした情報リテラシー能力の(ウ)獲得を各自に委ねていてよいのかということである。本を読みなさいと言うだけでは子どもたちは進んでそうはしない。リテラシーについて文字を学び読書の楽しみを身につけたように、情報リテラシーについても体系的な学びを行うことによって、情報社会への接し方が体得できて、生活の楽しみが増すのではないかということである。

6 批判的な思考は、ものごとを多面的にとらえようとするときのもっとも基本になるものである。これは単に何かを批判するとかものごとを批判的に見るというのにとどまらない。20世紀前半のアメリカの哲学者ジョン・デューイは、批判的思考という用語を反省的思考と同義のものとして用いていた。批判が前面に出るのではなくて、ひとまず合理的思考・論理的思考を進めるときに結論を留保して、観察し考察したプロセスを振り返り点検することを優先する態度である。

7 これに対して、合理的思考や論理的思考を徹底的に鍛えることを批判的思考ということがある。科学的な方法のなかに、常にデューイの言うような［ Y ］や反省の過程が含まれているとする立場である。たとえば統計学における検定の方法は帰無仮説を立てて実際のデータを分析し確率的にその仮説が成り立ち得ないことを論証する（帰無仮説の棄却）ことによって、対立仮説の正しさを証明する。このような批判的思考過程を取り入れた統計学は科学的方法において一般的に広く採用されている。

8 近年の日本の教育哲学の議論のなかでは、これらを整理して批判的思考を「批判・㋓懐疑」「合理・論理」「反省・省察」の3つを頂点とする三角形でとらえる見方が採用されている（楠見・道田 2015,pp.3-7）。批判とか懐疑は、合理性・論理性と反省性・省察性のあいだの往復運動を意識的にどのように行うかで位置づけが決まってくるというものである。

9 近代思想においては、弁証法の考え方が重視されてきた。ある命題に対しその否定たる反立命題が生じ、この否定・矛盾を通してさらに高い立場たる総合に移るというもので、この総合作用を止揚（アウフヘーベン）という。わかりやすく言えば、ものごとがある方向に展開すると（正）、それに伴ってそこに矛盾が生じる（反）ために、そこから出発して新しい展開が導き出される（合）というものである。

10 ⓐヘーゲルは、新しい展開が次の正反合の過程の第一歩となると考え、それが個人の思考や行動、そして社会的な相互作用を含む次の過程を導くとして、そうした過程の螺旋的な連なり、すなわち歴史事象を説明する力動的過程と捉えた。弁証法が批判されることがあるのは、すべてを正と反の組み合わせの二律背反と捉える傾向があるからである。それは最終的には特定の論点（通常は権力や富の分有）をめぐっての思想、態度、運動の二極化をもたらした。社会主義㋔カクメイの論拠とされる思想や運動論もここから生み出された。

11 冷戦体制の終結とともにそれらは否定されがちだが、弁証法そのものが間違っているということはできない。実際には矛盾は多面的に生じる。だから、今生じている事象に何らかの説明が行われてそれが一見当てはまっているように見える。だが、その説明では十分ではないのではないか、その説明ではこういう場合には説明できない、類似の事象については別の説明が行われているがそれを当てはめてはいけないのかといった疑問をぶつけることによって、自分なりの新しい捉え方ができるようになる。これは誰しも日常的に行っている思考法であろう。弁証法は批判的思考を徹底させて体系づけたときに出てくる考え方である。

12 批判的思考でいう批判とは、そうした反省的な思考を常時繰り返すことによって発展的な考える力を身につけるための自己トレーニングの方法のことである。批評という行為はそれを言葉で他者に分かるように伝えることである。先ほどのB読書感想文は、本を読む際に批判的な態度を常に抱きながら思考実験をすることで初めて批評として成立するのだが、そのための指導が行われないままに書くことを要求するとすれば困難さをともないがちである。

13 読書経験を言葉にするための読書教育も行われてはいるだろう。しかしながら、それが必ずしも批判的思考を導くまでのものにはなっていない。まして、それは国語教育の枠内にとどまっていることが多く、さまざまな教科にまたがる知の領域に踏み出していない。

（根本　彰「情報リテラシーのための図書館　日本の教育制度と図書館の改革」による。）

問一 X に当てはまる最も適切な語を、次の①～④の中から選び、その番号を答えなさい。

① つまり　② しかし　③ そのうえ　④ たとえば

問二 Y に当てはまる最も適切な語を、次の①～④の中から選び、その番号を答えなさい。

① 論証　② 証明　③ 批判　④ 点検

問三　ⓐヘーゲルはとありますが、この部分に対する述語として適切なものを、次の①〜④の中から全て選び、その番号を答えなさい。

① 考え　② 含む　③ 導く　④ 捉えた

問四　この文章の構成に関する説明として最も適切なものを、次の①〜④の中から選び、その番号を答えなさい。

① 1段落では読書感想文が抱える問題を指摘し、2段落ではなぜそのような問題が起こるか、その要因を明示し、3段落ではその要因の解説を行っている。

② 4、5段落は読書感想文を書くためには批判的思考の習得が必要であることを述べ、このように主張するに至った根拠を6、7、8段落において述べている。

③ 9、10、11段落は、批判的思考を近代思想における弁証法の考え方という別の角度から捉え直すことにより、批判的思考にある二律背反の問題を明らかにしている。

④ 12段落では6段落から11段落の内容を受けて、批判的思考における批判とはどのようなものかについて説明し、13段落と合わせて、現在の読書教育の不十分さを述べている。

問五　Aこうしたこととありますが、それはどのようなことであると筆者は述べていますか。七十字以内で書きなさい。

問六　B読書感想文は、本を読む際に批判的な態度を常に抱きながら思考実験をすることで初めて批評として成立するとありますが、これに先立つ4段落で筆者は、批判的思考を身につければ、自分を基準にして作品との距離が測れるようになると述べています。これらの筆者の主張を踏まえて、あなたは生徒に読書感想文を書かせる前に、国語科の授業において指導を行うこととしました。生徒が作品を批判的に読み、自分を基準にして作品との距離を測れるようになるために、あなたならどのような指導の工夫を行いますか。

「自分を基準にして作品との距離が測れるようになる」とはどういうことかを明らかにして書きなさい。

問七　傍線部㋐～㋔について、カタカナは漢字に直し、漢字はその読みをひらがなで、それぞれ書きなさい。

■二〇二四年度■広島県・広島市■難易度

【五】次の文章を読んで、以下の各問に答えよ。


なぜ本を読むのか。

そうした疑問を、あなたは感じたことがあるだろうか。

もしも感じたことがあり、そのことについて考えたことがあるのなら、それだけで君の人生は何ほどかのものだ。身近なことについて、根本的に考えるということはなかなか難しいものだし、さらに自分なりの答を得るのは大変に難しい。

だが、大部分の人間は、私もそうだけれども、そういった問いを持つことなく、書店で本を手に取り、頁に視線を走らせ、そして読み終わるなり飽きるなりすれば、放りだしてしまう。本とのつきあいのなかで、強い印象を受けたり、考えさせられたりはする。その印象がきわめて強いものならば、いつまでも記憶に残っていたり、人に印象を伝えたくなる。そうでなければ、何となく面白かったとか、悲しかったといった感触だけが残って、じきに忘れてしまう。ほとんどの人にとって読書とはそういう経験だろう。楽しみ、暇つぶし、あるいは多少の教養と情報収集のために、書物を手に入れ、頁を繰る。

にもかかわらず、あなたがまた書物を手にするのはなぜなのか。

楽しむためならば、情報のためならば、もっと気の利いたものがたくさんあるのに。テレビ、ビデオ、ゲーム、インターネット……本は数千年前に作られた文字と紙、それに五百年前に発明された、印刷技術という折り紙つきのキュウ(ア)ヘイなテクノロジーの産物である。

本などは、今になくなるという予測が、マスメディアに溢れているのも無理からぬことだ。にもかかわらず、あなたが本を手に取るとしたら、それはなぜなのか。

あなたが、今日の世の中では、時代遅れとしか云い様のない感性しか持っていないからなのか。

それともあなたが、書物にしかない魅力に、魅力という言葉では示しきれない力に気づいているからなのか。

何を本は提供してくれるのだろう。

その提供してくれるものを、小説にのっとって考えてみることにしようか。

それは、ドラマであり、情景であり、感情の経験だ、と云うのは正しい。そうしたあらゆる要素が入った、一つの物語的な世界に入ることだ、と云うのはもっと正しい。

けれども、それならば小説を読むということは、映画を見たり、ゲームをやったりすることと同じなのだろうか。

確かに映画も、ゲームも、一つの物語的な世界を体験させてくれる。

しかも、小説よりも、数段サービスたっぷりに。映画には具体的に映写される情景がある。光があり、影があり、人々の顔があり、姿がある。声があり、物音があり、音楽がある。さらにゲームならば、あなたはその世界自体にかかわることができる。それなのに、なぜあなたは本を読むのか。

書物、この貧しいもの。

だが、書物にしか、小説にしかないことがある。(1)本にしかない豊かさが、自由があるのだ。

小説の豊かさとは、以下のようなものである。

例えば、小説のなかであなたが、「青い花」という言葉を読んだとしよう。

その時にあなたは、どんな花を思い浮かべるか。

それは、人によって千差万別に違いない。

その違い、つまり自ら思い浮かべ想像することに発する違いが、小説の豊かさをなしている。

映画にも、ゲームにも、あるいは漫画にも、花がでてくる。

だが、そこではすでに花は、一つの映像として固定されて、あなたに提供されるのだ。

たしかに、同じイメージからであっても、抱く印象や感情は千差万別だろう。

にもかかわらず、その姿自体は、あらかじめ作られたものとして、あなたに提供されるのだ。

小説において、花のイメージはあなたに委ねられている。

それこそが、小説の自由であり、可能性だ。

たしかに、小説のなかでは、あなたはゲームでのように、「自由」に世界のなかを行動することができないかもしれない。

しかし小説においては、あなたはその世界自体のあり様を、光の具合を、風の匂いを、樹々の佇まいを想起することができる。それこそが、本当の「自由」ではないだろうか。作りつけの世界を、勝手に、しかし実は限定された範囲のなかで動き回らせてもらう自由と、世界自体を創造する自由。

たしかに、今、この自由、つまり世界全体を想起する自由は、評判が悪い。

一々、想起をすること、感じ取ることは面倒くさい。

それ以前に、そうした想像をすることは、ある種の能力である。

「花」という言葉から、何が思い浮かぶか、によってあなたが生きてきた人生の幅と重さが問われるのだ。

あなたがどのような人生を歩いてきたのか、つまりは親や教師やテレビといったメディアが提供してくれる範囲で受け身の人生を歩いてきたのか、自ら認識し、感じ取り、体験し、語る生き方をしてきたのか。どれだけたくさんの人と会い、あるいは場所に行ったのか。

そのような能力を磨くのは面倒くさい。自分で考えたり、想起したりしないですむ様に、圧倒的な画像や、音楽や、操作感覚で圧倒してほしい。

あなたが、そう考えるのも無理はない。それが当世流行の考え方であるからだ。

(2)しかし、それは「面白い」かもしれないが、つまらない考え方だ。貧しくて、痩せていて、意欲に欠けた、恐ろしく退屈な。

なぜなら、生きることの面白さ、その堆積がすべてこの自由に、つまりは想起する自由にかかってくるからだ。

昔、読んだ本を読み返した時に、まったく違う印象を得ることがある。それはその間、前に本を読んだ時と現在の間に生きた体験がそのまま、想起の豊かさにつながっているからだ。前に「花」という言葉に反応したのとは違う、より多くのイメージがその間の体験によって増えているからだ。だから、小説は、人によって違うだけでなく、同じ人間にとっても、その蓄積や精神の活発さによって違う顔を見せる。

本は、人によってさまざまな顔を見せる、と同時に同じ人間にとっても、異なる顔を提示する。そのような違い、その差異がもたらす自由を楽しむということが、本を読むということだし、そのような楽しみを学ぶこと、豊かにすることが、そのまま人生の豊饒につながっているのだ。

本を読むということは、映画監督になることだ、と云ってもいい。

同じような脚本をもとにしても、出来てくる映画がまったく違うのと同じように、同じ本でも、読む人によってはまったく違う世界が「上演」される。登場人物のキャスティングや衣装も人さまざまなら、ほかの誰もが読み飛ばす一行を、大アップの長回しにして味わう人もいるだろう。

もっとも大事なことは、一行の文章からあなたが想起する場面は、そのまま実際の人生で出会ったさまざまな事物、出来事からあなたが感じ取れるさまざまな感慨や発想の厚み、つまりは生きることの味わいそのものに対応しているということだ。

本を読むのは、人生を作ること。

生きることを、世界を、さまざまな人々を、出来事を、風景を、しっかりと味わい、その意味と感触を把握し、刻み込むためには、最高の訓練だ。

本はただ味わいを作りだすだけではない。

読書は、時間を作りだす。

音楽や映画は、あるいはゲームは作品自体のなかに時間が組み込まれている。それぞれの長さは、(イ)キョウジュの仕方によって異なるとしても、基本的に作品に内包されている。

しかし、書物には時間は組み込まれていない。ただ、紙に印刷された文字があるだけだ。

書物の「上演時間」は、人によって千差万別である。しかもそれは、まったく作品自体によっては決定されない。ただ読者によって、つまりは読み、理解し、想起するという精神の働きだけによって決定される。

このことの恐ろしさ、面白さを理解できるだろうか。

時計の針はただゼンマイの撥《は》ねようとする運動によって動いているだけだ。地球はただ、惑星間の重力の関係で回っているだけだ。そこには、時間などというものはない。

人間にとって時間はただ、精神のなかに、継起するさまざまな事柄を了解し、感得する精神の動きだけに存在している。記憶と期待に引き裂かれた、人間の人生にのみ、時間は存在しているのだ。

ゆえに、時間は平等ではない。あらゆる人にとって時間は均質に過ぎるわけではない。

むしろ時間ほど不平等なものはない、と云った方がいいかもしれない。

豊かな人生とは、自らゆったりとした、表情豊かな時間を作りだせる者にだけ可能だ。

音楽や映画は、人に時間を圧しつける。

(3)書物だけが、人に時間を自ら養い、育てることを教える。

（福田和也『本を読む、乱世を生きる』から作成）

〔問1〕 傍線部(ア)・(イ)のカタカナを漢字に直したとき、その漢字と組み合わせて二字熟語になるものは、次の各群の1～4のうちのどれか。

(ア) キュウヘイ　1 用　2 遮　3 鎖　4 害

(イ) キョウジュ　1 順　2 読　3 楽　4 小

〔問2〕 傍線部(1)「本にしかない豊かさが、自由があるのだ。」とはどういうことかを説明したものとして最も適切なものは、次の1～4のうちではどれか。

1 本を読んだ一人一人が、自ら思い浮かべ想像することで、自らの世界を創り出すことができるということ。

2 本を読んだ一人一人が、本という限定された範囲の中で思うように動き回ることができるということ。

3 本を読んだ一人一人が、作られたイメージを共有することで、他者と同じ世界を生きられるということ。

4 本を読んだ一人一人が、与えられた情報を自分の好みに合わせて創ることができないということ。

〔問3〕 傍線部(2)「しかし、それは『面白い』かもしれないが、つまらない考え方だ。」とあるが、その理由として最も適切なものは、次の1～4のうちではどれか。

1 本は内容が変わらないので、以前読んだ本の感想は現在でも変わらないはずだから、全く異なる本を読んだ方が良いという考えに至るから。

2　音楽やゲームによって、自分と他者の意見の差異を知ったり、印象を比較したりすることで理解を深めることができるから。
3　本を読むことで受け取った情報を生かすことは、主体的に動いた経験で得られたことよりも、人生の幅と重さが限定的になるから。
4　人によってさまざまな顔を見せると同時に、同じ人間にとっても異なる顔を提示するというような違いがもたらす自由を、音楽やゲームでは楽しむことができないから。

〔問4〕　傍線部(3)「書物だけが、人に時間を自ら養い、育てることを教える。」とはどういうことかを説明したものとして最も適切なものは、次の1～4のうちではどれか。

1　時間は絶対的なもので人によって異なることはないので、自分の人生においてはまるでゲームのように、時間を管理する必要があるということを書物は教えるということ。
2　時計の針がゼンマイで動いたり、地球がただ惑星間の重力の関係で回っているように、書物には、時間というものが存在しているということ。
3　人間の精神の動きに存在している時間は、人によって千差万別であり、読書によって表情豊かな時間を作り出せる人が、自ら人生を豊かにすることができるということ。
4　時間は過去の記憶と未来の予測の間に存在するが、書物が同じであれば、読む人で印象が変わらず、読んだ内容が必ずしも未来に役立つことにならないことを教えるということ。

【六】次の文章を読んで、以下の1～9の問いに答えなさい。

私たちの知的活動は㋐多キにわたるが、そのなかからとくに知的徳*が重要な働きをするふたつの活動に注目しよう。真理の探究と課題の解決である。このふたつの活動において知的徳がどのような働きをするかを見ていこう。

まず、真理の探究から見ていく。真理の探究は、たとえば、事件の真相を解明したり、事故の原因を明らかにしたりする知的活動である。それはようするに、何が真なのかを明らかにするものである。何が真なのかが明らかになれば、知識が獲得されることになるから、真理の探究は知識の獲得につながる。事故の原因が明らかになれば、その事故がどのようにして起こったのかについての知識が得られる。このような真理の探究において、知的徳はどんな働きをするだろうか。

さきに知的徳のひとつである「開かれた心」について簡単に触れた。開かれた心とは、自分と異なる考えの人の意見にも①真摯に耳を傾けることであり、独善に陥るのを防ぎ、正しい考えに至ることを可能にする。

しかし、人の意見を聞くことが重要だといっても、②意見が多すぎる場合がある。たとえば、地球温暖化の問題について、私はそれを阻止するために、二酸化炭素の排出量を減らすべきだと考えているとしよう。これにたいして、そもそもこのままでも地球は温暖化しないと考える人や、温暖化してもそれほど大きな害はないと考える人もいるし、さらに、二酸化炭素の排出量を減らさなくても、温暖化を阻止する新しい技術がいずれ開発されるだろうと考える人もいる。このようにほとんど無数と言ってもいいくらい多くの意見があるような場合には、すべての意見に耳を傾けることは実際上不可能であろう。

他人の意見に耳を傾けることが重要だとしても、じっさいに耳を傾けるのはどうしても一部の意見にならざるをえない。では、どれだけの人のどんな意見に耳を傾ければよいのだろうか。この問題にたいして、

㋑一ガイにこうだと言えるような答えはない。たとえば、十人ほどのできるだけ異なる意見に耳を傾ければよい、というようなことは言えない。どれくらい多くの人のどんな意見に耳を傾けるべきかは、それぞれの場合で個別に判断するよりほかないのである。

開かれた心というのは、たんに他人の意見を真摯に聞くだけではなく、どの人のどのような意見を真摯に聞くかをそれぞれの場合で個別に判断することも含む。いろいろな人と意見を交わすという経験を何度も積むことによって、それぞれの場合にどの意見に耳を傾けるべきかが判断できるようになってくる。このような判断力こそが、開かれた心という知的徳のもっとも重要な要素なのである。

開かれた心のほかにも、真理の探究において重要な働きをする知的徳はいろいろある。つぎに、そのなかでもとくに興味深い「③好奇心」について見ていこう。私たちは好奇心があるからこそ、真理の探究が可能なのだと言っても過言ではない。何らかの目的のために知ろうとするのではなく、ただただ知りたい。このような純粋な知的欲求が私たちを真理の探究に向かわせる。

たとえば、生物学者は生物の複雑な生命活動をただただ明らかにしようとする。それが明らかになることで、作物の品種改良や病気の治療に役立つこともあるだろう。しかし、そのような実用的な目的とは関係なく、ただただ生命活動の実態を知りたいという純粋な好奇心から、知ろうとする。それを知ってどうするのかと問われても、「別にどうもしない、ただ知りたいのだ」と答える。知ることがすでに至高の喜びなのである。

好奇心は「悦《よろこ》ばしき知識」へのひたすらな欲求である。真理の純粋な追求(つまり「真理のための真理の探究」)を行おうとする基礎科学は、好奇心をその原動力とする。それは「好奇心に駆動された研究(curiosity-driven research)」である。これにたいして、応用科学は好奇心というよりも、品種改良や新薬の開発といった実用的な目的にもとづく研究である。［A］、応用科学も重要であるが、真理の探究という点で言えば、それをおもに担っているのは基礎科学である。

科学もまた社会の役に立つべしという声が、昨今はかまびすしい。基礎科学もまた、真理の探究にだけかまけているのではなく、何らかの役に立たなければならないというわけである。このようにプレッシャーをかけられると、基礎科学は立つ瀬がない。[B]基礎科学は、実用的な価値の実現などまったく目的にしておらず、ただひたすら真理の探究だけを目的にしているからである。そのような基礎科学にどのようにして社会の役に立てと言うのか。それは基礎科学をやめて、④応用科学になれと言うことに等しいのではないか。

そもそも人間にはなぜ好奇心があるのだろうか。真理の探究によって得られた知識が何の実用的な役に立たないとすれば、人間は無駄なことに労力を㋒ツイやしていることになる。そんな無駄なことをしているせいで、ひょっとしたら生き残ることができなかったかもしれない。では、なぜ人間は生き残ることができたのか。それは結局、真理の探究が結果的に、ある程度役に立ったからであろう。

じっさい、基礎科学は実用的な価値の実現を目的としていないにもかかわらず、大きな実用的価値を生み出すことがある。とくに世のなかを変えるような画期的な実用的価値は、[C]基礎科学の成果からもたらされると言ってもよいだろう。ノーベル賞を授与された科学者はよく基礎科学の重要性を訴えるが、それは目的外の価値を生み出す基礎科学の力を訴えているのだと理解できよう。

たとえば、二〇一八年にノーベル生理学・医学賞を受賞した本庶《ほんじょ》佑《たすく》氏は、基礎科学に従事する若手の研究者に安定した地位と研究資金を提供するために、ノーベル賞の賞金をもとにして「有志基金」を設立した。ここには、⑤基礎科学の重要性にたいする本庶氏の強い思いがうかがえる。

このように考えてくると、好奇心という知的徳は、真理の純粋な追求（「真理のための真理の探究」）を㋓ウナガすものであるとはいえ、結局は人類の生存に大きく貢献しているのである。

（信原幸弘『「覚える」と「わかる」——知の仕組みとその可能性——』による）

＊ 知的徳…筆者は本文以前に「徳には、倫理的な実践に関わる倫理的徳と、知識の獲得に関わる知的徳がある。」と述べている。

1 二重線部㋐～㋓のカタカナ部分を漢字に直したものの組み合わせとして最も適切なものを、次のa～eの中から一つ選びなさい。

a ㋐規 ㋑慨 ㋒費 ㋓勧
b ㋐規 ㋑概 ㋒尽 ㋓推
c ㋐軌 ㋑該 ㋒遣 ㋓推
d ㋐岐 ㋑慨 ㋒尽 ㋓促
e ㋐岐 ㋑概 ㋒費 ㋓促

2 傍線部①「真摯」の「摯」と同じ読み方をするものを、次のa～eの中から一つ選びなさい。

a 魅力 b 諮問 c 執務 d 文献 e 清澄

3 A、B、Cに当てはまる語句の組み合わせとして最も適切なものを、次のa～eの中から一つ選びなさい。

a A もちろん B そもそも C むしろ
b A もちろん B なおかつ C むしろ
c A ところで B なおかつ C しかし
d A ところで B たとえば C やはり
e A すなわち B たとえば C やはり

4　傍線部②「意見が多すぎる場合」とあるが、それについて述べられているものとして最も適切なものを、次のａ～ｅの中から一つ選びなさい。

ａ　人の意見に対しては、すべてが無理であるとしても、なるべく多くの意見に耳を傾けようとすることが重要である。

ｂ　耳を傾けることができるのが一部の意見にならざるをえないのであれば、意見の数をあらかじめ制限することも重要である。

ｃ　すべての意見に耳を傾けることができないとしても、すべての意見について真摯に対応することは重要である。

ｄ　数多くの意見がある中で、それぞれの場合ごとにどの意見に耳を傾けるかを、個別に判断する力が重要である。

ｅ　意見を真摯に聞くことそのものよりも、無数と言ってもいいほど多くの意見にどう優先順位をつけるかの方が重要である。

5　傍線部③「好奇心」とあるが、その説明として適切でないものを、次のａ～ｅの中から一つ選びなさい。

ａ　実用的な目的とは関係なく、ただただ知りたいという純粋な知的欲求である。

ｂ　真理を追求し知識を得ようとすることであり、それ自体この上ない喜びである。

ｃ　真理の探究を可能にするものであり、基礎科学の原動力となる。

ｄ　基礎科学の成果を通じて、人類の生存に大きく貢献することがある。

ｅ　実用的な価値の実現に結び付くためには、特別な条件を必要とする。

6　傍線部④「応用科学になれ」とあるが、どういうことを言っているのか。その説明として最も適切なものを、次のａ～ｅの中から一つ選びなさい。

a　プレッシャーに負けないように、原動力として強い向上心を持て、ということ。
b　品種改良や新薬の開発を超える、新たな実用的価値を生み出せ、ということ。
c　実用的な価値の実現を目的とし、社会に貢献するものであれ、ということ。
d　人間が生き残るために役立つ技術を、開発できるようになれ、ということ。
e　ノーベル賞の賞金を、実用的な研究にも役立てられるようにしろ、ということ。

7　傍線部③「基礎科学の重要性」とあるが、その説明として最も適切なものを、次のa～eの中から一つ選びなさい。

a　応用科学の土台として、応用科学を通じて社会に貢献していること。
b　目的外の、画期的で大きな実用的価値を生み出すことがあること。
c　知識を得るための労力が決して無駄ではなかった、と証明できること。
d　人間が生き残るためには、唯一の必要不可欠なものであったこと。
e　安定した地位と研究資金に対して、見合った成果をあげていること。

8　本文の内容に合致するものとして最も適切なものを、次のa～eの中から一つ選びなさい。

a　真理の探究によって知識を獲得することができれば、その知的活動の結果、知的徳を獲得することができるようになる。
b　地球温暖化に関しては、異なる意見が無数と言っていいほど数多くあり、解決の見通しが立ちそうにない。
c　社会の役に立つかどうかという基準だけで、応用科学と基礎科学の重要性を比較することは、適切でない。
d　真理の探究が無駄であるかどうかは、社会からの評価よりも科学者自身の価値判断による部分が大きい。

e　ノーベル賞を受賞した科学者について見てみると、応用科学よりも基礎科学の方が、より高く評価される傾向がある。

9　本文で取り上げられている各事項について、どのように関連付けて述べられているか。最も適切なものを、次のa～eの中から一つ選びなさい。

a　真理の探究という知的活動において重要な働きをする知的徳のうち、「開かれた心」と「好奇心」のふたつについてここでは述べられている。

b　「開かれた心」と「好奇心」との両者の特徴を踏まえて、知的活動におけるこのふたつの知的徳が揃うことで発揮される効力について述べられている。

c　事件の真相を解明したり事故の原因を明らかにしたりするために必要な、「開かれた心」という知的徳と「好奇心」という知的活動とが述べられている。

d　基礎科学の重要性を証明するものとして、「開かれた心」と「好奇心」という知的活動が、知的徳に対してどのような役割を果たすかが述べられている。

e　応用科学と基礎科学の違いを明らかにするためには、「開かれた心」と「好奇心」という知的徳のどちらが有用であるかが述べられている。

【七】次の【文章Ⅰ】を読み、以下の(1)～(6)の問いに答えなさい。

二〇二四年度　茨城県　難易度

【文章Ⅰ】

時間に正確でないことや約束を守らないことは前近代的な人間の特徴であって、産業革命以降の近代的な労働システムや教育がそうした人びとの性質を改変した、という議論がある。とりわけ文化人類学では、ヨーロッパ諸国の植民地だった地域を対象に、そうした議論がくりひろげられてきた。たとえばジョン・コマロフとジーン・コマロフは、十九世紀から二十世紀初頭における南アフリカのツワナ社会を事例として、宣教師をはじめとする植民者たちが現地の人びとをどのようにキョウカしていったのかを論じている。コマロフ夫妻によれば宣教師たちは、牧畜をはじめとする生業や儀礼の実践と分かちがたく結びついたローカルな時間のとらえ方を否定して、かわりに抽象的な時間概念を導入しようとした。宣教師たちが推し進めたのは、家畜や風土といった周囲のさまざまなものとの関係性からなるツワナの人びとの生活世界を画一的な時空間に変えるとともに、彼らがその中で勤勉に労働し、再生産するように仕向けるためのプロジェクトだった。言いかえれば、それは時空間のあり方を統制することで、人びとの生きる「現実」を一元化しようとする試みだったといえる。

コマロフ夫妻が扱っているのは植民地期の南アフリカだけれど、それはただ、はるか昔の遠い土地で起きた出来事であるにすぎないのではない。私たちもまた、職場や学校で日々同じようなプロジェクトに参加し、日常の名の下にそれを更新しつづけている。

でも実のところ、そうしたプロジェクトは完遂されていないし、完璧でもない。『ヨーロッパを地方化する』と題された著書の中で、歴史家のディペシュ・チャクラバルティは中世史家のジャック・ル・ゴフを引きながら、近代の時空間に現前しつづける「中世的なもの」について述べている。チャクラバルティによれば、中世的なものは近代的なものから差異化されながらも、まさにその差異ゆえに、けっして消え去ることのない可能性として近代の諸実践につきまとっている。

そんなふうに、私たちは均質的な時空間を生きているようでいて、実はそのあちこちに不揃いで異質な時空間が出没している。不思議の国のアリスのように、懐中時計を眺めるウサギを追いかけているうちにその穴のひとつに落っこちてしまうかもしれない。

近代的な時空間のなかに現れる非日常的な時空間というと、祈りや祭礼といった宗教的な場面が想像される。けれどもチャクラバルティによれば、非近代的なものの現れは、人びとの信仰や観念によるものでは必ずしもない。それはむしろ、人が世界とかかわりながら存在する――「世界する」――流儀や実践のあり方に関係している。

> 超自然的なものは、こうした〔「世界の脱魔術化」とは〕別の、世界すること(worlding)のモードにおいて世界に住みこむことができるのであり、常に意識的な信仰や観念の問題や、その結果であるとはかぎらない。(Chakrabarty 2000)

近代的な時空間にちりばめられた中世的で魔術的な世界のかけらは、「世界の脱魔術化」を原理とする近代的なモードとは別な「世界すること」のモードにおいて、A現実的なものとして輝きだす。そうした事例としてチャクラバルティが注目したのは、植民地期のインドにおいて部族民の反乱を導いた神託や、アイルランドの片田舎に住む老婦人の妖精譚のように、日常の裂け目に異界的なものがふと姿を現す、そんな出来事だった。でもひょっとすると、もっと単純に、そうした異界的な時空間を日常の中に創りだすための「世界する」モードの鍵は、技術《アート》にあるとは考えられないだろうか。

このことについて、「技術的環世界」というアイデアをめぐる山崎吾郎[注3]の論考は、Bひとつの手がかりを与えてくれる。彼はマルセル・モースやアンドレ・ルロワ＝グーランに拠りながら、人がある技術を作りだして使用するとき、技術もまたそれを使用する人に影響を与えるという具合に、人間と技術の間に双方向的な関係性があることを指摘する。それだけではない。ある技術はそれを用いる私たちに深く作用し、その生を変容させると同時に、技術と絡まりあった身体がかかわりをもつ世界のありようをも変えていく。たとえば石器やナイフ。時計にメガネ。車にスマホに人工弁。

このように、技術と身体が絡みあい、ともに変化しながら新たな環世界[(注4)]を創出していくという見方は、技術の発展にともなって人類が新たな環境に適応し、身体や社会が進化していくという進化論的なモデルと親和的である。ただし、同じことを別の観点から考えてみることもできるだろう。

技術はそれを用いる身体と、さまざまな事物からなる環世界との関係性の中にある。だとすれば、人がある技術を用いるときには、それに伴って独特な身ぶりや感覚が生まれてくるだけでなく、その技術の使用と不可分な周囲の事物とのやりとりや時空間のありようもまた、そのつど生成し、現れ出てくると考えられる。たとえば、山に入って素朴な罠で獲物を捕えようとするときには、それがたとえ現代の山であっても、そうした罠猟が主流であった時代の猟師と同じような身ぶりや感覚、山や獲物とのかかわり、時間と空間への意識が生みだされ、活性化されるとは考えられないだろうか。

「技術的環世界」という言葉は、技術の発展にともなう人類の進化といった大きな物語に帰着する以前に、さまざまな技術と絡まりあった個々の身体が周囲の世界と交わる方法、つまり「世界する」流儀と深くかかわっていると思われる。つまり人は、ある技術を用いるという具体的な行為を通して、みずからの「世界する」モードをつくりだし、あるいは変化させることができる。

（石井美保「たまふりの人類学」による）

（注1）ジョン・コマロフとジーン・コマロフ　共にアメリカの文化人類学者。
（注2）ディペシュ・チャクラバルティ　インドの歴史学者。
（注3）山崎吾郎　日本の文化人類学者。

（注4）　環世界　　ここでは、生物がその感覚器官によって主体的に知覚し、直接働きかけることができる環境のもと、見いだされる世界観のこと。

(1)　【文章Ⅰ】中の二重傍線部「キョウカ」の「キョウ」と同じ漢字を含むものを、次の①～⑤のうちから一つ選びなさい。

「キョウカ」
① 紳士キョウテイ
② 富国キョウヘイ
③ セイキョウ分離
④ キョウ存キョウ栄
⑤ メイキョウ止水

(2)　【文章Ⅰ】中の傍線部A「現実的なものとして輝きだす」とあるが、なぜそういえるのか。最も適当なものを、次の①～⑤のうちから一つ選びなさい。

① 「中世的なもの」は、近代的なものから差異化されながらも、消え去ることのない可能性として近代の諸実践とともに存在しつづけており、人が世界とかかわりながら存在する流儀や実践にともない、いつでも現前しうるものであるから。

② 人びとの信仰や観念による、祈りや祭礼といった中世的で魔術的な世界のかけらは、宗教的な場面においては、中世に限らず産業革命以降も存在しつづけており、現代まで脈々と継承されつづけてきたものであるから。

③ 非近代的なものは、均質的な時空間を生きる私たちにとっては異質なものに感じられるが、前近代的

な世界に生きる人びとにとっては日常的なものであり、現代においても、国や地域によっては宗教的な場面において姿を現すものだから。

④ 近代的な時空間にちりばめられた中世的で魔術的な世界のかけらは、抽象的な時間概念を導入し、前近代的な人びとの「生きる」現実を一元化した世界においても、祈りや祭礼といった宗教的な場面においては、重要視されるから。

⑤ 近代的な時空間のなかに現れる非日常的な時空間や、人びとの信仰や観念が生み出した神や妖精は、「世界する」流儀や実践のあり方と結びつきながら、時空間を超えて、信じている者の心の中に存在しつづけているから。

(3) 【文章Ⅰ】中の傍線部B「ひとつの手がかりを与えてくれる」とあるが、ここから導き出される筆者の考えとして最も適当なものを、次の①～⑤のうちから一つ選びなさい。

① 技術の発展に伴う、新たな環境への人類の適応は、身体や社会が進化していくという進化論的なモデルと親和的である。

② 人がある技術を作りだして使用するときには、技術もそれを使用する人に影響を与えるという双方向的な関係性がある。

③ 技術は、それを用いる私たちに深く作用し、その生を変容させると同時に、かかわった世界のありようをも変えていく。

④ 技術を使用することに伴って、独特な身ぶりや感覚、技術の使用と不可分な事物との関係性や時空間のありようが現れる。

⑤ 技術は、それを用いる身体と、さまざまな事物からなる環世界との関係性の中にあり、技術の発展が人類を進化させる。

(4) 【文章Ⅰ】中の表現や構成に関する説明として適当でないものを、次の①～⑤のうちから一つ選びなさい。
① 身近な事実や実感を手掛かりに、先行研究と異なる側面を指摘しながら論が展開している。
② 比喩表現を用いることで、文化人類学のものの見方を専門用語を多用せずに説明している。
③ 体言止めなどの修辞技法、読者への問いかけなどといった文章表現を用いて書かれている。
④ 文化人類学に関する研究の引用や要約が多くあり、学術的に練られた文章であるとわかる。
⑤ 事象を詳細に検討しつつ問題点を明らかにした上で、筆者の提案へとつなげる構成である。

(5) 【文章Ⅰ】の内容に合致するものとして最も適当なものを、次の①～⑤のうちから一つ選びなさい。
① チャクラバルティと筆者は、神や精霊を近代合理性の外側にあるものとして捉え、その存在に否定的な点で同じ立場である。
② 宣教師たちが抽象的な時間概念を導入し、時空間のあり方を統制したことにより、ツワナの人々の生活世界は一元化された。
③ 中世的で魔術的な世界は、近代的な時空間のなかに創り出された非日常的なものであり、「技術的環世界」の一つといえる。
④ 「世界の脱魔術化」とは、生業や儀礼、神や妖精などの非科学的なものの存在を否定し、世界を合理化していくことである。
⑤ 私たちの世界や一人ひとりの生は、決して均一なものではなく、「世界する」流儀によって変化し得る多様なものである。

(6) 次の【文章Ⅱ】は、【文章Ⅰ】と同じ書籍の別の章である。二つの文章を読んで生徒たちが話合いを行っている場面を以下に示した。これについて、あとのa、bの問いに答えなさい。

【文章Ⅱ】

物語りは、遠い時空間に生きた人びとの喜怒哀楽とともに、「人」でもありうる動植物や自然物、精霊や魑魅魍魎に満ちた世界を現前させる。それは人間に特化したヒューマニティの次元をやすやすと超えて、世界のありようの不可思議さと、別な現実の可能性を開示する。

たとえば実学としての「国語力」なるものが、現代社会に生きる人びとにとっての最大公約数的な「現実」の前提を変えないままに、平面上の最短経路を探索するかのように正しい読解の方法をみつける能力を意味するとすれば、物語りの底力は、日常の中に X を導き入れることで、 Y ことにある。いま・ここに生きる「私」の存在をいっとき背景に退かせ、別な時空における人びとの生のありさまや、人間ならざるものたちの気配をうつしとり、みずからに憑依させ、現出させることで、「この現実」を異化すること。そうした物語りの力は、いま・ここに生きる人間たちに占拠されたこの社会の閉塞を、人間ならざるものから世界へと開いていく。

人間の世界と人間ならざるものの世界を往き来するシャマン(注)のように、語り手は異形のものたちの言葉を伝えることで、「この現実」の境界を歪ませ、その土台を揺るがせる。そうした語りを全身で受けとめるとき、読み手はいつのまにか聞き手となって別の世界に連れ去られ、その世界を満たす音にただ一心に聴き入っている。

(石井美保「たまふりの人類学」による)

(注)シャマン　シャーマン。自らを忘我・恍惚に導き、神・精霊・死者の霊と直接交渉し、力を借りて予言や治病などを行う宗教的職能者。

生徒A　二つの文章は同じ本の一部だけれども、だいぶ異なった内容だね。
生徒B　そうかな。話題は違うけれど、考え方は似ているように思う。
生徒C　私もBさんど同じ感想だな。［Z］それぞれ指摘している。
生徒B　そうそう。表現は違うけれど、同様の指摘をしているよね。
生徒A　なるほど。「技術」と「物語り」という話題の違いばかりを気にしていたよ。
生徒B　ただ、【文章Ⅱ】の「物語り」の力は、【文章Ⅰ】の方法より深い没入を求めていると思う。
生徒C　そうだね。【文章Ⅰ】の「環世界を創出していく」ということと似た面もあるけれど、より日常から離れた状態が想定されているね。
生徒A　同じ本の中でも、比べ読みや重ね読みをすると、大きな共通点や細かな差異が見えてくるなあ。

a　空欄［X］と［Y］に入る言葉として最も適当なものを、次の①～④のうちから一つ選びなさい。
①　X＝異質な次元　　Y＝「現実」の前提そのものを揺るがす
②　X＝世界の境界　　Y＝「現実」の前提そのものを揺るがす
③　X＝異質な次元　　Y＝「現実」に点在する別の世界を見せる
④　X＝世界の境界　　Y＝「現実」に点在する別の世界を見せる

b　空欄［Z］に入る発言として最も適当なものを、次の①～④のうちから一つ選びなさい。
①　【文章Ⅰ】は近代的な労働システムが人々の性質を変えたことを、【文章Ⅱ】は「国語力」が実学として扱われていることを

② 【文章Ⅰ】は「現実」を一元化しようとする試みを、【文章Ⅱ】は「この現実」に生きる人間たちに占拠された社会の閉塞を

③ 【文章Ⅰ】は中世的なものが近現代につきまとっていることを、【文章Ⅱ】は人間に特化して作られているヒューマニティを

④ 【文章Ⅰ】は現実を画一化する試みが完遂されていないことを、【文章Ⅱ】はシャマンのように現実の境界を歪ませることを

二〇二四年度　千葉県・千葉市　難易度

【八】次の文章を読み、以下の問いに答えよ。なお、問題の都合上、一部変更、省略した箇所がある。

政府によってこのところ進められてきた「社会保障サービスの一体的な設計」あるいは「社会保障の一体見直し」は、問題点を根本的に見直すような方向には進んでいない。むしろ逆方向を向いている。〃改革〃の基本方針は一律負担増・給付減にあるが、いちはやくそれが断行されたのは、文句を言いそうにない「不利な人々」が影響を受ける制度においてである。

このような逆方向を向いた社会保障改革を断行するのは、経済さえ活性化すれば貧困も格差もどこかへいってしまうという楽観的すぎる思いこみがあるからだろう。だがもちろんそうなるホショウ（A）はどこにもない。

競争力の強化がいつも叫ばれているような社会では、経済は改善しても「特定の人々」の生活は少しも改善されない可能性が高い。そこで、こうした楽観論を排して、今日の社会経済状況の変化に対応した社会保障制度や労働政策への「抜本的」転換を求める声も少なくない。

たとえば、年金や介護など高齢世代に偏った社会保障を、若年世代にも公平なそれに組み替えることや、若

者を対象とする就労自立政策、さらには少子化対策などさまざまな提案がなされている。「抜本策」として、格差のない公正な社会のグランド・デザインを論じる人もいる。その中にはうなずける議論も少なくないが、やや違和感を感じるのは、貧困の固定化や社会的な排除をむしろ促しているような日本の福祉の仕組みへの反省が希薄で、ともすれば「不利な人々」はこれらの改善案からも見落とされてしまう傾向にあることだ。

こうした問題の対策を考えている人々は、私のような研究者も含めて、自分たちの出自である「中流」にその足場をおいて発想しがちである。たとえば就労自立策を立案する場合も大卒のニートやフリーターに目がいきがちで、少なくとも高校程度の学力があることを対策の前提としてしまう。

また、中卒フリーターよりも大卒フリーター、不安定型ホームレスよりも安定型ホームレスの方が、つまり貧困や社会的排除の程度が深くない方が政策効果が早く現れるから、そちらが優先されてしまう傾向がある。特に就労支援に軸足をおいた近年の政策現場では、仕事に早く復帰できる人は事実上優先され、そこに対策が集中する傾向にある。所得保障と職業訓練のセットによる対策が手薄なのは、固定的な貧困や社会的な排除の視点が欠如しているからだ。

私か提案したいのは、せめて貧困を一時的なものにとどめ、［　　］、彼ら彼女らを「バス」の固定席から解放すること、そのことを目標とする積極的な反貧困政策を、上記のさまざまな改善策の中に含めることである。特に、「不利な人々」が貧困への「抵抗力」を持っていないという点に着目して、その強化を図ることが必要である。そこで、この反貧困策をここでは「不利な人々」への積極的優遇策と呼んでおきたい。

しかし、この政策は単に「不利な人々」だけを利するものではない。それは、「不利な人々」に共通する「状況」が貧困の〝装置〟となってしまうのを阻止するための積極的介入策であり、その限りで多くの人々が生きやすい条件を作ることにつながっている。転職しても、離婚しても、単身でいても、資産がなくとも、そうしたことが貧困と結びつくことをできるだけ防ぐのである。

具体的にはまず、社会保険と生活保護の谷間に落ち込んでいる、働ける年齢層に対する失業扶助を創設し、これとセットで公共職業訓練校に準ずる期間の教育・職業訓練の機会を保障することが考えられる。失業扶助は、生活保護のうち、単身世帯レベルの生活扶助と同水準であればよかろう。

さらにワーキングプアや、高齢者・障害者などの年金生活者を対象とする住宅手当制度の創設が特に重要である。それには現行の生活保護における住宅扶助を独立させ、その対象を一時的な貧困層を含む資産なし層にまで広げていけばよい。[注1]現在の生活保護における八つの扶助を少し解きほぐして、その一部を低所得層まで広げていくということである。

ホームレスへの自立支援策はそのような制度を背景にして初めて成功するだろう。シングルマザーについては特に児童扶養手当の全部支給限度上限所得を上げることと、今述べた失業扶助と教育訓練＋住宅手当という保障の組み合せをシングルマザーにも適用していくことが不可欠である。

むろん、これら特定層への積極策に加えて、児童手当を安定した手当制度にすることや、正規雇用者家族にだけ「やさしい」社会保険主義に基づく制度を根本的に改革することが必要であることは言うまでもない。

こうした積極的優遇策が、多くの人にとっても生きやすい条件を創り出す可能性があるとしても、さしあたって出てくるのは、公平論による批判の大合唱であろう。優遇策でなくても、ある特定層を対象にして行われる福祉施策には必ずその批判としての公平論がつきまとう。生活保護における母子加算廃止が強行された背景には、「保護を受給せずに頑張っている」シングルマザーとの対比にもとづく公平論があったし、老齢加算が廃止された背景には、「年金だけで頑張っている」高齢者との対比にもとづく公平論があった。

むろん、これらは実は生活保護を受けている貧困層と受けていないそれとの間の公平論に過ぎない。決して、もっと豊かな層との公平論は出てこない。豊かな層から出てくるのは公平論ではなく、納税者としての苦情であろう。

このような公平論や納税者からの批判があるため、ある特定の人々を対象とする貧困政策には限界がある。論者によっては、むしろその対象を国民全体に広げた、一般的なサービスや所得保障を充実させることが「抜本的」な改革につながる、と説く人もいる。[1]このような「抜本策」に対する私の違和感については先に述べたから繰り返さない。一つだけ言うなら、このような「抜本策」の基礎を作るためにも、まず積極的優遇策が必要なのだ。

しかし現実には、特定の人々に対する貧困政策への批判が強いことを理由として、貧困ラインそのものが引き下げられ、政策が対象とする範囲も狭められる可能性が高い。たとえば、生活保護基準が基礎年金水準や非正規雇用者の賃金より「高い」という批判がある中で、保護基準の実質的な見直しが、すでに行われている。貧困であるかどうかは、それが「あってはならない状態」かどうかの、社会による価値判断に基づくものだから、その判断基準を変えることはできる。現在の保護基準は水準均衡方式[注2]で、そこには最低生活に関する何の理屈もないのだから、判断基準を変えなくとも、きわめて容易に貧困ラインを引き下げることができる。保護基準が格差縮小方式[注3]に転換した高度成長期は、人々の生活が「中流」に向かっていく時期であった。この時期に行われた格差縮小方式は、風船にたとえて言えば、真ん中がますます膨らんでいく風船(これが「中流」層である)の底の部分に貧困ラインを近づけようとするものであった。

ところが今日の格差社会は、真ん中が膨らんだこの風船を、上と下とに膨らみのある砂時計のような形に変えようとしている。この砂時計の底と比較して、保護水準を妥当だとするならば、同じ水準均衡方式を用いても、保護基準という貧困ラインはどんどん下がっていく可能性がある。

実際、保護基準が妥当か否かは、低所得層との比較で検証されているから、高齢者世帯のうち少ない年金で暮らす人々や、すでに貧困な母子世帯の消費水準と比べる中で、保護基準は下げられつつある。

保護基準がさらに低められていけば、保護基準で測った貧困の規模は、本書で述べたものより、もっと小さくなるだろう。しかも課税最低限の変更によって、福祉サービスなどに適用される低所得の基準も引き下げられつつある。

だが、このように貧困ラインが引き下げられたからと言って、低い水準にある基礎年金やワーキングプアの生活が改善するようなことは決してない。むしろ、年金給付額の少ない高齢者やワーキングプアの生活水準は、引き下げられた保護基準から見れば相対的に高くなるから、こうした人々の貧困状況はますます隠蔽され、それを改善する糸口を失ってしまう。

こうして[2]貧困ラインの引き下げは、低所得者層の年金や賃金水準に大きな影響を与える。素朴な公平論や生活保護バッシングは、貧困ラインが担う社会的な機能と、それが与える社会的な影響力を見落としている。その結果として、自分たち自身も暮らしにくくなるかもしれないということに気づいていない。

逆に、生活保護基準が持つ貧困ラインとしての機能を最大限利用して、低い年金や賃金が問題だという方向に持っていくことができれば、積極的優遇策の限界が[B]コクフクされるだけでなく、社会保障や一般的な福祉サービスの「抜本策」に対する現実的な基盤を提供する道が見えてくる。このところ急速に広がってきた、保護基準よりも低い最低賃金の引上げ論は、その一例である。

ホームレスのような空間的に「見える貧困」は、その数を減らすことによって「見えなくする」ことが可能である。たとえば駅や公園にオブジェに見せかけた円柱を多数設置することでそこに寝られなくするなどの工夫をすれば、ホームレスはもっと周縁の場所へと移動せざるを得ない。公園にフェンスを設置し、所定の時間が来ると園内にいられなくするのも、そうした工夫の一つである。

アメリカのある州では、ホームレスをまとめて飛行機に乗せてよその州へ連れていってしまえ、という議論があったそうだ。日本でも、ホームレスが集中している地域では、行政機関が交通費を支給して別の地域へ行くよう暗に勧めることが珍しくない。

だが、ある地域の「目に見える」ホームレスの数が減っても、一人暮らしの中高年男性が被らざるを得ない貧困や社会的な排除という問題が解決されたわけではない。それは別の場所のホームレスや隠れたホームレスとして、あるいは孤独死や路上死として、3いずれブーメランのようにして、「私たちの社会」に戻ってくる。この「私たちの社会」との関連で、積極的優遇策のもう一つの役割がクローズアップされてくる。繰り返し述べるように貧困は、人々のある状態を「あってはならない」と社会が価値判断することで「発見」される。この「発見」は、そうした状態の解消に社会が責任を持たなければならないことを迫る。こうした価値判断や責務は、他者への配慮に基礎をおく人道主義や平等主義から導かれる場合もあろうが、これとは別に社会の統合や連帯という観点から導かれる場合もある。

一般に社会保障や生活保護などの制度は、人権という側面から見られてばかりで、社会統合や連帯という側面が取り上げられることはあまりない。だから貧困対策を強化すると、貧困者だけが「得する」とか、彼らの人権ばかりに光が当たるといった文句が出る。たとえば、ホームレスのための一時施設を公園に作ろうとすれば、公園における「彼らの(生きる)」権利と「私たちの(憩う)」権利が対比させられ、前者ばかりがその権利を行使できるのはおかしいといった文句が必ず出てくる。

しかし、福祉国家の歴史が証明しているように、国家が貧困対策に乗り出す大きな理由の一つは、社会統合機能や連帯の確保にあった。階級や階層ごとに分裂した社会を、暴力や脅しによってではなく福祉機能によって融和と安定に導いていくことは、国家それ自体の存在証明にもなることであった。

現在の生活保護における水準均衡方式の基礎となった格差縮小方式も、国家による統合政策であったといえる。所得倍増計画の下、低所得層の消費水準も上昇していたが、これに比して生活保護受給層のそれはCイゼン低いままだった。こうして開いた格差を埋めようとしたのが、格差縮小方式であったといえる。

富裕層と貧困層への分裂が社会の安定を奪う例は、地球上で数多く見いだされる。生活保護制度の見直しについての委員会の席上で、生活保護の拡大には否定的なある市長が、途上国を視察したときの感想として、社会保障は社会の安定にとって不可欠だと思った、と発言していたのが印象深い。

少し前に「下流社会」という言葉が世間の話題をさらったが、戦前の日本の貧困層を表す言葉としては「下層社会」があった。「下流社会」にせよ「下層社会」にせよ、その意味するところは一つの社会の中にもう一つの社会が存在するという点にある。社会的排除と闘うヨーロッパの社会的包摂(social inclusion)策は、現代の先進国を再び浸食しかかっている、このもう一つの社会の形成に歯止めをかけることによって社会を安定させることをそのねらいとしている。つまり、社会的包摂という新しい理念による貧困対策は、明らかに社会それ自体の救済を意図しているのである。

社会保障制度の「持続的安定」ということが最近政府のスローガンになっているが、持続的安定が図られねばならないのは「私たちの社会」であり、社会保障制度はその手段でしかない。積極的優遇策は、貧困者のためだけでなく、それらの人々をも含めた「私たちの社会」それ自体の安定や存続と強くかかわっている。

（岩田正美『現代の貧困』より）

注1　現在の生活保護における八つの扶助……生活扶助・住宅扶助などの八種類。
注2　水準均衡方式……………………1984年～現在のもの。
注3　格差縮小方式……………………1965年～1983年のもの。

問1　傍線部AからCの漢字と同じ漢字を含むものとして最も適当なものを、以下の①から④までの中から一つ選び、記号で答えよ。

A　ホショウ

① 身のアカシを立てる。
② 健康にサワる。
③ 損失をツグナう。
④ わが身をカエリみる。

B　コクフク
① コクメイに記録する。
② イッコクを争う。
③ 人相がコクジしている。
④ カイコク処分を受ける。

C　イゼン
① 前世紀のイブツ。
② イジを張る。
③ イシン伝心。
④ 仕事をイライする。

問2　□に入る語句として最も適当なものを、次の①から④までの中から一つ選び、記号で答えよ。
① 「不利な人々」の所得を一律に増やすこと
② 「不利な人々」の自助努力に期待すること
③ 特定の「不利な人々」をつくり出さないこと
④ 現在よりも「不利な人々」を増やさないこと

問3　傍線部1「このような『抜本策』に対する私の違和感」とは、どういうことについての「違和感」か。

最も適当なものを、次の①から④までの中から一つ選び、記号で答えよ。

① 生活の改善が比較的されやすい人々が対策の対象になりがちで、真に支援が必要な人々の方がむしろ排除されがちであること。

② 国民全体を対象とする対策は、貧困の解決になる以外に、富裕層の生活をさらに向上させるので、格差は小さくならないこと。

③ 公平論や納税者からの批判に理解を示さざるを得なくなったことによって、貧困問題の解決を妨げる結果になってしまうこと。

④ 貧困層への支援はあくまでも個別の事情に応じるべきであり、国民全体を対象とすることで、個人の実情が見えなくなること。

問4 傍線部2「貧困ラインの引き下げ」の問題点として適当でないものを、次の①から④までの中から一つ選び、記号で答えよ。

① 生活保護は、その基準が国民全体ではなく低所得者層との比較によるものであるため、保護を必要とする人々にとっては、より厳しいものになりがちである。

② 生活保護基準の引き下げにより、これに連動している他制度の基準も同時に引き下げとなることで、貧困でありながらそれらの適用対象から外れる人が多くなる。

③ 生活保護基準よりわずかに高い生活水準の人々が、貧困層でありながらそのようには扱われなくなり、状況が改善されないまま放置されてしまうことにつながる。

④ 生活保護にかかる費用は一時的に減少するが、やがては極度の貧困に陥る人が増えるため、結果的に保護対象者が増え、受給者でない人々の財政負担が増える。

問5 傍線部3「いずれブーメランのようにして、『私たちの社会』に戻ってくる」とはどういうことか。最も適当なものを、次の①から④までの中から一つ選び、記号で答えよ。

① ホームレスを移動させてその姿を見えないようにしたからといっても、ホームレスの存在自体がなくなるわけではないし、本質的な問題は残ってしまうということ。

② ホームレスをある場所から他の場所に移動させても、いつかは元いた場所に戻って来がちなものなので、移動させることにはあまり意味がないということ。

③ 移動を強制されたホームレスは、その時の苦痛や屈辱を忘れないものなので、ある時期が来れば社会に対して異議申し立てをするようになりがちだということ。

④ 移動によってホームレスの姿が元の場所に見えなくなっても、それを社会が強要したという事実は残り、いずれは社会がその報いを受けるということ。

問6 傍線部4「持続的安定が図られねばならないのは『私たちの社会』であり」と言えるのはなぜか。その説明として最も適当なものを、次の①から④までの中から一つ選び、記号で答えよ。

① 社会の安定なしには貧困問題の解決もないので、社会保障制度を充実させることによって社会の持続的安定を図ることが、結局は貧困問題の解決にとって有効であるから。

② 社会保障制度は、それ自体が持続することを目的とするものではなく、社会が階級や階層ごとに分裂するのを防ぐことによって社会の安定を持続させるためのものであるから。

③ 富裕層が貧困層と共存することで社会保障制度はその効力を発揮できるものであるため、富裕層の権利もまた平等に保障されることで、社会の持続的安定が実現できるから。

④ 社会保障制度の持続的安定は当然の前提であり、その持続によってこそ、富裕層と貧困層とが融和し連帯できる安定した社会の存続を、期待することができるから。

問7 この文章の内容に関する説明として適当でないものを、次の①から④までの中から一つ選び、記号で答えよ。

① 貧困に陥りがちな状況にあってもそれが貧困と結びつかないようにするには、生活保護をもとにしつつ、関連制度も含めた柔軟な活用や創設、それらを組み合わせた社会保障制度を、現状より広い対象に適用することが必要である。

② 生活保護の制度では、格差縮小方式に比べて水準均衡方式の方が対象となる人数を抑える方向に行きがちだが、保護水準より低い最低賃金の方を問題にしてその引き上げ論に持っていければ、生活保護受給者以外にも効果がある。

③ 生活保護について、豊かな層からの苦情や批判はあるので、特定の人々を対象とする貧困政策には限界があるが、国民全体を対象とする一般的なサービスや所得保障を充実させるためにも、貧困層への積極的優遇策が必要である。

④ 一つの社会の中に「下流社会」「下層社会」と呼ばれるもう一つの社会が存在する「社会的排除」と、もう一方の「社会的包摂」という理念との、対立を乗り越えることによって、安定した社会を形成することができるようになる。

問8　筆者の論じ方の特徴として最も適当なものを、次の①から④までの中から一つ選び、記号で答えよ。

① 具体例を科学的に分析し、そこから浮かび上がる現代社会の問題点について論評を重ねて、自説を論理的に展開している。

② 自分の主張に対する批判として考えられることを取り上げて、反論していくことで、主張をより確実なものとしている。

③ 様々な立場の人に理解を示しつつ専門的見地から問題の所在を明らかにし、あるべき社会の実現に向けて提言をしている。

④　各種の案がそれぞれ実現困難であることを丁寧に説明し、よりよい解決策について議論が盛んになるよう期待している。

二〇二四年度　沖縄県　難易度

【九】次の文章を読んで、以下の問いに答えなさい。

> 本文は、筆者が一九二七年にドイツへ留学した際の体験をもとに執筆したものである。

西欧の風土が牧場的であることは、それが湿潤と乾燥との総合、夏の乾燥、というごとき点において地中海沿岸と共通であることによってすでに示されている。しかしここでは地中海沿岸におけるように太陽の光が豊かでなく、従って温度ははるかに低い。特に冬の寒さは南欧に見られない酷《きび》しいものである。このような風土が南欧と同じく ア「自然の従順」を特徴とすると言えるであろうか。自分はしかりと答える。西欧の自然は南欧のそれよりも一層従順なのである。

西欧の冬の気温は日本よりもはるかに低い。昼中の気温が零下六七度というのは普通のことである。ドイツでは寒い時には零下十七八度くらいにはなる。しかし気温に比例して寒さが凌ぎにくいというわけではない。第一空気の含む湿気が少ない。だから空気は純粋に冷たいのであって、底冷えのする寒さを感じさせはしない。第二に朝夕の変化が少ない。だから体が寒さに引き回されるという感じがない。第三に寒風の吹きすさぶことが少ない。だから寒さが目立って攻勢的に人間に迫って来るという感じがない。もし寒さと冷たさとを区別して考えるならば、西欧の冬において烈しいのは冷たさであって寒さではない。そこには淀《よど》んだ、冷たい空気はあるが、しかし空気を媒介として人間に迫り、人間を萎縮させずにはおかないような、暴圧的な寒さはないと言える。だから人間は内から緊張することによって比較的容易に寒さに堪え得るのである。のみならず イこの緊張感が何らか望ましいものにさえもなる。ドイツ人は空気の冷たさをFrische(清涼とでも訳すべきであろうか)と呼び、その引き締まる感じを喜んでいる。零下六七度くらいの気温はむしろこの清涼に属するであろう。厳寒のころに寝室を温めないで寝る人も決してまれではない。もちろんそれは他方に保温の設備の行き届いた室があるからでもある。が、この保温の設備そのものが湿気少なく風なき冷たさに対しては、比較的に容易なのである。人は凌ぎにくい暑熱と湿気を全然考慮に入れることなく、ただ冷たい空気をのみ目標として家を建てることができる。そこでは空気の絶えざる流通によって湿気の定着を防ぐというような必要がない。従って温められた空気は乾いた厚い壁によって外界から仕切られ、人為的に室外に追い出されるまでは室内に淀んでいる。だから空気の冷たさは湿気を帯びた暑熱よりもはるかに征服しやすいのである。が、この保温の設備さえもフランスや英国ではかなり簡単なものが多い。日本よりはるかに多くの薪炭を使っているとは必ずしも言えないと思う。一言にして言えば西欧の寒さは人間を萎縮せしめるよりもむしろ溌剌たらしめる。それは人間の自発的な力を内より引き出し、寒さに現われた自然の征服に向かわしめ、そうしてそれを従順な自然たらしめている。家屋の構造と保温の設備とは、人間から寒さへの恐れを全然洗い去っているのである。

　このような自然の従順は同時に ウ自然の単調を意味する。我々が通例冬の風情として感じているものはそこには存しない。たとえば寒風が身に沁みるように寒いとともにまた日向《ひなた》ぼっこの楽しみがあり、牡丹雪《ぼたんゆき》がふわふわと積もるかと思えば次の日は朗らかに晴れて雪解けの雫《しずく》の音がのどかに聞こえる、というようなことは、湿気と日光と寒さとの合奏なのであって、ただ冷たさからだけでは生じない。湿気の少ないところでは気温が零下十何度になってもめったに雪は降らないのである。また日光の弱いところではたまに晴れても月光のように暖かさのない光線が射すだけで、昨日の雪を解かすなどは思いもよらない。このように変化の少ないことがそのまま自然の従順さを示すのである。だから西欧の冬の風情はただ室内に、炉辺《ろばた》に、劇場に、音楽堂に、舞踏室に、すなわちただ人為的なものにのみあると言ってよい。それはエ冬が人間の自発性を引き出したということにほかならぬのである。（亀井教授の説によれば、西欧における「機械」の発明もまたこの室内における人間の自発性に帰着するらしい。しかし氏はさらにこの自発性を冬の陰鬱に対する対抗に関係させて考えている。）

烈しい暑熱はこのように容易に征服されるものではない。人は暑熱を寒さのように人為的に防ぐことができない。また暑熱を閑却して人為的なものに没頭することもできない。しかも西欧の風土は、この凌ぎにくい暑熱の代わりに凌ぎやすい寒さを置き換えたものと言うことができるであろう。それは南欧に見られないような寒い冬を持つとともに、また南欧のごとき烈しい夏を持たないのである。イタリアの二月はドイツや北フランスの四五月のころに当たり、イタリアの五月が後者の真夏に当たるであろう。だからイタリアでは五月に黄ばんで刈り取られる麦が、ドイツでは七月の末から八月の末へかけて刈り取られ、イタリアでは麦とともに姿を消す牧草が、ドイツでは夏を通じて青々と茂っている。だから西欧の夏は南欧の晩春初夏に過ぎぬのである。主観的によほどの暑さを感ずる日でも、気温はせいぜい二十六七度に過ぎない。真夏でも冬服で通すことができ、また実際そうしている人がまれではない。老人などは冬外套をかぶっているのさえも見かけられる。女は薄い絹の着物の肩に首のついた毛皮を背負って歩いている。夏服と称せらるるものも我々が十一月に着て歩くことのできるものである。このような夏がきわめて凌ぎやすいものであることは言うまでもないであろう。

しかし夏の自然の従順は湿気と暑熱とによる変化のないことにほかならない。それはヨーロッパから雑草を駆逐し全土を牧場的ならしめた根本条件であるが、同時に西欧の夏から我々が夏の風情と考えるものを駆逐したゆえんである。たとえば夏の朝夕の爽やかさとか、暑さを払って流れて行く涼風とか、炎天のあとの気持ちのいい夕立とか、あるいは蝉の声、虫の音、草の露等々はそこには存しない。が、このことは、オ気象の変化に慣れた東洋の旅行者が、西欧の夏の自然を物足りなく感ずる、というだけのことではない。空気に湿気が乏しく昼と夜の気温の相違が少ないために、早朝の牧場に出ても草の露に足を濡らすということがないという事実は、同時に農人が夕暮れにその農具を畑に野ざらしにして家に帰るということを意味するのである。日本の農人が鋤鍬《すきくわ》を田畑から担いで帰り、泥を洗って納屋にしまい込むのを見慣れている我々にとっては、これはかなり大きい事実である。夜、農具を畑に放置してもそれが決して錆《さ》びないというようなことは、恐らく日本の農人の思いも及ばぬ所であろう。いわんやドイツにおけるように家から畑への距離の遠いところでは、農具の運搬の手が省けるということは少なからぬ労働の軽減を意味するのである。同様に虫の音が聞こえぬということは、夏の夜を寂寞《せきばく》たらしめるだけではない。それは一般に昆虫が少なく、従ってまた農作物の害虫が少ないことを意味する。自分はかつてベルリン近郊のグリューネワルドやワイマルに近いテューリンガーワルドで、昆虫を探して歩いたことがあるが、下草のほとんどないこれらの林や森には、ついに一匹の蟻をさえ見いだすことができなかった。ただ一種の蛾が同じ方向に幾つも飛んで行くのを見たきりである。日本の夏山の無限に多い昆虫の営みを見慣れている眼には、初めはほとんど信ぜられないほどであった。害虫の繁殖が台風、洪水、旱魃《かんばつ》に次いで農作の脅威である日本から見れば、比較にならない理想郷であるとも言えよう。

ここに台風や洪水をあげたことに関連して西欧における風と雨とを取り上げてみよう。我々にとっては夏の自然の暴威は台風と洪水とにおいて頂上に達する。そのように西欧の夏の自然の温順もまた風と雨との温順に帰着するのである。

我々は前にしばしば空気の淀みを語った。それは冬に寒風少なく夏に涼風の少ないことを意味するのであるが、しかしなおその上に「淀み」としての積極的な意味を持っている。それは凝乎《ぎょうこ》として動かない空気であって、我々の国土ではまれにしか経験し得られないと思う。それが特に感ぜられるのは空気の冷たい時あるいは熱い時である。冷たいあるいは生温《なまぬる》い空気が都会を包んで全然流れることのない時、我々はあたかも空気が凝結あるいは膠着《こうちゃく》したかのように感ずる。かかる時には煙突の煙は乱れることなくまっすぐに昇って雲の中に消えて行き、飛行機が空に描いた煙文字は永い間薄れずに形を保っている。そうしてこのような空気の淀みの方がむしろ西欧の風土にとっては持ち味なのである。

［A］風の少ないことを客観的に示すものを求めれば、たとえば北ドイツの土地そのものがそれであろう。そこは非常に細かな、粟粒よりも小さい、そうして粘着性を持たない砂によってできている。しかもこの細かな砂が風によって飛ばされない。日本の海岸で数倍の大きい粒が絶えず風に運ばれるのを見ている者には、実際不思議に感ぜられる。だからまたこういう砂地に茂っている松の木も、そろってまっすぐに立っている。広々とした牧場の間に立っている落葉樹も同様にまっすぐである。一般にドイツの樹木は直立している、と言ってもよい。このことはテューリンガーワルドのような山林においては一層著しい。林とは直立せる樹木の並列であって、幹と幹とは精確に平行線をなしている。このような感じは日本の杉林・檜林にもまれである。自分はいくらかそれに近いものを吉野の杉林で見たことがあるが、吉野は日本としては風の少ないところであろう。これは樹木が風圧を受けつつ育ったのでないことを示している。［B］たまに我々がやや強いと思う程度の風が吹けば、日本で家を倒すほどの大暴風が吹いた時のように、これらの樹木が根こそぎに倒されるのである。ルトウィヒはその『世襲山林監督官』のなかで山林の樹をすかすかすかさないかの議論を描いている。すかしてならない理由としてあげられるのは、すかした場合に一度暴風が来れば樹木がことごとく倒れるからである。それほど暴風はまれで、また樹木が風に慣れていないのである。樹木のこのような直立性はドイツの風景が整然とした感じを与える理由の一つだと思われる。フランスではこれほどまっすぐではない。［C］それでも北フランスなどでは、牧場や畑の間に並ぶ一列の楊《やなぎ》の木が、同じようにそろって一方へ曲がっているのが見受けられた。曲線でありながらも平行しているのである。これは風が整然として吹くことを示している。

（和辻哲郎『風土』から。一部表記を改めたところがある。）

問一　傍線部ア「自然の従順」とはどのようなことか。その説明として適切ではないものを、次の①～⑤のうちから選びなさい。

①　西欧の冬の気温は日本よりもはるかに低いが、湿気が少なく、体のしんそこまで冷える寒さを感じさせないこと。

②　西欧の冬の気温は日本よりもはるかに低いが、空気が絶えず流れているので、湿気の定着を防ぐ必要がないこと。

③　西欧の冬の気温は日本よりもはるかに低いが、朝夕の気温の変化が少ないので、あまり体調に負担がかからないこと。

④　西欧の冬の気温は日本よりもはるかに低いが、寒風が吹き荒れることが少なく、寒さが迫ってくるという感じがしないこと。

⑤　西欧の冬の気温は日本よりもはるかに低いが、苛烈なのは空気の冷たさなのであって、空気を介しての寒さではないこと。

問二　傍線部イ「この緊張感が何らか望ましいものにさえもなる」とあるが、その説明として最も適切なものを、次の①～⑤のうちから選びなさい。

①　空気の冷たさに起因する緊張感を解消するために、保温の設備が整った家を建てることで、湿気を帯びた冷気が征服しやすくなるということ。

②　空気の冷たさからくる緊張感によって、人間は厳しい寒気の圧迫に容易に耐え、自発的に生活をすることが可能になるということ。

③　空気の冷たさは、むしろそれに備えて克服しようとする人間の溌剌とした自発性を内面から引き出すことができるということ。

④ 清涼に属するともいうべき空気の冷たさは、自然を従順に感じさせ、西欧の風土をより牧場的に感じさせるようになるということ。
⑤ 空気の冷たさに対する緊張感があるがゆえに、保温設備が簡単な西欧の家であっても、日本よりも多くの薪炭を使わなくてすむということ。

問三　傍線部ウ「自然の単調」とはどのようなことか。その説明として適切ではないものを、次の①～⑤のうちから選びなさい。
① 雪が降ったり、日光が雪を解かしたりするような変化が乏しい西欧では、自然の移ろいを味わう機会が少ないということ。
② 暖かさを感じない月光のような光線が射す西欧では、日光が昨日の積雪を解かすような日々の変化は見られないということ。
③ 西欧では湿気が少なく底冷えがしないが故に、冬の日に日光の暖かさをしみじみと実感する機会が少ないということ。
④ 湿気が少ない西欧では、雪が降って世界が一変するような機会が少なく、ただ空気の冷たさを感じるだけだということ。
⑤ 空気が冷たく淀んでいるだけの西欧では、低い湿気と弱い日光とが相殺し合うために雪景色が見られないということ。

問四　傍線部エ「冬が人間の自発性を引き出したということにほかならぬ」とあるが、その理由として最も適切なものを、次の①～⑤のうちから選びなさい。
① 冬の寒さを人為的に征服しやすい西欧では、快適に過ごそうとする人間の意欲が刺激され、冬の室内での過ごし方が充実するようになったから。

② 家屋の構造と保温の設備によって寒さを克服した西欧では、冬の風情を感じるために、炉辺や劇場、音楽堂、舞踏室などを発展させたから。
③ 空気が冷たく身に沁みるように寒い西欧では、変化の少ない屋外より、人の手が加わった屋内に冬の風情を見いだそうとする志向が高まったから。
④ 冬の気候の変化が少ない西欧では、屋外に冬の風情を見いだすと同時に、劇場や音楽堂、舞踏室といった人為的なものにも冬の風情を感じる機会が多いから。
⑤ 冬の自然の変化が乏しい西欧では、単調な自然と工夫を凝らした人為的なものとの比較を冬の風情として好ましく感じる感性が育まれたから。

問五　傍線部オ「気象の変化に慣れた東洋の旅行者が、西欧の夏の自然を物足りなく感ずる、というだけのことではない」とはどのようなことか。その説明として最も適切なものを、次の①～⑤のうちから選びなさい。

① 空気に湿気が乏しく、昼と夜の気温の相違が少ないことで、南欧に見られる烈しい夏と、西欧の寒い冬を比較することが可能になったということ。
② 空気に湿気が乏しく、昼と夜の気温の相違が少ないことで、ヨーロッパは雑草が駆逐され、西欧の全土が牧場的になったということ。
③ 空気に湿気が乏しく、昼と夜の気温の相違が少ないことで、東洋の旅行者は夏の風情と考えるものを感じられなくなってしまったということ。
④ 空気に湿気が乏しく、昼と夜の気温の相違が少ないことで、農人の労働は軽減され、農作物の害虫も少なくなっているということ。
⑤ 空気に湿気が乏しく、昼と夜の気温の相違が少ないことで、東洋の旅行者は暑さを苦にせず、旅行に

専念できるようになったということ。

問六　空欄Ａ・Ｂ・Ｃに当てはまる語の組合せとして最も適切なものを、次の①〜⑤のうちから選びなさい。
① Ａ　あるいは　Ｂ　しかし　Ｃ　さらに
② Ａ　さらに　Ｂ　しかも　Ｃ　また
③ Ａ　さらに　Ｂ　だから　Ｃ　しかし
④ Ａ　しかも　Ｂ　しかし　Ｃ　そして
⑤ Ａ　あるいは　Ｂ　しかも　Ｃ　しかし

問七　本文の内容の説明として適切ではないものを、次の①〜⑤のうちから選びなさい。
① 西欧と南欧とでは、麦の収穫の時期や、通年での牧草の有無が異なっており、一口にヨーロッパといっても気候・風土は一律ではなく、人々の服装や山林の風景にも変化がある。
② 西欧の空気の冷たさは、湿気を帯びた暑熱を物理的に涼しくするよりも対策が立てやすく、乾いた厚い壁で仕切られた室内を、簡単な保温の設備によって暖めることができる。
③ 西欧の冬は、日本よりはるかに気温が低く零下になることが少なくないが、特に対策を考えず、冷たい空気のみを考慮して家を建てればよいので、室内の保温は比較的容易である。
④ 西欧の気候は、早朝の屋外で靴を露で濡らすことがないほど湿気が少ないため、農具を畑に放置しても決して錆びず、比較的害虫も少ないことから、農作業をする上で理想的である。
⑤ 西欧の林は、一部の例外を除くと、そろって直立している樹木が並んでいることが多く、このことから、一般的に風の少ない穏やかな風土で樹木が育ったことが推察できる。

二〇二四年度　神奈川県・横浜市・川崎市・相模原市　難易度

【十】次の文章を読んで、以下の問いに答えなさい。

技術とは何だろうか。それは伝統的な哲学におけるとても大きな問いである。

古代ギリシャの哲学者アリストテレスは、技術を、ある目的を達成するための手段を製作する営みとして定義した。人間がそうした活動をもっともうまく果たすことができるのは、自然現象を人工的に模倣したときである。したがってアリストテレスは技術を「自然の模倣」として説明している。【A】

例えば伝統的な農業では、春に種を播《ま》いて、秋に作物を①収穫する。これは自然界における植物のあり方を模倣した技術である。夏に種を播いたり、冬に収穫しようとしたりしても、農業はうまくいかない。なぜならそれは自然を模倣できていないからである。したがって技術をうまく行使するために、私たちはまず自然をしっかりと観察し、その本質を理解しなければならない。農作物が自然においてどのように育つのかを知らなければ、農業をうまく行うこともできないのである。【B】

こうした技術観は、自然が人間を②凌駕する存在であり、人間よりも優れていると考える自然観の上に成り立っている。人間が自分で考えついて行うことよりも、自然の摂理に従ったほうがずっと確実であり、はるかに信頼できると考えられているのだ。そして、③こうした技術観もまた人類の歴史の非常に長い期間を支配していた。【C】

例えば、一五世紀の発明家であるレオナルド・ダ・ヴィンチは、人間に空を飛ぶことを可能にする機械を構想した。その際、彼はまず鳥の羽の構造を観察し、鳥がどのようにして浮力を作り出しているのかを、その羽の形状と運動から分析した。そして、同じ原理によって人間が空を飛ぶために必要な技術的機構を考案したのである。実際に、ダ・ヴィンチの考えた空飛ぶ機械は実現しなかったが、ここには「自然の模倣」という技術観の反映が見られる。すなわち彼は、空を飛ぶ技術を実現するために、まずは自然において空を飛んでいるものを観察し、それを模倣しようとしたのである。

しかしこうした技術観は近代の始まりとともに覆されていく。その変革を起こした代表的な思想家が、十六世紀の哲学者フランシス・ベーコンだ。

技術を「自然の模倣」として捉えるとき、私たちは自然を観察し、そのあとにそれを技術へと落とし込んでいく。まずは自然の観察、次に技術への実装という順番だ。この順番は変わらない。第一に優先されるのは自然を観察することなのである。それは「自然ファースト」な発想である、と表現できるかもしれない。このとき自然の観察はあくまでも技術に先行するものとして位置づけられている。【D】

ベーコンはこのような発想を根本的に変更した。彼によれば、自然の本質は、人間が自然に対して積極的に働きかけ、その結果を検証することによって、初めて解明される。そうした働きかけこそ「④」に他ならない。

例えば、近代科学の父と言われるガリレオ・ガリレイは、重たいものほど早く落下するというアリストテレスの自然哲学を反駁《はんばく》するために、レールを使って異なる重さのボールを落とす実験を行った。このとき彼は単に自然を観察することによって知識を得たわけではない。わざわざ重さの違うボールを用意し、わざわざレールを作り、それを自分で動かすことによって、自然法則を解明しようとしたのである。レールも、ボールも、明らかに自然なものではない。誰も踏み入れない森の奥地で人知れずレールの上を重さの異なるボールが転がってなどいない。ガリレオは、そのように自然には存在しない人工的な環境を技術的に構築することで、⑤自然の本質に迫ろうとしたのである。

ベーコンは、このような実験こそが、人間の知識にとって不可欠の契機であると考えた。実験は、自然を理解するために、自然に対して技術によって働きかけることである。自然をただありのままに観察していても、自然を理解することはできない。それを可能にするのは実験という技術の営みなのだ。この意味において、べーコンはもはや自然ファーストではなく、⑥「技術ファースト」な考え方をしている、と言えるだろう。ところで実験は、人間の技術によって行われるものである以上、人間によってコントロールされ、管理されている。そして、そうした実験によってしか自然が解明されない。そうである以上、人間が自然を解明できるのは、自然を技術によって再現し、自らコントロールできるからである、ということになる。【E】

そのように考えるとき、ベーコンの発想はもはやアリストテレス的な「自然の模倣」ではなく、⑦「自然の支配」を可能と見なすものとして捉えられる。自然を人間よりも優れたものとして模倣する態度は、自然を自らの関心に従って操作し、管理しようとする態度へと、転換する。自然は人間を圧倒的に凌駕する存在ではなくなり、人間によって支配され得る対象へと変わってしまうのである。

(戸谷洋志『未来倫理』による)

1　次の文は、文章中の【A】～【E】のどこに置くのがよいか。最も適切な箇所を、以下のa～eの中から一つ選びなさい。

つまり、自然の観察そのものは、あとでそれを技術に使うかどうかとは無関係に行うことができる。自然の観察にとって、その成果を技術に使うか否か、ということは、あくまでも「おまけ」に過ぎない。

a　【A】　b　【B】　c　【C】　d　【D】　e　【E】

2　傍線部①「収穫」と同じ組み立てで構成されている熟語を、次のa～eの中から一つ選びなさい。

a　定義　b　非常　c　浮力　d　変革　e　奥地

3　傍線部②「凌駕する」の意味として最も適切なものを、次のa～eの中から一つ選びなさい。

a　上回る　b　抑圧する　c　見くだす　d　覆いつくす　e　打ちのめす

4　傍線部③「こうした技術観」とあるが、その内容として最も適切なものを、次のa～eの中から一つ選びなさい。

a　技術とは伝統的な哲学におけるとても大きな問いである、という考え方。

b　ある目的を達成するための手段を製作する営みこそが技術である、という考え方。

c　自然現象を人工的に模倣することで技術をうまく行使できる、という考え方。

d　自然をしっかりと観察しその本質を理解するためにも技術が必要だ、という考え方。

e　自然は人間よりも優れており技術を確実にし信頼できる存在である、という考え方。

5　文章中の［④］に当てはまる言葉として最も適切なものを、次のa～eの中から一つ選びなさい。

a　技術　　b　実験　　c　観察　　d　理解　　e　模倣

6　文章中の［⑤］に当てはまる言葉として最も適切なものを、次のa～eの中から一つ選びなさい。

a　やはり　　b　さらに　　c　ならば　　d　むしろ　　e　それも

7　傍線部⑥「『技術ファースト』な考え方」の説明として最も適切なものを、次のa～eの中から一つ選びなさい。

a　技術を用いて自然に働きかけることによって、自然を理解することができるようになる、という考え方。

b　自然とは異なった環境を実現できる技術こそ、人間にとって自然そのものよりも役に立つ、という考え方。

c　自然の本質に迫るためには、自然に働きかけることより技術を行使することの方が有効である、という考え方。

d　人間にとって必要なのは、自然を自然のままにせず、技術によって自然を管理することである、という考え方。

e　自然が人間よりも優れているという考え方を改め、人間が技術を用いて自然を支配するべきである、という考え方。

8　傍線部⑦「『自然の支配』を可能と見なすもの」とあるが、これに当てはまらないものを、次のa～eの中から一つ選びなさい。

a　人間が、自然に対して積極的に働きかけ、その結果を検証すること。
b　人間が、自然には存在しない人工的な環境を技術的に構築すること。
c　人間が自然を観察し、人間の知識にとって不可欠の契機を得ること。
d　人間が技術によって自然を再現することで、自然を解明できること。
e　人間が実験を行う場合に、自然をコントロールしているということ。

9　本文の論の展開や表現上の特徴について説明したものとして最も適切なものを、次のa～eの中から一つ選びなさい。

a　歴史上、価値観の変転がたびたびあったことを具体的に示し、その上でさらに、今後起こりうる変化についても、理解を促している。
b　身近な例から発展して次第に抽象的な思考へと深めていき、予想される異論への反論も盛り込みながら、独自の結論へと導いている。
c　自問自答を繰り返しながら論を深めていき、それぞれの疑問を解決した後、さらに生じた新たな問題点を、最後に問いかけている。
d　冒頭に示された点に限らず、他の事柄においても同じ傾向が表れることを暗示し、現代社会に数多くある諸問題への意識を高めさせている。
e　時代の変遷に伴って考え方に大きな転換があったことを示すために、それぞれの考え方について例を挙げて具体的に説明している。

10　本文の内容に合致するものとして最も適切なものを、次のa～eの中から一つ選びなさい。

a　アリストテレスは、より確実に自然を模倣し自然の摂理に従うためには、よりよい技術を考え実行することが必要である、と考えた。

b　レオナルド・ダ・ヴィンチは、空飛ぶ機械を構想するにあたって、自然において空を飛んでいる鳥を観察するための技術的機構を考案することから始めた。

c　フランシス・ベーコンは、技術について、まず自然を観察し、次にそれを技術に落とし込んでいく、という順番になると考えた。

d　ガリレオ・ガリレイは、自然法則を解明するために、あえて自然なものではない装置を設置し操作する、という方法を採った。

e　人間が自然を支配するようになったということは、人間があらゆる現象を操作し管理することができるという発想をもたらした。

二〇二四年度　高知県　難易度

【十二】次の文章を読んで、以下の問い(問一～問七)に答えよ。

強力効果論は、文字通りマスメディアが強力な効果を持つという前提に立つ。同時に、メディアの効果がすべての人に対して即時的、直接的に及ぶものだという想定に特徴づけられる。この時代におけるマスメディアの効果モデルは、ひとたび注射されれば即座に影響を及ぼし抵抗不可能というイメージから「皮下注射モデル」、あるいは、銃弾になぞらえて「魔法の弾丸理論」とも称される。

マスメディア研究の歴史において強力効果論の時代と呼ばれるのは、1920年代から1930年代にかけてである。1920年は、世界初の商業ラジオ放送として、アメリカ・ピッツバーグのKDKA局が大統領選の結果を人々に伝えた年にあたる。19世紀末に普及した新聞や映画に加えて、情報をより多くの人に同時に届けうるラジオが登場したことで、マスコミュニケーションの影響力に研究者の注目が集まった。

また、強力効果論の背景には、大衆社会論と呼ばれる社会学理論が存在する。産業化が進行し人々が都市に集中していく中で、社会に秩序をもたらしていた伝統的共同体から人々が切り離されることの影響は、19世紀後半の社会学における中心的なテーマのひとつであった。社会学者テンニースの『ゲマインシャフトとゲゼルシャフト』は、この一例である。彼は、産業化によって人間関係の中心が、地縁・血縁・友情などによって自然に結びつく関係性(ゲマインシャフト)から、利害関係にもとづいて選択される関係性(ゲゼルシャフト)へと変化する中で、人々が結びつきを持ちながらも孤立する様を理論化した。このように、人々が産業化によって孤立する一方で、マスメディアの登場は、孤立した［Ⅰ］に情報を一斉に届けることを可能にする。共同体から切り離された［Ⅱ］は、社会学者マンハイムが「甲羅のない蟹」と表現したように、精神的に脆弱な存在であるため、大衆はマスメディアを通じて発せられるメッセージを通じて容易に操作される存在となり、①精神的な安定を求めてファシズムや共産主義といった全体主義的イデオロギーに動員されてしまう、と考えられた。

このような②大衆社会論にもとづくメディア観は、第一次世界大戦や国際共産主義運動における激しいプロパガンダを目の当たりにした人々にとって、説得力を持つものであった。そして何よりも、プロパガンダが持つ強大な影響力を印象づけることになったのは、ドイツにおけるナチスの台頭である。類まれなカリスマ性を持つヒトラーとそれを演出する宣伝担当ゲッベルスの巧みな戦略によって、ナチスは瞬く間にドイツ国民の支持を獲得していく。ヒトラーの演説に熱狂する人々の姿は、現代でも多くの人が共有するイメージであろう。

しかし、メディア史研究者の佐藤卓己は、このようなイメージがどこまで実態を反映していたのか、という疑問を投げかける。

整然と行進してくる茶褐色の突撃隊と軍靴の響き。波打つハーケンクロイツの旗。神々しく夜空に放たれるサーチライトの柱。大群衆を前に熱っぽく演説するヒトラー。歓呼の声。高々とヒトラーに向けて挙げられた手、手、手――。

（『増補　大衆宣伝の神話』423ページ）

このような、われわれが持つナチスに対するイメージは、党大会記録映画『意志の勝利』に代表されるナチ党の自作自演に依拠するものである。しかし、③ナチズムを批判する者でさえ、ナチ党が提供したイメージを事実として受け入れてしまっているというのである。

佐藤の著作『大衆宣伝の神話』には、「マルクスからヒトラーへのメディア史」という副題がついているものの、あつかわれている内容の大半は、ナチス時代以前にドイツ社会民主党が行った④プロパガンダの歴史が占めている。なぜこの副題がついているかといえば、ナチ党の宣伝戦略は目新しいものではなく、ドイツ社会民主党が行ってきた手法の焼きなおしであったと論じているためである。また、ナチ党が大規模な宣伝活動を行うことができるようになったのは、1933年の政権獲得後であり、それ以前の宣伝に関しては、他を圧倒する資源が投入されたわけではなかった。実際、ナチ党による鉤十字のシンボルを用いた宣伝に対抗して、三本の矢が鉤十字を貫くというシンボルを用いた宣伝などが功を奏し、社会民主党は1932年6月に行われたヘッセン州議会選挙において党勢を回復し、ナチ党の多数派形成を阻止している。

一方、言語学者の高田博行は、ヒトラー演説の分析を通じて、弁論術の観点からそれが卓越したものであったことを示している。弁論術においては、聴衆に訴えかけるテーマを「発見」し、演説を序論、陳述(主張)、論証(理由づけ)、結論という適切な形で「配列」し、伝えたい内容を魅力的に表現する「修辞」を用い、その表現をそらんじられるよう「記憶」し、表情も豊かに「実演」することが求められる。ヒトラーが『わが闘争』第1巻を出版した1925年の演説において、すでにこのようなスタイルが完成していたというのである。そして、演説内容を魅力的なものとする修辞としては、「AではなくB」という対比、「もし～ならば」という仮定表現、同じ音や表現の繰り返し、「多くの点で」「根本において」といった曖昧表現、「平和」「確信」「理念」「意志」「発展」といった抽象名詞、「最良の」「最高の」「熱狂的な」「世界的」といった誇張法などが頻繁に用いられていた。

このように、ヒトラーの弁論術が巧みであったこと自体は事実であろう。しかし、高田も、ナチ党によるプロパガンダが強大な力を発揮し続けたと主張しているわけではない。ヒトラーの演説がいかに優れていても、聴衆に聞こえなければ意味がない。1928年末から用いられるようになったマイクとラウドスピーカーによって会場全体に声が届くようになり、1932年の大統領選においては演説会場を飛び回るために飛行機が用いられた。しかし、より多くの人に演説を届けることができるラジオの電波をヒトラーが奪取したのは、政権獲得後の1933年以降のことである。

(稲増一憲「マスメディアとは何か」による)

問一　本文中の Ⅰ と Ⅱ に入る言葉の組合せとして最も適当なものを、次の1～5のうちから一つ選べ。

	Ⅰ		Ⅱ
1	大衆	―	個人
2	個人	―	社会

3 社会 ― 大衆
4 人間 ― 情報
5 都市 ― 人間

問二 傍線部①に「精神的な安定を求めてファシズムや共産主義といった全体主義的イデオロギーに動員されてしまう」とあるが、なぜか。その説明として最も適当なものを、次の1～5のうちから一つ選べ。
1 産業化が進行して、人々の関心は生活の安定と密接に関係することに向かい、人々との精神的な結びつき以上に、政治や国家の安定や発展に関心が向かっていったから。
2 産業化によって、人々は経済的に豊かになり精神的には安定したものの、利害関係にもとづいた人間関係に疲弊し、精神的に不安定であったために大衆との結びつきを求めたから。
3 産業化によって、都市では若者を中心に新しい共同体がつくられ、人々が結びつきを持つことができたが、地方では若者の減少によって、人々の結びつきが不安定になったから。
4 産業化の進行で、社会に秩序をもたらしていた伝統的共同体から切り離された人々は、利害関係にもとづいて選択された関係性によって孤立を感じ、共同体に代わる結びつきを求めていたから。
5 産業化によって、「強い国家」への憧れを人々が思い抱いた結果、愛国心の名のもとに構築された共同体が、人々に平等に富を分配したことによって、人々の結びつきを強めたから。

問三 傍線部②に「大衆社会論にもとづくメディア観」とあるが、どういうことか。その説明として最も適当なものを、次の1～5のうちから一つ選べ。
1 1920年代から1930年代にかけて見え始めて、19世紀末に普及した新聞や映画に加えてラジオなど、マスメディアが強力な影響を持つとされるメディア観である。
2 19世紀後半に産業化が進み、人々が都市に集中化する中で、社会的な秩序をもたらしていた伝統的共同体からマスメディアの影響を大きく受けた若者のメディア観である。

3 マスメディアの普及によって産業化したことに伴い、人間関係の中心が、地縁・血縁・友情などによって自然に結びつく関係であるゲマインシャフトを具現化したメディア観である。

4 マスメディアの普及がもたらした利害関係にもとづいて選択される関係性によって、人々がマスメディアを通じて結びつきながらも孤立するゲゼルシャフトへ変化したメディア観である。

5 産業化の進行に伴い、ゲマインシャフトからゲゼルシャフトの関係性へと変化したことによって生じる人々のマスメディアに対する依存が高まるメディア観である。

問四　傍線部③に「ナチズムを批判する者でさえ、ナチ党が提供したイメージを事実として受け入れてしまっている」とあるが、それはどういうことか。その説明として最も適当なものを、次の1～5のうちから一つ選べ。

1 ナチズムを批判する者であっても、ナチ党が党大会記録映画で演出した「整然と行進してくる茶褐色の突撃隊と軍靴の響き」を、強い国家の象徴として誇りに思っていたということ。

2 ナチズムを批判する者であっても、他の人々がカリスマ性のあるヒトラーの演説に熱狂する様子を観ながら、自分たちがヒトラー以上に、他の人々を魅了する方法を考えていたということ。

3 ナチズムを批判する者であっても、ナチズムのイメージというものを、ナチ党が演出した宣伝によって構築している側面があり、影響を受けたという点では、ナチズムを支持する者と同じであるということ。

4 ナチズムを批判する者であっても、ナチ党と同じような方法で、自分たちの主張を宣伝した結果、選挙でもナチ党の多数派形成を阻止することに成功しており、ナチ党を批判する資格はないということ。

5 ナチズムを批判する者であっても、ナチ党の宣伝戦略は、綿密な計画と大胆な実行によって成功したのであって、むやみに批判するのではなく、学べるところは学んだ方がよいということ。

問五　傍線部④に「プロパガンダ」とあるが、この例として適当でないものを、次の1～5のうちから一つ選べ。

1　ナチ党への支持をさらに拡大する目的で、ヒトラー自身が語るレコード『国民への訴え』を五〇万枚制作した。

2　ナチ政権はナチ的イデオロギーに合った記念日、「政権獲得の日」「英雄記念日」「総統誕生日」などを制定した。

3　ラジオの所有者はラジオを所有していないすべての居住者に対し、ヒトラー演説の聴取の場の提供をナチ政権によって義務づけられた。

4　ヒトラーは、来るべき東方でのソ連との対決のために、西方にいるイギリスとの関係を安全にする方針をとった。

5　選挙前に、郵便車にヒトラーの大きな写真が貼られ、郵便スタンプに「あなたの一票を総統に」という文字が押された。

問六　波線部に「マスメディアが強力な効果を持つ」とあるが、図1から読みとれることとして最も適当なものを、以下の1～5のうちから一つ選べ。

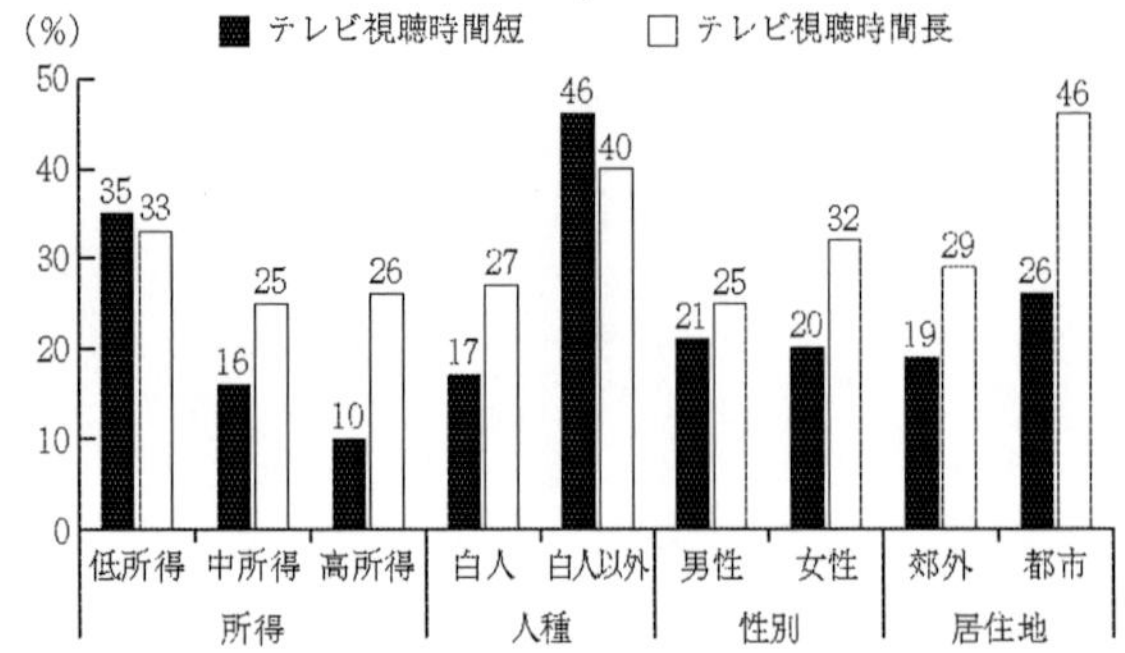

図1　犯罪の恐怖を自分にとって深刻と認識する人の割合の比較
（稲増一憲「マスメディアとは何か」より）

1　犯罪の恐怖を自分にとって深刻と認識する人の割合は、どの所得層においてもテレビの視聴時間の長い人の方が高く、人々はマスメディアの影響を受けやすいと言える。

2　犯罪の恐怖を自分にとって深刻と認識する人の割合は、テレビの視聴時間が長い場合には性別による差が見られ、マスメディアの影響があると言える。

3　犯罪の恐怖を深刻な問題として認識することは、テレビの視聴時間の長さと所得などの全ての項目とは関係が見られず、個人の性格による部分が大きいと言える。
4　テレビの視聴時間が長い人ほどマスメディアの影響を受けやすく、犯罪の恐怖を深刻と認識する人々は、郊外に居住しようとする傾向があると言える。
5　犯罪の恐怖を深刻な問題として認識することは、所得などの全ての項目において、テレビの視聴時間の長さよりも各項目による影響の方が強いと言える。

問七　本文における内容、筆者の考えについての説明として最も適当なものを、次の1〜5のうちから一つ選べ。

1　第一次世界大戦に始まり、世界における戦争は、マスメディアによる大きな影響にもとづいている。その背景には、産業化が進んで都市化して人々の結びつきが弱くなり、プロパガンダによって精神的に操作されやすい大衆の存在がある。
2　ナチ党は、プロパガンダによってヒトラーをカリスマ性のある存在に押し上げることに成功した。その社会的な背景には、産業化によって人間関係の中心が利害関係にもとづいていたことにあり、人々への利益供与を強調したところにある。
3　ヒトラーが率いるナチスの台頭には、プロパガンダがもつ強大な影響力もあったが、ヒトラーには卓越した弁論術があったことも事実であり、大規模な宣伝活動を行うことができない時代であっても、演説を通して人々を惹きつけていたのである。
4　かつて人々はゲゼルシャフトの関係性で結びついていたが、産業化によりゲマインシャフトの関係性へと変化したことに加え、マスメディアの政治での利用が盛んになったために、ヒトラーのような政治家の演説に熱狂したのである。

5　マスメディアが強力な効果を持つという強力効果論がある一方で、マスメディアの効果が限定的なものにとどまるという限定効果論もあり、ナチズムを批判する者たちによって展開されたが、いずれにしてもプロパガンダを推進するものである。

二〇二四年度　大分県　難易度

【十二】次の文章を読んで、各問いに答えよ。

部屋のなかに、自然のままの岩石のかけらと、小ワニの剝製と、よく出来た造花のあやめを置いてみるとき、これらのうちのいずれに、私たちは〈自然〉を感じるであろうか。剝製のワニよりも、自然のままの岩石よりも、本物そっくりの造花のあやめに、〈自然〉を感じかねないのではなかろうか。ここまで言うと、言いすぎになるかも知れない。が、さしあたり、私たち日本人には、概して、植物を中心とした身近な風物のうちに、そして、季節(四季)の移りかわりのうちに、なによりも〈自然〉を感じるところがある、といってよさそうだ。

丸山真男氏は「歴史意識の〈古層〉」(『歴史思想集』、「日本の思想」第六巻、筑摩書房)において、日本人の歴史意識の〈持続低音〉を形づくる三つの基本観念として、「つぎつぎに」「なりゆく」「いきほひ」をとらえたが、このような歴史意識は、まさに、温順多湿の地の植物を中心とした——つまりは一種の農耕文化的な——〈自然〉感覚そのものである。

一つの国や社会のものの見方や感じ方の総体としての文化には、それぞれ固有の分類のシステムが含まれている。いや、文化とは、すべての事物を区別し、分類するシステムそのものだ、とさえいえる。そこでは、当然、自然的なものも区分され、分類されるし、また、それらの区分や分類をとおして、はじめて〈自然〉に対する見方や感じ方も、はっきり捉えられることになる。そして、言語によって名づけられ、分類された〈自然〉は、すでに〈制度〉化された自然である。

たとえば、ここに〈花〉を例にとってみる。この日本語の〈花〉は、植物学上の単なる花、つまり、或《あ》る種の植物の、色としばしばにおいを持った所産物、であるにとどまらない。それは、とりわけ〈桜〉をさし、また、そのことを含めて、古来の日本人の感情生活のうちに格別な位置を(a)シめている。ということは、(1)〈自然〉の制度化とは、外なる自然の制度化であるとともに内なる自然、感覚や感受性の制度化である、ということである。

《中略》

さて、このような、制度化された〈自然〉、あるいは制度としての自然、という観点から、古来の日本人の〈自然〉に対するとらえ方を考える上で、興味深い多くの問題を含み、また手がかりを与えてくれるものに、俳句の歳時記がある。

ふつう歳時記は、ほとんど単なる作句のための季節の分類と考えられているが、ただそれだけのものであろうか。たしかにそれは、外面的には、単なる季語の集成であり、平面的な(b)ラレツのようにみえる。だが、実は、われわれ日本人が古来、永い間歳月をかけて(c)ミガきあげてきた「美意識と知的認識」との精髄であり、季語によって形づくられた一つの立体的な「秩序の世界」であるとこそ言うべきなのだ、と、すでに山本健吉氏は言っている（「歳時記について」『最新俳句歳時記・新年』所収）。ここから、歳時記を季語の、つまりは自然の制度化したものとするとらえ方までは、ほとんど隔たっていない。

山本氏がこのような基本的とらえ方によって歳時記から引き出しているいくつかの問題は、それ自身すでに私たちにとってまことに興味深く、示唆に富むものである。それを私たちの観点から捉えなおすとき、さらにいっそう問題点の所在が明らかになるはずである。

すなわち、(2)季語の世界は、永い歳月の間にピラミッド型に形成された一つの秩序の世界である。その頂点(中心)部に四季を代表する五箇の景物〈花〉〈郭公《かっこう》〉〈月〉〈雪〉、それに〈寝覚〉あるいは〈紅葉〉がある。このまわりに斜面にそって、和歌の題、連歌の季題、俳諧の季題がとりまく。そして、その裾野をなす最底辺(周辺)部に、日本の風土のあらゆる季節現象を尽くそうとするただの季語が存在して、現実の世界に融《と》けこんでいる。中心部は、日本人の美意識によってきびしくなされた選択であり、底辺部はほとんど事物のあるがままの記述、ザインとしての記述であるが、そこにも選択が働いていないわけではない。

つまり、このように幾重もの重層性を持って成り立っている季語の世界は、その中心部と周辺部ではフィクション性の度合いが大いに異なっている。が、それにもかかわらず、全体が〈自然〉や事物の擬制化され、制度化された世界である。ただ、狭い意味での季語は、あるがままの(即自的な)自然や事物と接し、それらとの限界領域をなしている。

また、季語の世界の中心(頂点)部近くに働く美意識の選択は、そういう美意識を育んだ文化の中心としての京都の風土と宮廷人の限られた生活とに密接に結びついていた。京都を中心とする季節現象の一部だけが、歌の情趣にふさわしい優美さによって、歌の題として選ばれる。「小夜時雨《さよしぐれ》」、「春霞《がすみ》」などを、京都に滞在してはじめて実感した柳田国男は、いわば日本国の歌の景は、ことごとくこの「山城の小盆地」の風物に外ならぬ、と言った。京都、あるいは京都の周辺をあまり出ることのなかった宮廷人たちは、その生活がおのずと題材を狭めたと同時に、その洗練された美意識によって、自然の景物に或る制限を与えたのでもあった。

自然に直接ぶつかった万葉人とちがい、美意識によって、自然をなぞり、類型化したのであった。しかし、このことは和歌の題目だけに限ったことであろうか。俳句においても、中央の季感によって地方の作者が句をつくっていることが多い。漁民や船乗りの間で暴風などのきびしい季節現象をあらわしていた生活の言葉が、内容をやわらげられ、矮《わい》小化されて季語の世界のなかにとりこまれる場合も少なくない。また、中部山岳地方や東北地方の荒々しい風土現象は、季語としてほとんどみられていない。高原の明るい、(d)カンソウした風光が発見されたのは、西洋人が軽井沢や上高地を発見した以後のことであった。

　美意識の選択と、文化的中心性や地域的中心性とにかかわるこれらの諸点を、あわせて考えてみるとき、自然の制度化されたものとしての季語の世界に、おのずと次のような構造が浮かび上がってくるように思われる。すなわち、まず、すべての自然現象や事物は、そのまま一つの秩序の世界としての季語の世界に入りうるわけではなく、文化的にも地域的にも求心的な原理によって、選択されたり、変容を受けたりする。そして、中心部からはなれた荒々しい自然現象や風物の発見は、遠心的原理にもとづく自然との新しい接触である。が、それは秩序の世界のなかに静止的に位置づけられるにしたがって、遠心的な原理の働きとなまなましさを失う。つまり、季語の世界は、静止し惰性化したかたちをとりやすく、したがって、(3)遠心的な原理によってさまざまな角度からこれに問いかけを行なうことが必要になる。山本健吉氏が、一つ一つの季語についてその歴史的な意味の重層性を感じとることとともに、季語が負っている風土に根ざした力強い根源の生命力をとりもどすべきことを説いているのは、その意味においてであろう。

　歳時記の季語の世界に、私は、制度化された自然の、一つの典型的なあり方を見た。それというのも、ここでは、あらゆる自然現象も風物も、すべて四季と新年との分類のうちに、つまり季節という自然の移り行きのうちに、区分され、位置づけられているからである。そこでは行事も人事も、風物と化し、自然と化し、そうすることによってかえってすべての自然が制度化している。人間そのものまで――太宰治でも、高橋和巳でも――、忌日つまり死んだ日によって四季のうちに分類され、位置づけられて、季語に準じたものになっているのだから、徹底している。そして、(4)季語の世界あるいは体系は、その最周辺部があるがままの自然や事物に接しているだけに、かえって私たちはその拘束から逃れがたいのである。

（中村雄二郎『考える愉しみ』から）

（注）ザイン――実在。存在。

問1　波線部(a)～(d)のカタカナをそれぞれ漢字に改めよ。

問2　傍線部(1)とあるが、どういうことか。六十字以内で説明せよ。

問3　傍線部(2)とあるが、筆者はどのようなことを言おうとしているのか。その説明として最も適当なものを、次の(ア)～(オ)から一つ選び、記号で答えよ。

(ア)　季語の世界においては、中心部から底辺部までの全てにきびしい美意識が働き、階層的に構造化されているということ。

(イ)　季語の世界においては、現実世界に融けこんでいる底辺部を基礎として、全体が擬制化、制度化されているということ。

(ウ)　季語の世界においては、四季を代表する五箇の景物のみが永い歳月を経ることで擬制化、制度化されているということ。

(エ)　季語の世界においては、美意識による選択の影響の度合いに応じて全ての現象が階層的に構造化されているということ。

(オ)　季語の世界においては、全てが和歌の題、連歌の季題、俳諧の季題に分類され、階層的に構造化されているということ。

問4　傍線部(3)とあるが、それはなぜか。その説明として最も適当なものを、次の(ア)～(オ)から一つ選び、記号で答えよ。

(ア)　荒々しい風土や生活に根差した言葉を用いた万葉人の感性とは異なり、季語の世界は、京都の風土や宮廷人の生活に基づいた美意識による選択の影響を強く受け、中心部から離れたあるがままの自然との接触を阻害することになり得るから。

（イ）京都に住む宮廷人達の行動範囲が限られていたがゆえ、季語の世界には京都に内在する自然現象のみが優美なものとして位置づけられることとなり、京都の外部に生じるあらゆる自然現象は季語の世界から排除されてしまうから。

（ウ）季語の世界では京都で生み出された美意識が中心化されており、万葉人による多様な自然現象に基づいた言葉との出会いに立ち止まってその意義を捉え直したとしても、季語の持つ風土に根差した豊かさを十分に捉えることはできないから。

（エ）万葉人の発見した荒ぶる自然や風土を反映させた言葉を自らの体系の内に位置づけながら洗練させてきた季語の世界は、中心部から離れたなまなましい自然と改めて接触したとしても、そこに新鮮さを見いだすことは困難であるから。

（オ）京都を中心に洗練されてきた歴史を有する季語の世界と、万葉人が接したようなあらゆる自然現象とが新たな関係を結ぶことにより、歴史的に形作られてきた和歌の世界における美意識の発展が停滞してしまう可能性があるから。

問5　傍線部(4)とあるが、どういうことか。本文全体を踏まえ、九十字以内で説明せよ。

【十三】 次の文章を読んで、一～八の問いに答えよ。（＊は注を表す。）　**二〇二四年度　岡山県　難易度**

われわれはいろいろなことを知っている。堂々たるものとしては自然科学の知識があるが、さしあたりもっと身近な何気ない例で考えていこう。例えば、いま部屋の外で雨は降っていない。私はそのことを知っている。

「知っている」と言えるためには、それは当てずっぽうではなく、根拠をもっていなければいけない。窓から外を見ると、青空であるし、道も濡れていない。誰もが傘を差さずに歩いている。これが、外ではいま雨が降っていないということを私が知っていると言える理由である。

このあたりまえのことからひとつの重要な確認が為される。知識であるためには、どういうルートでそれを知るようになったのかということが決定的に重要だ、ということである。例えば、私が部屋の中で水晶玉を覗き込みながら a不可解な呪文をつぶやき、やがておもむろに顔をあげ、「外では雨は降っておらん」とか言ったとしても、それは①何ごとかを知る適切なルートとはみなされず、それゆえ私はそれを「知っている」とは言われないだろう。

知識を獲得するルートは、人から教えてもらったり、本からであったり、インターネットからであったりする。しかし、そうした知識も元をたどれば、誰かが実際にその目で見て(あるいはその耳で聞き、その手で触れて)、観察したことに基づくと考えられる。より一般的な言い方をすれば、知識は経験に基づくとされるのである。

私は、外が青空で道も濡れていないこと、そして誰もが傘を差さずに歩いていることを窓越しに見た。だから、外では雨は降っていないと考えた。これは観察に基づいた知識であり、適切なルートと言える。ここにおいて、観察は知識を根拠づけている。そして、観察それ自身はもはや他の何ごとかを根拠にもつものではない。われわれはまず観察し、そこからさまざまな知識を得ていく。観察は、知識の出発点として、われわれに直接与えられたものと考えられる。その意味で、観察は「所与《データ》」と呼ばれるのである。

そして、知識がそこから出発すべき最初の地点として、かつて「感覚所与《センスデータ》」と呼ばれるものが考えられた。知識を獲得する本当の出発点にある所与は、何一つ知識をもっていない完璧に無知の人間にも観察できるものでなければならない。だとすれば、②「道が濡れていない」などという観察はまだ真のスタート地点とは言えないだろう。「道」も知らない、「濡れる」も知らない、そんな人間にも可能な観察。何も知らなくったって、何かは見たり聞いたりしているはずだ。それが、センスデータにほかならない。つまり、それはいっさいの知識を含まず、また「道」だとか「濡れる」といった概念も含まない、非概念的な経験とされる。

ページから目を上げて、あたりを見ていただきたい。そこから、机だとか棚だとか、意味をすべて b ハぎ取ってしまう。それは色と形の c 戯れであるが、色や形といった意味さえも b ハぎ取るので、本当にもう表現しようのない非具象的な世界となる。それが、非概念的な経験である。

他方、ここで問題にされている知識は、言語的な内容をもった知識、すなわち「雨」だとか「降っていない」といった概念によって捉えられた概念的な知識にほかならない。かくして、「非概念的な経験(センスデータ)に基づいて概念的な知識が獲得される」という考え方が提唱されることになる。

だが、センスデータ論は厳しく批判された。もし観察が非概念的であり、いっさいの意味を欠いたものであったとしたならば、どうしてそれをもとに、「だから、しかじかの知識が得られた」と言えるのか。

ここにおける「だから」は、「インフルエンザウィルスに感染した。だから、高熱が出た」における「だから」ではなく、「高熱が出ている。だから、インフルエンザかもしれない」における「だから」にほかならない。前者の「だから」は③(　　)関係を表わしている。それに対して後者は、高熱が出たことを証拠として、インフルエンザかもしれないということを推論している。これは、③(　　)関係の「だから」ではなく、推論関係の「だから」である。

では、「このような非概念的な経験をした。だから、しかじかの概念的な知識が得られた」はどうか。知識を正当化するためのデータは、その知識の証拠となるものであるから、その関係は推論的なものでなければならない。しかし、非概念的な経験と概念的な知識をつなぐ「だから」は、推論的なものではありえない。理由は単純で、推論は言語的な内容において成り立つからである。「道が濡れていない」という意味で捉えられるからこそ、「雨は降っていない」と推論できる。それに対して、非概念的な経験は言語的な分節化をもたない場のようなものにすぎない。そんなものを「かくの如し」と示されても、何も推論できはしない。

たとえて言えば、マネの「草上の昼食」のような具象画から、それに基づいてなんらかの物語を読み取り、語り出すことはできる。だが、抽象画から、それに基づいて何か物語を読み取れというのは、できない相談だろう。いっさいの意味を奪われたものは、概念的な知識の証拠にはなりえないのである。

この事情を、ウィルフリッド・セラーズは、非概念的経験は「理由の論理空間」には属さない、と表現した。概念的に捉えられていない経験は、概念的な知識を正当化する理由にはなりえないというのである。こうして、知識を根拠づける最終的な所与として非概念的経験をもちだしてくる考え方を、セラーズは「所与の神話」と呼んで批判した。

それゆえ、観察が概念的な知識の根拠となりうるためには、観察もまた概念的なものでなければならない。つまり、私はそれを「青空」「道は濡れていない」「誰もが傘を差さずに歩いている」といった意味のもとに捉えているからこそ、その観察から「雨は降っていない」という知識を得ることができる。言い換えれば、④語られた知識を支えるのは、語られた観察だけなのである。

かくして、非概念的な経験――あるいはむしろ前回までの私自身の言い方に合わせるならば、非言語的な体験、すなわち語られないもの――は、知識にとって何の役目も果たさないと結論できるように思われる。

だが、*最初に述べたように、私はこの強い風に逆らって進みたいと考えている。

といっても、さしあたり言いたいことはあたりまえのことである。（哲学はしばしばあまりにも身近なあたりまえのことを忘れがちになる。）われわれは概念化されたものごとだけに影響を受けるわけではない。インフルエンザという概念をもっていなくとも、ウィルスに感染すれば身体はそのように反応する。暑ければ汗をかき、のどが渇き、水を飲む。道を歩いているときにも、概念的に捉えられていない多様な情報に、私は無自覚の内に反応しているだろう。例えば、足裏の<u>ビミョウ</u>[d]な感覚に反応して歩き方を変化させ、目の端で捉えた何かに反応してそちらを向く。あるいは、こう言ってもよい。言語をもたない動物たちでも、さまざまな仕方で状況に反応する。人間である私もまた、一匹の動物として、非言語的・非概念的なレベルで状況に反応しているのである。こうした動物的な生を適切に導くのでなければ、概念的な知識も適切なものとは言えないだろう。知識の最終的な審級は概念的な観察ではない。それは、⑤<u>非概念的な動物的生</u>なのである。

野矢茂樹『語りえぬものを語る』より（作問の関係上、一部を省略した。）

注

＊最初に述べたように…筆者はこの章の最初に、「語られないものが語られたことを真にする」という主張を前提に「語られたことだけが語られたことを真にする」という主張を見ていこうとしている。

一　「<u>不可解</u>[a]」、「<u>戯れ</u>[c]」の読み方をひらがなで記せ。

二　「<u>ハぎ</u>[b]」、「<u>ビミョウ</u>[d]」を漢字に直して記せ。（楷書で正確に書くこと）

三　「①<u>何ごとかを知る適切なルート</u>」とあるが、どのようなものか、二十五字以上三十字以内で具体的に記せ。

四　「②<u>「道が濡れていない」などという観察はまだ真のスタート地点とは言えないだろう</u>」とあるが、このことを説明した文として、最も適当なものを次のア～エから一つ選び、記号で記せ。

ア　観察は、知識の出発点として、われわれに直接与えられたものではないと考えられるため、「道」や「濡れる」という概念をもっている人間であっても観察することができず、根拠にならないということ。

イ　知識がそこから出発すべき最初の地点として、「感覚所与《センスデータ》」が考えられたとおり、「道」だとか「濡れる」といった概念はいっさいの知識を含んでいない、非概念的な経験になっているということ。

ウ　知識の本当の出発点にある所与《データ》は、完璧に無知の人間にも観察できなければならず、「道が濡れていない」という観察には、「道」や「濡れる」という概念が含まれ、非概念的な経験になっていないということ。

エ　知識の本当の出発点には、非概念的な経験としての観察があるはずであり、「道が濡れていない」という観察は、本当にもう表現しようのない非具象的な世界となっているということ。

五　文中の③（　　）にあてはまる言葉を漢字二字で記せ。

六　④「語られた知識を支えるのは、語られた観察だけなのである」とあるが、どのような意味か。「語られた」という言葉を明らかにし、「言語」、「証拠」という言葉を使って五十五字以上六十字以内で説明せよ。

七　⑤「非概念的な動物的生」とあるが、どのようなことか、三十五字以上四十字以内で説明せよ。

八　次は、中学校学習指導要領に示されている、国語科の目標である。［A］、［B］、［C］にあてはまる言葉を記せ。

> 言葉による見方・考え方を働かせ、［A］を通して、国語で正確に理解し適切に表現する資質・能力を次のとおり育成することを目指す。
>
> (1)　社会生活に必要な国語について、その特質を理解し適切に使うことができるようにする。
>
> (2)　社会生活における人との関わりの中で［B］を高め、思考力や想像力を養う。
>
> (3)　言葉がもつ価値を認識するとともに、［C］を豊かにし、我が国の言語文化に関わり、国語を尊重してその能力の向上を図る態度を養う。

【十四】次の文章を読んで、以下の(1)〜(12)の各問いに答えなさい。（表記は一部変更）

いま回想して今昔の感に搏《う》たれるのは、芭蕉のころと現代との差もさることながら、昭和三十年と今日との大きな違いである。あのころの東北地方の道路は、まず①ホソウされていなかった。私の理想は「②」とまではいかなくても旅支度をして、てくてく歩いてみることだったが、いざ東北に着いてみると、③それは非現実的な夢であることがわかった。ひっきりなしにトラックが走り、そのたびにものすごい砂ぼこりが舞い上がって、とてものことに歩けたものではなかったのである。

【④】、少しはほんとうに歩いてみた。そして、⑤もう一つのことに気づいた。芭蕉のころなら道中の適当な個所に宿があり、たとえ「蚤虱《のみしらみ》馬の尿《ばり》する」家にでも泊ることができたのだが、徒歩旅行者のなくなった現代では、人は車や汽車で移動するのが常識になり、従って大きな町でなければ宿のとれないことがわかった。元禄の昔そのままの⑥アンギャは、もうできなくなっていたのである。

当時の東北は、いまとずいぶん違っていて、空襲を受けた町と受けなかった町のあいだに歴然たる差があった。白河のように戦災から免れた町には、昔のままの古い建物が立ち並び、町全体が黒っぽい色をしていた。ときは春四月、くすんだ里と満開の桜の花がみごとな⑦タイショウの美を見せていた。吉野で満山の花を見るのも悪くはないだろうが、黒っぽい町に咲き誇る桜というのは実にみごと⑧なもので、春が来たこと、長い冬を耐えてきた人間の生活にも喜びがあることを、しみじみと感じた。「ここに美しさがある」という実感を、非常に明瞭に抱いたのである。

それから二十年以上の歳月をはさんで、先日の私は久しぶりで松島の瑞巌寺へ参り、甚だしい⑨ゲンメツを感じた。それは、[1]もう二度と行くまいと思わせるほどの失望だった。境内に足を踏み入れると、[2]至るところに小さい団体がいて、それぞれの案内係が、[3]同じ知識を伝えていた。[4]拡声器を使っている人もいて、[5]やかましくてたまらない。伊達家代々の菩提寺の奥床しさもなにもなかった。騒音を避けて海岸へ逃げると、突然、足もとからスピーカーのけたたましい声がした。遊覧船の客引きであった。

松島も、昔の松島のおもかげはもうないと言ってもよかった。島そのもの、松そのものは残っていても、こんな⑩俗悪なところは他にあるまいと思うほどの俗化だった。昭和三十年に私が瑞巌寺に詣でたときは、境内は実に静かで、折りから中庭の白梅と紅梅が盛りだった。伊達正宗が朝鮮から持ち帰ったと伝えられる名木である。東北では梅、桃、桜がほとんど同時に咲く。どこへ行っても春の景色に出遇った私は感動したのだが、⑪それもいまでは思い出になってしまった。

いまでは、よほど寒い時期に行くのでもなければ、奥の細道の情趣は望んでも甲斐ないことであろう。すべての人が観光できるようになったから、かえってだれ一人も真の意味の観光ができないという[⑫]結果になりはてたのである。と書けば貴族的に響くかもしれないが、私は日本人が名所旧蹟を訪れるのに反対するつもりはない。だれが行ってもいいが、ただ団体で行く必要もなかろうにと思う。一人一人で行けば、あれほど俗悪なことにはならないだろうが、いったん団体で繰り込んでしまうと、もはやなにものも目に入らなくなってしまうのである。

（『日本文学のなかへ』　ドナルド・キーンより）

【注】「伊達正宗」…「伊達政宗」のこと

（1）——線①「ホソウ」⑥「アンギャ」⑦「タイショウ」⑨「ゲンメツ」を漢字で書きなさい。

（2）[②]に入るものとして最も適切なものを次のア～エから一つ選び、記号で書きなさい。

ア　しばし旅立ちたるこそ、目さむる心地すれ

イ　住む館より出でて、船に乗るべき所へ渡る

ウ　かつ消えかつ結びて久しくとゞまることなし
エ　も、引の破をつゞり、笠の緒付かへて

（3）――線③「それ」の指し示す内容が具体的に書かれている部分を本文中から二十字以内で抜き出し、始めの五字を書きなさい。

（4）【　④　】に入る最も適切な語を次のア～エから一つ選び、記号で書きなさい。
ア　従って　　イ　それでも　　ウ　さらに　　エ　そもそも

（5）――線⑤「もう一つのこと」の具体的な内容が書かれている部分を本文中から四十字以内で探し、始めと終わりの五字を書きなさい。

（6）この文章のある部分には「判でついたように」という言葉が入ります。1～5のどこに入るのが最も適切であるかを考え、記号で書きなさい。

（7）――線⑧「な」を文法的に説明した次のア～エについて、最も適切なものを一つ選び、記号で書きなさい。
ア　助動詞の連体形　　イ　連体詞の一部　　ウ　終助詞　　エ　形容動詞の一部

（8）――線⑩「俗悪なところ」について、瑞巌寺では具体的にどのようなところのことを言っているか。「～ところ」に続くように、本文中から十一字で抜き出して書きなさい。

（9）――線⑪「それもいまでは思い出になってしまった。」とあるが、ここでの意味として最も適切なものを次のア～エから一つ選び、記号で書きなさい。
ア　昔を心苦しく思い出すようになってしまった。
イ　今では同じ時期に見られなくなってしまった。
ウ　当時と同じ感動を味わえなくなってしまった。

エ　二度と訪れることができなくなってしまった。

（10）［⑫］に入る最も適切な言葉を次のア～エから一つ選び、記号で書きなさい。

ア　皮肉な　イ　可逆の　ウ　表裏の　エ　順当な

（11）この文章を説明した文として最も適切なものを次のア～エから一つ選び、記号で書きなさい。

ア　昭和三十年の東北地方において、どこでも感じられた静謐《ひつ》な雰囲気を思い出とともに振り返り、観光地化することの功罪をつまびらかにしている。

イ　名所旧蹟が観光地化することの弊害を具体的な例を複数挙げて説明していく形式で、現代日本人の俗悪さを指摘し、観光地化に警鐘を鳴らしている。

ウ　日本の古典文学作品に登場する名所や旧蹟を周遊した昭和三十年代当時を、叙情的に振り返りながら、胸の内に浮かんだ寂寥《せきりょう》の思いを吐露している。

エ　現代日本人が忘れてしまった「真の意味の観光」について、昭和三十年代の東北地方と現代の東北地方とを貴族的な目線で対比させて述べている。

（12）═══線「昭和三十年と今日との大きな違い」について、筆者が感じている大きな違いとはどのようなことか。「俗化」「情趣」という言葉を用いて三十字以内で説明しなさい。

■二〇二四年度■名古屋市■難易度

【十五】次の文章を読んで、以下の各問いに答えなさい。なお、段落のはじめの［1］～［17］は、形式段落の番号を示すために、出題の便宜上つけ加えた。

［1］才能は自分のために使うと目減りし、他人のために使うと豊かになる。

2 長く生きてきてそのことがわかった。

3 私自身、これまでに豊かな天賦ア の才に恵まれた多くの若者を見てきた。彼ら彼女らは若くからはなやかな業績や作品を生み出し、高い評価を受け、すてきなスピードでプロモーションをaトげた。でも、彼らは自分の才能の効率的な使い方については十分に知っていたが、「才能とは何か？」という問いをあらためて自分に向けるということはあまりしなかったようである。才能を生かすことに夢中で、その本質について、自分にそれが「負託」されたことの意味について考える暇がなかったのだろう。

4 たしかに、生まれたときからずっと天賦の才能がいきいきと活動している状態が天然自然であったならば、あらためて「私にはどうしてこんな才能があるのだろう？」と省察する機会は訪れないだろう。私たちが臓器や骨格の所在をリアルに感知するイのは、それが不調なときである。胃袋がつねに最高の機能で消化活動をしてくれていたら、たぶん私たちは「胃袋はどこにあるだろうか？」という問いさえ自分に向けることはないだろう。

5 でも、どんな天才でも、ある程度長く生きてくれれば、現在自分①の享受している社会的なアドバンテージのかなりの部分が自己努力による獲得物ではなく、天からの無償の贈り物だということに気づくはずである。

6 贈り物を受け取った以上、それに対して反対給付義務が生じる。それを感じるかどうか、それが②才能の生き死にの分岐点になる。

7 反対給付義務とは、贈り物に対しての返礼義務が自分にはあり、それを怠ると「何か悪いこと」が起きるという信憑《しんぴょう》のことである。『贈与論』でマルセル・モースが言う通り、贈り物がもたらしたさまざまな利得を自分が占有し退蔵していると、ふつうの人は「何か悪いことが起こる」ように感じる。誰かに「おはよう」とbアイサツを贈られたときに、それに返礼を怠ると、場合によってはかなり剣呑な事態になる。

それと変わらない。

8 才能がもたらしたアドバンテージは贈り物である。もともと私有していた物ではない。贈られた以上、返礼をしなければならない。［あ］、それは贈与者に直接等価のものを返礼するというかたちをとらない。「天賦の才」の場合、相手は「天」であるから、そもそも返しようがない。それに、あらゆる贈与において、「最初に贈与した人間は、どのような返礼によっても相殺することのできない絶対的債権者である」というルールが認められているからである。世界で最初に贈与した人間が一番えらいのである。贈与の「原初の一撃(le premier coup)」はどのような返礼を以てしても償却することができない。それゆえ、返礼は債務の相殺を求めてなされてはならない。してもいいけれど、「贈与を始めた」という先後関係におけるアドバンテージはどのような返礼によっても相殺できないからやっても無意味なのである。

9 才能はある種の贈り物である。それに対する反対給付義務は、その贈り物のもたらした利益を別の誰かに向けて、いかなる対価も求めない純粋贈与として差し出すことによってしか果たされない。

10 けれども多くの才能ある若者たちは、天賦の才能力には返礼義務が付き物であるということを知らない。でも、「③自分の才能が自分にもたらした利益はすべて自分の私有財産である。誰ともこれをシェアする必要を私は認めない」という利己的な構えはほんとうに危険なことなのである。返礼義務を果たさないものの身には「何か悪いことが起きる」というのは、別にオカルト的な話ではなくて、人間性がそのように［A］されているからである。だから、人間らしいふるまいを怠ると、人間的に悪いことが起こり、人間的に死ぬのである。

11 生物学的には長命健康を保っていても、「人間的には死んでいる」ということがある。それは贈与と反対給付のサイクルからハジき出されるというかたちをとる。

12 贈与のもたらす利得を退蔵した人には「次の贈り物」はもう届けられない。そこに贈与しても、そこを起点とした新しい贈与のサイクルが始まらないからである。贈与者は、贈与のドミノ倒し的な広がりをめざして贈与を行うわけであるから、そこに贈与しても、贈与の連鎖が始まらないとわかると、天は贈与を止めてしまう。天賦の才能というのはいわば「呼び水」なのである。その「使いっぷり」を見て、次の贈り物のスケールとクオリティが決まる。

13 天賦の才能を専一的に自己利益の増大に費やした若者は、最初のうちはそれによって大きな利益を得るが、やがて、ありあまるほどにあるかに見えた才能がコカツする日を迎えることになる。

14 前に「スランプ」について書いたことがある。スランプというのは「それまでできていたこと」ができなくなることではない。もっと厳密なのである。「できるはずがないのに軽々とできていたこと」ができなくなることである。「できることが、できる」と「できるはずがないことが、できる」とはまるで別のことである。「ふつうの人ができるはずのないこと」が自分には簡単にできるという経験をしたことがある人は少なからずいるはずである。それは運動能力の場合もあるし、記憶能力のこともあるし、絵を描いたり、楽器を演奏したり、踊りを踊ったり、歌を歌ったり……いろいろな発現形態がある。どうして、こんな簡単なことがみんなにはできないのだろう、と思ったときに、「ふつうならできるはずのないことが、自分にはできる」という事実から「だから、この能力は私物ではない」と推論することができたものだけが次の贈与サイクルの創始者になることができる。

15 自分の才能は私物ではない。ある種の公共財(コモン)である。だから、私以外の人たちにも、この才能を利用する権利がある。この才能が「要る」人がいたら、その人のために用いよう。そういうふうに考えられる人だけが次の贈与サイクルを立ち上げることができる。そして、私物から公共財へ切り替えることによって、その人の才能はもう一つ高いレベルに繰り上げられる。というのは、「私の才能は公共財だ」と思った人は、自分の持つこの能力、この技術、この知識はいったい誰の、どのような求めに応えることができるのだろうと考えざるを得ないからである。

16 私の支援を求めている人は誰か？　私を呼ぶ者は誰か？

17 すべての人間的事業はこの問いから始まると言って過言ではないのである。

（内田　樹「武道論」）

（注）＊問題作成上一部省略した箇所がある。

（一）――線部a～eについて、漢字は読み方をひらがなで書きなさい。また、カタカナは漢字に直し、楷書で書きなさい。

a　ト　　b　アイサツ　　c　対価　　d　ハジ　　e　コカツ

（二）次の文法の問いに答えなさい。

（i）――線部①の「の」と同じ意味・用法のものを═線部ア～オから一つ選び、記号で書きなさい。

（ii）空欄［あ］に当てはまる接続詞を、次のア～オから一つ選び、記号で書きなさい。

ア　だから　　イ　ただし　　ウ　例えば　　エ　つまり　　オ　すると

（三）――線部②「才能の生き死にの分岐点」とあるが、才能の「生き死に」とはどのようなことであると筆者は述べているか。「［　　］こと。」につながるように、［　　］に当てはまる言葉を、本文中から二十八字で抜き出し、最初の五字を書きなさい。

（四）本文中の空欄［A］に入る最も適切な言葉を、次のア～オから一つ選び、記号で書きなさい。

ア　合理化　　イ　均一化　　ウ　具体化　　エ　多様化　　オ　構造化

（五）次の段落は、どの段落の後につなげるのが最も適切か。その段落番号を一つ書きなさい。

この被贈与者が贈与者に対して感じる負債感は、自分自身を別の人にとっての贈与者たらしめることによってしか相殺できない。自分が新たな贈与サイクルの創始者になったときにはじめて負債感はその切迫感を緩和する。そのようにして、贈与はドミノ倒しのように、最初にひとりが始めると、あとは無限に連鎖してゆくプロセスなのである。

(六) 次の中から、本文の内容に当てはまらないものを次のア～オからすべて選び記号で書きなさい。

ア これまで天賦の才に恵まれた多くの若者は、才能の本質に目を向け、才能の効率的な使い方について十分に理解していた。

イ 多くの才能ある若者たちは、贈り物に対する反対給付義務が、その贈り物のもたらした利益を別の誰かに向けて純粋贈与として差し出すことによってしか果たされないことを知っている。

ウ 才能が「要る」人がいたら、その人のために用いようと考えられる人は、天賦の才能を専一的に自己利益の増大に費やすことはない。

エ 「この能力は私物ではない」と推論することができる人は、天賦の才能を「呼び水」として、大きな自己利益を得ることができる。

オ 「私の才能は公共財だ」と思っている人は、贈り物を受け取った以上、それに対する反対給付義務が自分にはあり、それを怠ってはいけないと感じている。

二〇二四年度 長野県 難易度

【十六】次の文章を読んで、以下の問い（問1～9）に答えなさい。

さて、〈今〉とは〈今〉ではない時すなわち過去との関係において語り出される。そして、それは想起の場面がいちばんあらわですが、「今、何を考えているの？」や「今、何時？」という場合のように、かならずしも過去との関係は①顕在化していない。しかし、繰り返しになりますが、それにもかかわらず「今」と語り出す時、われわれは「今ではない時」を「②地」としてそこに浮かびあがらせるように「今」という言葉を使用しているのです。

よく動物や幼児は「永遠の今に生きている」と言いますが、それは嘘で、彼らは過去を知らないゆえにじつは〈今〉も知らないのです。そして、われわれ人間は概念としての〈今〉を知っているのですが、それは周囲を見渡して、いつもいつも〈今〉であることを了解することが原型ではない。むしろ、見渡せど〈今〉は逃げ去ってゆく。「今たしかに俺は〈今〉を了解した」と言っても、じつのところ何を了解したのかわかってはいないのです。

（　Ｘ　）、〈今〉はどのようにしてはっきり「これだ！」と[a]ホカクできるのか。過去の出来事を想起している時を〈今〉と了解することがなければ、われわれは一切の〈今〉を了解できないことはどこまでも真実ですが、③その場合の〈今〉とはまだ概念的対象的な了解ではありません。

（　Ｙ　）、それを対象化すれば〈今〉なのですが、ことはそう簡単ではない。想起している時を対象化しようとして〈今〉に目を向けたとたんに、〈今〉はわれわれの視界から滑り落ちてしまいます。言いかえますと、過去形を使って「④暑かった」と語る時が〈今〉なのですが、それはどのような時かとあらためて対象化しようとすると、ふたたび周囲を見渡す態度が⑤頭をもたげ、「これが〈今〉だ」というものなどどこにも影も形も見当たらないわけです。

（　Ｚ　）、〈今〉から身を離して、〈今〉ではない時に身をおくことにより概念としての〈今〉はよく「見えて」きます。例えば「そのとき、ナポレオンは『今だ！　突っ込めえ！』と怒鳴った」とか『今昔物語』の作者が「今は昔……」と語り出すさい、その〈今〉をわれわれは共有していませんが、一〇〇〇年前のその時が〈今〉であったその時から見て昔のことなのだなあ、と了解する。こうした、文章的な了解における〈今〉つまり、〈今〉ではない時において〈今〉を了解していることが、概念としての〈今〉了解にとって必須不可欠のことではないでしょうか。

　言いかえますと、想起において過去と現在との根源的な両立不可能な関係を了解していても、「暑かった」という過去形の文章をそのつど作ることができても、例えば「『今、何時？』と彼は聞いた」とか「『今、行くわ』と言いながら彼女はシュンｂジュンしていた」というような過去形の文章の中における〈今〉の意味が理解できなければ、概念としての〈今〉を知っていることにはならない。

　つまり、概念としての〈今〉を了解するには、とりわけ過去における〈今〉に身をおいて、「そこから」すべての時間関係を理解できなければならない。このとき（過去形の文章の中で「今」という言葉を理解している時）、注目すべきことに〈今〉とはそれに対応するいかなるｃタンテキな眼前の知覚も体感も欠いた完全に概念的＝（　⑥　）なものです。それにもかかわらず、われわれはきわめて自然にその意味がわかる。タンテキな実感に支えられずとも〈今〉がわかること、それが「今」という言葉を了解し、使えるということなのです。

　ですから、たとえ「今、何時？」とか「今、撃て！」とか言えるチンパンジーが出現したとしましても（これは考えられます）、「『今、撃て』とさっき言ったじゃないか！」と語れるチンパンジーとなるとなかなかその出現が難しい気がする。だが、人間の子供は五歳にもなれば、こうした過去における〈今〉の用法を完全に習得してしまうのです。

（中島義道『時間を哲学する―過去はどこへ行ったのか』）

問1　二重傍線部a～cに相当する漢字を含むものを、次の各群のア～オから一つずつ選び、記号で答えなさい。

a　ア　容疑者をカクホした。　イ　米のシュウカクが待ち遠しい。
ウ　エンカク授業を実施する。　エ　道路をカクチョウした。
オ　ランカクを防止する。

b　ア　シツジュンな気候の土地。　イ　ジュンジョよく並ぶ。
ウ　一定のスイジュンを保つ。　エ　校内をジュンシする。
オ　血液が体内をジュンカンする。

c　ア　タンゴの節句を祝う。　イ　減刑をタンガンする。
ウ　気の弱さが私のタンショだ。　エ　レイタンな態度をとる。
オ　経営がハタンする。

問2　空欄（　X　）・（　Y　）・（　Z　）に入る語として最も適当なものを、次のア～オから一つずつ選び、記号で答えなさい。

ア　たしかに　イ　では　ウ　そして　エ　むしろ　オ　しかし

問3　傍線部①「顕在」、傍線部⑤「頭をもたげ、」の本文中での意味として最も適当なものを、次の各群のア～オから一つずつ選び、記号で答えなさい。

①「顕在」
ア　片寄ったところに存在すること。　イ　深部にのみ存在すること。
ウ　はっきりあらわれて存在すること。　エ　物事の細部に存在すること。

オ　全体に行き渡って存在すること。

⑤「頭をもたげ、」

ア　はっきり目的を捉え、　イ　次第に浮かび上がり、　ウ　現実を直視させ、

エ　さまざまな方面に影響し、　オ　あっさりと方向性を変え、

問4　傍線部②「地」と同じ意味を持つものとして最も適当なものを、次のア〜オから一つ選び、記号で答えなさい。

ア　産地　イ　地表　ウ　地位　エ　素地　オ　境地

問5　傍線部③「その場合の〈今〉とはまだ概念的対象的な了解ではありません。」について、次の(1)・(2)の問いに答えなさい。

(1)「その場合の〈今〉」の「その」が指している内容を、「場合」という言葉に続くように本文中から二十五字以内で抜き出し、最初と最後の五文字を書きなさい。ただし、記号や句読点は一字に含む。

(2)「その場合の〈今〉」において了解できていることは何か。これ以降の本文中の言葉を用いて、二十五字程度で書きなさい。

問6　傍線部④「周囲を見渡す態度」とあるが、ここでの「周囲を見渡す」とはどのような行動を指しているか。答えとして最も適当なものを、次のア〜オから一つ選び、記号で答えなさい。

ア　過去形を用いて〈今〉について語りだそうとする行動。

イ　過去を思い起こして、未来について考えをめぐらす行動。

ウ　未来に目を向けて、時の移り変わりを見極めようとする行動。

エ　時の流れを意識し、〈今〉とは何かを捉えようとする行動。

オ　時の流れの中で常に過去を知ろうとし続ける行動。

問7　空欄（　⑥　）に入る語として最も適当なものを、次のア～オから一つ選び、記号で答えなさい。
ア　慣習的　　イ　心情的　　ウ　言語的　　エ　多角的　　オ　専門的

問8　本文の内容に合致しているものとして適当なものを、次のア～オから二つ選び、記号で答えなさい。
ア　〈今〉とは何かを了解するためには、〈今〉について概念的対象的な了解をする必要があり、そのためには現在と過去の違いについて理解できていなければならない。
イ　〈今〉を概念的に了解するためには、過去の文脈の中における〈今〉について理解できなければならないが、そこで理解できた〈今〉は実態を伴わない、完全に概念的なものである。
ウ　動物や幼児が「永遠の今に生きている」と考えることが誤りであるのは、彼らは過去の出来事を想起している時を〈今〉と了解できても、それを対象化することは不可能であるからだ。
エ　〈今〉は「今、何を考えているの?」や「今、何時?」という場合のようにかならずしも過去との関係は顕在化するわけではないが、それでもわれわれは過去と切り離せないものとして〈今〉という言葉を使用している。
オ　過去形の文章を作ることが〈今〉を理解するための第一歩であり、そのようなチンパンジーの出現は想定できるが、彼らはすべての時間関係を理解できるわけではないので、人間のような時間の概念を持つまでには至らない。

問9　R先生は、生徒のより深い理解を促すために、既習教材である『平家物語』「木曾の最期」を用いる授業を構想した。【資料①】は『平家物語』「木曾の最期」の一部であり、【資料②】は、R先生が教材研究として【資料①】を参考に本文中の「概念としての〈今〉」について考察し、まとめたものである。次の(1)・(2)・(3)の問いに答えなさい。

【資料①】

今井四郎馬より飛び降り、主の馬の口に取りついて申しけるは、「弓矢取りは年ごろ日ごろいかなる高名候へども、最期のとき不覚しつれば、長き傷にて候ふなり。御身は疲れさせたまひて候ふ。続く勢は候はず。敵に押し隔てられ、言ふかひなき人の郎等に組み落とされさせたまひて、討たれさせたまひなば、さばかり日本国に聞こえさせたまひつる木曾殿をば、それがしが郎等の討ち奉つたる。なんど申さんことこそ口惜しう候へ。ただあの松原へ入らせたまへ。」と申しければ、

『平家物語』「木曾の最期」

【資料②】

「資料①」は今井四郎が木曾義仲に自害をするよう説得する場面である。今井の言葉にはA架空の人物の発言が含まれているが、この発言を理解するためには、読者は過去形の文章における複雑な時制を了解できなければならない。すなわち読者が生きている〈今〉の時点から過去の出来事として「木曾の最期」を捉えるだけでなく、登場人物がその時点で語る（　B　）の中に、架空の（　C　）が含まれていることも理解できなければならない。

概念としての〈今〉を理解するためには、『平家物語』の世界に浸るなど、失われた過去に思いをはせるだけでなく、過去における〈今〉に身をおいて、（　D　）。

(1)　傍線部A「架空の人物の発言」に該当する箇所を【資料①】から過不足なく抜き出し、「最初と最後の五文字を書きなさい。ただし、記号や句読点は一字に含む。

(2) 空欄（ B ）・（ C ）に入る語句の組合せとして最も適当なものを、次のア～カから一つ選び、記号で答えなさい。

ア B 今 C 過去や未来　イ B 今 C 今や未来
ウ B 過去 C 過去や今　エ B 過去 C 過去や未来
オ B 未来 C 過去や今　カ B 未来 C 今や未来

(3) 空欄（ D ）に入る考察として最も適当なものを、次のア～オから一つ選び、記号で答えなさい。

ア 歴史上の人物と〈今〉を共有できなければならない
イ 〈今〉を具体物として知覚できなければならない
ウ 「永遠の今に生きている」自覚を持たなければならない
エ 文法に基づく適切な解釈ができなければならない
オ すべての時間関係を理解できなければならない

二〇二四年度 静岡県・静岡市・浜松市 難易度

【十七】次の文章を読んで、以下の問いに答えなさい。なお、設問の都合で文章のまとまりに［一］、［二］の番号を付してあります。

［一］ 修羅場を乗り越えて成長する人

不幸に感じるような体験、こころに痛みを感じるような経験をした人のなかには、素晴らしい自己成長を遂げる人がいます。このポジティブな変容現象について考えるとき、私の頭にいつも思い浮かぶのがマンガ『ドラゴンボール』です。

『ドラゴンボール』は一九八四年から約一〇年間に渡って週刊少年ジャンプで長期連載された伝説的なマンガです。世界で最も売れたマンガ作品であり、そのコミックスは三・五億冊を超える売れ行きを見せ、いまだに伸び続けています。

その人気の秘密には何と言っても主人公の孫悟空が見せる「修羅場の後の成長」のストーリーがあります。孫悟空は数々の強敵と対峙しますが、その度に強くなり勝利をおさめてきました。師との厳しい修行を経て強くなり、さらにはライバルとの死闘で命を落としかけたところを［A］して、以前よりもはるかにパワーアップします。

サイヤ人という戦闘種族の血をひく孫悟空は、生命の危険にさらされるような危機を乗り越えたときに、その肉体がより強靭となって生まれ変わる血が流れているからです。

孫悟空が修羅場を乗り越えながら心身ともに強く大きく育っていくその過程を多くの日本人の子どもはわくわくしながら読み続けていました。このB「修羅場の後の成長」は、マンガの世界だけに起こることではありません。現実にも起こりうる現象なのです。

その成長は計画的にできるものではありません。予期せぬ問題に直面し、こころや感情が揺さぶられるようなつらい体験をし、それを乗り越えたときに達成できる心理的な成長です。そのためには、困難や苦しみから逃げ出してはいけない。［あ］自分が不快に感じることでも、精神的な痛みを感じようとも、勇気を持ってその挑戦を受け入れることができた人にだけ与えられる報酬なのです。

この変容を学者は「ＰＴＧ（トラウマ後の成長）」と呼びました。精神的な痛みをともなう体験の後に訪れる自己成長のプロセスです。

［一］もがき奮闘した人にもたらされる五つの成長

ＰＴＧ研究の第一人者である米・ノースカロライナ大学のリチャード・テデスキ博士はＰＴＧを「非常に挑

戦的な人生の危機でもがき奮闘した結果起こるポジティブな変化の体験」と定義しています。博士が強調するのは「もがき奮闘する」という点です。自分の力ではどうにもならないような危機をもがき苦しみながらも努力の結果乗り越えたときに「ポジティブな変化」がその人の内面で生まれる。それがＰＴＧであると博士は考えました。

トラウマを受け入れ、もがき奮闘し、乗り越えた人にもたらされたポジティブな変化はどれも内的なものばかりです。必ずしも他人から見て気づくようなものではありません。

［い］、ＰＴＧを体験した多くの人は、その内面からの変化が人としての成長にもつながり、家族や周りの人から「苦労をしたけれど、何だか変わったね」と言われるほどになっています。そのポジティブな違いが内側からにじみ出てくるのでしょう。

ＰＴＧを体験した人にはおもに五つの変化が見られます。

第一の変化は、全般的な「生」に対しての感謝の気持ちが増すことです。それまで気にもしていなかったような小さな出来事に対しても、喜びを感じるようになるのです。毎日の生活のなかで、感謝の念を感じることが多くなる。その背景にあるのは自分の生命に対してのありがたみ、感謝の気持ちです。

「ああ、自分は生きることができて幸せだ」という感謝の感情がその背景にはあります。

二つ目の変化は、人間関係に関するものです。真の友人とは人生の修羅場で助けの手を差しのべてくれる人です。しかし逆境になったときに、親友だと思っていた人が助けてくれないことがあり、逆にしばらく会っていない人に救われることもあります。新しい人間関係が得られる一方で、過去の人間関係を失うこともある。

C痛みをともなう変化です。

第三の変化は、自分の強さに対しての理解の深まりです。自分の力ではどうすることもできないほどの危機を乗り越えたとき、大いなる自信が湧いてくる。しかしその自信は過去のものとは異なります。それはより正確な自己の強さの認識であるとともに、自分の人間としての弱さやはかなさの知覚でもあるからです。

そして感謝の念、[D]の変化、[E]が自分の視野を広げ、その後の人生のまったく新しい可能性を感じさせるドアを開かせます。人生観・価値観・仕事観が根底から変化してしまう。これが第四の変化である「新しい価値観」です。

[う]精神的な変化を体験した人もいます。自分の命が危険にさらされる苦境を乗り越えて、存在や霊性に対しての意識が高まるのです。これは宗教観とは関係なく、より根源的で本質的な深い意識の目覚めで、気づきだと考えられます。これが第五の変化である自己の存在とスピリチュアリティに対しての意識の高まりです。

まとめると「生への感謝」「深い人間関係」「自己の強さ」「新しい価値観」「存在と霊的意識の高まり」という五つの変化がつらい体験をした後に一部の人に見られる自己の内面の成長です。

PTGを体験した人のなかには、自分の人生の目的や仕事の意味が大きく変化し、その結果優先順位がシフトし、F職業を変えた人がいます。人から助けられた体験が仕事観に影響し、看護婦や心理カウンセラー、そしてソーシャルワーカーなどの人助けを専門とする職業にキャリアチェンジしたケースも少なくありません。自分の新たな才能や強みに目覚め、より意義のある仕事に変える人もいます。

「ノーGペイン、ノーゲイン」。失った後こそ得られるものが存在するのでしょう。

〈久世浩司『「レジリエンス」の鍛え方』実業之日本社〉

問一 [あ][い][う]に当てはまる言葉としてそれぞれ最も適切なものを、アからカまでの中から選び、記号を書きなさい。

ア あるいは　イ さて　ウ さらには　エ しかし　オ きっと　カ たとえ

問二 [A] に当てはまる言葉として最も適切なものを、アからオまでの中から選び、記号を書きなさい。
ア 再往　イ 再開　ウ 再起　エ 再燃　オ 再編
問三 傍線部――B『修羅場の後の成長』は、マンガの世界だけに起こることではありません。現実にも起こりうる現象なのです」とあるが、「現実にも起こりうる現象」とは、どのようなことですか。文章中の言葉を使って、五十字以内で書きなさい。
問四 傍線部――C「痛みをともなう変化」とあるが、ここでいう「痛み」とは具体的にどのようなことですか。文章中の言葉を使って書きなさい。
問五 [D] [E] に当てはまる適切な言葉を、文章中から探し、十字以内で書き抜きなさい。
問六 傍線部――F「職業を変えた人がいます」とあるが、その理由として最も適切なものを、アからオまでの中から選び、記号を書きなさい。
ア 困難や苦しみから逃げ出さず、乗り越えることで、失った後にその大切さに気付き、ありがたみを知ることができたから。
イ 困難や苦しみから逃げ出さず、乗り越えられるように、勇気をもってその挑戦を受け入れなければならなかったから。
ウ 困難や苦しみから逃げ出さず、乗り越えることで、ポジティブな違いが内側からにじみ出てくるようになったから。
エ 困難や苦しみから逃げ出さず、乗り越えられるように、トラウマを受け入れ、もがき奮闘してつらい体験をしたから。
オ 困難や苦しみから逃げ出さず、乗り越えることで、人生の目的が変わったり、自分の才能や強みに気付いたりしたから。

問七　傍線部――G「ペイン」とあるが、[一]のまとまりには「ペイン」に相当する単語が多くあります。その中から二つを書き抜きなさい。

問八　この文章の特徴を説明したものとして最も適切なものをアからオまでの中から選び、記号を書きなさい。

ア　説得力のある文章にするために、感情を表す語彙を多用している。

イ　読み手の共感を得るために、[一]のまとまりで有名なマンガを例に挙げ、[二]のまとまりは自分の体験を順序立てて述べている。

ウ　説得力のある文章にするために、「　」や『　』によって、自分の主張を強調しながら繰り返し述べている。

エ　読み手の共感を得るために、読者への問い掛けや投げ掛けを繰り返している。

オ　説得力のある文章にするために、自分の主張について、表現を言い換えながら繰り返し述べている。

問九　あなたは、筆者の主張についてどのように考えますか。条件に従って書きなさい。

〔条件〕①　筆者の主張について、簡潔にまとめて書くこと。

②　①についてのあなたの考えを、自分の経験や知識と関連付けて書くこと。

二〇二四年度　静岡県・静岡市・浜松市　難易度

【十八】　次の文章を読み、各問いに答えよ。

ＡＩとのドッキングによってロボットへの注目度は世界的に高まっている。ただしａ[イゼン]として、「世界(宇宙)を観察する機械とは何か、それは人間とどう違うか」という根源的問いが、ＡＩロボットの登場とともに西洋の知識人のあいだでｂ[ク]り返されていることは確かだ。

パリでロボット犬の研究開発に従事したＡＩ専門家フレデリック・カプランは、そういう知識人の一人である。現場の開発体験をふまえつつ、カプランは同胞である西洋人がロボットに示す違和感に当惑し、むしろ反発をおぼえる。

近代科学によって世界(宇宙)に概念的な境界線をひき、秩序立てていったのが西洋の啓蒙主義である。だが同時に、西洋人は、ハイブリッドなもの、境界を侵犯する被造物、分類されがたい被造物が誕生してくるのに不安を抱くようになってしまった。それに対して啓蒙主義の「光」が訪れなかった日本では、文化と自然を連続させる関係を織り上げていくことができ、テクノロジーの進歩が生み出す人工物を歓迎し、冷静に受け止めてきた、とカプランは考える。日本人にとって人工物とは、自然と対立するのではなく「自然を改めて手に入れる手段」なのであり、したがって、人工を通じて自然を「よりよく再認識」することが可能になるのだ、というベルクの『風土の日本』の議論を参照しつつ、カプランははっきりと次のように断定する。

日本人にとってロボットはまず、「形式」を再現したものである。それは、武道で使われる「型」のようなものだと言えるかもしれない。(中略)形式そのものを探求すること、人工物を通して作り直すこと、人間と自然のあいだに関係性を織り上げていくこと。日本人の考え方のこれらの根本的な特徴が、ロボットが日本でこれほど受け入れられる理由だろう。

(『ロボットは友だちになれるか』)

この指摘には、同感する人だけでなく首を傾げる人もいるかもしれない。とはいえ、西洋から見た日本人と技術の関係として、ひとまず念頭におくべき議論ではないか。ＡＩロボットの用途はさまざまだ。人間には危険すぎる種々の実用的仕事に役立てることもできる。逝去した家族の分身になったり、恋人の代わりをつとめたりして、心をなぐさめる情動(娯楽)的存在にもなる。介護施設で、[ア]と娯楽の両者を兼ねたような役割をはたすこともあるだろう。いずれにしても、ＡＩロボットはただデジタルな仮想空間と関わるだけでなく、リアル空間に参入し、そこに新たな次元を付け加えるはずだ。リアルな自然のとらえ直しの影響はさまざまだろうし、未知の領域も数多い。

こういう[B]ＡＩロボット研究開発の意義について、カプランが実用や娯楽以外に指摘するのは、それが「脱魔術化、脱神秘化」という社会的効用をもつことだ。とくに「人間の本質を知る」という知的探求性とかかわる点が強調される。この点はきわめて大切ではないだろうか。

【C】
脱魔術といえば、ハイデガーが、近代技術は世界を魔術化し「総かり立て体制」に巻き込んでいる、と鋭く批判したことが連想される。ロボットは昔から人々を驚かせ、幻惑する機械だったから、むしろ魔術化の一環だと見なす方が納得がいく。ＡＩロボットと真正面から向き合うことで、人間は逆にその呪縛から解き放たれることができるのだろうか。

ここで前述のハイデガーの「総かり立て体制」に立ち戻ろう。原語は「Ge-stell」であり、「stellen」は「立てる」という意味だから、直訳すると「立て―組み」ということになる。つまり、仕立てたり駆り立てたりする様々な働きを集めたのが「立て―組み(Ge-stell)」なのだ。現実の世界(宇宙)を「役立つもの」として仕立てるように、人間を纏めてゆく、あの挑発的な呼び求め」こそが「立て―組み(Ge-stell)」である。これはたとえば、人間の生活にかかわる諸対象をことごとくアテンション・エコノミーの尺度で計算し、それを役立つように駆り立てる、といったことだ。実際、近代技術の本質が「立て―組み(総かり立て体制)」にあるというハイデガーの指摘は、21世紀のデジタル化にともなって益々鮮明になりつつある。

とはいえ、である。ハイデガーはこれに加え、この現状を克服する[D]「技術のもう一つの可能性」についても述べているのだ。それこそが「ポイエーシス」すなわち「(現実から真実なものを)出で来たらすこと」に他ならない。「Ge-stell」はポイエーシスを塞ぎ立てるけれど、真実は無くなったわけではなく、美的な技術(テクネー)によって発露しうる、とハイデガーは説く(『技術論』)。

[イ]人間はAIロボットによって、ハイデガーのいう「ポイエーシス」へ向かうことができるのか。もしかしたらそれは、「利益をうむ刺激をつねに追求すること」から「死すべき命を見つめて、無常の美学にもとづき刻一刻をキレイに生きること」への転換ではないのだろうか。とすれば、ただ欧米の論文を精読し、先端技術の部分的改良にいそしむだけでなく、AIロボットと関わりながら人間のリアルな生を見つめ直すことが肝心だろう。仮想空間をコントロールする現代のデジタル技術の根底にある、金融資本と直結した科学文明を批判する眼差しがそこから芽生えるかもしれない。

まずは、生物のもつ「ラディカルな自律性(autonomy)とは何か、AIロボットという機械のもつ疑似的な自律性とはどう異なるのか、この問いの徹底的検討から始める必要がある。なぜなら、まさに「人間のように思考する疑似的主体」が社会のなかに多数はびこり、重要な判断を下し始めた、ということが現代の最大の問題の一つだからだ。

日本がAIロボットで世界をリードするには、まず自律性についてもっと深く議論すること、そしてリアル空間を生きた人間のために上手に統御する努力が不可欠である。それが[E]総かり立て体制から脱出する第一歩になるかもしれない。総かり立て体制がデジタル仮想空間の前提だとすれば、これをもとにリアル空間を統御しようとするメタバースの発想は、ハイデガーのいうポイエーシスとは逆の方向だと分かってくるだろう。現在の仮想空間のなかでは、偽情報で人々をたぶらかす、ディープフェイクのAIエージェントすら勝手に跳梁跋扈《ちょうりょうばっこ》できるからだ。

(西垣　通『超デジタル世界──DX、メタバースのゆくえ』による)

（注）ベルク＝フランスの文学者
ハイデガー＝ドイツの哲学者
アテンション・エコノミー＝人々の関心や注目の度合いが経済的価値をもつという概念
ラディカル＝根本的
メタバース＝インターネット上の仮想空間

（一）［ア］に入る言葉として最も適切なものを、次の1～5から一つ選べ。
1　仕事　2　実用　3　情動　4　仮想　5　研究

（二）［イ］に入る言葉として最も適切なものを、次の1～5から一つ選べ。
1　あたかも　2　まさか　3　はたして　4　おそらく　5　どうして

（三）――線Aの説明として最も適切なものを、次の1～5から一つ選べ。
1　日本人は、人工物を自然の延長にあるものと捉え、自然を通して技術をよりよく理解するということ。
2　日本人は、テクノロジーが生み出す人工物に対し不安を抱き、反発をおぼえるということ。
3　日本人は、技術から「形式」を排除して、人間とロボットを近い存在であると見なすということ。
4　日本人は、技術により「形式」を再現することで、自然をよりよく再認識するということ。
5　日本人は、科学によって世界を秩序立てることをせず、ありのままの自然を受け止めるということ。

（四）――線Bとあるが、ここでの「意義」の説明として最も適切なものを、次の1～5から一つ選べ。
1　人間がＡＩロボットをデザイン的に人間や動物などに近づけて、本物そっくりに作り上げる意義。
2　人間がリアル空間でできないことをＡＩロボットがデジタル空間でできるように試みる意義。
3　人間がＡＩロボットに頼ることなく生きることができるようなデジタル空間を創出していく意義。

4 人間がＡＩロボットをリアル空間で活用して、新たな次元の関係性を見出していく意義。
5 人間がＡＩロボットをリアル空間とデジタル空間という境界線を意識せずに改良する意義。

(五) 文章中の【C】段落は、どのような働きをしているか。最も適切なものを、次の1～5から一つ選べ。
1 前の段落に関連した新たな視点を挙げて、この後述べる主張につなげている。
2 前の段落の主張を簡潔にまとめ、論の展開をスムーズにしている。
3 前の段落の反例を挙げ、本段落でそれを否定し、次の段落の結論につなげている。
4 前の段落をわかりやすく要約することで、次の段落につながる課題を提起している。
5 前の段落と相反する視点の列を挙げて話題を転換し、主張を明確にしている。

(六) ――線Dとはどのようなことか。最も適切なものを、次の1～5から一つ選べ。
1 利益になることや刺激を得ることを追い求めること。
2 偽情報で人々をたぶらかして感情を操ること。
3 欧米の論文を精読し、部分的改良にいそしむこと。
4 デジタル仮想空間を前提としたメタバースの発想が生まれること。
5 ＡＩロボットと関わりながら人間のリアルな生を見つめ直すこと。

(七) ――線Eとはどういうことか。八十字以内で説明せよ。

(八) □ a・bの片仮名を漢字で書け。

【十九】次の文章を読んで、以下の各問いに答えなさい。

スウェーデンの一〇代の環境活動家グレタ・トゥーンベリさんが二〇一九年九月に国連で気候変動に対する早急な行動を求めた演説は、日本でも広く報じられ大変話題になりました。［A］、あの力強い演説を聞いたあとも、著者である私個人の基本的な消費行動は、プラスチック製レジ袋の有料化に伴ってマイバックを持参したり、自動販売機でジュースを買わなくてもよいようにマイボトルで水を持ち歩くようになった程度で、残念ながら本質的な変化をI トげてはいません。これは私の共感力や行動力のなさを示しているのでしょうか。それとも、もっと違うところに理由があるのでしょうか。

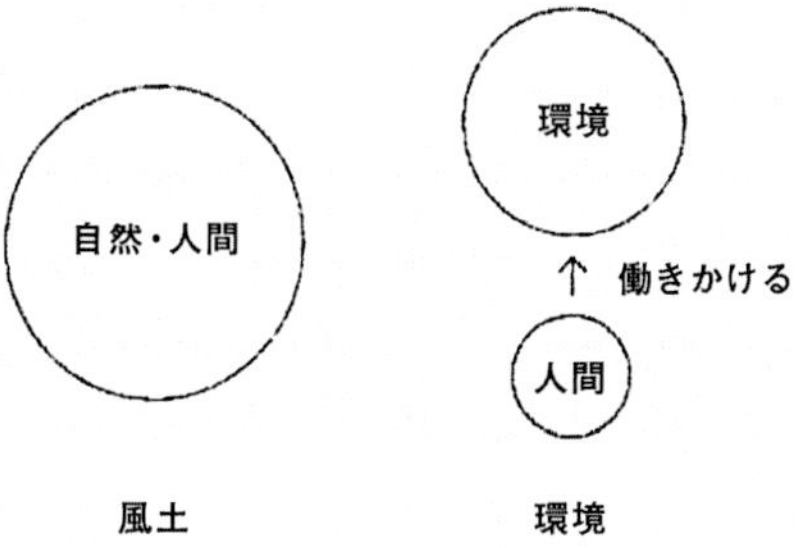

図6　環境と人間の関係性

ここでひとつの仮説ですが、こうして環境問題に対して具体的な行動を起こすことが難しいのは、環境よりも経済性を優先する仕組みになっているということと共に、「環境」という言葉が前提とする人間と自然の関係性に原因があるのではないでしょうか。環境問題について話しているとき、私たちは環境が観察でき、分析できて、より好ましい状態に変化させていくために、外部から働きかけることができるものとして扱っています。こうした前提において、環境に働きかける私(＝人間)は、対象である環境の外側にいるものとして扱われます。この様子を画にすると、ちょうど図6の「環境と人間の関係性」の右側のイメージです。

対象である環境に外部化されたところに立っていると、まるで気候変動という流行《はや》り病にかかってしまった「環境」という患者さんに対し、処方箋《せん》を出す医師のように、私(＝人間)は第三者的に環境と向き合うことになります。

こうしたものの見方は、状況を俯瞰《ふかん》して適切な対処を考えるということにおいては有効ですが、こと環境については、人間も環境のなかにいる存在ですから、このとらえ方は①実際の状況とのズレがあります。

　さらに留意すべきことは、全ての人が医師になれるわけではないので、世の中の大多数の人々は処置を見守るという選択をします。その間、自分も流行り病にかからないように、手洗いやうがいなどの予防策に努めます。予防策に努めるのですが、意外と徹底するわけでもなかったりします。なぜなら、万が一に病にかかってしまっても医師が治してくれるだろうと高《たか》を括《くく》っているからです。病には治療法があるだろうと信じているのです。こうして徐々に、専門知識が必要な事柄については専門家に一任するようになり、[B]状況に対して自分で考えることを止めてしまいます。環境問題に関しても、専門家が処方してくれた技術や制度に従うことによって、地球生態系の許容範囲内で暮らしていける仕組みが社会に導入されるようになる日を安静にしながら待つ、ということが②賢い選択のように思えてきます。

　このように環境問題について人間と環境を切り分け、高度な分業化でそれぞれの分野の専門家に任せることで解決策を模Ⅱサクしているのが、今日の環境問題の構造のようです。また、本書で何度も出てきているSDGsについても同じ構造が生まれつつあるのではないでしょうか。[C]、二〇三〇年までの全人類の開発目標として一七目標が示されているわけですが、これを全て言える人はどのくらいいるでしょうか。ましてその背後に一六九のターゲットがあると聞けば、もうこれは専門家に任せるのが最良の策のように思えてきます。

　このように、対象を外部に切り出して、それぞれの分野の専門家に対応策を提案してもらうという構造がつくられていくことで起きるのは、「主語の留守状態」であり、やがて「「[X]」には「[Y]」がいない」という状態になります。「環境―人間」というように、主体と客体を切り分けて物事をとらえることは、近代科学の基礎的な作法です。私たちはこの作法にすっかり慣れてしまっており、これによって導き出されることを客観的な事実とし、主観的な意見を凌駕《りょうが》するものとして扱ってきました。しかし、環境問題における人間は、環境それ自体の内側に居ますから、客観的な事実を導きだす当人の主観的な意見もはじめからそこに含まれることになります。輪の外側をなぞっていたら実は輪の一部が捻《ねじ》れてつながっていて、いつの間にか輪の内側をなぞることになるメビウスの輪のような感覚かもしれません。こうした視点の捻れをどのように解消したらよいのでしょうか。私は、そのヒントが「風土」という概念にあると考えています。

環境(Environment)の語源には「周辺」という意味がありますが、日本語には環境の他にも人間と自然の関係をとらえるときに用いられる表現があります。それは「風土」です。風土の定義に関する議論は色々ありますが、本書では以下のように考えたいと思います。

風土は、自然と人間のあいだにあるひとまとまりの関係のこと。「風」は文化・民俗を、「土」は土地・地域を表し、これらは互いに独立してあるのではなく、ひとつのまとまりとして不可分に存在する。風土の視点において自然と人間は、自然が人間をつくり、また同時に自然は人間につくられる、という相互に定義し合う関係にある。こうした相互に定義し合う関係性を「逆限定の関係」と表現したいと思います。こうした自然と人間の関係性を絵にしたものが、図6の左側のイメージです。

その上で、風土は「私たち」という主語で用いられるという特徴があると考えています。なぜならあるひとつの風土は、その風土が形成される地域に暮らす・関わりのある人々の間で共有され、語られるものだからです。風土は個人が認知できますが、個人が単独で形成することはできません。風土は常にある地域に暮らす・関わりのある人たち(=私たち)を主語として語られます。例えば、「この町では～」、「この地域では～」、「うちらは～」というような表現がこれにあたります。

このように、風土は「私たち」という主語を伴って、人間と自然とのあいだのひとまとまりの関係性を表しています。このことは同時に、個々の土地ごとに異なる風土があることを意味します。［D］、地域Aに暮らす私たちにとっての風土と、地域Bに暮らすあなたたち(地域Aのそれとは別の私たち)にとっての風土は異なるということです。

③異なる風土を語るいくつもの「私たち」があることを認めることで、多元的な世界観を受け入れることができます。「環境─人間」というような、二項対立的な世界観における客観的対象としての「環境」では、全地球・全種的に共有しているひとつの環境があるということが前提になっていますが、複数の異なる「私たち」をはじめから内化している風土は多元的な世界を前提にしているのです。

風土では自然と人間が不可分なひとまとまりの関係としてありますから、この風土の視点においてサステイナビリティを考え行動する(＝「何をまもり、つくり、つなげていきたいのか」を考え行動する)ことが、ひいては自然をつくることになり、そうしてまた、つくった自然に人間がつくられる関係へ展開していくことと同義になります。このことを従来の「環境のサステイナビリティ」に対し、「風土のサステイナビリティ」と呼びたいと思います。

気候変動や地球温暖化に代表されるこれまでの環境問題の議論では、その影響範囲が全地球であることから、環境のサステイナビリティが重要視されてきました。この視点を用いることで、地球環境の状態を俯瞰的に把握することはできるようになりました。しかし、実際に課題に向き合う段階において、行動主体となる主語は見失われてきました。

環境のサステイナビリティの視点によって観察・分析・介入を検討した情報は、状況に対する対処療法的な視点を与えてくれます。このような視点を片方に持ちながら、「私たち」という主語を用いてより実際の体験としての自然と人間の関係性についての情報を与えてくれる、風土のサステイナビリティの視点を補うと、今度は思考を展開している私を環境のなかに内化した視点から、日々をどのように暮らしていけばよいのかを考えることができるようになるのではないでしょうか。

（工藤尚悟『私たちのサステイナビリティー　まもり、つくり、次世代につなげる』より）

問一　二重傍線部Ⅰ・Ⅱの漢字を含む語句として、正しいものを、次の選択肢からそれぞれ一つずつ選び、記号で答えなさい。

Ⅰ「トげて」
- ア　生スイの江戸っ子。
- イ　商店街がスイ退する。
- ウ　任務をスイ行する。
- エ　スイ薦入試を突破する。

Ⅱ「模サク」
- ア　サク略にはまる。
- イ　音訓サク引で調べる。
- ウ　時代サク誤も甚だしい。
- エ　ゴミをサク減する。

問二　空欄［A］～［D］にあてはまる語句の組合せとして、最も適当なものを、次の選択肢から一つ選び、記号で答えなさい。

- ア　A　しかし　B　しばらく　C　おそらく　D　だから
- イ　A　したがって　B　そのまま　C　例えば　D　そのうえ
- ウ　A　そして　B　しばらく　C　加えて　D　そのうえ
- エ　A　しかし　B　やがて　C　例えば　D　つまり

問三　傍線部①「実際の状況とのズレがあります」とあるが、どういうことか。その説明として、最も適当なものを、次の選択肢から一つ選び、記号で答えなさい。

ア　状況を俯瞰して適切な対処がなされているように見えるけれども、実際には対処しきれていない部分もあるということ。

イ　環境問題に対して具体的な行動を起こそうとしても、実際は環境より経済性を優先する仕組みになっているということ。

ウ　個人の行動においては本質的な変化は見えていないが、実際は問題解決には消費行動の大変革が必要不可欠だということ。

エ　環境を外側から働きかけることができるものとして扱ってしまうが、実際には人間も環境のなかにいる存在だということ。

問四　傍線部②「賢い選択のように思えてきます」とあるが、それはなぜか。理由を説明したものとして、最も適当なものを、次の選択肢から一つ選び、記号で答えなさい。

ア　地球誕生からの悠久の時間の中では、気候変動も一種の流行り病であるという考え方が根底にあるため、自分たち人間も地球生態系の一部であるのだから、あれこれと解決策を考え行動しなくても内部から自然に解決すると信じているから。

イ　客観的な立場から課題をとらえて適切な対処法を考えていくという考え方が一般化しているため、気候変動が進んだとしても、専門家に対処を任せておけば、自分たちが自ら行動を起こさなくても問題は解決するはずだと考えているから。

ウ　物事を広い視野でとらえ、その全体像を把握してから対処法を考えるという姿勢の有効性を信じているため、地球上の課題は環境問題だけではないことから、気候変動という一面だけに特化して対策をたてる必要はないと理解しているから。

エ　病気にはそれぞれ治療法があるように、「環境」を患者ととらえ、課題に適切な科学的療法を用いることが有効な手立てとなるはずだと考えるため、しかるべき対策を主体的に行えば、環境問題も少しずつ改善するという見通しがあるから。

問五　空欄X・Yに入れるのに最も適当なものを、次の選択肢から一つ選び、記号で答えなさい。

ア　X　外部　・　Y　専門家
イ　X　内部　・　Y　対象
ウ　X　環境　・　Y　私
エ　X　主体　・　Y　客体

問六　傍線部③「異なる風土を語るいくつもの『私たち』があることを認める」とあるが、筆者はその意義についてどのように述べているか。その説明として、最も適当なものを、次の選択肢から一つ選び、記号で答えなさい。

ア　これまでの環境問題の議論では、その影響範囲を全地球と見なしていたが、自然と人間のまとまりは風土ごとに異なり、個々の環境の内部に暮らす自分たち自身の問題として、課題と向き合うべきだと考えられるようになった。

イ　従来の考え方では、自分たちの風土以外の地域における環境問題は、自分たちにはあずかり知らぬことであり、手の施しようがないととらえられてきたが、他の地域の問題にも主体的に関わるべきだと考えられるようになった。

ウ　以前は環境問題に対し各国で独自の対策を打ち出すことしかできなかったが、別々の風土で暮らす人々とも団結して、全地球・全種的に共有しているただひとつの大切な環境を守るべく活動する必要性が説かれるようになった。

エ　旧来の環境対策では、患者を治す医師のような絶対的な存在として先進国のリーダーシップに期待し、対処を任せているだけであったが、それぞれの風土ごとに身近にできることから行動に移そう、という機運が高まってきた。

問七　本文に関する説明として、最も適当なものを、次の選択肢から一つ選び、記号で答えなさい。

ア　環境問題について経済的な視点から人々の行動をとらえ、環境問題と消費行動の関連を明らかにしながら論を進め、課題解決のために自然と人間の関係性を見つめなおすことを訴えている。

イ　環境問題に対する個人の具体的な行動を例に挙げ、人々の環境問題への対応に共通している世界観を分析しながら論を進め、課題解決に向けて考え行動する際の新たな視点を提案している。

ウ　環境問題に対して先駆的な役割を果たす人々を例に挙げ、彼らの行動と世間一般の人々の行動を比較しながら論を進め、課題解決のためには二項対立の世界観から脱却するよう促している。

エ　環境問題に対して科学的見地から行動してきた歴史を振り返り、問題を医療に例えながら論を進め、課題解決のために不可欠な視点となる現代社会のキーワードについて詳しく解説している。

二〇二四年度　宮崎県　難易度

【二十】次の[Ⅰ]〜[Ⅲ]の文章を読み、以下の問に答えよ。（出題の都合上、一部本文に修正を加えている。）

[Ⅰ]

消費は現在、①他者と競い合うコミュニケーションのゲームとしてだけではなく、②私的な快楽や幸福を終わりなく追求する実践として、無数の人びとにくりかえされている。

そのおかげでこれまで商品化の原理がなかなか及ばなかった分野にまで、消費のゲームが拡大している。教育や介護など商品となりにくかった対象が、その文脈から切り離され（＝離床化され disembedded）、販売されているのである。それに加え、空間的にみれば、消費社会化が西洋諸国だけではなく、アジア・アフリカなどに着実に及んでいることが見逃せない。自動車や携帯電話、または海賊版的な違法・脱法的商品の流通を促しながら、購買活動はたんに生活を潤すだけではなく、人が人として生きる自由と尊厳を支える欠かせない機会になっているのである。

だからこそ消費社会は端的には否定できない。とはいえ消費社会としてあるこの社会に問題[a]がないわけではない。消費は生活に欠かせない役割をますますはたしている一方で、いくつかの難問をはらみ、場合によっては、それが消費社会の存続さえ危うくしている。社会が将来いかになるべきかという理想を考える上では、そうした問題をみてみぬ振りはできないのである。

消費社会の最初の、そしてきわめて大きな限界になるのが、消費にかかわる自由の配分である。消費は人びとがモノを選択し手に入れる自由を保証するが、そのためには当然、貨幣による支払いが必要になる。しかし貨幣は均等に配分されているわけではない。ピケティ[*1]が指摘していたように、資本主義には富める者をますます富まし、貧しい者をますます貧しくする傾向がある。一パーセントの豊かな者の収入が総所得に占める割合は、たしかに二〇世紀中盤に減少したものの、米国や英国などのアングロサクソン国家では一九八〇年代に再び上昇し、一九三〇年代の水準にまで回帰している。日本ではそこまでではないものの、一九九〇年代には同じく格差拡大の傾向がみられ、豊かな者の所得が総所得に占める割合は、少なくとも一九五〇年代の規模に舞い戻っているのである（図1[b]）。

［ア］、格差の拡大はすぐに消費の自由を台無しにしてしまうわけではない。デフレの到来が一〇〇円ショップでの「賢い」消費を活性化していったように、格差の拡大は商品の価格低下や多様化を促すことで、消費のゲームをにぎやかにもしてきた。

ただし格差が消費のゲームに参加さえできない者を増やすのであれば、やはり問題になる。何であれモノを買うことは、消費社会では、その人の尊厳を支える他に代えがたい契機になる。自分で好きに選択することは、その人の独自性や固有のライフスタイルを具体的に守る砦《とりで》になるからである。

資本主義のなかで自由な選択を許されていなかったり、またそもそも消費のゲームに参加さえできない人がいることは、それゆえ「公平(fair)」とはいえない。消費がますます重要な役割を担う社会で、自分の欲望や望みに対して配慮を受けず、そのため自分の居場所が充分に与えられないことをそれは意味しているためである。

こうした不公平の増大に対して、是正が試みられてこなかったわけではない。それを担ったのが国家である。マルクス主義的にいえば、資本主義は過剰生産による購買力の不足という問題を潜在的にかかえている。二〇世紀社会は労働者の賃金を増やすことでそれに対応してきたとされるが、ただしそれは自発的に、また充分になされてきたわけではない。労働力が切迫した限定的な状況を除けば、個々の企業には賃金を上げる動機は乏しかったからである。

だからこそ国家はそれを補い、労働者の賃金を直接、または間接的に維持することに努めてきた。たとえばデイヴィッド・ガーランドによれば、一九世紀末から二〇世紀なかばにかけて労災保険や疾病、出産保険など所得保障を試みる制度が各国で整備されていく。資本主義が拡大していくなかで、国家の手によって労働者の生活を保障することがまがりなりにもグローバルに一般化していくのである。

こうした流れは、二〇世紀なかば以降には、個々の企業の代わりに国が労働者の暮らしを担うことを目指す「福祉国家」へと結実した。ナショナリズムの高まりや、それを前提とした総力戦体制の確立にも後押しされ、程度の差はあれ、国民の生活を積極的に保護していくことを多くの国家が目標とし始める。他方、財政的にみればこの動きは、公共投資などへの支出を拡大することで完全雇用を目指すケインズ的財政政策の一般化と並行していた。国民生活を直接維持しようとするのか、または完全雇用によって間接的に大多数の国民の生活を安定させることを目指すのかというちがいはあれ、積極的に税金を投下して国民の生活を維持することを多くの国家が目標とし始めていくのである。

こうした国家の舵取りは二〇世紀の最後の四半世紀にたしかに広汎な挑戦を受けることになった。税収を増やし、その代わりに福祉に力を入れる「大きな政府」への志向は新自由主義的な思潮のもと否定され、代わりに民間セクターとの協力関係を前提に統治を実現する「小さな政府」が企図されていくのである。

ただしそれによって福祉国家的試みが完全に放棄されたわけではない。新自由主義も国家を端的に敵視したわけではなく、むしろ利率や為替レートの操作、さらには一部の業界の規制緩和策などの手段を使って、自国のグローバルな経済的優位を確立しようと努めてきた。そうした枠組みのなかで経済を安定化させる最低限の装置として、社会保障制度はしばしば縮小が議論されながらも、なお維持されてきたのである。

実際、日本でも国家の介入によって所得格差はかなりの程度、改善されている。確認したように、平成の時代、不平等を表現するジニ係数[*2]は上昇し、所得の配分は世帯によってさらなる偏りを生んだ。ただしそれは税収や年金給付等の調整以前の話であり、再分配がおこなわれた後の数字をみれば、ジニ係数はかなり安定している(図2)。格差が拡大したことには、そもそも高齢化の影響が大きかったが、高齢者に対する年金を中心に多くの税金が投入されることで、全体としての平等はかなりの程度、維持されてきたのである。

（貞包英之『消費社会を問いなおす』より）

＊1　ピケティ…フランスの経済学者。

＊2　ジニ係数…所得などの分布の均等度合を示す指標。0に近づくほど格差が小さく、不平等が大きいほど1に近くなる。

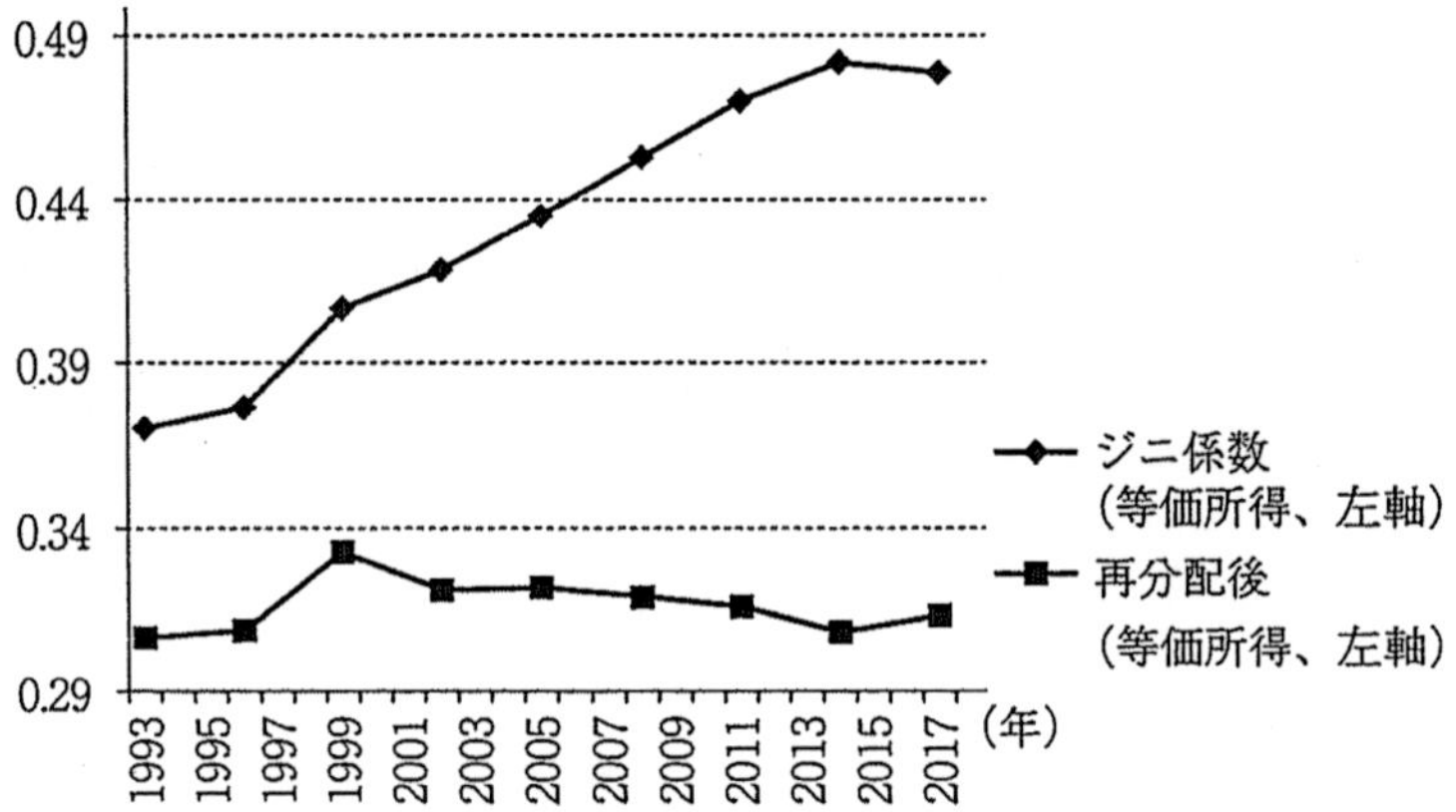

ジニ係数、相対的貧困率（所得再分配調査より作成）

図2

Ⅱ　新聞記事

日本の経済格差「深刻」88％、縮小のため「賃金底上げを」51％…読売世論調査

読売新聞社は格差に関する全国世論調査（郵送方式）を実施し、日本の経済格差について、全体として「深刻だ」と答えた人は、「ある程度」を含めて88％に上った。「深刻ではない」は11％だった。具体的な格差7項目について、それぞれ今の日本で深刻だと思うかを聞くと、「深刻だ」との割合が最も多かったのは「職業や職種による格差」と「正規雇用と非正規雇用の格差」の各84％だった。岸田首相は「新しい資本主義」を掲げ、これまで市場に依存し過ぎたことで格差や貧困が拡大したと繰り返してきた。調査からも、格差への問題意識が広く共有されていることが明らかになった。自分自身が不満を感じたことがある格差（複数回答）としては、「正規雇用と非正規雇用の格差」の47％が最も多く、「職業や職種による格差」42％、「都市と地方の格差」33％などが続いた。格差縮小のため、政府が優先的に取り組むべき対策（3つまで）は、「賃金の底上げを促す」51％、「大企業や富裕層への課税強化など税制の見直し」50％、「教育の無償化」45％などの順で多かった。日本の経済格差が今後どうなると思うかを聞くと、「拡大する」が50％で、半数が悲観的だった。「変わらない」は42％で、「縮小する」は7％にとどまった。

（読売新聞二〇二二年三月二十七日より）

格差縮小のために優先すべき対策（３つまで）

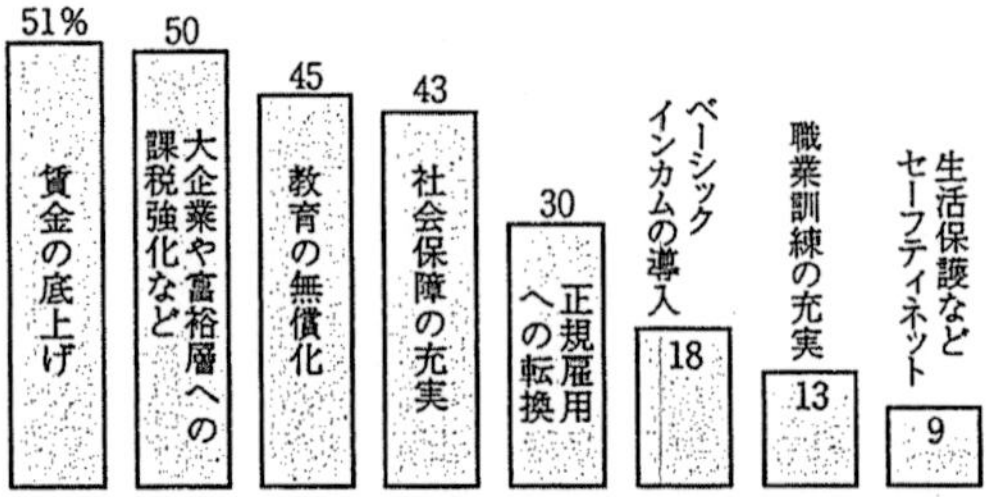

年代別（上位3項目）	1位	2位	3位
18〜39歳	賃金の底上げ	教育の無償化	社会保障の充実
40〜59歳	教育の無償化	賃金の底上げ	大企業や富裕層への課税強化など
60歳以上	大企業や富裕層への課税強化など	賃金の底上げ	
		社会保障の充実	

（Ⅱの資料）

Ⅲ　内閣府の資料

日本では戦後、三大都市圏を中心とした都市圏と、農漁村を含む地方圏との間での所得格差が続いてきた。そして、こういった所得格差と人口移動の間には密接な関係があり、より所得の高い魅力的な地域に、地方から若年層を中心に人口が流出してきたと考えることができる。一方で、都市圏と地方圏の格差を考える際に、単純に所得格差のみを比較してよいのかという問題もある。地域によって生活に必要な費用は異なり、また物

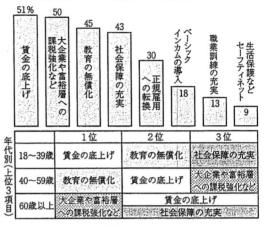

価の違い、住宅環境の違いなどがある。単に所得の金額だけを比較してどちらが豊かかを論じることは必ずしも適切ではないであろう。なお前述したとおり、近年、経済の水準というよりも経済状況の好不況が、若年層の人口移動や出生率に影響を及ぼす傾向が出てきているとみられる。

（内閣府ホームページ『選択する未来』より）

東京圏における転入超過数と所得格差の推移

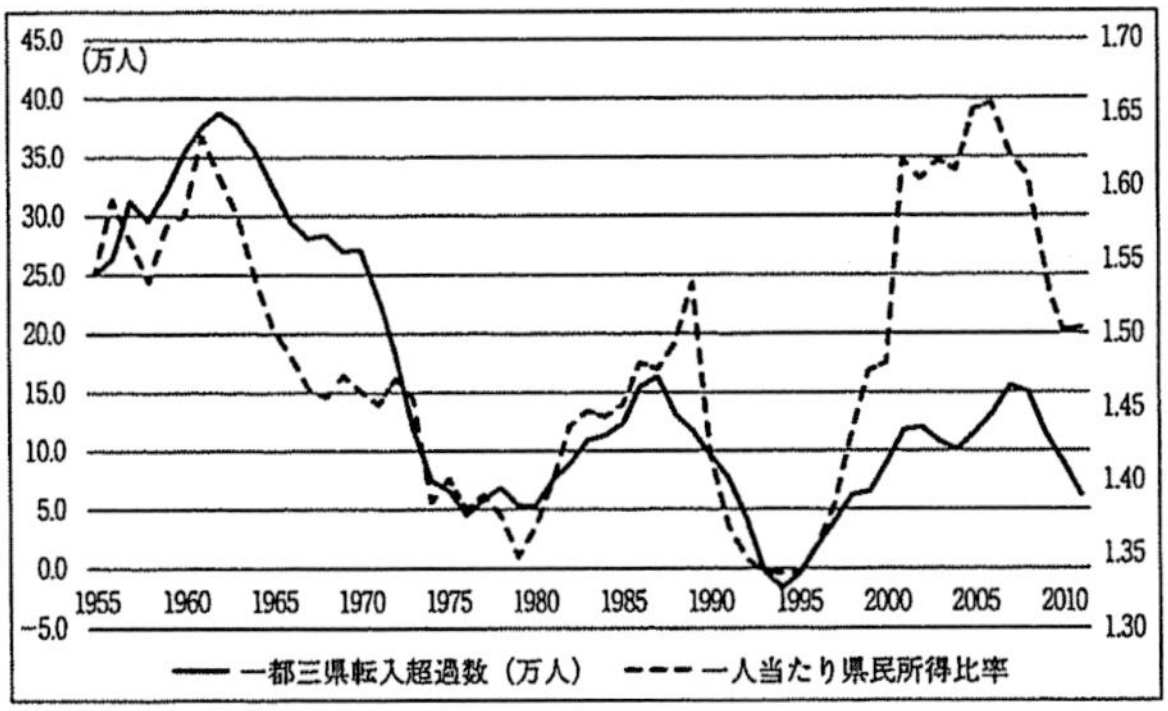

（備考）総務省「住民基本台帳人口移動報告」、内閣府「県民経済計算」
転入超過数は東京都、埼玉県、千葉県、神奈川県の１都３県の転入超過数計。
所得格差は県民経済計算の「一人当たり県民所得」の全国計に対する東京都の比率。

（Ⅲの資料）

問1　次の問に答えよ。

(1)　傍線部a「問題」について説明した次の文の［　　］に入る言葉を文章中から十二字で抜き出して答えよ。

［　　］についての問題。

(2)　傍線部b「図1」として最も適当なものをA～Eから選び、記号で答えよ。

A

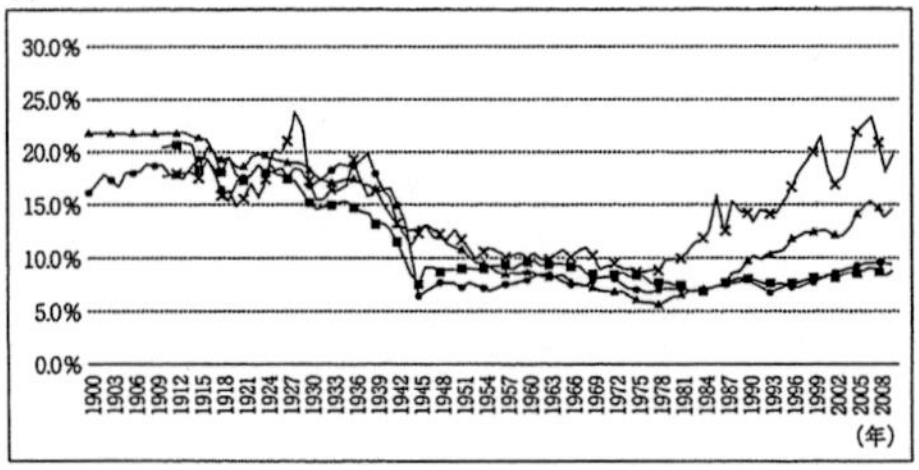

B

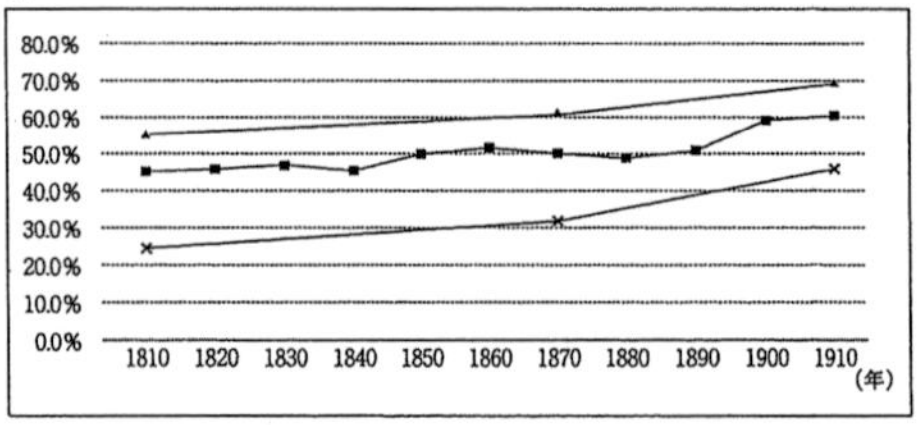

C

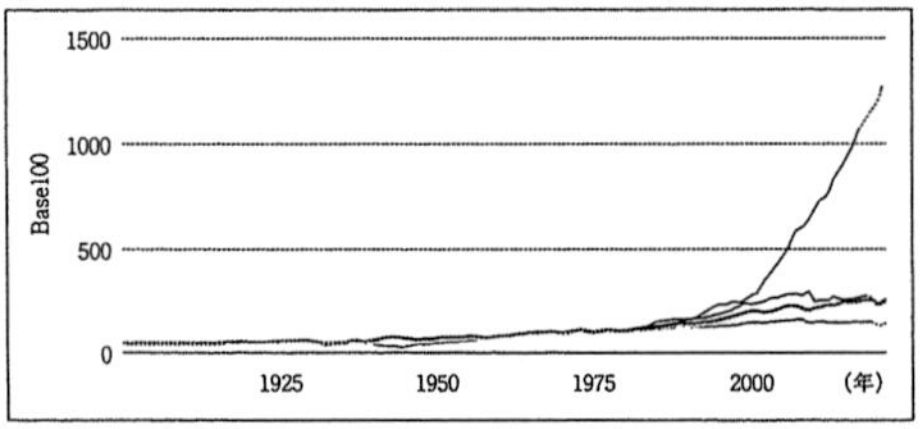

D

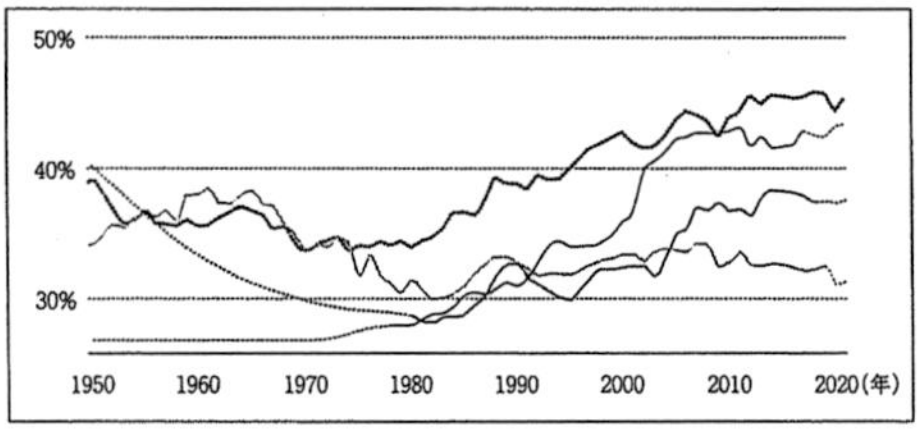

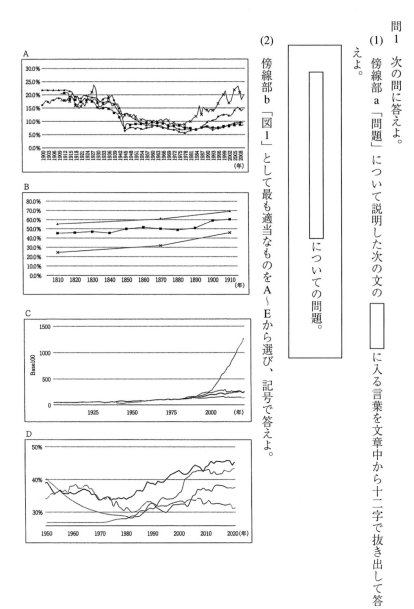

E

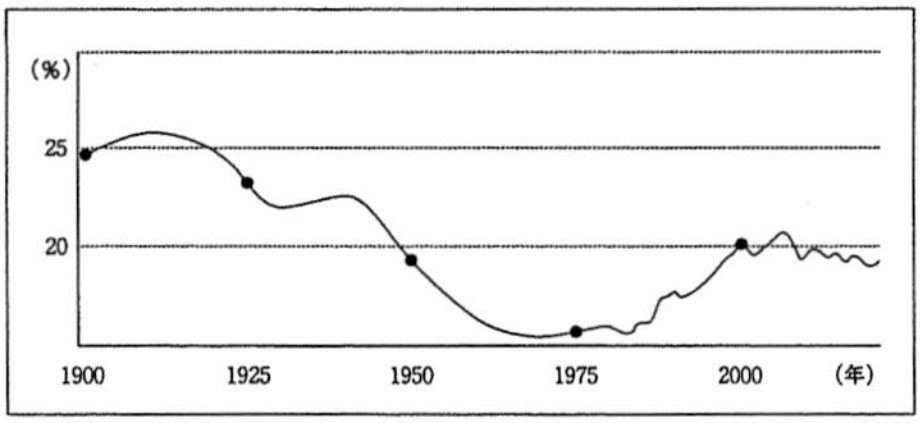

(3) ［ア］に入る接続語として最も適当なものをA～Eから選び、記号で答えよ。

A なぜなら　B つまり　C 例えば　D さて　E たしかに

(4) 文章［Ⅰ］、［Ⅱ］における、筆者の述べ方の工夫として、最も適当なものをA～Dから選び、記号で答えよ。

A ［Ⅰ］では大きな政府が小さい政府に置き換わって現代で広まるまでの歴史を述べることで、大きな政府がなぜ今重要なのか読者に伝わるようにしている。

B ［Ⅰ］では消費が人間に不可欠なものであることを述べた上で消費の問題点について述べることで、問

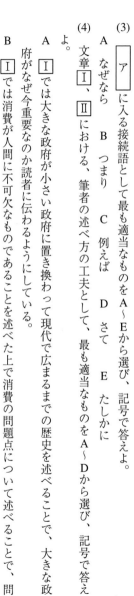

題がより深刻であることを読者に伝わるようにしている。

C　Ⅱでは先に客観的な数値を全て示してから調査についての分析を最後に述べることで、調査の内容がより論理的に読者に伝わるようにしている。

D　Ⅱではグラフの下に年代別の表を載せることで、優先すべき対策の上位3項目が年代によって全く同じであることが読者に伝わるようにしている。

問2　次の【資料】を読み、以下の問に答えよ。

【資料】

> Ⅰ～Ⅲを読んだ生徒の会話
>
> なおと　Ⅰの文章では c日本では全体として平等はかなり維持されてきたと書かれているね。
>
> けんた　ぼくはタブレットでⅡの記事を見つけたよ。d日本全体の平均だけ見るのではなく、どのような格差が残っているのか見ていく必要があると思うよ。
>
> ゆうき　タブレットを使って調べてみたら、Ⅲの資料が載っていたよ。e単純に所得格差だけで考えるのは問題かもしれないね。

(1)　傍線部c「日本では全体として平等はかなり維持されてきた」とあるが、それはなぜか。Ⅰの文章を踏まえて説明した次の文の［　　］に入る言葉を十字以上二十字以内で答えよ。

日本では、国家によって［　　　　］が行われたから。

(2) 傍線部d「日本全体の平均だけ見るのではなく、どのような格差が残っているのか見ていく必要がある」とあるが、そのように言えるのはなぜか。［Ⅰ］～［Ⅲ］の文章を踏まえて八十字以上百字以内で説明せよ。

(3) 傍線部e「単純に所得格差だけで考えるのは問題かもしれないね」とあるが、どのような問題があるのか。［Ⅲ］の文章を踏まえて説明した次の文の［　　］に入る言葉を二十字以上三十字以内で答えよ。

都会では所得が高くても［　　　　］ということ。

解答・解説

【二】問一　①と　②要請　③ざいや　④境界　⑤乏　⑥飢　⑦摂取　⑧系譜　⑨暦　⑩備蓄　問二　A　オ　B　イ　問三　a　混沌として無秩序であること。　b　途切れや継ぎ目がないこと。　問四　さまざまな儀礼的行為を実施することで、時間の体系を作り出し、カオスとしてある時間を秩序立てて、時間を経験できるようにすること。　問五　狩猟採集民が狩りや採集を行うのはごくわずかな時間であり、それ以外の時間は休むなどしてゆったりと過ごし、時間に追われるということはないため。　問六　真の意味では進化という概念には該当しないが、より高度な状態に発展していった様子を示す言葉として、一般的で最も分かりやすい語であると判断されたため。（社会が進化するという歴史認識については、一度その考え方を保留しておく必要があるということを示すため。）

問七

狩猟採集民
・必要な時に獲物を手に入れればよい。
↓時間に追われることはない。
【時間の感覚は相対的】

⇔

農耕民や牧畜民
・常に作物や家畜の世話をしなければならない。
↓時間に追われる。忙しい。
【時間の感覚は絶対的】
（現代の私たちと同じ感覚）

問八　(1)　10～20単位時間程度　(2)　内容や形式について、引用や要約などをしながら論述したり批評したりする活動。（理解したことや解釈したことをまとめて発表したり、他の形式の文章に書き換えたりする活動。）

○解説○　問一　①～⑩まで、いずれも基本的な漢字の読みや書きであり、常用漢字を確実に身に付けておくことで対応できる。　問二　A　前段落で、人生のカテゴリーは人為的なもの、とあり、それが確立されたのが「子ども」や「青年」などの区分なのだから、ここでは「定式化」が該当する。　B　農耕や牧畜は「むしろ忙しいのです」とあるのだから、いつも忙しいさまを表すイが該当する。エは終始、どこまでも、という意味で「いつも」という時間的な意味合いとは異なる。　問三　いずれも現代用語として評論などでしばしば用いられる外来語である。　問四　指示語の内容は一般的にその直前の文章の内容を指す。「さまざまな儀礼的行為を実施することで～時間を経験できるようにします」の部分を過不足なく書き出し、「～こと」でまとめること。　問五　根拠は次の段落「しかし、～希薄です。」と三段落後の「マーシャル～過ごします」に書かれている。　問六　次の段落では「私たちの認識を逆転させました。」とあるように、一般的に「進化」と考えられている農耕や牧畜の文化への道筋を疑問視する必要があるという意味でも「　」付きとなっている。　問七「狩猟採取民」と「農耕民や牧畜民」とを対比的に項目を立て、それぞれの暮らし方と時間との関係を示し、時間の感覚の「相対的」と「絶対的」というキーワードでまとめる。　問八　(1)「現代の国語」については、「A話すこと・聞くこと」に関する指導が20～30単位時間程度、「B書くこと」に関する指導が30～40単位時間程度、「C読むこと」に関する指導が10～20単位時間程度の配当とされている。　(2)　本文の内容、もしくは論理構成や表現方法について、引用や要約、まとめを通して、論述、批評、発表などの言語活動が考えられる。

【二】 1 (a) つい (c) だとう 2 (b) 及ぼし (d) 貢献 3 ジョークがより面白くなり、より速く広がっていくこと。(二十六字) 4 E 5 (ア) 6 (ウ) 7 共生 8 ① 生存や子孫を残す ② 文化や芸術というミームを維持し発展させていく 9 (ウ)

○解説○ 1・2 解答参照。 3 「こうして」に着目。つまり、先行する事柄を傍線部(1)が受けているので、この直前に具体的な内容が示されている。それをまとめればよい。 4 A「ここ」は場所などを指す代名詞。Bは形容動詞、Cは連体詞、Dは副詞。Eは代名詞である。 5 「生存や子孫を残す可能性には、ほぼ何の影響も与えない」だけでなく、どちらかといえば「子孫の数を減らしているかもしれません」とあるから、「むしろ」が該当する。 6 [6]に「ミームはただの情報なので、脳の構造に影響を与えることは難しいかもしれません」とある。 7 [7]でミームは「相互補完的な関係です」と述べていることから考える。[5]で作者は「人間と共生している」と述べている。 8 問題にある文章から、①には人間を含む生物全体にいえること、②は人間にしかできないことが該当することを踏まえて文を読むこと。①は生物に関しては[3]で述べられていることから、その段落から適切な語句を探す。②は[8]で「人間にしかできません」とあるので、その内容を中心に考えるとよい。 9 (ア) [5]は「一般的な考え」ではなく、筆者の考えとして「可能性」を述べている。 (イ) [6]では共通点と相違点について述べられていない。 (エ) [1]で提起した話題を、[2]から[7]段落までの説明を受けて最後の[8]でまとめている。

【三】 問一 3 問二 2 問三 3 問四 1 問五 d 2 e 4 問六 4 問七 1、5

○解説○ 問一 「自分が／関わる／物事の／意味を／感じながら／生きて／います」となる。 問二 傍線部(b)「ない」は打消しの助動詞であり、これと同じものは「食べたがらない」である。打消しの助動詞は「ない」

を「ぬ」に置き換えることができる。　問三　枠内の「話を元に戻すと」「ブルーナー」「認知革命」が判断材料となる。「ブルーナー」は第七段落が初出(一般的に人物名の直後に生没年など、本人に関する説明があるところは初出である)のため、挿入箇所はそれ以降と判断できる。第七段落以降で「認知革命」について書かれた段落は第八段落と第九段落である。　問四　傍線部(c)の後の文章をまとめればよい。「その意味では」とは、直前の「この見方に基づくことで、人間の精神作用についての理解が飛躍的に進みました」を指す。また、傍線部(c)直後にある「人間を情報処理マシンとしてみる見方は、人間が『意味』に関わりながら生きている側面を扱うことを困難にします」ということは「その意味では大成功」の裏側を示している。　問五　d　一文で考えると、前後の「民族心理学」と「素朴心理学」が同じ内容を表すことが分かる。　e　前後の内容をおさえる。前ではヴィルヘルム・ヴントが「『民族心理学』を重視しました」と言っているのに対し、後では「民族心理学は徹底的に批判されました」とあることから、前後の内容は対立関係にあることがわかる。

問六　傍線部(f)の後文の内容をまとめるとよい。第十五段落では「私たちにとって意味のある世界認識を…情報などを手がかりとして作り出していくときの癖」がバイアスであるとしている。その上で、人間は自分なりに意味を見いだしながら生きていると述べられている。　問七　2は「筆者の体験に基づいて反論し」「これまでになかった新たな見解」が、3は「バイアスを肯定的に捉えることの是非を論じて」が、4は「認知革命による人間の見方における欠陥を排除」が本文の内容に合わず、不適切といえる。

【四】問一　②　問二　④　問三　①、④　問四　④　問五　読み手の読書に関するこれまでの経験や現在の状況等によってテキストから読み取られるものは異なり、その意味で正しい読み方はないということ。

問六　筆者の述べる「自分を基準にして作品との距離が測れるようになる」とは、生徒が作品に表れているものの見方や考え方をそのまま受け入れるのではなく、自分の知識や経験と照らし合わせて、自分なりの理解を基に作品を対象化し、吟味したり検討したりしながら読み、自分のものの見方や考え方に対する作品に表れているものの見方や考え方の位置付けが分かるようになることを表していると考える。そのことを踏まえ、国語科の指導においては、生徒が批判的な態度を常に抱きながら本を読み、読書感想文を批評として成立させることができるように、登場人物の行動や物語の展開の意味を考えさせたり、登場人物と自分との考え方の違いを確認させたりする。また、作品に表れているものの見方や考え方と自分の考えを比較させ、共通点や相違点を確認させたり、作品中で述べられている主張と根拠との関係は適切か、根拠は確かなものであるのかといった、内容の信頼性や妥当性を吟味しながら読ませる。このような指導を繰り返し行うことで、作品を対象化して、吟味したり検討したりしながら作品を批判的に読み、自分の中での作品の位置付けが分かるようにしていくことが考えられる。

問七 ㋐ し ㋑ 一致 ㋒ かくとく ㋓ かいぎ ㋔ 革命

○解説○ 問一 ここでは空欄Xの直後の「1冊の本」の多様性を伴う理解に対し、逆の例として直前で「短い文章」の(単純な)理解を引き合いに出している。 問二 [6]の段落で、デューイは批判的思考の用語を反省的思考と同義とし、それを「観察し考察したプロセスを振り返り点検することを優先する態度」と言い換えている。したがって、「デューイの言うような」の後には「点検」が該当する。 問三 この一文の主述の構造は「ヘーゲルは……と考え、……と捉えた。」となっており、さらにその中に「新しい展開が……第一歩となる」「それが……次の過程を導く」といった主述関係が挿入されている。したがって、「ヘーゲルは」の述語は「考え」と「捉えた」である。なお「含む」は述語ではなく、「次の過程」の修飾語である。長文の場合は、文脈を捉えながら文の構造を傍線等を引きながら視覚的に確認するとよい。 問四 各段落の構成を全文の中で、各段落がどのような役割を持っているかを捉える必要がある。[1]は読書感想文の定義と適齢年齢について述べ、[2]は読書の抱えている特質、[3]は読み手に左右されるテキストの読みを論じている。したがって選択肢①の[1]段落「読書感想文が抱える問題」に対して[2]段落で「その要因を明示し」ている点は誤り。[4]、[5]

では批判的思考にもとづく「情報リテラシー能力の獲得」の重要性を主張している。したがって選択肢②の「批判的思考の習得が必要」の箇所が誤り。9、10、11は、近代思想における弁証法が現在でも日常的に批判的思考を徹底させるのに有効な態度であり、12において「そうした反省的な思考を常時繰り返すこと」を主張していく。したがって、選択肢③の「二律背反の問題を明らかにしている」は誤り。12と13は、6から11までの「批判的思考」の定義や態度、歴史的経緯の説明を受けて、批評という行為の意義を述べ、読書感想文ではそうしたトレーニングの不十分さを問題視している。したがって選択肢④は適切である。　問五　指示語の指す内容は、指示語の直前の部分に示されていることが一般的である。ここでは前文の「その意味で正しい読み方というものはない」が該当する。七十字以内という条件から、「その意味で」の「その」についても具体的に直前の内容(読み手の読書経験や環境により、読み取られるものは異なる)をまとめることが要請されている。　問六　まず「自分を基準として作品との距離が測れるようになる」ことの内容を明示する必要がある。4段落冒頭の「書くためには……必要である。」「作品と自分とが……確立する。」の部分で具体的に説明されているので、この箇所を踏まえて「生徒」主体の説明としてまとめる。その上で、物語や小説において、登場人物の行動や考え方、物語の展開や因果関係などを自分の立場やものの見方と照らし合わせながら相対化し、その相違点や共通点を焦点化した上で、その理由を吟味したり妥当性を検証したりすることを指導内容として具体的に説明する。解答例の他、一教材の授業実践例として具体的な指導方法の工夫を示すことも有効である。　問七　㋐～㋔のいずれも基本的な漢字の読み書きである。日頃から不得意な漢字は確認しておくとよい。

【五】 問1　(ア)　4　(イ)　3　問2　1　問3　4　問4　3

○**解説**○ 問1　(ア)「旧弊」。1は「併用」、2は「遮蔽」、3は「閉鎖」、4は「弊害」。　(イ)「享受」。1は「恭順」、

2は「読経」、3は「享楽」、4は「狭小」。　問2　傍線部(1)の少し後に「つまり自ら思い浮かべ想像することに発する違いが、小説の豊かさをなしている」とあり、その後の「しかし」で始まる段落で、小説の自由を「世界自体を創造する自由」と述べている。2は「限定された範囲」が論旨と矛盾する。3は「他者と同じ世界を生きられる」が誤り。4は「自分の好みに合わせて」という点が誤り。傍線部(2)の七文前に『花』という言葉から、何が思い浮かぶか、によってあなたが生きてきた人生の幅と重さが問われるのだ。」とあるように、「自分の好み」ではなく自分の人生の体験に左右されるのである。　問3　傍線部(2)の「それ」は、三文前の「自分で考えたり、想起したりしないですむ様に、圧倒的な画像や、音楽や、操作感覚で圧倒してほしい。」＝「当世流行の考え方」を指す。また、傍線部(2)の理由については、直後の「生きることの面白さ、その堆積がすべてこの自由に、つまりは想起する自由にかかってくるからだ」が対応している。そして、その後も繰り返し本の自由について述べており、特に「人によってさまざまな顔を見せる、と同時に同じ人間にとっても、異なる顔を提示する。そのような違い、その差異がもたらす自由を楽しむということが、本を読むということ」の箇所が重要である。この部分に対応しているのは4。1は「以前読んだ本の感想は現在でも変わらない」が誤り。2は音楽やゲームについての言及なので誤答。3は「限定的になる」が本論と矛盾しているので誤り。　問4　傍線部(3)の十三文前に「書物の『上演時間』は、人によって千差万別である。しかもそれは、まったく作品自体によっては決定されない。ただ読者によって、つまりは読み、理解し、想起するという精神の働きだけによって決定される。」とある。1は「人によって異なることはない」、「時間を管理する必要がある」が誤り。2は「書物には、時間というものが存在している」が誤り。4は「読む人で印象が変わらず」が誤り。

【六】 1 e 2 b 3 a 4 d 5 e 6 c 7 b 8 c 9 a

○解説○ 1 なお、㋐は「物事が多くの方面に分かれている」、㋑は「一つにまとめると」といった意味がある。 2 傍線部①「真摯」は「しんし」であり、aは「みりょく」、bは「しもん」、cは「しつむ」、dは「ぶんけん」、eは「せいちょう」と読む。 3 空欄Aは、前文での応用科学の説明を経て、基礎科学の重要性を強調しており「もちろん」が適切。空欄Bは、その前で基礎科学の状況を述べ、それを経て基礎科学の本来の目的が述べられており「そもそも」が適切。空欄Cは基礎科学が実用的な価値の実現を目的としていないにもかかわらず、画期的な実用的価値が基礎科学の成果からもたらされるという文脈から「むしろ」が適切である。 4 傍線部②「意見が多すぎる場合」に対し、同段落で「すべての意見に耳を傾けることは実際上不可能」と述べた上で、次の段落で「どれくらい多くの人のどんな意見に耳を傾けるべきかは、それぞれの場合で個別に判断するよりほかない」と述べていることを踏まえて考えるとよい。 5 好奇心が実用的な価値の実現に結びつくことについては、本文で言及がない。基礎科学は好奇心を原動力とすると述べているが、必ずしもイコールではないことに注意したい。 6 まず、応用科学については、形式段落第九段落の「応用科学は好奇心というよりも、品種改良や新薬の開発といった実用的な目的にもとづく研究」をおさえることと。ここでは、基礎科学は応用科学と対の関係にあること、形式段落第十段落にある「基礎科学もまた、真理の探究にだけかまけているのではなく、何らかの役に立たなければならない」「基礎科学は、実用的な価値の実現などまったく目的にしておらず……」を踏まえて考えるとよい。 7 形式段落第十二段落では「基礎科学は実用的な価値の実現を目的としていない……世のなかを変えるような画期的な実用的価値は……基礎科学の成果からもたらされる」とあることからわかる。 8 形式段落第九段落以降の基礎科学と応用科学について述べられていることと合致する。 9 本論の柱である「真理の探究」と2つの知的徳である「開かれた心」「好奇心」の関係性を全体から考える。

【七】 (1) ③ (2) ① (3) ④ (4) ⑤ (5) ⑤ (6) a ① b ②

○**解説**○ (1) 二重線部は「教化」であり、①は「協定」、②は「強兵」、③は「政教」、④は「共存共栄」、⑤は「明鏡」である。 (2) 傍線部A「現実的なものとして輝きだす」の主部が「近代的な時空間にちりばめられた中世的で魔術的な世界のかけら」であることを押さえる。これをチャクラバルティは「近代の時空間に現前しつづける『中世的なもの』」と表現し、第3段落「中世的なものは近代的なものから…近代の諸実践につきまとっている」と第5段落「非現代的なものの現れは…流儀や実践のあり方に関係している」で説明している。 (3) 傍線部B「ひとつの手がかりを与えてくれる」を含む段落で山崎吾郎の論考を踏まえて論じた上で、その2段落後で「技術はそれを用いる身体と…そのつど生成し、現れ出てくると考えられる」と自身の考えを述べている。 (4) ⑤の「筆者の提案へとつなげる」が誤り。本文で提案はされていない。 (5) 最終段落の内容をまとめればよい。なお、①は「その存在に否定的」、②は「ツワナの人々の生活世界は一元化された」、③は『技術的環世界』の一つ」、④は「世界を合理化」がそれぞれ不適である。 (6) a 空欄Xと空欄Yを含む文章の主語は「物語りの底力」であり、後文の「いま・ここに生きる『私』の存在を…異化すること」も「物語りの底力」を指す。また、後段落にある「語り手は…揺るがせる」もヒントになるだろう。 b 【文章Ⅰ】が「技術」の話題を通して、【文章Ⅱ】は「物語り」の話題を通して、それぞれが指摘している点をおさえて考えるとよい。共通テーマは「現実」だが、それぞれの文章が「現実」をどう変化させようとしているのかを考えてみよう。

【八】 問1 A ① B ① C ④ 問2 ③ 問3 ① 問4 ④ 問5 ① 問6 ② 問7 ④ 問8 ③

○解説○ 問1　Aは「保証」であり、①は「証」、②は「障る」、③は「償う」、④は「省みる」である。Bは「克服」であり、①は「克明」、②は「一刻」、③は「酷似」、④は「戒告」である。Cは「依然」であり、①は「遺物」、②は「意地」、③は「以心」、④は「依頼」である。　問2　傍線部A直後の文に「経済は改善しても『特定の人々』の生活は少しも改善されない」ため、「今日の社会経済状況の変化に対応した社会保障制度や労働政策への『抜本的』転換」を求める声が多いが、「不利な人々」が「貧困の固定化や社会的な排除」を「促しているような日本の福祉の仕組み」の中で、「改善策からも見落とされてしまう傾向にある」と述べられている。筆者が提案する反貧困政策は「せめて貧困を一時的なものにとどめ～彼ら彼女らを『バス』の固定席(＝固定的な貧困)から解放する」ことを目標としている。つまり、生活の改善が見込みにくい「特定の人々」を新たにつくり出さないことが反貧困対策の一つの目標となる。　問3　傍線部1については「先に述べ」ているとあるので、前からさがすとよい。形式段落第四段落目には「やや違和感を感じる」こととして「貧困の固定化～傾向にある」とある。これをまとめればよい。　問4　①は「実際、保護基準が妥当か否かは、低所得者との比較で検証されている～保護基準は下げられつつある」と、②は「保護基準がさらに低められていけば～低所得の基準も引き下げられつつある」、③は「年金受給額の少ない高齢者やワーキングプアは～改善する糸口を失ってしまう」にそれぞれ合致する。④については記載がない。　問5　傍線部3を含む段落の内容をまとめればよい。④と迷うかもしれないが、「強要したという事実は残り」といった記載はないため、不適と判断する。　問6　「持続的安定が図られねばならないのは『私たちの社会』といえる理由として、「富裕層と貧困層への分裂が社会の安定を奪う」ため、「(福祉国家が)階級や階層ごとに分裂した社会を～福祉機能によって融和と安定に導いていくことは、国家それ自体の存在証明にもなる」ことを踏まえて考える。　問7　傍線部4を含む段落の一つ前の段落を参照。そこでは「もう一つの社会の形成に歯止めをかけることによって」社会を安定させる、とある。　問8　①「具体例を科学的に分析し」、②「自分の主張に対する批判として考えられることを取り上げて、反論していく」、④「各種の案がそれぞれ実現困難であることを丁寧に説明」が不適。

【九】問一 ② 問二 ③ 問三 ⑤ 問四 ① 問五 ④ 問六 ③ 問七 ①

○**解説**○ 問一 傍線部ア「自然の従順」については、第二段落の「第一空気の含む…比較的容易に寒さに堪え得るのである。」に記されている。②の「空気が絶えず流れているので」が誤り。傍線部イを含む段落の後半で、寒風が少ない(=空気が淀んでいる)西欧では、空気の流通によって湿気の定着を防ぐ必要がないと記されている。 問二 傍線部イを含む段落の最後から三文目に根拠がある。「それは人間の自発的な…従順な自然たらしめている。」とあり、これと合致する③が適切。 問三 「自然の単調」については、傍線部ウを含む第三段落の2文目以降「我々が通例冬の風情として…昨日の雪を解かすなど思いもよらない。」に根拠がある。⑤の「低い湿気と弱い日光が相殺し合うために雪景色が見られない」が誤り。前記の根拠の中に「湿気の少ないところでは…めったに雪は降らない」とある。 問四 傍線部エ「冬が人間の自発性を引き出したということにほかならぬ」の理由は、その前文「だから西欧の冬の風情は…人為的なものにのみあると言ってよい」と、問二で確認した選択肢③の「空気の冷たさは…それに備えて克服しようとする人間の…自発性を内面から引き出す」で確認できる。従って、これに合致する①が適切。②は「冬の風情を」以降のつながりが文意に合わない。「炉辺や劇場などを発展させたことで冬の風情を感じた」のである。③は「空気が冷たく身に沁みるように寒い西欧」が、④は「屋外に冬の風情を見いだす」が、⑤は「単調な自然と」以降が文意に合わない。 問五 傍線部オ以降、同段落の「農作物の害虫が少ないことを意味する」までの内容に着目する。「空気に湿気が乏しく昼と夜の気温の相違が少ない」ことで「農具の運搬の手間が省ける」といった農人の「少なからぬ労力の軽減」や「一般に昆虫が少ない」ことによる「農作物の害虫が少ない」ことを説明している。従って、④

が適切。　問六　空欄Aの前段落で、西欧の空気の「淀み」つまり風が少ないことについて説明している。そして空欄Aの直後で「風の少ないことを客観的に示すものを求めれば」と述べ、その後で北ドイツの風の少なさを示す内容を記している。空欄Aの前後は添加の関係にあり、「さらに」が適切。空欄Bの直後「たまに我々がやや強い…根こそぎに倒されるのである」と、空欄Bの前の北ドイツの土地を形成する砂やそこに生えるまっすぐな松などについての内容との関係を考えると、順接「だから」が適切。空欄Cはその前の「フランスはこれ(ドイツの樹木)ほどまっすぐではない」と、空欄Cの後の「それでも北フランスなどで」は樹木が「同じようにそろって」一方へ曲がっていたり、曲線でありながら「平行している」様が見受けられるとし、前後の内容が逆の関係にあることから「しかし」が適切。　問七　②、③は第1～3段落に、④は第5段落に、⑤は最終段落に根拠がある。①は第4段落に着目する。「気候・風土は一律ではなく」が文意に合わない。

【十】　1　d　2　d　3　a　4　c　5　b　6　d　7　a　8　c　9　e　10　d

○解説○　1　挿入文冒頭の接続語「つまり」と、主語「自然観察そのものは」に着目する。この文は前述の内容を言い換えたものであり、その内容は「自然観察」に関するものである。これらを踏まると「技術を『自然の模倣』として…」で始まる段落が適当。　2　「収穫」は意味が似た漢字の組み合わせで、それと同じものはd。aは「下の字が上の字の目的語や補語になる」、bは「上の字が下の字を打ち消す」、cとeは「修飾と被修飾の関係」。　3　「凌駕する」は「他を越えて上になる」という意味である。　4　傍線部③はその段落冒頭にある「こうした技術観」と同義であり、両者に含まれる「こうした」の内容を明らかにして考える。前々段落でアリストテレスは技術を「自然の模倣」として説明し「自然現象を人工的に模倣したとき」に「活動をもっともうまく果たす」としている。その具体例として第3段落で伝統的な農業をあげ、「技術(=自然の模倣）をうまく行使する」ために「自然をしっかりと観察し、その本質を理解しなければならない」と述べている。　5　空欄④は「自然の本質は、人間が自然に対して積極的に働きかけ、その結果を検証することによって、初めて解明される」働きかけを指している。さらに、後の段落で例示として「……の実験を行った」とあるので、ここでは「実験」が適切と考えられる。　6　空欄⑤を含む段落にあるように、ガリレオは「重たいものほど早く落下する…アリストテレスの自然法則を反駁する」ためにボールを落とす実験を行って「自然法則を解明」を試み、「自然には存在しない人工的な環境」を技術的に構築することで、更に根源的な「自然の本質に迫ろう」とした。二つの事柄を比較し、一方（後者）が望ましいことを言う際に用いる「むしろ」が適切である。　7　傍線部⑥を含む段落からわかるように「技術ファースト」は直前の「自然ファースト」と相対する考え方で、「実験は、自然を理解するために自然に対して技術によって働きかけること」であり、「それ（自然を理解する）を可能にするのは実験という技術の営み」としている。　8　傍線部⑦はベーコンの発想によるもので、傍線部⑥と含む段落の「ベーコンは、このような実験こそが、人間の知識にとって不可欠の契機であると考えた。」に着目する。cの「人間が自然を観察し」が本意に合わない。　9　古代ギリシャ時代から十五世紀、十六世紀へと時代の変遷をたどりながら、考え方の変化を具体例と共に論じていることを踏まえて、適切な肢を考えるとよい。　10　空欄⑤を含む段落のガリレオの実験についての記載に着目する。「明らかに自然なものではない」「ボール」と「レール」を使い、「それを自分で動かすこと（実験）」によって「自然法則を解明」しようとしたのである。

【十二】問一　1　問二　4　問三　5　問四　3　問五　4　問六　2　問七　3

○解説○　問一　Ⅰはこの段落では「大衆社会論」が論じられていることを踏まえて考える。Ⅱは共同体から切り離され孤立した人間を何というか考えるとよい。　問二　①と同段落の内容をまとめる。文中にある「甲羅のない蟹」が、どのような人を指すのかに注意するとよい。　問三　問二の内容を踏まえ、問題文はじめからの内容を適切にまとめているものを探せばよい。大衆社会論の内容を中心に考えること。　問四　筆者は「ヒトラーの演説に熱狂する人々の姿は、現代でも多くの人が共有するイメージであろう。しかし、このようなイメージがどこまで実態を反映していたのか」述べている一方、「我々が持つナチスに対するイメージは……自作自演に依拠するのである」としていることを踏まえて考えるとよい。　問五　「プロパガンダ」とは特定の思想などに誘導する意図のある宣伝行為を意味する。４は宣伝行為ではない。　問六　選択肢をよく読んで、グラフの内容と合致するものを選ぶ。４と迷うかもしれないが、「郊外に居住しようとする傾向」などはグラフから読み取れない。　問七　１は「第一次世界大戦に始まり……マスメディアによる大きな影響にもとづいている」が誤り。第一次世界大戦は一九一四年～一九一八年であり、マスメディア研究の歴史において強力効果論の時代と呼ばれるのは、一九二〇年代から一九三〇年代にかけてである。２は「人々への利益供与を強調した」、４は「産業化によりゲマインシャフトの関係性へと変化した」、５は「いずれにしてもプロパガンダを推進するものである」が誤りである。

【十二】問１　(a) 占　(b) 羅列　(c) 磨　(d) 乾燥　問２　外部世界としての自然を言語的に区分し分類することで、自らの内的な感性までもが社会的・文化的に規定されているということ。(五十九字)　問３　(エ)　問４　(ア)　問５　日本の自然観を形成する中心となった京都における美意識が、あるがままの現実に即した周辺部の季語にも貫かれているからこそ、日本人は生々しい現実を直接的に捉えにくくなっているということ。(九十字)

○**解説**○　問１　解答参照。　問２　第三段落で「言語によって名づけられ、分類された〈自然〉は、すでに〈制度〉化された自然である」と述べており、また自然の制度化とは「外なる自然の制度化であるとともに内なる自然、感覚や感受性の制度化」と述べている。この二つをまとめればよい。問3　筆者は、第九段落で「このように幾重もの重層性を持って成り立っている季語の世界は、その中心部と周辺部ではフィクション性の度合いが大いに異なっている」としながら、「全体が〈自然〉や事物の擬制化され、制度化された世界である」と述べていることを踏まえて考えるとよい。問4　第十二段落の「すべての自然現象や事物は、～文化的にも地域的にも求心的な原理によって選択されたり、変容を受けたりする」「中心部からはなれた荒々しい自然現象や風物の発見は、～秩序の世界のなかに静止的に位置づけられるにしたがって、遠心的な原理の働きとなまなましさを失う」を踏まえて考えること。なお、(イ)は「京都の外部に生じるあらゆる自然現象は季語の世界から排除されてしまう」、(ウ)は「万葉集による～捉え直したとしても」、(エ)は「万葉人の発見した荒ぶる自然や風土を反映させた言葉を自らの体系の内に位置づけながら」、(オ)は「新たな関係を結ぶことにより」が不適切である。問5　第十一段落の「きびしい季節現象をあらわしていた生活の言葉が、内容をやわらげられ、矮小化されて季語の世界のなかにとりこまれる」、第十二段落の「中心部からはなれた荒々しい自然現象や風物」も「なまなましさを失う」に着目。中央の制度化された季語の世界から周辺部も逃れられない、という点を論じる。

【十三】一　a　ふかかい　c　たわむ(れ)　二　b　剝(ぎ)　d　微妙　三　誰かが実際にその目で見て、観察したことに基づいているもの(二十八字)　四　ウ　五　因果　六　言語によって意味付けられた知識の証拠となりうるのは言語によって意味付けられることができる観察だけであるという意味(五十六字)

七　私たちは、概念的に捉えられていない多様な情報に無自覚に反応しながら生きていること(四十字)

八　A　言語活動　B　伝え合う力　C　言語感覚

○**解説**○　一、二　漢字の読みでは音訓に注意し、書き取りでは同音異義語や類似の字形と混同しないこと。

三　傍線部①は後文にある「知識を獲得するルート」と同義であることを踏まえ、形式段落第三段落の内容をまとめればよい。　四　知識の出発する最初の地点(感覚所与)は、知識を持たない完璧に無知の人間にも観察できるものでなければならない。そのため、「道」や「濡れる」といいった概念は含まれない。見たり聞いたりする本能的、感覚的な非概念的な経験のみであることを踏まえて考える。　五　「因果」とは原因と結果のこと。病原を「インフルエンザ」と認識し、そのために「高熱」を発した場合、前者と後者には「因果関係」が生じるといえる。　六　語られた知識(雨は降っていない)は、語られた観察(青空・道は濡れていない・誰もが傘を差さずに歩いている)に支えられている。このことを別言すれば、「概念的な知識」(言語によって意味づけられた知識)の根拠(証拠)は「概念的観察」(言語によって意味づけられた観察だけ)である、ということになる。以上を踏まえて、まとめるとよい。　七　⑤「非概念的な動物的生」については、この段落の前半で「われわれは、概念化されたものごとだけに影響を受けるわけではない」と述べ、多様な情報に無自覚の内に反応(非言語的・非概念的反応)する本能的な動物的生について述べている。それをまとめればよい。　八　教科目標は学習指導要領関連の問題でも最頻出といってよいことから、できれば全文暗記することが望ましい。(1)～(3)は「生きる力」を育むという理念のさらなる具体化を図るため、学校教育を通じて身に付ける資質・能力を示しており、(1)は「知識・技能」の習得、(2)は「思考力・判断力・表現力等」の育成、(3)は「学びに向かう力・人間性等」の涵養、を示している。

【十四】（1）①　舗装　⑥　行脚　⑦　対照　⑨　幻滅　（2）エ　（3）旅支度をし　（4）イ　（5）始め…人は車や汽　終わり…れないこと　（6）3　（7）エ　（8）やかましくてたまらない(ところ)　（9）ウ　（10）ア　（11）ウ　（12）名所旧蹟が俗化してしまい、情趣がなくなってしまったこと。(28字)

○解説○ (1) 漢字の表意性に留意し、文意に整合する漢字を楷書で書くこと。 (2) 空欄補充は、その前後の文との関係を正しく把握し、適切な文を選ぶことが大切である。空欄の前の舗装されていない昔ながらの「道路」と、空欄の後の文の「旅支度」及び「てくてく歩いてみる」をヒントにする。 (3) ③「それ」の指示内容は、前文の「旅支度をして～歩いてみること」である。 (4) トラックの砂ぼこりで歩きたくても歩けない状態と、仕方なく少し歩いた文をつなぐ語を探す。 (5) 芭蕉の頃の旅人の宿と交通機関の発達した現代の旅人の宿について、作者が気づいた部分である。 (6)「判でついたように」とは、「判で押したように」と同じで、「いつも同じことを繰り返すさま」をいう。 (7) ⑧「みごとな」は、形容動詞「みごとだ」の連体形で、「な」はその一部。 (8) 作者が瑞巌寺で感じた境内での喧噪を、松島全体でも体験したのである。静寂で風雅だった景観が、「やかましくてたまらない」ほど俗化していたというのである。 (9) 昭和三十年の瑞巌寺は、騒音もなく中庭の白梅や紅梅が咲き誇り、作者に感動を与えてくれたが、現在は、その感動も味わえなくなった、という慨嘆。 (10) 空欄の前文に述べている寒さの厳しい時期で、しかも観光客が少ない折を見はからい、案内のスピーカーがない静かな季節でなければ、東北で芭蕉と同じ自然の情趣を味わうことができないという状況を踏まえて、適切な言葉を選ぶ。 (11) アは「観光地化することの功罪」以下、イは「現代日本人の俗悪さを指摘し」以下、エは「現代日本人が忘れてしまった『真の意味の観光』」以下が不適切。 (12) 昭和三十年に作者が訪れた東北地方には、瑞巌寺での紅白の梅が咲きにおう静けさをはじめ、梅や桃や桜がほぼ同時に咲く春の景色が広がっていて、作者は深い感動を覚えた。しかし、今日では交通機関の発達による観光客の増加とともに、拡声器による騒音と人だかりによって静けさが消え、奥ゆかしさのない情趣の乏しい俗化した観光地になってしまったということが述べられている。

【十五】(一) a 遂(げた) b 挨拶 c たいか d 弾(き) e 枯渇 (二) (i) オ (ii) イ (三) 自分のため (四) オ (五) 8 (六) ア、イ、エ

○解説○ (一) 漢字は表意文字である。同音異義語や類似の字形に注意すること。(二) (i) ①「の」は、主格を表す格助詞。アは連体修飾格、イは準体言、ウは連体詞「どの」の一部、エは連体修飾格である。(ii) 空欄に接続詞が入る場合、その前後の文の整合がとれている必要がある。空欄の前では、人間の才能はある種の贈り物であり、贈り物である以上、返礼が義務づけられると述べられている。空欄の後では、贈り物に対して等価のものを返礼するかたちをとらない、という条件がつけられている。(三)「才能の生き死にの分岐点」は、「天賦の才」の贈り主に反対給付義務を感じるかどうかに関わっている。この義務を感じとり、「贈り物のもたらした利益を別の誰かに向けて、いかなる対価も求めない純粋贈与として差す出すこと」が第9段落で述べられている。この他者への純粋贈与によって才能は豊かになり、返礼義務を果たさない利己的人間は逆にその才能が目減りすることが、第1段落で明言されている。(四) 第10段落では、天賦の才能に対する返礼義務を怠ると「何か悪いことが起こる」という考え方は、その返礼義務そのものが「人間性」を構成する要件であることを示そうとしている。以上の段落の要旨を踏まえて、適切な言葉を選ぶ。(五) 欠文の内容は、被贈与者の負債感を解消する方法についてである。一般に、贈与は法的には無償の単独行為であり、受贈者は反対給付義務を負わない。日常生活での贈与では、儀礼的な反対給付によるギブ・アンド・テイクの慣例がある。この返礼には、道義的に相殺の意味がある。しかし、「天賦の才」のプレゼントの返礼は「天」への反対給付義務であるが、それは不可能である。そのため、「天賦の才」がもたらした利益を他者に贈与することで、この負債感を解消する、というのである。「天賦の才」が返礼によって解消できないと論じた段落のあとに、この文をつなぐ。(六) 各段落内容の要旨から内容の適否を判断する。アは第13段落、イは第10段落、ウ・オは第15段落、エは第14段落に対応する。内容が不適切なものを選ぶ。

【十六】問1 a オ b エ c ア 問2 X イ Y ア Z エ 問3 ① ウ ⑤ イ 問4 エ 問5 (1) 過去の出来(〜)と了解する(場合) (2) 想起における過去と現在との根源的な両立不可能な関係(二十五字) 問6 エ 問7 ウ 問8 イ、エ 問9 (1) さばかり日(〜)奉つたる。 (2) ア (3) オ

○解説○ 問1 a 問題は「捕獲」であり、アは「確保」、イは「収穫」、ウは「遠隔」、エは「拡張」、オは「乱獲」である。 b 問題は「逡巡」であり、アは「湿潤」、イは「順序」、ウは「水準」、エは「巡視」、オは「循環」である。 c 問題は「端的」であり、アは「端午」、イは「嘆願」、ウは「短所」、エは「冷淡」、オは「破綻」である。 問2 本問では、空欄の前後の文との整合を踏まえて考えること。空欄Xは前の文を受け、後で疑問を呈している。Yは前の文に条件をつけて否定している。Zは前の文に対し、別の観点からの考えを述べ、この考えのほうがよりよいと主張している。 問3 ①「顕」の字義は「はっきりと、あきらかに」、「在」は「存在」である。 ⑤「もたげ」は「もたげる」(他下一)の連用形で「力をつけて、存在が目立つようになる」こと。 問4 「地」には、多様な意味があるが、ここでは、ある物事が成り立つ土台となる下地(素地)の意味で使われている。 問5 (1) ここでの「その」は前文の「過去の出来事を想起している時」を指す。 (2) 具体例として、次の形式段落で過去形を使って「暑かった」と語る「今」を対象化しようとしても不可能なことが述べてある。線状的な時間の流れの中で「今」は対象化できないのである。そのため、想起する過去と今(現在)との関係は、顕在化できない両立不可能な関係にある。 問6 形式段落第二段落に、「人間は概念としての〈今〉を知っているのですが、それは周囲を見渡して、いつもいつも〈今〉であることを了解することが原型ではない」と述べている。「周囲を見渡す態度」は、時間の流れの中で〈今〉を捉え、了解するための行動を指している。 問7 空欄には「概念的」と同義であり、「端的な眼前の知覚も体感も欠いた完全に」と「過去形の文章の中での今という言葉」に関わる語を選ぶ。 問8 ア 過去は概念的に理

解できても「現在」(今)は理解できない。ウ　動物や幼児は、過去の出来事を想起できない。オ　チンパンジーは、過去形の文章を作ることはできない。　問9　(1)　架空の人物の発言は、文中の「さばかり日本国に聞こえさせたまひつる木曾殿をば、それがしが郎等の討ち奉つたる。」である。　(2)　登場人物のその時点〈今〉での語らいの中に、架空の義仲の過去と未来が含まれている。　(3)　著者は、本文の中で、「概念としての〈今〉を了解するには、とりわけ過去における〈今〉に身を置いて、そこからすべての時間関係を理解できなければならない」と述べていることを踏まえて考えること。

【十七】問一　あ　カ　い　エ　う　ウ　問二　ウ　問三　予期せぬ問題に直面し、こころや感情が揺さぶられるような体験を乗り越えたときに達成できる心理的な成長。(五十字)　問四　逆境になったときに、親友だと思っていた人が助けてくれないなど、過去の人間関係を失うこと。　問五　D　人間関係(四字)　E　自己の強さの認識(八字)　問六　オ　問七　修羅場、不幸　問八　オ　問九　筆者は、予期せぬ問題や困難から逃げず、乗り越えたときに心理的な成長につながることがあると主張している。私は、その主張に共感した。困難を乗り越えることが、自分の自信や心の強さにつながると思うからだ。私は高校生のとき、バレーボール部に所属していたが、練習の厳しさに仲間がどんどん退部し、四人になってしまった期間があった。その期間は練習もままならず、悩むことばっかりだったが、自分に何ができるか考え、最後まで諦めずに全力で取り組んだと言える。この経験は、今も何かある度に「きっと大丈夫だ」と、自分を支えている。今後も問題や困難を乗り越え、さらなる成長の糧としていきたい。

○**解説**○　問一　空欄あ以下に、逆接の仮定の接続助詞「でも」があることを踏まえて考えるとよい。空欄い以下の文は、前文と逆接の内容が述べている。空欄うには、五つの変化のうちの最後の五つの変化について説明する接続語が入る。　問二　Aには、ライバルとの死闘で命を落としかけた危機的状況から再び立ち上がることを意味するので、「再起」が適切である。　問三　Bについては、次段落で計画的に達成できないことが述べており、これをまとめればよい。　問四　Cは二つ目の変化で述べられているので、当該段落の中から「痛み(ネガティブ)」にあたる事項を抜き出してまとめればよい。　問五　この段落では今まで述べた変化の内容を確認しながら、第四の変化と関連づけようとしていることを踏まえて考えるとよい。一つ目に「感謝の念」があるので、後に続くのは二つ目の変化、三つ目の変化である。　問六　傍線部Fを含む段落の内容をまとめればよい。段落の最終文に総括して述べられている。　問七　G「ペイン」(Pain)とは、「精神的苦悩」や「苦労」をいう。一でいうと、前者は「不幸」「精神的な痛み」、後者は「修羅場」「困難」などがあげられる。　問八　アは「感情を表す語彙の多用」、イは「二のまとまりは～」、ウ「自分の主張を強調しながら～」、エ「読者への問いかけ～」が不適である。　問九　精神的苦痛を経験し、それを克服することで人生観、価値観、職業観やさらに、存在と霊的意識の高まりという自己内面の成長が論じられている。今日の教育課題「生きる力」を育成する上で不可欠な主張である。この主張に対して、設問では自分の考えを自分の経験や知識と関連付けて書くことが求められている。今日の教育課題「これからの知識基盤社会を変化に対応し主体的な生きる力」の育成のため、「確かな学力」の徹底習得とともに自分のPTGの体験を活用して生徒に「豊かな心」を培うことを述べてみよう。

【十八】(一)　2　(二)　3　(三)　4　(四)　4　(五)　1　(六)　5　(七)　人間の生活に関わる諸対象をことごとく役立つように駆り立てることから、人間のリアルな生を見つめ、無常の美学に基づき現実から真実を見出すことへと転換すること。(七十七字)　(八)　a　依然　b　操(り)

○**解説**○　(一)　空欄には、前後の語句や文と整合する言葉が入る。前の語句「介護施設」、後の語句「娯楽」との関係で、「実用」が適切である。　(二)　空欄の前では、ハイデガーの所説について述べられている。空欄の後では、ＡＩロボットによってハイデガーの考えたことが現実になるのだろうかという疑問が提示されている。「できるのか」という文末に呼応する陳述の副詞として、「はたして」が適切である。㈢　日本人にとっての「人工物」とは、「自然を改めて手に入れる手段」であり、「ロボット」はまず「形式」を再現し、人工物を通して自然を作り直すことで、人間と自然のあいだに関係性を織り上げていく、と述べている。㈣「ＡＩロボットはデジタルな仮想空間と関わるだけでなく、リアルな空間に参入し、そこに新たな次元を付け加える」がポイントである。㈤　この段落より前では、ＡＩ専門家フレデリック・カプランの主張する『脱魔術化、脱神秘化』という社会的効用」に関して述べられている。それに対して、この段落では、ハイデガーによる近代技術における「魔術化」論を紹介し、後の論述につなげている。㈥Ｄ「技術のもう一つの可能性」とは、近代技術が世界を魔術化し、「総かり立て体制」に巻き込む現状を克服する可能性である。その可能性が「ポイエーシス」である。ポイエーシスへの転換をするならば、ＡＩロボットと関わりながら人間のリアルな生を見つめ直すことが肝心だ、と述べられている。㈦「総かり立て体制」とは、金融資本と直結した科学文明の本質である、利潤追求のために、人間生活に関わる諸対象を経済的尺度で計算し、それを役立つように駆使する仕組みである。この仕組みからの脱出のために、死すべきものとしての人間の生を自覚し、無常の美学のもと刻一刻を生きる真実を見出す美的な技術へと転換することが提唱されている。㈧　文脈に整合する漢字を書き、同音(訓)異義語や類似の字形に注意すること。

【十九】 問一　Ⅰ　ウ　Ⅱ　イ　問二　エ　問三　エ　問四　イ　問五　ウ　問六　ア　問七　イ

○解説○ 問一　Ⅰは「遂げて」であり、アは「生粋」、イは「衰退」、ウは「遂行」、エ「推薦」である。Ⅱは「模索」であり、アは「策略」、イは「索引」、ウは「錯誤」、エ「削減」である。　問二　Ａ　空欄前の文では、気候変動に対する早急な行動の必要性が述べられているが、空欄後では気候変動に対する個人の本質的変化ないことが示されている。よって、逆接の接続詞「しかし」が入る。 B 空欄前では専門的知識な知識な事柄についていては、専門家に一任するとあり、空欄後では、人々が主体的に考えることを止めるとある。空欄前後は時系列通りの展開になっているので「やがて」が適切。 C 空欄前の文は、各分野における専門家による解決策が示されており、空欄後はその例示なのでCには「例えば」が入る。 D 空欄前の文では、風土が人間と関連性があり、土地ごとの違いを述べており、空欄後では空欄前の内容を具体的に説明している。よって、「つまり」が適切である。 問三 傍線部①を含む段落、およびその前の段落の内容をまとめる。「環境と人間の関係性」の図では、「環境」の外側に人間がいて、働きかけ(観察・分析による好ましい状況への変化の取組み)が示されているが、人間も「環境」の内側にいる存在であるためにズレが生じていることを指す。 問四 傍線部②を含む段落の内容を踏まえて考える。病には治療法があり、治療の専門家に一任することが最良とする考えのもと、環境問題でも同様に専門家の処方した技術や制度に従うことが賢明な選択のように思える、というのである。 問五 イとウで迷うかもしれないが、前にある「対象を外部に切り出し」た時点で、「内部に対象がいない」状態になっていると考えられる。空欄Xの前には「やがて」とあるので、「対象を外部に切り出して」から時間が経過していると考えると、ウが適切と判断できる。 問六 傍線部③を含む段落を中心に考えるとよい。「環境」問題は地球全体の問題であり、それに慣れてしまったことにより、視点の捻れが出てきた。その解消方法として、筆者は「風土」という視点を示している。それを踏まえるとよい。 問七 段落の要旨をまとめると、冒頭の段落は、環境問題に対して筆者の消費行動の反省からスタートし、以下、環境問題の難点として経済性優先の傾向と外部化した人間と環境(自然)の関係性。さらに、病の治療をする専門家(医師に依存するように、環境問題も専門家に解決策を提案してもらうという人々の「他人まかせ」の風潮が述べてある。この傾向に対し、筆者は、「自然と人間が不可分の関係」にある「風土」のサスティナビリティの視点を加えて、環境問題を考え行動することを提案している。

【二十】 問1 (1) 消費にかかわる自由の配分 (2) A (3) E (4) B 問2 (1) 税収や年金給付等による所得配分の調整(十八字) (2) 正規雇用と非正規雇用、職業や職種、都市と地方の所得などの格差が依然として残り、国民の88%が格差は深刻だと考えている状況で、ジニ係数だけを見て全体としては平等だという考えには説得力が乏しいから。(九十六字) (3) 生活費も高いので、都会の方が豊かとは言い切れない(二十四字)

○**解説**○ 問1 (1) 傍線部aの消費社会の「問題」とは、次の段落以下に示される所得の「格差」が拡大し、「消費の自由」を許されない人々が出てきて、「消費の自由」が社会のすみずみまで行き届かない「問題」だと考えられる。 (2) 図1の折れ線グラフは、文中の「一パーセントの豊かな者の収入が総所得に占める割合」について、①二十世紀中盤に減少、②アングロサクソン国家では一九八〇年代に再上昇し、一九三〇年代の水準まで回帰、③日本では、一九九〇年代に再上昇を踏まえて適切なものを選ぶ。一九三〇年代の記載があり、日本・アメリカ・イギリスなど複数の折れ線があることも条件となる。 (3) アは直前で「格差拡大」を指摘したものの、いったん「格差の拡大はすぐに消費の自由を台無し」にするわけではないと譲歩した上で、次の段落で「格差が消費のゲームに参加さえできない者を増やす〉という問題を強調していく文脈なので、「たしかに…だが、(ただし)～」という構文にするのが妥当である。 (4) [I]は、消費社会における格差拡大が消費の自由を阻害する問題と、それに対処するための「福祉国家」=「大きな政府」から「小さな政府」へと変化する筋道を論じている。「大きな政府」が「今」重要だという主張をしてはいないので、Aは不適当。Bが「消費の問題」の重大性を論じた[I]の趣旨に合致している。[II]は日本の経済格差についての世論調査結果を整理して数値を示したもの。「調査についての分析を最後に述べ」てはいないので、Cは的外れ。Dも「年代によって全く同じ」ではないので不適当。 問2 (1) 消費に必要な貨幣がなくモノを自由に手に入れることのできない者に対して、国家によって直接・間接に生活を保障する制度がわが国でも導入されている。労災保険、出産保険などの所得保険のみならず税収や年金給付等による所得分配の調整がこれである。(2) Ⅰ のジニ係数(相対的貧困率)で全体としての平等は、かなりの程度、維持されてきたことが述べてあるが、Ⅱ では、経済格差については全体の88％が「深刻」と答えている。その中でも、「職業や職種による格差」や「正規雇用と非正規雇用の格差」や「都市と地方の格差」が多い。都市と地方では所得の格差はあるものの、生活必需品や物価の違い、住宅環境の違いなどがあり、単純な所得格差の比較にとどまらない問題を抱えている。以上のことからジニ係数の安定による全体の平等に対して国民の生の声を聞き、経済格差についての実情を調査する必要性がある、というのである。(3) Ⅲ の文章には、「地域によって生活に必要な費用は異なり」と書いてある。

現代文（小説）

要点整理

中学校・高等学校の教科書では、「論説」「説明文」「評論文」・「小説」「物語」・「随想」「随筆」・「詩」「短歌」「俳句」(韻文)というようなジャンル名とジャンル分けが一般的に用いられているが、簡単に分類できるものではない。随筆か小説か曖昧なものも多いし、評論文と言っても試験にでるような素材はほとんど随筆的である(あいまいな部分がなければ問いをたてることができないから)。ここに、文学史にかかわる内容を含んだ評論、文学作品についての評論などが加わる。一応ジャンルごとに学習を行うことになる。

しかし、専門教養の問題を解くための対策という点では、あまりジャンルにこだわらなくてもよい。出題傾向を見ると、いずれの場合でもオーソドックスな読解力を問う問題が主流であり、文学作品や論文を読み込んできた学生にとっては難しいものではない。ただ、大学では少ない字数で過不足のない表現による厳しい答案作りを経験しなくなっているから、ある程度問題演習を積んで、勘を養っておくことが必要であろう。

また、最近では、出題の文章の長さが短くてすむことから韻文(詩・短歌・俳句)単独の出題、文学史の独立問題の例があったり、一方で、学習指導案を考えさせたりといった出題も目立ったりしている。この場合、要求されていることがらに応じて柔軟に対応することが望まれる。たとえば、卒論で取り上げている作品がたまたま出題され、指導案を書くことを要求されているときに、自分の関心だけに沿ってあまりに細部の解釈をつつくような指導案を書いても評価はされない。

採用試験は試験時間が短いのが特徴であるから、「次の文を読んで、後の問いに答えよ。」という設問があるからといって素直に文を読んでいたのでは時間に追われることになる。出典が明示されている場合にはまず出典を確認し、出典にかかわる知識を呼び出しながら、設問を読んで、要求されていることがらを確認する。その上で要求されている点に着目しながら、本文を読み進めるという手順を踏むべきである。こうすればむだな時間を使うことなく、設問に解答できることになる。

本文を読む際には、着目点に留意しながら、指示語の内容、言い換えなどに自分流でよいからさまざまなマークをほどこし、あとで振り返る際に一目でわかるようにしておくとよい。

なお出題者はほとんど高校国語教育にかかわる方たちであるから、問題も大学入試や高校での国語の問題に似た形式のものとなりやすい。

以上のような点に留意しながら演習を進めることになるだろうが、絶対的な読書量が不足していてはどうにもならない。国語の教師になろうと思うなら、読書嫌いでは許されない。日々の読書を心掛けることは基本である。また、ワープロを使うことが大学生活ではあたりまえになってきていることもあって、漢字の細部があやしいという傾向もある。少なくとも受験勉強には鉛筆を使うことをすすめたい。高校生や一般人向けのハンドブックなどを用いて用字や文法を確認するとよい。

また、学習指導案が出題される場合には、教科書教材について書かせるものがほとんどであるから、教科書教材として代表的な評論や小説には目を通しておきたい。高等学校の教科書は種類が多いが、それでも代表的な教材は重複しているものが多いのである。母校などにお願いして見せてもらうのも一つの方法であろう。自分なりに勉強法を工夫して、自覚的な準備を進めてほしい。

実施問題

【一】次の文章を読んで、一～五の問いに答えよ。

松茸《まつたけ》の出るころになるといつも思い出すことであるが、茸という物が自分に対して持っている価値は子供時代の生活と離し難いように思われる。トルストイの確か『戦争と平和』だったかにそういう意味で茸狩りの非常に鮮やかな描写があったと思う。

自分は山近い農村で育ったので、秋には茸狩りが最上の楽しみであった。何歳のころからそれを始めたかは全然記憶がないが、小学校へはいるよりも以前であることだけは確かである。村から二、三町で松や雑木の林が始まり、それが子供とって非常に広いと思われるほど続いて、やがて山の斜面へ移るのであるが、幼いころの茸狩りの場所はこの平地の林であり、小学校の三、四年にもなれば山腹から頂上へ、さらにその裏山へと探し回った。今ではその平地の林が開墾され、山の斜面が豊富な松茸山となっているが、そのころにはまだ松茸はきわめてまれで、松茸山として縄を張られている部分はわずかしかなかった。そこで子供たちにとっては、松茸を見いだしたということは、科学者がラディウムを見いだしたというほどの大事件であった。通例は松茸以外の茸をしか望むことができなかった。まず芝生めいた気分のところには初茸しかない。が、初茸は芝草のない灌木《かんぼく》の下でも見いだすことができる。そういうところでなるべく小さい灌木の根元を注意すると、枯れ葉の下から黄茸や白茸を見いだすこともできる。その黄色や白色は非常に鮮やかで輝いて見える。さらにまれには、しめじ茸の一群を探しあてることもある。その鈍色《にびいろ》はいかにも高貴な色調を帯びて、子供の心に満悦の情をみなぎらしてくれる。そうしてさらに一層まれに、すなわち数年の間に一度くらい、あの王者のa威厳と聖人の香りをもってむっくりと落ち葉を持ち上げている松茸に、出逢うこともできたのである。

こういう茸狩りにおいて出逢う茸は、それぞれ品位と価値とを異にするように感じられた。初茸はまことに愛らしい。ことに赤みの勝った、笠を開かない、若い初茸はそうである。しかし黄茸の前ではどうも品位が落ちる。黄茸は純粋ですっきりしている。が、白茸になると純粋な上にさらに豊かさがあって、ゆったりとした感じを与える。しめじ茸に至れば清純な上に一味の神秘感を湛《たた》えているように見える。子供心にも①こういうふうな感じの区別が実際あったのである。特にこれらの茸と毒茸との区別は顕著に感ぜられた。赤茸のような鮮やかな赤色でもかつて美しさを印象したことはない。それは気味の悪い、嫌悪を催す色であった。スドウシやヌノビキなどは毒茸ではなかったが、何ら人を引きつけるところはなかった。

子供にとって茸の担っていた価値はもっと複雑な区別を持っているのであるが右にあげただけでもそう単純なものではない。このような区別は希少性の度合からも説明し得られるであろう。しかし、希少性だけがその規定者ではなかった。どんなに珍しい種類の毒茸が見いだされたとしても、それは毒茸であるがゆえに非価値的なものであった。では何が茸の価値とその区別とを子供に知らしめたのであろうか。子供の価値感がそれを直接に感得したのであろうか。もし色の美しさがその決定者であったならば、そうも言えるであろう。しかし赤茸の美しい色は非価値であった。色の美しさではなく味のよさに着目するとしても、子供には初茸の味と毒茸の味とを直接に弁別するような価値感は存せぬのである。茸の価値を子供に知らしめたのは子供自身の価値感ではなくして、彼がその中に生きている社会であった。すなわち村落の社会、特に彼を育てる家や彼の交わる仲間たちであった。さまざまの茸の中から特に初茸や黄茸や白茸やしめじ茸などを選び出して彼に示し、彼に味わわせ、またそれらを探し求める情熱と喜びとを彼に伝えたのは、彼の親や仲間たちであった。言いかえれば、社会的に成立している茸の価値を彼は教え込まれたのである。それと同時に彼はまたいずれの茸がより多く尊重せられるかをも仲間たちから学んだ。年長の仲間たちがそれを見いだした時の喜び方で、彼は説明を待つまでもなくそれを心得たのである。

しかしそれは茸の価値が彼の体験でないという意味ではない。②教え込まれた茸の価値はいわば彼に探求の目標を与えたのであった。すなわち彼を茸狩りに発足せしめたのであった。それから先の茸との交渉は厳密に彼自身の体験である。茸狩りを始めた子供にとっては、彼の目ざす茸がどれほどの使用価値や交換価値を持つかは、全然問題でない。彼にはただ「探求に価する物」が与えられた。そうして子供は一切を忘れて、この探求に自己を没入するのである。松林の下草の具合、土の感じ、灌木の形などは、この探求の道においてきわめて鋭敏に子供によって観察される。茸の見いだされ得るような場所の感じが、はっきりと子供の心に浮かぶようになる。彼はもはや漫然と松林の中に茸を探すのではなく、松林の中のここかしこに散在する茸の国を訪ねて歩くのである。その茸の国で知人に逢う喜びに胸をときめかせつつ、彼は次から次へと急いで行く。ある国では寂《じゃく》として人影がない。他の国ではにぎやかに落ち葉の陰からほほえみ掛ける者がある。そのたびごとに子供は強い寂しさや喜びを感じつつ、松林の外の世界を全然忘れている。そういう境地においては実際に初茸は愛らしく、黄茸は品位があり、白茸は豊かであり、しめじは貴い。こういう価値の感じは仲間に教え込まれたのではなくして彼自身が体験したのである。彼は自らこの探求に没入することによって、教えられた価値を彼自身のなかから彼自身のものとして体験した。そうしてこの体験は彼の生涯を通じて消え失せることがない。

そこで振り返って見ると、茸の価値をこの子供に教えた年長の仲間たちも、同じようにそれぞれの仕方においてこの価値を体験していたのであった。そうしてその体験の表現が、たとえば茸狩りにおける熱中や喜びの表情が、彼に茸の価値を教えたのである。だからここに茸の価値と言われるものは、この自己没入的な探求の体験の相続と繰り返しにほかならぬのであって、価値感という作用に対応する本質というごときものではない。茸の価値は茸の有り方であり、その有り方は茸を見いだす我々人間の存在の仕方にもとづくのである。

ここに問題とした茸の価値は、茸の使用価値でもなければまた交換価値でもない。が、これらの価値の間に一定の連関の存することは否み難いであろう。いわゆる「価値ある物」は何ほどか③この茸と同じき構造をもつと言ってよい。

和辻哲郎「茸狩り」（『和辻哲郎随筆集』所収）より（作問の関係上、一部を省略した。）

一　「a威厳」の意味を記せ。
二　「①こういうふうな感じの区別」とあるが、どのようなことか、二十字以上二十五字以内で記せ。
三　「②教え込まれた茸の価値」とあるが、どのような価値か、本文中から十四字で抜き出して記せ。
四　「③この茸と同じき構造をもつ」とあるが、どのような構造か、六十字以上六十五字以内で説明せよ。
五　この文章の表現の特徴とその効果について述べた文として、最も適当なものを次のア～エから一つ選び、記号で記せ。
ア　トルストイの『戦争と平和』の描写を引用することで、茸に対する価値と子供時代の生活が離し難いものであったことを具体的に伝えている。
イ　茸狩りで出逢う茸の様子を触感を用いながら描写することで、子供たちにとって茸を見つけることが大事件であったことを象徴的に伝えている。
ウ　子供時代に食卓を囲む様子を家族の会話を中心に表現することで、子供時代に家族から教わった茸の味のよさを感情豊かに伝えている。
エ　茸狩りの様子を擬人法を用いて描写することで、自分が子供時代に茸狩りに没入し、感じていた寂しさや喜びを印象深く伝えている。

二〇二四年度　山梨県　難易度

【二】次の文章は、十二歳で鹿児島県の故郷の島を離れた深津《みつ》が、小中学校の臨時教員になるために二十年ぶりに戻ってきたときの話である。これを読んで、以下の(一)～(十)の各問いに答えよ。

半月ほど前、深津《みつ》は港から学校に向かう坂道で一人の老女と行き違った。サトウキビ畑からの帰りなのか、麦わら帽子をかぶりaカゴを背負っている。日に焼けて、皺《しわ》の深い顔に見覚えがあった。二十年前、学校の給食を作っていた女性だ。給食のメニューと材料は列島を一括して担当する教育委員会から送られてくる。そのメニューに従って、二人の女性職員が週四日、せっせと給食を作ってくれた。材料が限定されるから缶詰や乾物のメニューも多かったけれど、島で採れたゴーヤやサトウキビ、他の野菜をたっぷり使ったオリジナルな料理もよく出た。〝給食のおばちゃん〟たちの工夫がどれくらいすごいものか、伏見※は事あるごとに語っていた。当時は聞き流していたが、今なら確かにそうだと相槌《あいづち》が打てる。

給食のおばちゃん。

深津は足を止めた。

老女も立ち止まった。

太陽はぎらつき、老女の飴《あめ》色に変わった帽子を容赦なく射る。老女の顔面は半分は帽子の陰になり、半分は光にさらされていた。

「ないごて……帰ってきた」

老女が呟いた。それから、背負いカゴを揺すり歩き出した。少し足を引きずっていた。

おそらく七十をとうに越えているだろう老女の後ろ姿を見送る。見送り、一礼する。それから学校に向かって坂を上った。

なぜ、帰ってきたのだ。

老女の呟きに答える。

帰らなならん理由があったでじゃ、おばちゃん。

島は子どもにとって楽園ではない。ここにもＡ残酷や非情や不幸ははびこっている。差別や貧困や疎外も存在している。

坂の途中で止まり、振り返る。

海に向かってくねりながら下りていく道は、一旦は蘇鉄《そてつ》の茂みに隠れ、海辺近くで白く輝きながらまた現れる。その向こうに、凪《な》いだ海が横たわっていた。水面の色は沖に進むにつれ濃さを増し、水平線は一条の濃紺色の帯を思わせて延びている。

老女の姿はどこにもなかった。

「伯父貴は何のために、おれに逢おうとしているんだ？」

仁海《ひとみ》が首を横に振る。

「ないも聞いちょらん。聞いてん言わんじゃろうし。あんたに話したいことがあっらち……ようわからん」

深津は珈琲を飲み干し、空のカップを手の中で一度回した。※彩菜《あやな》と別れてから買った唯一の食器だ。引っ越しの前日、近所の雑貨屋が店仕舞いセールを始めた。五割から七割引きで投げ売りされていた器の中で見つけたカップだ。一客だけのばら売りで、白地に青い線で羽を広げた小鳥が描かれている。その柄が何となく気に入って購入した。

「［ i ］」

「ほとんど食べんし、病院に行こうともせん。※洲上さんに相談したら、いっき病院にふんだ方がよかち言われた。じゃっどん、頑として行こうとせんがよ。もう、どげんしたらよかかわからん」

母の弱音を久々に耳にした。島を出るフェリーの中で、ひどい船酔いに苦しんだ。あのとき以来の気がする。

「昼前に様子を見に行ったら、起き上がっちょって縁側に座っちょった。ぼんやり、ガジュマルの木を見て……いや、木の向こうの海を見ちょった」

集落のどの家からも海は見える。ときに青く、ときに紅《あか》く、ときに灰色や濃紫に色を変える海を一望できた。

「その背中見ちょったら、わかった。こんし、もう長うなかって。わかっちゆより感じた」

仁海は僅かに睫毛を伏せたが、淡々としゃべり続けた。

「そいで、そんまま黙って立っちょったら、急に呼ばれた。『仁海』て……。振り返りもしちょらんのに、あたいがおったのがわかっちょったんじゃろうか」

そうだろうと思う。立つなり、黙って通り抜けようとするなり、伯父の背後に回ると必ず声を掛けられた。

「深津、何をしちょっと」

と。背中に目が付いているようだった。幼い深津は、その度に驚いて棒立ちになった。すると、伯父は振り向いて、にやっと笑うのだ。口元からホオの線が崩れて、いかつい顔が柔らかな丸みを帯びる。

深津はかぶりを振った。

記憶の底から浮かび上がってくる風景や人の姿を振り払う。母の声に耳を傾ける。今、このとき発せられる言葉だけを聞く。目の前にあるものだけを見る。

「兄さん、前をむいたままゆたと。深津に話しそごたっこっがあっ。逢おごたって」

「逢って何の話をするんだって、尋ねなかったのか」

「尋ねんかった。尋ねてん、兄さん、ないも言わんとわかっちょったで」

けどなと、仁海はさらに深く睫毛を伏せた。声音が少し、掠《かす》れる。

ガタッ、ガタッ。

風にぶつかられ、揺さぶられ、窓が音を立てる。悲鳴を上げているようでも、歓喜のあまり叫んでいるようでも、ある。

「けどな、言わんで放っちょけってもんじゃなかし……。どうしようかと悩んだ。悩んで、ずっと考えて……思い切って来た。兄さんのゆたこと、伝ゆったためにじゃ。兄さん、あんたに話しそごたっこっがあっ。そいだけを伝《つ》とっ。」

仁海は腰を上げ、「ご馳走《ちそう》さま」と頭を下げた。

「帰るのか」

「帰る。用事はすんだで」

座ったまま、母親を見上げる。

「要するに、伯父貴はそう長くは保たない。その伯父貴がおれに逢いたがっている。だから、逢いに来いと、そう言っているわけだよな」

「違う」

意外なほど強い口調で、母は息子の言葉を否んだ。

「そげんこっはゆうちょらん。あたいはただ、兄さんのゆうたことを伝えただけじゃ。この後どうすっかは、あんた次第じゃが」

「 ii 」

立ち上がる。とたん、母を見下ろす恰好《かっこう》になった。

「言いたいことを言って、伝えたいこと伝えて、後は知らない。おまえに任せるって、無責任過ぎるだろう」

母が見上げてくる。尖ってはいないけれど、強い眼差し（c）だった。

「自分で決めんね」

仁海は顎を上げ挑むように、深津を見詰めてきた。

「あんたはもう、子どもじゃなかか。誰かに守ってもらわんな生きていけん子どもじゃなか。一人前ん大人や。それなら、自分で考えて自分ん考えどおりに動いたらよか」

言い返せcない。
②風の音が自分を嗤っているように感じた。
風でなく※ウラが嗤っているのだろうか。

深津、いつまで経ってん、子どもんままか。子どもんまま、おっかんに甘ゆっとな。

そう嗤われているのだろうか。

甘えていた。母の前で、自分の行動を自分で決定できない子どもに戻っていた。自分が負うべき責任から逃げようとしていた。

「 iii 」

もう一度告げて、仁海は手早く雨合羽《あまがっぱ》を着込んだ。レインコートと呼ぶような洒落《しゃれ》たものではない。厚手の実用的な外套《がいとう》だ。島の風雨にはdカサも洒落たレインコートも役に立たない。カサなどあっという間もなく、風にさらわれてしまう。

「母さん」

出ていこうとする仁海を呼び止める。草色の雨合羽に身を包んだ仁海は、ドアノブに伸ばした手を止めた。

「十三年前、いなくなったのは……おれのためか」

仁海の手がドアノブにかかる。

「あんたとあたいのためや。一緒におらん方がよかち思うた」

「あのときから、島に戻ろうと決めてたのか」

問いを重ねてしまう。問うつもりはなかったはずなのに、口から零《こぼ》れてしまう。

ああ、やっぱい大人になりきれちょらん。自分せえ、うまく律せん。

仁海がゆっくりと身体を回した。視線が合う。

「ようわからん。ただ……いつか島に帰っ予感はあった」

「昨年、伯父貴が倒れた。それが帰るきっかけになったわけか」

「きっかけ……」

仁海の視線が惑う。探し物をするかのように、揺蕩《たゆた》う。

「そげな理由じゃなく、口実かもしれん。島に帰る口実じゃ」

一息を吐き出して、③仁海は微かに笑んだ。

「深津、あたいは思い知ったじゃ。島の外では、よう生きていかれん。そうわかった。海とガジュマルの匂いがなかところで息をすったぁ、辛か」

母は辛かったのだ。

海の匂いも、ガジュマルの森を吹き抜ける風もない。そんな場所で生きていくのが辛かった。だから、逃げ出して島に戻ってきた。

「あんたはどうと。やっぱい島ん外では生きられんかったか」

今度は問いかけられた。答える前に、仁海が首を横に振った。

「そいでもやっぱい、あんたは帰ってきたらやっせんかった。せっかっ自由になれたとに。なんで……」

声を詰まらせたのを恥じるように、仁海はドアを開けて出て行った。

風がどっと吹きこんでくる。

机の上の書類が床に散らばった。

ドアが閉まる。風は妨げられ、ドアにぶつかって唸る。

深津は書類を拾い上げ、海岸で拾った流木の e欠片を文鎮代わりに置いた。授業で、子どもたちと海岸に出向いたときに見つけたものだ。

（あさのあつこ「神無島のウラ」から）

（注）※伏見…深津が子どもの頃に影響を受けた教員。
※彩菜…離婚した深津の妻。
※洲上…島の看護師。
※ウラ…子どもを災いから守る島の神様の名前

(一) ～～～a～eのカタカナは漢字に直し、漢字はその読みをそれぞれ答えよ。

(二) ‖‖線A、Cについて、次のⅠ、Ⅱの各問いに答えよ。

Ⅰ ‖‖線A「残酷」と同じ組み立ての熟語を、次のア～オから選び、記号で答えよ。

ア 不安　イ 永久　ウ 地震　エ 是非　オ 読書

Ⅱ ‖‖線C「ない」の品詞を、次のア～オから選び、記号で答えよ。

ア 動詞　イ 形容詞　ウ 形容動詞　エ 助動詞　オ 助詞

(三) ‖‖線B「背中に目が付いているようだった」とあるが、ここで使われている表現技法として最も適切なものを、次のア～オから選び、記号で答えよ。

ア 直喩　イ 隠喩　ウ 倒置　エ 反復　オ 対句

(四) 文章中の［ i ］～［ iii ］に入る言葉として最も適切なものを、次のア～カからそれぞれ選び、記号で答えよ。

ア　丸投げかよ　イ　わかったよ　ウ　帰る　エ　伯父貴、そうとう悪いのか　オ　帰るのか
カ　彩菜はどうしてる？

(五)　――線①「今、このとき発せられる言葉だけを聞く。目の前にあるものだけを見る」とあるが、なぜ深津はそうしたのか。文脈に即して四十字以内で説明せよ。

(六)　――線②「風の音が自分を嗤っているように感じた」とあるが、そのように感じたのはなぜか。文脈に即して八十字以内で説明せよ。

(七)　――線③「仁海は微かに笑んだ」とあるが、仁海が微かに笑んだ理由として最も適切なものを、次のア～オから選び、記号で答えよ。

ア　島に帰ってきたのは、伯父が倒れたことが理由ではなく、自分が望んでいたからだということに思い至ったから。
イ　島で暮らすことは、貧困や差別があってとても辛いので、それを少しでも和らげようとしたから。
ウ　病気で倒れた伯父の世話をしなくてはいけない自分の苦しみを深津に感じさせたくなかったから。
エ　海の匂いがあるところで生活するのは落ち着くので、深津にも島で幸せに過ごしてほしいと思ったから。
オ　故郷の島で生活することで、元気を取り戻し、楽しく過ごしていることを伝えたかったから。

(八)　この文章の情景描写についてまとめた次の文の（　1　）、（　2　）に入る語句として最も適切なものを、以下のア～カからそれぞれ選び、記号で答えよ。

> 筆者は多くの場面で海の色の描写を効果的に使っている。最初の老女と話をした場面では凪いだ海が沖に行くほど（　1　）様子を描き、おだやかな自然と島の問題のコントラストを強調している。また、母と伯父が話している場面では（　2　）様子を描き、良いときもあれば悪いときもある人生の浮き沈みを表現している。

ア　紅くなる　イ　様々に色が変わる　ウ　白く輝く　エ　青くなる　オ　濃さを増す
カ　灰色になる

(九)　この文章の内容や表現の特徴として最も適切なものを、次のア～オから選び、記号で答えよ。
ア　給食のおばちゃんが給食の工夫をしている様子から、島が自然には恵まれてはいるが、貧困や疎外など社会的な問題にも直面していることを表現している。
イ　離婚した彩菜との楽しい思い出が母親との会話の間に挟まれている描写から、昔の楽しかった島の生活の思い出を思い出し、懐かしんでいることを表現している。
ウ　風雨の激しさの具体的な描写から、伯父が病気で死が近づいていることに衝撃を受けながらも、昔が懐かしく思い出されるという複雑な心情が表現されている。
エ　仁海が実用的な雨合羽を着て家を出ていったことから、島の自然の厳しさや、島での生活における母親の精神的な苦しさが表現されている。
オ　風で飛ばされた机の上の書類を拾い上げ、海岸で拾った文鎮を置く描写から、母親との再会を喜び、落ち着かない深津の心情が表現されている。

(十)　次は、中学校学習指導要領国語(平成二十九年三月告示)における第三学年の「話すこと・聞くこと」に関する指導事項である。[あ]～[う]に入る語句をそれぞれ答えよ。

ア　目的や場面に応じて、[あ]の中から話題を決め、多様な考えを想定しながら材料を整理し、伝え合う内容を検討すること。
イ　自分の立場や考えを明確にし、相手を説得できるように[い]の展開などを考えて、話の構成を工夫すること。

ウ　場の状況に応じて言葉を選ぶなど、自分の考えが分かりやすく伝わるように表現を工夫すること。
エ　話の展開を予測しながら聞き、聞き取った内容や表現の仕方を評価して、自分の考えを広げたり深めたりすること。
オ　進行の仕方を工夫したり互いの発言を生かしたりしながら話し合い、［う］に向けて考えを広げたり深めたりすること。

■二〇二四年度■山口県■難易度

【三】次の文章を読んで、以下の(一)～(六)の問いに答えよ。


武子は云った。

「今皆で神があるなしの議論していましたの、お兄さんは神を信じていらっしゃるのでしょう」

「さあ、神のことは野島に聞く方がいい。野島はその方では僕の先生だから」

野島は、大宮が杉子の前で彼《かれ》を信用していることを示してくれたことを感謝した。

「それなら野島さん、判断して頂戴ね。私は神があると云うのですが、他《ほか》の方はないとおっしゃるの」

「それは神によるでしょう。神と云うaガイネンに。神という言葉程《ほど》、あいまいな言葉はありませんからね。皆その言葉を勝手に解釈してあるとかないとか云うのでしょう。両方本当とも云えるし、両方とも譃《うそ》とも云えるでしょう」

野島はあいまいなことを云った。

「私はね」武子は少し不平そうに云った。「見える神があると云うのではないのですよ。私の説はお兄さんの説をなお下手にしたので、あなたの又弟子《またでし》にあたるわけですがね」武子と杉子は無邪気に笑った。

それを聞くと、野島は自分の内のわだかまりが気持よく消えたことに気がついた。

「私は人類とか、自然とか云う言葉ではあらわせない、或《ある》ものがあると云うのです。そのものに身を任せる時にだけ人間は安心を得られるというのですよ。ところが他の人はそのあるものは何んだか見せてほしいと云うのよ。私は見えないものだから見せようがないと云ったのよ」

又皆は気持よさそうに笑った。野島もその仲間入りした。

「野島さんは見せて下さって」杉子は笑いながら、野島の顔を見た。

「僕にも見せられませんよ」

杉子も野島も笑った。

「ですが僕はそれを感じることはたしかです」

野島は真面目《まじめ》になったので誰も笑わなかった。

「人によって道徳とも云うし、人類的本能とも云うでしょう。理性とも云うでしょう。ですがそれ以上の何かから出ているような気がします。それはいいことをすれば気持がいい。このことは道徳に叶《かな》ったことです。人類的本能でも説明出来るでしょう。ですが、朝早く浜《はま》へ出て歩く、人が誰もまだいなかったり、いても処々《ところどころ》に一人か二人か三人位切り居ない。跣足《はだし》であるく、少し波に足をあらわせる。そう云う時、私達は何となくb ユ快になるでしょう。そしてひとりでに歌でも唱《うた》いたくなったり、説教でもしたくなったりするでしょう」

「そりゃ君、身体が健康になるから気持がいいのだよ。それはオゾン[*1]の働きだよ」

早川はそう云った。

「しかしそれもあるかも知れないが、それだけで解決をつけるのは簡単すぎる」

野島は乗気で饒舌《しゃべ》ったのを A 腰《こし》を折られたので少し腹を立てた。早川に向って議論がしたくなった。

「しかし神をもち出す必要はないさ」

「しかし君は健康になればなぜうれしいか知っているのですか」

「健康になればうれしいにきまっているさ」

「我々は健康にしなければならないから健康になればよろこびを与《あた》えられ、病気をするのが苦痛のようにつくられているとも見ることが出来るでしょう。歯医者が歯の神経をぬけば歯はいたまない。そのかわり歯がどんなにわるくなったって気がつかない」

　早川が何か云いたそうにした。

「まあしまいまで聞いてくれ給《たま》え。髪毛《かみのけ》や爪《つめ》は切っても痛くない。切って痛くないのを不思議にさえ思わない。そうつくられている。神経を身体中にぬけ目なくくばって人間の身体を保護している、その保護しているものは人間じゃない。自然と云っていいかなんと云っていいか知らない。ここで神をもち出すのは早いことは僕も知っています。しかしともかく人間でない何かの意志が其処《そこ》に加えられていると云うことは云える。僕はこんなところから話を始めようとは思わないのですがね。神経は何のためにあるかと云えば健康を出来るだけたもつためにある。しかし人間のようなものに健康をたもたせたところが始まらないとも思えば思えるでしょう。我々が人間をつくったのではない。人類が人間をつくったのではない。道徳や、理性が人間をつくったのではない」

「蚤《のみ》をつくったものが、人間をつくったのですよ。蛆《うじ》をつくったものが人間をつくったのですよ」

　早川は覚《さと》ったもののように笑いをふくんで云った。

「無論そうです。しかし蚤や蛆には健康は必要だが神は必要じゃないのです。神が必要なのは人間ばかりです」

　少し座が白けた。野島は喧嘩《けんか》を買われたような気がして怒《おこ》った。ひかえ目を失って来た。

「美だとか、無限だとか、不滅《ふめつ》だとか、そんなものは蛆や蚤には不必要なのです。彼等を作ったものは彼等にそんなものを要求する本能さえ与えるのを惜《おし》んだのです。爪や髪毛に神経を入れるのを惜んだものは、又蛆虫に神を求める心を入れることを惜まれたのだ」

「それでは君は僕達や、杉子さんを蛆虫だと思っていることになりますね」

早川は冷静に更《さら》に冷笑をつよめていった。

「そうです。もし無限だとか、不滅だとか、美だとか、永遠なものに合致するよろこびを少しも求めないなら蛆虫です」

「僕達はそんな寝言はなくっても生きてゆけます」

「まあ、そんなことを云うものじゃないよ」

仲田は仲裁しようとした。

「だけど、僕は、蛆虫あつかいされて黙《だま》ってはいられないよ。無限だとか、不滅だとか云うものは唐人《*2とうじん》の寝ごととしか僕には思えないから。杉子さんも同感でしょう」

「私にはなんだかわかりませんわ。ですが、私は健康に幸福に生きるには神様なんかいらないと思いますわ」

「杉子さん、あなたは自分をあざむいているのですよ。あなたの心はきっと神を求めていらっしゃる」野島は云った。

「私、神様のことはわかりませんわ。そして虫けらも人間もつまりは同じと思いますわ」

「ちがいます、ちがいます。人間には精神があります、魂《たましい》があります。虫けらからは耶蘇《*3ヤソ》も、釈迦《*4しゃか》も出ません」

「もう遅《おそ》くなったから僕達はお先に失敬します」

と仲田は云った。

「そうですか」大宮は云った。

「さよなら」皆あいさつした。

早川は怒ったように先にたった。仲田兄妹《きょうだい》は早川においついて、三人何か話して行った。

野島はあとを見送っていたが、急に泣き出した。

「どうなさったの」武子はおどろいた。

「かまわないで下さい」

「武子さん、海に入ろう。君も早川の馬鹿のことなんか怒っているより海に入る方がいい」

「ええ。野島さんもね」

武子は勢いよく海に入った。野島は黙っていたが、自分で元気をつけて、海に飛び込《こ》んだ。

「勝手にしろ！　杉子とは絶交だ」そんな気もした。

しかし野島は海に入っても面白くなかった。彼は海から出て黙って家の方へ一人で帰った。

彼は井戸端で水をあびて、身体をふいて自分にあてがわれている室《へや》に入って仰向《あおむ》けにねて、あーあと云って見た。B淋しいような、腹立しいような、後悔《こうかい》するような気がした。彼はその気に打ち克《か》って、その気を一方切りぬけて気持よくなりたく思った。だがその力はなかった。稍《やや》もすると泣きたいような気になった。

其処に武子が来た。

「一寸、御本cハイシャク」

「ええ、どうぞ」

武子が本をさがしている後姿を見て彼は武子が杉子だったら、C武子の心が杉子に入っていたら、彼はそう思った。自分は矢張り杉子の心を愛しているのではなく、美貌《びぼう》と、身体と、声とか、形とかを愛しているのだなと思った。しかしそう思って見れば見る程、杉子の桃《もも》のつぼみが今にも咲きかけているような感じが、実になつかしかった。失うにしては余りに貴《とうと》すぎる。

しかしD屈辱《くつじょく》は彼にはなお耐《た》えられないもののように思えた。

（出典　武者小路実篤　著「友情」）

＊1　オゾン…Ozone　酸素の変化したもので、特有のにおいのある気体。空気（酸素）の中の放電から生じて、殺菌、防腐、漂白の作用がある。海や高原地帯に多い。

＊2　唐人　…江戸時代、中国人の称。〔広義では外国人・異国人を指し、また、物の道理の分からぬ人を指した〕

＊3　耶蘇　…「イエスキリスト・キリスト教（徒）」の意の古風な表現。

＊4　釈迦　…「釈迦牟尼仏《しゃかむにぶつ》」の略。仏教の開祖。

（一）本文中の――a～cの片仮名を漢字に改め、これと同じ漢字を用いた語句の組合せとして正しいものを、以下の①～⑤の中から一つ選べ。

a
- ア　カンガイ深い気持ちになる
- イ　冗談もタイガイにしなさい
- ウ　城のガイカンが見事である

b
- ア　商品をクウユする
- イ　明瞭にユコクする
- ウ　勝利にユエツする

c
- ア　資料をハイジュする
- イ　センパイを尊敬する
- ウ　暴力をハイジョする

①　a　ア　　b　イ　　c　イ

②　a　イ　　b　イ　　c　ア

③ a イ b ウ c ア
④ a ア b ウ c ア
⑤ a ウ b ア c ウ

(二) 本文中の――A「腰を折られた」は、「話の腰を折る」という場合に使用し、「余計な口出しなどをして、会話を続ける気分をこわす」という意味の慣用句である。「○○を折る」という形の慣用句として適切でないものを、次の①～⑤の中から一つ選べ。

① 骨を折る ② 歯を折る ③ 鼻を折る ④ 我を折る ⑤ 筆を折る

(三) 野島と早川の考え方を述べた文のうち、正しいものの組合せとして最も適切なものを、以下の①～⑤の中から一つ選べ。

ア 野島は人間が健康でいられるのは神のようなもののおかげだと考えるが、早川は人間が健康でいられるのはオゾンの働きだと考える。
イ 野島は人間も蚤も蛆も神がつくったものだと考えるが、早川は人間をつくったのは神だが蛆や蚤は違うと考える。
ウ 野島は杉子も蛆虫と同じものだと考えるが、早川は杉子と蛆虫は違うものだと考える。
エ 野島は人間には幸福や健康が必要だと考えるが、早川は人間には幸福や健康は必要ではないと考える。
オ 野島は人間には美や無限などが必要だと考えるが、早川は人間には美や無限などは必要ないと考える。

① ア・オ ② イ・エ ③ ウ・エ ④ ウ・オ ⑤ エ・オ

(四) 本文中の――B「淋しいような、腹立しいような、後悔するような気がした」とあるが、野島がそう感じた理由として適切なものの組合せを、以下の①～⑤の中から一つ選べ。

ア せっかく大宮から「先生」と言われたのにも関わらず、杉子や早川にうまく説明ができなかったから。

イ　杉子に対して、蛆虫と同じものであるとか、自分自身をあざむいているとか、失礼なことを言ったから。
ウ　つい、むきになってしまって、場の空気を悪くしてしまったり、言い争ってしまったりしたから。
エ　武子と海に入ろうと言って一緒に入ったにも関わらず、黙って一人で家に帰ってきてしまったから。
オ　人間と虫けらは精神や魂があるかどうかによって異なると説明しても、杉子に分かってもらえなかったから。

①　ア・ウ・オ　②　イ・ウ・エ　③　ア・エ・オ　④　イ・ウ・オ　⑤　ウ・エ・オ

(五)　本文中の――C「武子の心が杉子に入っていたら、彼はそう思った」とあるが、この心情の説明として最も適切なものを、次の①～⑤の中から一つ選べ。

①　武子は泣き出した野島に対して、優しく声を掛けてくれるところがあるが、杉子には無神経なところがあり物足りなさを感じている。
②　武子は本を借りに来るほど勤勉家だからこそ、神の考え方も野島に近いが、杉子は教養がなく神について無知なことを嘆いている。
③　武子は謙虚で周囲への心遣いができるが、杉子は美しさを鼻にかけて傲慢で自分勝手なところがあることを残念に思っている。
④　武子は野島にとってはいつも身近にいてくれる存在だが、杉子には美しさに見とれてしまい、親近感が湧かないことを憂いている。
⑤　武子は見えないけれども神を感じて生きているが、杉子は生きるためには神は必要ないと思っていることを気にかけている。

(六)　本文中の――D「屈辱」とあるが、その説明として最も適切なものを、次の①～⑤の中から一つ選べ。

①　野島が杉子の心ではなく、外見の美しさを愛しているということ。

② 野島が三人を見送ったあとに、急に泣き出してしまったこと。
③ 野島が人間には精神があることを説明しても、理解してもらえなかったこと。
④ 野島が気持ちよく話しているところを、早川に邪魔されたこと。
⑤ 野島が説明している途中に、三人が最後まで聞かずに帰ってしまったこと。

二〇二四年度 岐阜県 難易度

【四】 次の文章は、岡崎ひでたかの「鬼が瀬物語　魔の海に炎《ほむら》たつ」の一部である。これを読んで、以下の問いに答えよ。

松林の浜から左にまわると岩場になる。満吉《まんきち》は大岩に立って海を見つめた。岩に波が寄せると、岩穴から潮を吹きあげてあたりに霧雨が降った。

無数の星が地上にせまってくるような気がした。ひとつ、ひとつが、いつもより大きくて、空がいやに重い。黒い海に、漁火《いさりび》だけが点々と、波に光をただよわせている。

満吉の腹に、くやしさがたぎっていた。船大工である父によって、船大工の道がとざされるとは、大きな衝撃だった。自分の知らないうちに、養子が決められていたことも悲しかった。親とはそういうものなのか。

──だがよ、おれの「船を造りてえ」って、がんこな根性みてえなやつが、腹の底からつきあげてきやがる。どうしようもねえわがままで、親不孝の根性があばれておるんか。

満吉は、自分の立場がまちがっているのか、自分に問う気になっていた。

──考えてみりゃ、おとうのいうとおり、船大工になるのは無理か。それに、おとうが、「船大工にさせぬ」となりゃ、どうもがいてもなれっこねえ。あきらめるしかねえか。運命と思うてあきらめるか。おとうだって、本気でおれのこと考えておるだ。

泣くまい、と思うのに、涙がじわりとわいてくる。

――待てよ、村長は「遭難なんぞ忘れちまう進歩した船を考えろ」というた。おれの根性が悪いんじゃねえ。漁師を守る船を造りてえと願うておるのが、何でまちがっておるだ。と、すりゃ、あきらめちゃいけねえ。あきらめるは意気地《いくじ》なしでねえか……。

満吉は、A自分の迷いを整理しようと、潮水で顔を洗った。

ふと、霧のなかから幽霊船のようにあらわれた、あのときの北斗丸《ほくとまる》の影が、幻となって目の前の海によみがえった。あの遭難で死んだ六人の家族が泣いた。サクおばもそうだ。

鬼が瀬の海で犠牲になった漁師は数知れないのだ。

満吉は、岩の上で大の字に立ちあがって、大きく目を見開いた。

と、そのときである。一条の赤い光が、すぐ目の先の海から、すばやく波頭をさいて西へほとばしって消えた。

満吉は、はっと身をかたくした。心臓の鼓動が高まった。

――そうだ、北斗丸を発見した朝、赤い光が走っておったとじいがいった。海の魔神、魔修羅那《マシュラナ》がおれをうかがいに、やってきおったか。

ぞくっと、体に鳥肌がたった。それをはらおうと、満吉は両手をぶるんぶるんとまわした。岩しぶきでゆかたがしっとりしみて、肌にからんだが平気だった。

――北斗丸があらわれたとき、じいは「これが魔修羅那のしわざよ」といった。「鬼が瀬の船大工の仕事はな、この魔修羅那とのたたかいよ」というた。おれは、魔修羅那に敗けぬ船大工になってやる、と心に決めたのではなかったか。

薄らいだ思いがよみがえった。

「魔修羅那め、やっぱりおれは、船大工になってたたかってみせるぞ。逃げちゃおいねえだ」

海で遭難した漁師たちの魂が、波間からすがりついてくる気配が、足の下から、ぞくぞくとあがってくる。

それでも満吉は、B夜の海をにらみすえ立ちつくしていた。

それからも、二度、三度、父に説得されても、満吉は歯を食いしばって、首を左右にふるだけだった。

「おれ、ただ好きで船模型をつくっておったが、いまはちがう。いまの船じゃおいねえ。おれの造りてえ船、自分で考えた船を模型にするだ。そして、その本物を自分の手で造りてえだ」

満吉のひと言、ひと言が、芳太郎《よしたろう》の怒りをさらにかきたてた。

「親のいうことをきかぬばかりか、亀萬《かめまん》で造る船にもケチをつけるだな。わしの造る船のどこを変えてえというのか。わしの船のどこがいかんのか。生意気な口もいいかげんにしやがれ。おい、丈太郎《じょうたろう》はおらんか」

芳太郎は丈太郎を呼ぶと、「満吉のつくった模型を全部持ってこい」と命じた。

丈太郎が持ってきたのは六隻、それが縁側にならんだ。

「こいつらは、もう満吉には縁がねえのだ」

芳太郎は模型の船を、ひとつずつとりあげては、力まかせに庭石にたたきつけた。

C父の顔は、みにくくゆがんだ。

船腹《せんぷく》は割れ、柱は折れてとび散り、船底がくだけたもの、舳先《へさき》がへし折れたもの、船はいずれも、むざんな屍《しかばね》をさらしていく。そのうえ、それらを丈太郎に燃やさせた。

どの船もそうだ。①根をつめて削り、曲がりのある板一枚にも、どんなに苦労したかわからない。満吉には苦心の作だった。

満吉は、それを止めなかった。だまってくやしさに耐えた。

丈太郎はそっといった。

「おれは近いうち伊豆へ行くが、おとうを怒らすなよ」

満吉はこたえなかった。

燃やされた模型の煙が、つーんと鼻にしみる。したたりそうな涙をこらえた。

……泣くと負ける。

歯を食いしばり、腹のなかで怒りを燃やした。

もはや、〈自分の主張のない〉いままでの模型は、D<u>惜しくはなかった</u>。

しかし、父のこのやりように、もう、ゆずれないという意地を強く固めた。

同時に、どうにもならない、破れかぶれな気持ちに落ちていく。

父も兄も家に入った。満吉は二十枚ほどの紙束を持ちだした。それはいままで自分で見聞きして書きとめた船の設計図の写しや、どこにどういう木材を使うか、たいせつにしていた資料である。それを惜しげもなく、模型の残り火にかぶせた。

炎があがり、焼かれる紙のにおいが鼻をつくと、すっぱいものがこみあげてきた。

すると、満吉の腹のなかの、どうにもならないムシがあばれだした。

削ったばかりの杉板をとりに行って、火に投げいれた。

そこへヤエがあらわれた。模型の火の後始末を芳太郎にいわれてきたらしい。

「満吉さあ！　なんちゅうことを、やめてえ！」

ヤエはおどろいて、手桶に水をみたしてきた。

「じゃまするなっ！」

そのけんまくの恐ろしさに、ヤエが手桶をおくと、満吉はそれを足げにした。桶は倒れて、あたりを水がひたした。

「満吉さ、おおこわ、鬼みたいな赤い顔で……」

「鬼でええんじゃい」

満吉のはげしさが、火にあおられて燃えた。くやしさを火にした。

――これがおれのこまった性分だ。

そう思うが、あばれだしたら止まらない。また杉板をかつぎだすや火中に放りなげた。

「やめて、やめてえったら、火事になったらよう……」

ヤエのやわらかい手が満吉の右手をつかんだ。つきはなされても、ヤエは背後から止めようとしがみついた。

火はやさしく音をたてて、あたりを赤く染めた。

その騒ぎを知って、母屋からも職人部屋からも、みんなとび出してきた。

「じゃますっと、ゆるさんぞ」

満吉はヤエの手をふりほどいた。肩で荒い息をしていた。ヤエははなれて目をふせた。

「満吉！　おめえ、気がくるったかっ」

芳太郎が満吉をつきとばした。火を消そうとした職人を、ヤエが手で制した。

「あ、ほら、満吉さ、板を見やって……」

火に目をうつしたヤエが、声を落としていった。

燃えかかった杉板が、丸みをもってきた。満吉はつっ立ってそれを見た。

ふしぎに満吉の心がしずまってきた。満吉は、池からくんだ手桶の水を手もとにおくと、燃えかけの杉板を引きだした。杉板は熱さに耐えられず、もだえるように丸みをもち、しっとりしたにおいと煙をたてながら燃えたところから炭化していく。

満吉は、射るようなまなざしで、板の丸まり方を見つめながら、手のひらでそっと水をかけた。そして板を庭石の上にのせ、はしのほうに体重をかけて、丸みを変えてみた。

「おれも、いろいろやってみたかった。火を使って船板を丸くするやつを……」

丈太郎は、おどろきのまなざしで満吉の顔をじっと見た。

みんな、おごそかな場にでもいるように、だまって見ていた。

火で熱し、熱湯を使って板をやわらかくして、船板に曲面をつける作業を、満吉はやりたくてたまらなかったのに、まだやらせてもらえなかった。

止めようとしていた芳太郎も手を引っこめて、見つめているだけだった。

じいだけが、②目をしばたいて小さくつぶやいた。

「E満吉の、このバカッちょが……」

満吉のひたむきな志は壊せなかった。壊せたのは、形ある船模型にしかすぎない。


（岡崎ひでたか「鬼が瀬物語　魔の海に炎たつ」）

(1)　二重傍線部①・②の本文中の意味として最も適当なものを一つずつ選び、番号で答えよ。

①　根をつめて
　1　こっそりと　2　その場を離れず　3　没頭して　4　少しずつ　5　一人きりで

②　目をしばたいて
　1　何度もまばたきをして　2　大きく目を見開いて　3　伏し目がちになって
　4　固く目をつぶって　5　正面から見据えて

(2)　傍線部A「自分の迷い」とは、どのようなものか。その説明として最も適当なものを一つ選び、番号で答えよ。

1　父親の命令に反抗することはできないと理解しつつも、養子に出されることを決められた寂しさが募っていく気持ち

2　父親の反対で夢を諦めた自分の弱さを認められないものの、遭難しない船を造る自信もないことを情けなく思う気持ち

3　父親によってとざされた船大工への道を諦めようとする一方で、船を造りたいという衝動を抑えることもできない気持ち

4　父に自分の将来を決められれどこか安心する一方で、船を造りたいと訴える機会を失うことに対して不安に思う気持ち

5　父親の意見に従わない自分の頑固さを反省しながらも、その性分が船を造りたい思いをかき立てていると開き直る気持ち

(3)　傍線部B「夜の海をにらみすえ立ちつくしていた」とあるが、このときの満吉の心情の説明として最も適当なものを一つ選び、番号で答えよ。

1　魔修羅那に振り回されたこの土地の漁師たちを守るためにも、亀萬に残って遭難しない船を造りあげたいという覚悟を決めている。

2　赤い光によって魔修羅那を思い起こし恐ろしさを感じながらも、海難に負けない船を造ろうという思いで自分を奮い立たせている。

3　鬼が瀬の海で犠牲となった者たちの悲劇に思いをはせ、自分なら彼らを救えたはずだと考えることで船大工となる決意を固めている。

4　遭難の犠牲者たちの霊魂が満吉に救いを求めてくるため、船大工になることから逃れられない自分の運

命を忌まわしく思っている。
5　多くの漁師を飲み込んだ鬼が瀬の海に生きる者として、船大工にならなければ一人前とは認めてもらえないと身を引き締めている。

(4)　傍線部C「父の顔は、みにくくゆがんだ」とあるが、このときの父の心情の説明として最も適当なものを一つ選び、番号で答えよ。
1　満吉が自分の思いに背いた行動をとるだけでなく、言動の端々に自分を軽蔑する様子が見えるため、わが子でありながらも疎ましく思っている。
2　船大工になりたいと考えている満吉は愛おしいが、養子に出すと決めたからには夢を諦めさせねばならず、満吉の船模型を壊すことに忍びなさを感じている。
3　日頃から満吉の強情さには手を焼いていたが、自分の仕事にも口出しを始めたため、満吉の大切な船模型を壊すことで怒りを静めようとしている。
4　自分の造る船に誇りをもっていたが、満吉に不十分さを指摘されてしまい怒りや憎しみを抱くとともに、満吉の挑戦への熱意を打ち砕こうとしている。
5　満吉がつくった模型の船は船大工としての自分の技術を遥かに超えるものだと確信し、父親としての威厳が脅かされかねないことに不安を感じている。

(5)　傍線部D「惜しくはなかった」とあるが、この理由として最も適当なものを一つ選び、番号で答えよ。
1　これまでにつくった船模型は見聞きしたものを形にしただけであり、遭難しない船を造るという揺るぎない意志を獲得した今となっては意味のないものにすぎないから。
2　父や兄から見聞きしたものを形にした船模型は亀萬の家を離れることになれば使うことができないので、新たな船模型をつくる必要があると気付いたから。

3　燃やされている船模型を実際に船にすることは難しく実物にしたところで遭難しないとは限らないので、満吉の求めている船とは大きく隔たってることが分かったから。

4　どれだけ船模型を燃やされても今の自分にはこれからもっと良いものをつくり出すことができる技術や情熱があることに気付いたので、もったいないとは思わないから。

5　苦労してつくった船模型であっても亀萬の設計図をなぞっていただけだと気付いて過去の自分を反省し、今後は別の造船所の設計図で船を造っていこうと思っているから。

(6)　傍線部Ｅ「『満吉の、このバカッちょが……』」とあるが、この言葉からうかがえる満吉の人物像について、最も適当なものを一つ選び、番号で答えよ。

1　とっさの感情で行動し物にあたってしまう粗暴さもあるが、自分で決めたことに対しては計画的に取り組む人物

2　すぐに感情的になり周りと軋轢をうみやすいものの、自分の思いを的確に表現し他人の信頼を得ることもできる人物

3　自己主張が強く他者を見下す不遜な面はあるが、自分の心を信じて一心不乱に突き進むことができる人物

4　周囲の人間の言動を意識し評価を気にすることもあるが、自分の感情には嘘をつけない生真面目で馬鹿正直な人物

5　高ぶる感情を抑えきれない激しやすさはあるものの、理想の実現に向けてはなりふり構わず一途に取り組む人物

二〇二四年度　愛知県　難易度

【五】次の文章を読んで、以下の各問に答えよ。

「婆や……婆や……八っちゃんが病気になったよう」

と怒鳴《どな》ってしまった。そうしたら婆やはすぐ自分のお尻の方をふり向いたが、八っちゃんの肩に手をかけて自分の方に向けて、急に慌《あわ》てて後《うしろ》から八っちゃんを抱いて、

「あら八っちゃんどうしたんです。口をあけて御覧《ごらん》なさい。口をですよ。こっちを、明《あかる》い方を向いて……ああ碁石を呑んだじゃないの」

というと、握り拳をかためて、八っちゃんの脊中を続けさまにたたきつけた。

「さあ、かーっといってお吐きなさい……それもう一度……どうしようねえ……八っちゃん、吐くんですよう」

婆やは八っちゃんをかっきり膝の上に抱き上げてまた脊中をたたいた。僕はいつ来たとも知らぬ中《うち》に婆やの側に来て立ったままで八っちゃんの顔を見下《みおろ》していた。八っちゃんの顔は血が出るほど紅《あか》くなっていた。婆やはどもりながら、

「兄さんあなた、早くいって水を一杯……」

僕は皆まで聞かずに縁側に飛び出して台所の方に駈《か》けて行った。水を飲ませさえすれば八っちゃんの病気はなおるにちがいないと思った。そうしたら婆やが後《うしろ》からまた呼びかけた。

「兄さん水は……早くお母さんの所にいって、早く来て下さいと……」

僕は台所の方に行くのをやめて、今度は一生懸命でお茶の間の方に走った。

お母さんも障子を明けはなして日なたぼっこをしながら静かに縫物をしていらしった。その側《そば》で鉄瓶《てつびん》のお湯がいい音をたてて煮えていた。

(1)僕にはそこがそんなに静かなのが変に思えた。八っちゃんの病気はもうなおっているのかも知れないと思

った。けれども心の中《うち》は駈けっこをしている時見たいにどきんどきんしていて、うまく口がきけなかった。

「お母さん……お母さん……八っちゃんがね……こうやっているんですよ……婆やが早く来てって」

といって八っちゃんのしたとおりの真似《まね》を立ちながらして見せた。お母さんは少しだるそうな眼をして、にこにこしながら僕を見たが、僕を見ると急に二つに折っていた背中を真直《まっすぐ》になさった。

「八っちゃんがどうかしたの」

僕は一生懸命真面目《まじめ》になって、

「うん」

と思い切り頭を前の方にこくりとやった。

「うん……八っちゃんがこうやって……病気になったの」

僕はもう一度前と同じ真似をした。お母さんは僕を見ていて思わず笑おうとなさったが、すぐ心配そうな顔になって、大急ぎで頭にさしていた針を抜いて針さしにさして、慌《あわ》てて立ち上って、前かけの糸くずを両手ではたきながら、僕のあとから婆やのいる方に駈けていらしった。

「婆や……どうしたの」

お母さんは僕を押しのけて、婆やの側に来てこう仰有《おっしゃ》った。

「八っちゃんがあなた……碁石でもお呑《の》みになったんでしょうか……」

「お呑みになったんでしょうかもないもんじゃないか」

お母さんの声は怒った時の声だった。そしていきなり婆やからひったくるように八っちゃんを抱き取って、自分が苦しくってたまらないような顔をしながら、ばたばた手足を動かしている八っちゃんをよく見ていらしった。

「象牙《ぞうげ》のお箸《はし》を持って参《まい》りましょうか……それで喉《のど》を撫《な》でますと……」婆やがそういうかいわぬに、

「刺《とげ》がささったんじゃあるまいし……兄さんあなた早く行って水を持っていらっしゃい」

と僕の方を御覧《ごらん》になった。婆やはそれを聞くと立上ったが、僕は婆やが八っちゃんをそんなにしたように思ったし、用は僕がいいつかったのだから、婆やの走るのをつき抜《ぬけ》て台所に駈けつけた。けれども茶碗《ちゃわん》を探してそれに水を入れるのは婆やの方が早かった。僕は口惜《くや》しくなって婆やにかぶりついた。

「水は僕が持ってくんだい。お母さんは僕に水を……」

「それどころじゃありませんよ」

と婆やは怒ったような声を出して、僕がかかって行くのを茶碗を持っていない方の手で振りはらって、八っちゃんの方にいってしまった。僕は婆やがあんなに力があるとは思わなかった。僕は、

「(2)僕だい僕だい水は僕が持って行《ゆ》くんだい」

と泣きそうに怒って追っかけたけれども、婆やがそれをお母さんの手に渡すまで婆やに追いつくことが出来なかった。僕は婆やが水をこぼさないでそれほど早く駈けられるとは思わなかった。

お母さんは婆やから茶碗を受取ると八っちゃんの口の所にもって行った。半分ほど襟頸《えりくび》に水がこぼれたけれども、それでも八っちゃんは水が飲めた。八っちゃんはむせて、苦しがって、両手で胸の所を引っかくようにした。懐《ふとこ》ろの所に僕がたたんでやった「だまかし船《ふね》」が半分顔を出していた。僕は八っちゃんが本当に可愛そうでたまらなくなった。あんなに苦しめばきっと死ぬにちがいないと思った。死んじゃいけないけれどもきっと死ぬにちがいないと思った。

今まで口惜しがっていた僕は急に悲しくなった。お母さんの顔が真蒼《まっさお》で、手がぶるぶる震えて、八っちゃんの顔が真紅《まっか》で、ちっとも八っちゃんの顔みたいでないのを見たら、一人ぼっちになってしまったようで、我慢のしようもなく涙が出た。

お母さんは僕がべそをかき始めたのに気もつかないで、夢中になって八っちゃんの世話をしていなさった。

婆やは膝《ひざ》をついたなりで覗《のぞ》きこむように、お母さんと八っちゃんの顔とのくっつき合っているのを見おろしていた。

その中《うち》に八っちゃんが胸にあてがっていた手を放して驚いたような顔をしたと思ったら、いきなりいつもの通りな大きな声を出してわーっと泣き出した。お母さんは夢中になって八っちゃんをだきすくめた。婆やはせきこんで、

「通りましたね、まあよかったこと」

といった。きっと碁石がお腹《なか》の中にはいってしまったのだろう。お母さんも少し安心なさったようだった。僕は泣きながらも、お母さんを見たら、その眼に涙が一杯たまっていた。

(3)その時になってお母さんは急に思い出したように、婆やにお医者さんに駆けつけるようにと仰有った。婆やはぴょこぴょこと幾度《いくど》も頭を下《さげ》て、前垂《まえだれ》で、顔をふきふき立って行った。

泣きわめいている八っちゃんをあやしながら、お母さんはきつい眼をして、僕に早く碁石をしまえと仰有った。僕は叱《しか》られたような、悪いことをしていたような気がして、大急ぎで、碁石を白も黒もかまわず入れ物にしまってしまった。

八っちゃんは寝床の上にねかされた。どこも痛くはないと見えて、泣くのをよそうとしては、また急に何か思い出したようにわーっと泣き出した。そして、

「さあもういいのよ八っちゃん。どこも痛くはありませんわ。弱いことそんなに泣いちゃあ。かあちゃんがおさすりしてあげますからね、泣くんじゃないの。……あの兄さん」

といって僕を見なすったが、僕がしくしくと泣いているのに気がつくと、

「まあ兄さんも弱虫ね」

といいながらお母さんも泣き出しなさった。それだのに泣くのを僕に隠して泣かないような風《ふう》をなさるんだ。

「兄さん泣いてなんぞいないで、お坐蒲団《ざぶとん》をここに一つ持って来て頂戴《ちょうだい》」

と仰有った。僕はお母さんが泣くので、泣くのを隠すので、なお八っちゃんが死ぬんではないかと心配になってお母さんの仰有るとおりにしたら、ひょっとして八っちゃんが助かるんではないかと思って、すぐ坐蒲団を取りに行って来た。

お医者さんは、白い鬚《ひげ》の方のではない、金縁《きんぶち》の眼がねをかけた方のだった。その若いお医者さんが八っちゃんのお腹《なか》をさすったり、手くびを握ったりしながら、心配そうな顔をしてお母さんと小さな声でお話をしていた。お医者の帰った時には、八っちゃんは泣きづかれにつかれてよく寝てしまった。

お母さんはそのそばにじっと坐《すわ》っていた。八っちゃんは時々怖《こ》わい夢でも見ると見えて、急に泣き出したりした。

その晩は僕は婆やと寝た。そしてお母さんは八っちゃんのそばに寝なさった。婆やが時々起きて八っちゃんの方に行《ゆ》くので、折角《せっかく》眠りかけた僕は幾度も眼をさました。八っちゃんがどんなになったかと思うと、僕は本当に淋《さび》しく悲しかった。

時計が九つ打っても僕は寝られなかった。寝られないなあと思っている中《うち》に、ふっと気が附《つ》いたらもう朝になっていた。いつの間に寝てしまったんだろう。

「兄さん眼がさめて」

そういうやさしい声が僕の耳許《みみもと》でした。お母さんの声を聞くと僕の体はあたたかになる。僕は眼をぱっちり開いて嬉《うれ》しくって、思わず臥《ね》がえりをうって声のする方に向いた。そこにお母さんがちゃんと着がえをして、頭を綺麗《きれい》に結《ゆ》って、にこにことして僕を見詰めていらしった。

「およろこび、八っちゃんがね、すっかりよくなってよ。夜中にお通じがあったから碁石が出て来たのよ。……でも本当に怖《こわ》いから、これから兄さんも碁石だけはおもちゃにしないで頂戴ね。兄さん……八っちゃんが悪かった時、兄さんは泣いていたのね。もう泣かないでもいいことになったのよ。今日こそあなたがたに一番すきなお菓子をあげましょうね。さ、お起き」

といって、僕の両脇に手を入れて、抱き起《おこ》そうとなさった。(4)僕は擽《くすぐ》ったくってたまらないから、大きな声を出してあははあははと笑った。

「八っちゃんが眼をさましますよ、そんな大きな声をすると」

といってお母さんはちょっと真面目《まじめ》な顔をなさったが、すぐそのあとからにこにこして僕の寝間着を着かえさせて下さった。

（有島武郎『碁石を呑んだ八っちゃん』から作成）

〔問1〕 傍線部(1)「僕にはそこがそんなに静かなのが変に思えた。」とあるが、その理由について説明したものとして最も適切なものは、次の1〜4のうちではどれか。

1 八っちゃんが碁石を呑んだことで僕と婆やが大騒ぎをしていたのにも関わらず、お茶の間にいる母には全く聞こえていないことを、まるで別の世界にでも来てしまったのではないかと疑念を抱いたから。

2 八っちゃんが碁石を呑んだことを婆やに咎められ、焦って母を呼びに行ったが、八っちゃんが大変なことになっていると知っていても落ち着き払っている母の様子を不審に思ったから。

3 八っちゃんが碁石を呑み一刻を争う状況になったため、一生懸命に走って母を呼びに行ったが、お茶の間が何事もなかったかのように思えるほど、いつもと変わらない様子だったから。

4 八っちゃんが碁石を呑んだ騒ぎに反して、とても静寂に包まれた茶の間を見ると、僕と婆やが勘違いをしていただけで、本当は八っちゃんは碁石を呑んでいないことが分かったから。

〔問2〕 傍線部(2)「僕だい僕だい水は僕が持って行《ゆ》くんだい」とあるが、このときの「僕」の気持ちを説明したものとして最も適切なものは、次の1～4のうちではどれか。

1　母から水を持ってくるように頼まれたのは自分なのに、婆やに先を越されたことが、口惜しいという気持ち。

2　婆やには素早く丁寧に水を運べないだろうと思っていたが、意外にも婆やが機敏だったので、うらやましいという気持ち。

3　母の期待に応えるのは自分でありたいのに、婆やに力づくで茶碗を取られたことを、恥ずかしいという気持ち。

4　弟を助けるのは自分の役割だと、兄としての自覚をもって責任を果たそうとして、清々しいという気持ち。

〔問3〕　傍線部(3)「その時になってお母さんは急に思い出したように、婆やにお医者さんに駆けつけるようにと仰有った。」とあるが、このときの「お母さん」の様子として最も適切なものは、次の1～4のうちではどれか。

1　一難去って安心したが、碁石を呑ませた婆やから八っちゃんを遠ざけなければと思い、医者を呼びに行かせている。

2　それまで夢中になって八っちゃんを介抱していたが、ほっとした思いから涙がこみ上げてきたと同時に我に返り、冷静さを取り戻している。

3　依然として、八っちゃんが顔を真紅にして苦しんでいるのを見て、八っちゃんを助けるために最善を尽くそうとしている。

4　八っちゃんは、自分たちが何もしなくても回復すると思って様子を見ていたが、一向によくならないので緊急性を感じて慌てている。

〔問4〕 傍線部(4)「僕は擽《くすぐ》ったくってたまらないから、大きな声を出してあははあははと笑った。」とあるが、このときの「僕」の様子を説明したものとして最も適切なものは、次の1～4のうちではどれか。

1　僕が出しっぱなしにした碁石が原因で八っちゃんが碁石を呑んでしまったことを母に叱られたが、何事もなかったかのように、ごまかそうとしている。

2　八っちゃんへの心配がなくなったことや、母が優しく僕に声をかけたり起こそうとしたりしたことによる安心感や温もりに満ちている。

3　朝から一番すきなお菓子をくれると母に言われたことで、思いがけない幸運に嬉々としている。

4　いつまでも泣き止まない僕をあやすのに、母が強引に僕の両脇を擽ってきたので、笑いを堪えられないでいる。

【六】 次の文章を読んで、以下の問いに答えなさい。

■二〇二四年度■東京都■難易度

仕事のストレスにより身体を壊し、会社を退職した明日香は、口うるさい大家さんがいるアパートで暮らしている。アパートのブロック塀の上にいる野良猫を見つけた明日香は、ぶーさんと勝手に名付けてささやかな触れ合いを楽しみにしていた。ある時、けがをして弱ったぶーさんを成り行き上、仕方がなく動物病院に連れて行った。飼い主探しが難航するなか、退院が近づくぶーさんの様子を見に、明日香は動物病院を訪れた。

ぶーさんは意志のはっきり籠った目で明日香をまっすぐに見て、ああお前か、という顔をした。

「ぶーさん、あのね」

飼い主さんが見つかるかもしれないよ、と言おうとして言葉が続かなかった。

ぶーさんがゆっくり回って、明日香に向かってお腹を見せてくれたからだ。明日香に出会えたのが嬉しくてたまらなくて、甘えているわけではない。とても面倒くさそうな動きだった。なんだお前、どうしたんだ。しょうがないな、触らせてやるぞ。そんな、心優しくて面倒見がよくてＡモウレツにかわいい、オジサン猫の低い声が聞こえてくるような気がした。

明日香は鉄格子の隙間から指を入れて、ぶーさんのお腹を触った。ぶーさんはすかさず［Ｘ］を細めてぐるぐると喉を鳴らす。なぜか①「ごめんね」という言葉が、何度も何度も胸の中で溢《あふ》れた。その日の夜になっても、飼い主さん候補からのメールの返事は来なかった。

「ああ、駄目駄目。うちはペットは禁止ですよ」

大家さんは話の途中から［Ｙ］を三角形に尖《とが》らせて、強い口調で明日香の言葉をＢサエギった。

「そこのブロック塀の上で、いつも寝ていたあの子なんです。黒と茶色の……」

明日香が飼おうとしている猫があのぶーさんだと知れば、もしかしたら大家さんも少しは理解してくれるかもしれない。

この几帳面《きちょうめん》な大家さんがもしも猫嫌いだったら、あっという間にぶーさんのことを追い払っていたはずだ。大家さんは明日香がここへ引っ越してくるずっと前から、ぶーさんにブロック塀の上を貸してあげることを黙認していたに違いない。

思ったとおり、大家さんの眉がぴくりと動いた。

「たぶん車に撥《は》ねられて怪我をして、食事もできないで弱っていたところだったんです。動物病院で手術はしましたが、うまく歩けなくなるから野良猫としては暮らしていけないって言われたんです」

②まずは情に訴えてみよう。明日香は精一杯悲し気な声を出した。
「お断りです」

大家さんは明日香の懇願を、ぴしゃりと撥ねのけた。

ならば今度は、絶対に大家さんにも他の住人にも迷惑を掛けない、と信じてもらわなくてはいけない。

「高齢の猫なので、鳴くことはほとんどありません。動きもゆっくりなので、走りまわって音を立てることもないと思います」

「駄目です」

背筋をしゃんと伸ばして、両手を祈るように前で組んだ。

「爪とぎをさせないように柱や襖《ふすま》にシートを張ります。トイレもきちんと清潔にして部屋を汚したりはしません」

なおも追い縋《すが》った。

「いけません。ペットを飼うなら、すぐにこの部屋から出ていってください」

最初から最後まで、大家さんはⅠ取り付く島もなかった。

自分が契約に違反した無茶なことを言っているとわかっているのに、なぜか泣きそうなくらい悲しくなる。

この大家さんは命なんてどうでもいいと思っているんだ、と、Cケントウ違いな恨みがましい気持ちになってくる。

そしてもうひとりの私の声が聞こえる。大家さんは何も悪くない。悪いのは私だ。ぶーさんの優しさやかわいさや温かさが大好きで。ぶーさんに辛い思いをさせたくないと心から思っているのに。幸せにしてあげたいと思っているのに。

またどこかで大きな責任から逃げようとしている私だ。ぶーさんごめんね、ぶーさんがかわいそう、なんて言いながら。少しもぶーさんの人生を受け止める覚悟ができていない私だ。

私はあのときのままだ。ほんとうはまだこの仕事を続けたかった。私はまだまだできた。でも身体を壊してしまったから仕方なく、なんて自分に言い訳をして、逃げるように仕事を辞めたときのままだ。

自分の人生を受け止める覚悟ができていないままだ。大事なぶーさんのことを、顔も名前も知らない誰かにあっさりと押し付けようとしたときのまま。これでⅡ肩の荷が下りる、とほっとしたときのまま。私はどうしようもない甘ったれだ。

「わかりました。部屋を出ます。無茶を言ってごめんなさい、お世話になりました」

一言一言、ゆっくり静かに口に出した。

引っ越し費用はいったいいくらかかるんだろうと思ったらぞくりとした。きっと元から決して多くない貯金額の、ほとんどすべてが飛んで行ってしまうだろう。

でも同時に、すっと胸に風が通った気がした。もう、やるしかないのだ。

こちらに向かってごろんと身体を倒してお腹を見せる③ぶーさんの姿が、脳裏に浮かんだ。

ぶーさんの飼い主はこの私しかいないのだ。私は、これから先ずっとぶーさんの優しい顔とあったかい毛並みと一緒に過ごすことができる。

働かなくちゃ。ちゃんとしっかり働かなくちゃ。心から思った。お腹の底から、むくむく力が湧いてくるのがわかった。

「……うちのアパートは、入居のときに敷金を貰《もら》っていないでしょう」

しばらく黙ってから、大家さんがぽつんと言った。

「えっ？」

「ペット飼育の場合は、敷金家賃二ヶ月分を入れてもらいましょうか。退去時にそこからクリーニング費用を払ってもらいます」

大家さんが膨れっ面を浮かべる子供のような顔をした。

「いいんですか？　ありがとうございます！」

勢いよく頭を下げたら、胸の中で、ちゃりん、とお金の音がした。家賃二ヶ月分の敷金。それも、おそらく退去時にはまず戻ってこない。鳥肌が立って身震いしそうになる。④けれどそれでいいのだ、自分の力強い声が聞こえた。

優しさや同情では命は救えない。命にはお金がかかるのだ。自分以外の誰かの命を預かるということは、その命のためにちゃんと働き、きちんとお金を稼ぎ、稼いだお金を使いまくらなくてはいけない。ぶーさんと暮らすには、そんなちっとも心の躍らない最低条件を満たさなくてはいけないのだ。こうしちゃいられない。

Dイチモクサンに ATM に走り、その日のうちに家賃二ヶ月分を大家さんに手渡した。

（泉ゆたか『君をおくる』）

問一　二重傍線部A「モウレツ」、B「サエギ」、C「ケントウ」、D「イチモクサン」を漢字に直しなさい。

問二　破線部Ⅰ「取り付く島もなかった」、Ⅱ「肩の荷が下りる」とあるが、「取り付く島もない」、「肩の荷が下りる」という語句について、その意味をそれぞれ簡潔に答えなさい。

問三　空欄［X］・［Y］には共通する漢字一字が入る。「［X］を細めて」は、「嬉しそうな様子」を、「［Y］を三角形に尖らせて」は、「容赦のない様子」を表す表現になるように、適当な漢字一字を答えなさい。

問四　傍線部①「『ごめんね』という言葉が、何度も何度も胸の中で溢れた」とあるが、この時の「私」の心情の説明として最も適当なものを次のア～オの中から一つ選び、記号で答えなさい。

ア　自分に打ち解けてくれたぶーさんに対して、飼い主を見つけられない後ろめたさを感じている。
イ　自分のことを認識してくれるぶーさんに対して、何もできない自分への腹立たしさを感じている。
ウ　自分に元気な姿を見せてくれたぶーさんに対して、どうすることもできない後味の悪さを感じている。
エ　自分に疑いなく心を開いてくれるぶーさんに対して、嘘をつけない心苦しさを感じている。
オ　自分に優しく接してくれるぶーさんに対して、なす術のない自分にもの足りなさを感じている。

問五　傍線部②「まずは情に訴えてみよう」とあるが、「私」がこのように考えた理由の説明として最も適当なものを次のア～オの中から一つ選び、記号で答えなさい。
ア　大家さんは人間に厳しくても動物には優しい人なので、ぶーさんのかわいそうな状況を知れば、飼うことを必ず承諾してくれると考えたから。
イ　大家さんは契約内容を何よりも重視している人だが、現状を丁寧に伝えることで命の重みを理解し、ぶーさんの面倒を見てくれると考えたから。
ウ　大家さんはアパートの管理に几帳面な人だが、精一杯悲しみを訴えることで、ぶーさんを飼うことに気づかないふりをしてもらえると考えたから。
エ　大家さんは以前からぶーさんを追い払わずに見逃してきたので、窮状を知れば看過できず、ぶーさんを飼うことを許してくれると考えたから。
オ　大家さんは猫嫌いではない人なので、迷惑を掛けないことを強調すれば、ぶーさんを飼えないか他の住人にも掛け合ってくれると考えたから。

問六　傍線部③「ぶーさんの姿が、脳裏に浮かんだ」とあるが、この時の「私」の説明として最も適当なものを次のア～オの中から一つ選び、記号で答えなさい。
ア　ぶーさんが好きだという思いや幸せにしてあげたいという愛情を再認識している。

イ　大好きな優しいぶーさんをこれからは独占できるという喜びをかみしめている。
ウ　今後は一人でぶーさんの面倒をみなければならないという孤立感を深めている。
エ　「私」にだけ心を開いているぶーさんとの楽しい暮らしに期待感を高めている。
オ　ぶーさんとの思い出に浸りながら過去には戻れないという悲しみに暮れている。

問七　傍線部④「けれどそれでいいのだ」とあるが、「私」がこのように考えるまでの心情の変化を次のように説明するとき、空欄 1 ・ 2 に当てはまる内容について以下の(1)、(2)に答えなさい。

> ぶーさんを飼えないことを大家さんのせいにした自分について、 1 と気づき、このままではだめだと思い、引っ越すことを決めたが、大家さんからの提案により、 2 という気持ちを強めている。

(1)　空欄 1 に当てはまる内容を、本文に即して二十五字以内で答えなさい。
(2)　空欄 2 に当てはまる内容を、傍線部④中の「それ」の内容をふまえて三十五字以内で答えなさい。

問八　本文の表現上の特徴を説明したものとして最も適当なものを次のア～オの中から一つ選び、記号で答えなさい。
ア　主観を排した語り口調を用いることで、主人公の成長が客観的に伝わるように表現されている。
イ　主人公の視点から物語を描くことで、主人公の心の動きがつぶさにわかるように表現されている。
ウ　会話文を中心にテンポよく物語を進めることで、決断力がある主人公の人物像が表現されている。
エ　直喩を多用することで、大家さんの几帳面な人柄やぶーさんの愛らしさが具体的に表現されている。
オ　抽象的な表現を用いることで、ぶーさんは主人公を支える重要な存在であることが表現されている。

【七】次の文章を読んで、以下の各問いに答えよ。


（ここまでのあらすじ）

高校生の紗英は三姉妹の末っ子である。紗英は活け花教室に通っており、「思った通り」に活けたいが、自分の「思った通り」は周囲からは認められない。教室の先生からも型通りにやっていないことで叱られるが、紗英は、型通りなら誰が活けても同じだと思っている。型通りに活けるよりも、こんな花を活けたいと願う思いの強さが大事だと思いながら、帰宅した。


「①あたしの花ってどんな花なんだろう」

濡れた髪を拭き、ほうじ茶を飲みながら漏らした言葉を、祖母も母も姉も聞き逃さなかった。

「紗英の花？」

私らしい、といういい方はア避けようと思う。自分でも何が私らしいのか、今はよくイわからないから。

「あたしが活ける花」

「紗英が活ければぜんぶ紗英の花じゃないの」

母がいう。私は首を振る。

「型ばかり教わってるでしょう、誰が活けても同じ型。あたしはもっとあたしの好きなように」

といいかけて、私の「好き」なんてaアイマイで、形がなくて、天気や気分にも左右される、実体のないものだと思う。そのときそのときの「好き」をどうやって表せばいいんだろう。

母は察したように穏やかな声になる。

「そうねえ、決まりきったことをきちんきちんとこなすっていうのは紗英に向いてないかもしれないわねえ」

そうかな、と返しながら、そうだった、と思っている。すぐに面倒になってしまう。みんながやることなら自分がやらなくてもいいと思ってしまう。

「でもね、そこであきらめちゃだめなのよ。そこはすごく大事なところなの。しっかり身につけておかなきゃならない基礎って、あるのよ」

「根気がないからね、紗英は」

即座に姉が指摘する。

「ラジオ体操、いまだにぜんぶは覚えてないし」

「将棋だってぜんぜん定跡通りに指さないし」

祖母がぴしゃりといい放つ。

「だから勝てないんだよ」

「いいもん、将棋なんか、勝てなくてもいいもん」

姉たちは将棋も強かった。たったひとつの玉《ぎょく》を目指して一手ずつ詰めてゆく。ふたりが盤の上できれいなヒタイをつきあわせ、意識を一点に集中させてゆくと、傍にいるだけで息が苦しくなった。その点、囲碁はいい。盤上のあちこちで陣地の取り合いがある。右辺を取られても左辺が残っている。石ひとつでも形勢が変わる。将棋よりずっと気持ちが楽だ。

「囲碁でもおんなじ。定石無視してるから強くなれないのよ。いっつもあっという間に負かされてるじゃない。長い歴史の中で切磋琢磨《せっさたくま》してきてるわけだからね、定石を覚えるのがいちばん早いの」

「早くなくてもいい」

ただ楽しく打てればいい。そう思って、棋譜を覚えてこなかった。数え切れないほどの先人たちの間で考え尽くされた定石がある。それを無視して、イッチョウイッセキに上手になれるはずもなかった。

「それがいちばん近いの」

「近くなくてもいい」

姉は根気よく言葉を探す。

「いちばん美しいの」

美しくなくてもいい、とはいえなかった。美しくない囲碁なら打たないほうがいい。美しくないなら花を活ける意味がない。

「紗英はなんにもわかってないね」

祖母が呆《あき》れたようにため息をつく。

「型があるから自由になれるんだ」

自分の言葉に一度自分でうなずいて、もう一度繰り返した。

「型があんたを助けてくれるんだよ」

②はっとした。型が助けてくれる。そうか、と思う。そうだったのか。毎朝毎朝、判で押したように祖母がラジオ体操から一日を始めることに、飽きることはないのかと不思議に思っていた。そうじゃなかったんだ。毎朝のラジオ体操が祖母を助ける。つらい朝も、苦しい朝も、決まった体操から型通りに始めることで、一日をなんとかまわしていくことができたのかもしれない。楽しいことばかりじゃなかった祖母の人生が型によって救われる。そういうことだろうか。

「いちばんを突き詰めていくと、これしかない、というところに行きあたる。それが型というものだと私は思ってるよ」

今、何か、ぞくぞくした。新しくて、古い、とても大事なことを聞いた気がした。③それはしばらく※耳朶《じだ》の辺りをぐるぐるまわり、ようやく私の中に滑り込んでくる。

型って、もしかするとすごいものなんじゃないか。たくさんの知恵に育まれてきた果実みたいなもの。④齧《かじ》ってもみないなんて、あまりにももったいないもの。今は型を身につけるときなのかもしれない。いつか、私自身の花を活けるために。

（宮下奈都「つぼみ」による。）

（注）※　耳朶……耳たぶ。「耳」の意の漢語的表現。

問一　二重傍線部a～cのカタカナを漢字に直して書け。

問二　用言について、次の(1)、(2)の問いに答えよ。

(1)　波線部アの動詞「避け」の活用形として適切なものを、次のア～エから一つ選んで、その記号を書け。

ア　未然形　　イ　連用形　　ウ　終止形　　エ　連体形

(2)　波線部イ「わからない」の「ない」と同じ意味の「ない」を、次のア～エから一つ選んで、その記号を書け。

ア　根気がないからね、紗英は。

イ　いまだにぜんぶは覚えてない。

ウ　ぜんぜん定跡通りに指さない。

エ　花を活ける意味がない。

問三　傍線部①「あたしの花ってどんな花なんだろう」とあるが、紗英は自分の活け花についてどのような悩みがあるのか。四十字以上五十字以内で書け。

問四　傍線部②「はっとした。型が助けてくれる」について、次の(1)、(2)の問いに答えよ。

(1)　紗英が「はっとした」のはなぜか。紗英の心情の変化が分かるように、六十字以上八十字以内で書け。

(2)「型」の大切さについての説明として、本文の文脈と照らして最も適切なものを、次のア〜エから一つ選んで、その記号を書け。
ア　判で押したように自分の「型」を持っていると、同じ「型」を持つ仲間に救われる。
イ「型」を身につけることで、自分が本当にやりたい事を追究することができる。

ウ「型」があると、自分で物事を考える必要がなく、ありのままの自分でいられる。

エ「型」は誰がやっても同じになるものではなくて、「型」にも様々なタイプがある。

問五　傍線部③「それはしばらく耳朶の辺りをぐるぐるまわり、ようやく私の中に滑り込んでくる」の描写から、紗英の「型」についての理解の仕方として、最も適切なものを、次のア〜エから一つ選んで、その記号を書け。
ア　一度頭の中の「型」の意味を空っぽにしてから、一気に祖母が説明した「型」のよさについて理解した感じ。
イ　祖母の言ったことが何度も頭の中で繰り返されて理解が深まっていく感じ。
ウ　型通りは面白くないというように思っていたことが、自然にゆっくりと頭に浸透していく感じ。
エ　自分とはちがう考えをなかなか受け入れられず、拒絶している感じ。

問六　傍線部④「囓ってもみないなんて、あまりにももったいないもの」の表現の特徴として、最も適切なものを、次のア〜エから一つ選んで、その記号を書け。

ア「型」を果実にたとえて、その果実の本当の味やおいしさを食べず嫌いでいることを表し、「型」について知りもしないのに知ったように振る舞っていることを呆れるような表現。

イ「型」を果実にたとえて、その果実を食べもしないのに本当の味やおいしさを何となく分かっていることを表し、「型」についても何となく分かったつもりになっていることを嘆くような表現。

ウ　「型」を果実にたとえて、その果実を食べた他人の感想を聞いて味を想像していることを表し、「型」についても人から聞いて想像しているだけになっていることを後悔するような表現。

エ　「型」を果実にたとえて、その果実がおいしいのかどうかを食べもしないで見た目で決めつけていることを表し、「型」についても先入観にとらわれていることを惜しむような表現。

【八】 次の文章を読み、各問いに答えよ。

■二〇二四年度■香川県■難易度

その声は、ふいに正三《しょうぞう》の頭の真上で聞えた。

それは、うれしくてたまらないような、本当にかわいらしい声であった。その声は、正三の頭の真上の空から、いきなり動き出したぜんまい仕掛のおもちゃの自動車か何かのように、A勢いよく鳴り出したのだ。

それを聞いたとき、正三は思わず立ち止って、

「あ、あのひばりの子だ」

といった。

そういって、大急ぎで空を見上げたのである。

青い麦畑の中の道である。春休みになってからずっと雨ばかり降り続いて、正三はすっかりB閉口していたのだ。

正三はこんどから小学四年生。妹のなつめは二年生、一番下の四郎はあと二年しないと幼稚園へ行けない。

そのなつめと四郎は、今日は朝から村田さんのお家へ遊びに行ったきり、昼になるのに戻って来ない。久しぶりのお天気なので、二人ともそれこそ夢中になって遊んでいるのだ。

（なつめのやつ、宿題もしないで、いい気になっているな）

お母さんから呼びに行くようにいわれて家を飛び出して来た正三である。四年生ともなれば、宿題もたくさんある。なつめのような二年坊主とは、ちょっと違うのだ。

正三の家から村田さんの家までは、畑の間の一本道だ。その道は、ゆるやかに曲りながら、遠くに森や雑木林や竹やぶや、それらのかげにある農家や、ところどころに新しく建てられた住宅を一目に見渡しながら、村田さんの家のすぐ横へ続いているのだ。

いつもこの道を通って、正三となつめは学校へ行くのである。

青い麦畑の真中で、大急ぎで空を見上げた正三は、太陽の光りがまばゆくて、ちょっと手をかざしてみた。するとちょうど頭の真上のあんまり高くはないところに飛んでいる一羽のひばりが眼に入った。

それは、大変せわしそうにさえずりながら、その声と全く同じくらいのせわしさで、小さな羽根を動かして、まるでやっとこさ空に引っかかっているというふうに見えた。

そのひばりの飛び方を見ていると、あれだけせわしく羽根を動かさないことには、たちまち、真っさかさまに落ちてしまう、といわんばかりなのだ。

広い空の中で、それは小さくなって使えなくなった消しゴムくらいの大きさの、黒い粒となって、今にも落っこちそうに、たよりなく震えながら動いてゆくのであった。

正三は、その黒い粒をじっと見ている。

C（あれは、ひばりの子だ。きょう、はじめて空へ飛び上ったんだ）

正三は、そう思った。

（あの飛び方を見れば、分る。あれは、ついこの間まで、まだ指くらいしか伸びていない青い麦の中で、かわいい声で鳴いていたやつだ）

その雛のすがたを、正三はいち度も見かけなかったが、その雛が鳴いていた声は、はっきり覚えている。その声を聞いたのは、たった三回で、それを聞いた場所も、その度ごとに違っていたが、それはだいたいこの辺の畑の中であったのだ。

「ひばりの巣は、探してはいけないよ」

いつだったか、父がそういったことがある。あれはまだ正三の家族が大阪に住んでいた時分のことであった。幼稚園に行っていた時であったから。

正三の家は、電車の停留所から五分くらいのところにあって、まわりは家が詰んでいたが、裏の方へ向って歩き出すと次第に空地や草原が多くなり、二十分も歩くと、畑のあるところへ出て来るのであった。

父は日曜日など、気が向いた時には、正三やまだ小さかった妹のなつめの手を引いて、でたらめに畑の見えるあたりまで散歩に連れて行ってくれた。そんなある散歩の時に、ひばりの声を道のそばの探せばすぐ見つかりそうなところに聞いて、巣を見つけてと父にせがんだことがある。

その時に、正三は父からいわれたのだ。

「どうして、いけないの」

不服らしく正三がそう聞くと、父は、

「いや、どうしてということはないけれども、それはしてはいかんのだ」

といって、あとは何もいわずにずんずん子供たちの手を引っ張って、畑中の道を歩いて行った。

その時、正三は父がなぜひばりの巣を探してはいけないというのか、そのわけがはっきりとは分からなかったが、ただぼんやりとそれがいけないことだということを父の言葉の調子から感じた。（D）

ひばりの巣を探し出したいという気持ちは、いまの正三にだってある。大ありだ。

いまなら正三は、父に頼んだりはしない。もし探す気なら、自分で探して見せる。ただ、ひばりの巣を探したくても、可哀そうだから、しないだけだ。

正三が三回、まだ小さい麦の中で可愛く鳴いているのを聞いたひばりの子が、今、あんなにうれしそうにさえずりながら、生れてはじめての空へ飛び上っているのだ。

「ほら、がんばれ、落ちるな」

正三は、思わず身体に力が入った。

その時、ひばりの声の調子が、変わった。

E 三つくらいの音色を綴ったような鳴き方をしていたのが、二つの音色だけになり、それも大へん慌てたように聞え始めた。

「おや?」

と正三がひばりを見つめていると、消しゴムの切れはしよりももっと小さくなっていたその丸い、黒い粒は、それまでは震えながら空に引っかかっていたようなのが、横に一直線に流れて行ったかと思うと、今度はいきなり地面に向って落ちた。

それは、まるでひばりの子が、空から、地面のどこかで見てくれている親に向かって、

「お父さん、お母さん、もうこのくらい飛べば、及第でしょう。ぼくは、もう死にそうだ。ほら、降りますよ」

と声をかけて、それをいいも終わらないうちに、すと―んと空から落ちたような具合であった。

F 正三はひばりが落ちて行った方に向って、大急ぎで走って行った。

それは、バスの走っている道路の向う側の広い芝生地の真中であった。そこは冬の間に掘り起して、またならされた上へ、一面に肥をばらまいてあった。芝生屋の地所だ。

その肥をばらまいた上に、ひばりはてんとすまして着陸しているのだ。


(庄野潤三『ザボンの花』による)

(一) ――線Aは何のどのような様子を表しているか。最も適切なものを、次の1～5から一つ選べ。
1 ひばりの子の、急に元気よく大きな声で鳴き始めた様子。
2 おもちゃの自動車の、同じような動きを反復している様子。
3 ひばりの子の、生まれたばかりでにぎやかに鳴く様子。
4 ひばりの子の、小さくてとてもかわいらしい様子。
5 おもちゃの自動車の、慌ただしく動き回っている様子。

(二) ――線Bの意味として最も適切なものを、次の1～5から一つ選べ。
1 人知れず浮かれて
2 悲しみのあまりふさぎ込んで
3 思いどおりにならずやけになって
4 どうにもならず困って
5 なすすべもなく諦めて

(三) ――線Cとあるが、正三がそう思った理由として最も適切なものを、次の1～5から一つ選べ。
1 とてもかわいらしくのんびりとした声で鳴いているから。
2 まだ安定して飛ぶことができず、すぐに地面に落ちてしまったから。
3 せわしなく羽根が動いている様子が危なっかしく感じられたから。
4 ひばりの巣の場所を知っており、ひばりの子が飛び立つところを見たから。
5 そのひばりの子の姿を何度もその場所で見たことがあったから。

(四) ――線Dとはどのようなものか。その説明として最も適切なものを、次の1～5から一つ選べ。
1 何かを隠そうとするかのような慌てた言い方。

2　理由を知られてはなるまいと用心するような言い方。
3　多くを語りはしないものの、断定的な言い方。
4　正三の無知をとがめるような厳しい言い方。
5　むきになる正三をなだめるような優しい言い方。

(五)　――線Eから考えられる様子として最も適切なものを、次の1～5から一つ選べ。
1　ひばりの子の声の響きが増し、助けを求めている様子。
2　ひばりの子が地面に落下し、声が途切れがちになっている様子。
3　ひばりの子が空を飛びながら、元気な声で鳴いている様子。
4　ひばりの子が大きな声を上げ、安全に着地しようとしている様子。
5　ひばりの子の声のトーンが変化し、余裕がなくなっている様子。

(六)　――線Fの理由を五十字以内で説明せよ。

(七)　この文章の表現上の特色として最も適切なものを、次の1～5から一つ選べ。
1　体言止めを多用して書くことで、文章にリズム感をもたせている。
2　正三と父の視点を交互に書くことで、それぞれの人物の内面をわかりやすくしている。
3　時間の順序に沿って書くことで、物語の展開をわかりやすくしている。
4　ひばりの子の様子を比喩を用いて書くことで、場面を想像しやすくしている。
5　ひばりの子の様子を擬人的に書くことで、ひばりの子の気持ちを伝わりやすくしている。

【九】次の文章を読んで、以下の各問いに答えなさい。

製函業（段ボールなどの箱を製造する職業）を営む田辺さんは、工場の裁断機にわずかな異常を感じ、妻と相談して、なじみの青島機械製作所の青島さんに点検を依頼することにした。

機械いじりが三度の飯より好きだというわりに、青島さんは不器用である。作業はむかしから評判になるくらいのろくて、さほど大きくないベルトコンベヤーの修理とメンテナンスにまるまる二日かけることもめずらしくなかった。そのかわり、青島さんの修理と保守点検は、どんな機械でも内部は新品同様の状態にもどしつつ、それまで使っていた人の癖はうまく残すという誰にも真似できないものだった。機械が自分でたくわえてきた使用者の癖の痕跡を消さずに、部品だけを生き返らせてやるのだ。①野球のグラブの調整とおなじだよ、と青島さんはこともなげに言う。時間をかければいいってわけじゃないけどさ、自分にあったペースってものがあるだろ、機械にも個体差があって、それぞれに見合うペースがあるんだよ。

青島さんの機械は、つくった当人でなければなにもわからないブラックボックスみたいなもので、素人目にもスマートな姿とはいえなかった。保守部品もぜんぶ自前だから、べつの業者に修理を依頼することもできない。信じられない話だが、彼は他人が描いた設計図は読めるのに、自分ではまったく描くことができないのだった。字がうまくないという事情もたしかにあった。もう少し習字の勉強でもしといてくれたらな、と田辺さんが茶化すと、おれはだめだよ、ひとさまに読んでもらえる字なんて自分の名前くらいだもの、親父がむかしおれの字を見てさ、ミミズが這《は》ってるみたいだってよく言ったよ、こんなに字が汚いんだからおまえは医者になるべきだってね、と煙に巻いたものだ。設計図が描けないのは、手探りで現物をかたちにしてからそれを展開図に戻すという、ふつうと逆の順序で仕事をするからで、青島さんは、頭のなかにあるイメージを外に出してしまわないかぎり、作業を進めることができないのである。

なべちゃん、修理は部品の取り替えじゃないよ、というのが青島さんの口癖だった。おれのこしらえた機械の調子が悪くなったら、外から手を触れただけでどこがいかれてるか、たいていわかるんだ、触ってわかるのは、すべて分解して組み立てられるような、単純な構造を基本にしてるからだよ、不格好な機械だって言われるけど、中身は機械自身がいちばん動きやすいようにできてるんだ。大型でも小型でも、分解して部品の汚れを油できちんと落としてやれば、いつまでも使えるっていうのが、機械屋のやるべきことだよ。

②たしかにそのとおりだ、と田辺さんも思う。故障したとなると、あやしげな個所を特定せずにその周辺をごっそり取り除き、あたらしいユニットをはめ込むだけで果たして修理と言えるのか。局所的に直すかわりに、まわりをぜんぶ取り除くなんて、胃の一部だけ悪いのに、まるごと摘出せよと迫るようなものだ。病巣の一点だけを治療して、周辺の臓器を傷つけず、身体によけいな負担をかけないやり方があるとしたら、そちらを追求すべきなのに。この辺が悪いで済ませてしまうのではなく、大雑把から徐々に問題の箇所へ、つまりピンポイントでよくないところへ手をのばしていく根気が欲しい。分解して組み立てられるくらいの、単純だが融通のきく構造が、機械にも、社会にも、人間関係にも欲しい、と田辺さんはいつも考えていた。息子や娘とも、もちろん妻ともそんなふうにつながっていられれば、どんなに健全か。③単純な構造こそ、修理を確実に、言葉を確実にしてくれるのだ。

青ちゃんは、その点、ほんとうに徹底してるな、と田辺さんは賛嘆する。自分の「作品」を受け入れてくれた顧客にたいして、最後の最後までその面倒を見ることが、仕事の大前提になっているのだ。黒々と豊かになびいていた髪が真っ白になったいまでも、日曜祝祭日を問わず、青島さんは頼まれれば時間が許すかぎりやってきて、労を惜しまず機械と向きあう。というより、青島さんの仕事の進め方では、人のいない休日か、営業時間外にやるしかないのだった。来週あたりなら、来てくれるかもしれない。

「そうだな、いちおう、診てもらうか」歯の掃除を終えた田辺さんは、指先に持つものをマッチ棒から※注ハイライトに取り替えて言った。

「そうよ、電話してみなさいよ。ついでに糊づけ機のモーターも調整してもらいたいし。途中で紙がまるまって詰まっちゃうのよ。遅くなったら、夜はうちで食事してけばいいって、青ちゃんにそう言っておいて」

箱に貼りつける化粧紙や商品名と番号を記したレッテルの糊づけ機は、創業以来ずっと働きつづけている田辺さんの大事な仲間だ。糊を水で溶いて薄めた液体を、細い金属のローラーが並んだ小さなコンベヤーが巻き取り、濡れたローラーのうえを最大でも十五センチ四方の、商品名をスタンプで押した頼りない紙が流れて、いちめんに糊が塗られてから作業員の手もとに出てくる。モーター以外は壊れようがないほど単純な仕掛けだが、箱にそれを貼るのは人の手だった。何百枚とやっているうち指先についた糊が乾いて、がさがさになる。指が塩の柱みたいに硬くなり、内側がむずがゆくなる。田辺さんの息子は、パソコンでシールにすればもっと清潔だし見栄えもいいと、家に帰ってくるたびに進言する。そういうものをあっという間に印刷する装置があるらしい。親父のために言ってるんだと息子が迫るたびに、田辺さんの脳裏には青島さんの顔が浮かんだ。青ちゃんだって、設計図だけではなく完成品の三次元図までパソコンで楽々描けるこの時代に、自分で組み立て、動かしてみなければ、なにをつくったことにもならないと、手作業に終始しているではないか。田辺さんは、若いころから、そうやって青島さんとのあいだに一種の共闘意識を抱きつづけてきた。あいつがあのままなら、おれもこれまでどおりでいい、とそのたびに④さばさばした気持ちになるのだった。

（堀江敏幸『雪沼とその周辺』所収「河岸段丘」による）

（注）

※ハイライト……たばこの銘柄の一つ。

問一　二重傍線部「煙に巻いた」の本文中における意味として、最も適当なものを、次の選択肢から一つ選び、記号で答えなさい。

ア　うやむやにした　イ　相手を混乱させた　ウ　相手を批判した　エ　おどけてみせた

問二　傍線部①「野球のグラブの調整とおなじだよ」とあるが、何が「野球のグラブの調整とおなじ」なのか。その説明として、最も適当なものを、次の選択肢から一つ選び、記号で答えなさい。

ア　機械を保守点検するときの所要時間
イ　機械を新品に交換する際の作業工程
ウ　機械の部品に既製品を求めない姿勢
エ　機械の修理とメンテナンスのやり方

問三　傍線部②「たしかにそのとおりだ」とあるが、田辺さんが納得した青島さんの考えとはどのようなものか。その説明として、最も適当なものを、次の選択肢から一つ選び、記号で答えなさい。

ア　機械を製作する段階から分解修理しやすいように単純な構造にするとともに、特に小型の機械については、日頃のこまめな清掃によってメンテナンスをしていくべきだという考え。
イ　機械の部品は必要最小限の箇所のみ交換するようにし、修理が短時間で済むように念入りな手入れをして、機械そのものがいちばん動きやすい状態を維持する必要があるという考え。
ウ　機械は単純な構造を基本として作り、修理の際は一つ一つの機械の個体差や使用者の癖をふまえて、必要な部分だけを丁寧に修理や調整をして長く使えるようにするべきだという考え。
エ　機械は設計図をもとにして作るのではなく、昔の職人のように手作業で根気強く作るものであり、修理箇所が外から見てすぐにわかるように単純な構造にする必要があるという考え。

問四　傍線部③「単純な構造こそ、修理を確実に、言葉を確実にしてくれるのだ」とあるが、この部分から読み取れることとして、最も適当なものを、次の選択肢から一つ選び、記号で答えなさい。
ア　田辺さんは、コミュニケーションが上手く取れない妻や子どもたちとの関係を修復するために必要な、思いを的確に伝える率直な言葉を探しているということ。
イ　田辺さんは、不具合が生じても分解して修理することができないほど、人間関係も含めた世の中のさまざまなものが複雑化してしまったと感じているということ。
ウ　田辺さんは、不調を生じた機械が分解して組み立てられるような単純な構造であったからこそ、安易にユニットを取り換える修理業者に憤りを覚えたということ。
エ　田辺さんは、機械の構造が複雑なものになっていくとともに、社会における人と人との関係もややこしくなったため、日頃から慎重に言葉を選んでいるということ。
問五　傍線部④「さばさばした気持ち」について説明したものとして、最も適当なものを、次の選択肢から一つ選び、記号で答えなさい。
ア　時代の流れに逆行すると言われても、昔ながらの仕事のやり方を貫き、このすばらしさを世の中の人々に広く認めてもらおうという積極的な気持ち。
イ　いくら非効率的だと非難されても、やはり自分たちにあったペースで仕事をし、古い機械も壊れるまで大切に使い続けようという割り切った気持ち。
ウ　自分の手を使って仕事をしながらも、時には便利で効率のよい機械を用いることで、お互いに、気持ちだけでも若く保とうという前向きな気持ち。
エ　スピードや効率や見た目を重視する時代の中でも、手作業にこだわって、自分たちのやり方を大切にして仕事をしようというさっぱりした気持ち。
問六　本文における波線部について説明したものとして、最も適当なものを、次の選択肢から一つ選び、記号で答えなさい。

ア 「機械いじりが三度の飯より好きだというわりに、青島さんは不器用である」という表現は、田辺さんが青島さんに対して強い不満を抱いていることを示している。

イ 「つくった当人でなければなにもわからないブラックボックス」という表現は、青島さんのつくった機械が図面化できないほど複雑なものであることを示している。

ウ 「黒々と豊かになびいていた髪が真っ白になったいまでも」という表現は、青島さんの仕事に向き合う姿勢が若い頃から現在まで変わっていないことを示している。

エ 「指が塩の柱みたいに硬くなり、内側がむずがゆくなる」という表現は、田辺さんの手作業に対する嫌悪感と、パソコンの仕事に対する憧れの気持ちを示している。

■二〇二四年度 ■宮崎県 ■難易度

【十】次の文章を読み、以下の(1)~(5)の問いに答えなさい。

（戦後、佐吉とあき夫婦は、小さな料理店を開いていた。佐吉が病に伏し、代わりに店の台所に立つあきは、医師から佐吉ら病が治る見込みがないことを告げられる。）

寒気はいまがいちばんきびしい時だった。菜を洗ってもふきんを濯いでも、水は氷のかけらのような音をさせた。古風な鉄なべも、新しいデザインのアルマイト鍋も、銀の鉢も瀬戸物も、みなひと調子高い音をだして触れあうのだった。Aこの季節に庖丁をとげば、どんなに鈍感なものでも、研ぐというのがどういうことかと身にしみる。砥と刃とを擦れば、小さい音がたつ。小さいけれどそれは奇妙な音だ。互に減らしあい、どちらも負けない、意地の強い音であり、また聞きようによっては、磨き磨かれる間柄の、なかのいい心意気の合った音ともとれる。研ぐ手に来る触感も複雑だ。石と金物は双方相手の肌をひん剝こうとする気味があり、同時にぴったりと吸いつくほどのなじみかたをし、磨るに従って刃も砥も温かさをもち、石が刃に息をつかせるのか刃が石に吐きかけるのか、むっとしたにおいを放つ。あきも真似ごとに砥へ庖丁をあてはするが、本当には研げないし、なにかはしらず研ぎは避けたい気持がある。それも寒気のきびしいとき、棚に皿小鉢がしんと整列した静かな台所で研げば、研ぎに漂う凄さみたいなものがはっきりわかる。しかし佐吉の出ないこの冬の台所は、いやも応もない。本当に研げていない庖丁はすぐ切れがとまり、それだけ度々あきはいやなことをしなくてはならない。さかなやの秀雄（注1）に頼もうと思う。あきは火事（注2）以来、いつともなくひとりでに、初子（注3）と秀雄と自分とこの店とを、結んで考えはじめていた。

　佐吉は佐吉でまるで別なことをいいだした。すっかり後片付けも帳つけも済んだ夜ふけ、簞笥や茶棚や小机やらにごたごたと囲まれたなかで、楽しそうにあきと眼をつなぎながら話した。家を新築しようという相談だった。明らかに火事からずっと考えていたことだろう。だが新築はもっと前からの夫婦二人の希望であり、節約はそのためのものだった。無論自分の財布だけではなく、よそからの融通も計算にいれてのことだが、それにしてもまだ大分窮屈だといっていたのを、急に建てようというのである。焼けたのなら、どんな工面をしてでも建てずにいられないのだから、と思うのだし、不意にああした近火にせまられてみると、なんだかはかなく思えて、思いこんだことは早く果したくなった、と佐吉はいう。長年こころに積みあげてきたことだけに、話しだすともう、その好みの入り口から廊下から、客室の卓までそこへ浮いてくるらしく、調理場となるとあしてこうしてと、（注4）仕方話しになる。

「どうだ？　え？　あき。」

「気に入るだろ？　あき。」

あき、あきとB間《あい》の手のようにしていうのが、ひたすらに楽しげで、素直な感情が顔いっぱいに、声にまで出ている。どう見ても底に人生の一大事を承知していて、その哀しみをかくしているとは受取れない明るさなのだ。ひとには聞かせたくないんだ、あきにだけ話したいんだ、新築の基になる貯金ができたのも、あきと一緒になったからこそで、感謝しているんだ、と水入らずにおおっぴらに女房をいとしみいとしみいい続け、自分もまた嬉しさに浸り入っているようなのだった。めったに見せない極上の上機嫌で、ひと晩中でも話していたそうにみえた。興奮しているのだから早く寝せつけなくてはいけない、という心配と、今夜はこのまま喜ぶにまかせておきたい、という思いやりとに迷った末、やはり自分自身も佐吉の上機嫌に従っていたくて、C心よわく看護の立場をすてた。

「お茶、あつくしましょうよ。」

「ああ、いまそういおうとしてたんだ。」

佐吉は、いまでも焙じて売っているお茶を使わせない。いまではもう茶焙じも姿を消している時勢なので、わざわざ注文して作らせ、客用にも家内用にもその都度に焙じさせている。茶だんすへ立ったついでに、見ると一時を半分まわっていた。真夜中だな、と思いつつ、茶筒の蓋を抜く。蓋はいい手応えで抜けてくる。こんな些細な缶ひとつでも、蓋のしまり加減が選まれていた。茶焙じに茶をうつし、火にかざして揺すると、お茶の葉は反り返り、ふくらみ、乾いた軽い音をさせ、香ばしく匂う。土瓶にとり、あつい湯をそそぐと、弾いてしゅうっと鳴る。あきは、番茶のうまさはそういうように、しゅうっと声をたてて呼びかけながら出てくるのじゃないだろうかといって、以来ひとつ話の笑いの種にされていた。

「起きてのむよ。」

「そう。」

こわい頭髪に寝ぐせがついていて、起きるとやつれが目立つ。

「うまい。おれは好きだな、焙じた茶が。考えりゃ一生のうちで、いちばんたくさん飲んだ茶だな。」

「そうね。あたしもこれがいちばんいい。きっと性に合ってるのね、あたしたち夫婦の。」

「そんなところだ。どっちも玉露の柄じゃないからな。」

ふっと、淋しくなって、あきは慌ててからの茶碗をおくと、病人のうしろへまわり、横になるように促した。着せかけてある丹前の、からだについていない部分や、いまのちょっとのまだけ傍へのけてあった枕だのが、ぴりっとするくらい冷えていた。さすがに疲れていて、佐吉はすぐに眠るらしく、うつつになにかいった。顔が笑っていた。のぞきこむと、気がついたように薄眼をして、もう少しよけい笑い顔をした。

「あと何日ある？」ぎょっとした。「――彼岸を越して、四月――四月だ――」相手は平安な寝息をたてており、あきはまじまじと、おさえつけて大きく呼吸していた。

D あきは台所の音を、はなやかにしなくてはいけないと思った。心のなかまで聞き入っていられると思うと、気が固くなって、手も自由でなかった。遠慮っぽい庖丁の音だ、といわれたのは痛かった。はなやかな音をたてようとすれば、先ず第一に自分がそのわざとらしさに気がひけた。佐吉も見抜くだろう。けれども一日のうちの大部分を、台所の音をきいて慰めている佐吉をおもうと、ぜひ爽やかな音がほしい。料理そのものへ専念するよりほか、手段はないようであり、自分ひとりでしないで、佐吉にせつせつコーチをせがむのも手だてかと思われた。いつもは「ひとにしゃべらせるつもりになるな、自分の眼で見ておぼえろ」というのに、いまは文句もいわずやさしく教えた。あきは間仕切りの障子を半分ほどあけて、病床から調理台がみえるようにし、見られていることで緊張を強めようとまでしていた。四月とは何の時期をさしたのか聞きただしようもなかったが、あと何日ある？　という言葉がしこって、身をなげ出して何でもいい、辛いことがしていたい気なのだった。あと何日を佐吉に対して、打てば響くように、しっかり引きしまっていたいのだった。

（幸田文「台所のおと」による）

（注１）秀雄　近隣の魚屋。初子と親しい。
（注２）火事　数日前に近所で起きた火事。
（注３）初子　佐吉とあきの料理店で働いている女性。
（注４）仕方話し　身ぶり手ぶりをまじえた説明。

(1) 文章中の傍線部Ａ「この季節に庖丁をとげば、どんなに鈍感なものでも、研ぐというのがどういうことかと身にしみる」とあるが、これに伴うあきの心情の説明として最も適当なものを、次の①〜⑤のうちから一つ選びなさい。

① 佐吉のいない台所で研ぎに向き合う中で、研ぐという作業の複雑さやつらさを実感し、いくら経験を積んだところで自分には佐吉の代わりは務まらないと打ちのめされ、意欲的に研ぎ仕事をする気持ちが失せている。

② 寒気で引き締まった静謐な台所で研ぎ仕事をすると、否が応でも研ぐという行為に向き合うこととなり、その厳しさや複雑さを実感するとともに、佐吉が台所にいないのだという現実の重みを感じている。

③ 氷のように冷たい水を使って研ぎをしていると、砥と刃とが磨るに従って温かさをもつようになることに気づき、研ぐことはそのような物体の複雑な変化を味わうものだと認識し、研ぎへの真摯な態度が生まれている。

④ 誰もいない台所で研ぎ仕事に向き合うと、時には寄り添い、時にはすり減らしあう庖丁と砥石の関係性が、夫婦のそれのように感じられ、佐吉がいないからこそこの仕事を続けることが重要だと感じている。

⑤ 酷寒の台所で一人静かに庖丁を研ぐようになると、いくら鈍感なあきでも、一人でこの仕事に向き合っ

てきた佐吉の料理人としてのすごさに気づかされ、それに圧倒されると同時に尊敬の念を深めている。

(2) 文章中の傍線部B「間の手のように」とあるが、ここではどのような様子を「間の手」と表現しているのか。最も適当なものを、次の①～⑤のうちから一つ選びなさい。

① あきを喜ばそうと無理におどけて話す佐吉の様子。
② あきの語りを遮るように佐吉が口を差し挟む様子。
③ あきに手をさしのべるような佐吉の気遣いの様子。
④ 語りの途中で調子よくあきの名を呼ぶ佐吉の様子。
⑤ あきの機嫌をとろうと必死におもねる佐吉の様子。

(3) 文章中の傍線部C「心よわく看護の立場をすてた」とあるが、ここでのあきの説明として最も適当なものを、次の①～⑤のうちから一つ選びなさい。

① 病で弱っている佐吉を早く休ませるべきか、このまま家の新築の話を続け楽しませておいてやるかを決めあぐね、結局、佐吉の話につき合うことにしたが、これで良かったかどうか確信を持てずにいる。
② 佐吉が胸の中の思いをあふれ出させるかのように語る、二人の夢であった家の新築の話を聞いているうちに、二人で苦労してきた日々が報われるとあきも嬉しくなり、話の続きを聞きたくなってしまった。
③ 佐吉が家を新築する話をし始めたり、自分への愛情をあけすけなまでに表現したりするのは、病による不安を払おうとしているのだと気づき、同情のあまり、好きに話させてやりたくなってしまった。
④ 余命いくばくもないことを悟り、覚悟を決めた表情をしたにもかかわらず、明るく家の新築の話をする佐吉の様子を見て、あきは今晩だけは佐吉の体調を気遣うよりも佐吉の思いを尊重しようとしている。
⑤ 日頃病に伏している佐吉が、その陰りを感じさせない明るさで家の新築の話をする姿にほだされ、佐吉を今晩だけでも楽しい気分でいさせたいという感情が、堅実な考えよりも優先されてしまった。

(4) 文章中の傍線部D「あきは台所の音を、はなやかにしなくてはいけないと思った」とあるが、これはあきのどのような心情だと考えられるか。最も適当なものを、次の①～⑤のうちから一つ選びなさい。

① あれこれと考え落ち着かない心が庖丁の音に表れてしまったと分かったので、料理と真剣に向き合って厳しい状況に身を置き雑念のない小気味よい音をたてることで、佐吉の心の平穏を保とうとしている。

② 自分の動揺する心情が庖丁の音として表れ、それを指摘されてしまったので、佐吉の厳しい視線を浴びることによって緊張感を持って台所に立ち、佐吉とできるだけ同じような音を出そうと決意している。

③ 遠慮っぽい庖丁の音によって佐吉に自分の心の乱れを気づかれそうになったので、料理のことに専念し、盛大に音をたてることで、佐吉の教えを忠実に守っていることを報せて、安心させようとしている。

④ 病床の佐吉を気遣って、遠慮した小さな音で料理していたことを本人に悟られてしまったが、開き直ってむしろ庖丁の音をはっきりと聞かせた方が、佐吉にとっては慰めになるのだと考え方を改めている。

⑤「あと何日ある?」という突然の問いに答えられなかったことが心残りになり、それが庖丁の音に表れてしまいそうだったので、余計なことを考えずにありのままの音をたて、佐吉を励まそうとしている。

(5) この文章の説明として最も適当なものを、次の①～⑤のうちから一つ選びなさい。

① 夫に余命を告げないままでよいのかと迷いつつも、表面的には淡々と過ごす妻の日常が記されている。

② 余命が短い夫に対し事実を告知することのできない妻の重苦しい日々が、精緻な筆致で語られている。

③ 死期が近づく夫を気遣いながら過ごす妻の心情が、きめ細やかな生活の描写を通して表現されている。

④ 病に冒されながらも妻を気遣う愛情深い夫の姿が、夫を介護する妻の視点から間接的に描かれている。

⑤ 重病の夫を献身的に看護しながら、最期の時を受け入れようとする妻の様子が内省的に書かれている。

【十一】次の文章を読んで、以下の問いに答えなさい。

> ＊杣人《そまびと》の「一之助」は、材をいたわり価値を高く保つ為に、直径二メートルを超す巨大な檜を、あえて危険な山側に伐り倒そうとしている。巨木に清めの御神酒を注いだ時、「一之助」の脳裏に六十年近く前に若くして戦争で空に散った「兄」の記憶が、突如蘇ってきた。

「この木はきっと百年経っても何も変わらないな」

「なんで、ここに一本だけ残っちゃったんだろう」

頭に浮かんだ疑問をすんなり口にした一之助は、久しぶりに交わす兄との会話が嬉しかった。

「どうしてだろうな。上手い具合に地味がこの木にあっていたのかな。それで他の木よりも早く大きくなった。昔、周りの木がちょうど材に出来る時には、育ちすぎて伐っても降ろせなかった。だから、どんどんこの一本だけ大きくなった。索道を作って伐り出せるようになってからは、ちょうどこの場所が索道の先柱にも元柱にも具合がいい。で、伐られず残った」

思慮深げに腕を組み、ゆっくりと紡ぎ出された兄の明瞭な言葉は、少年の一之助には心地よく響いた。

「じゃあ、ものすごく運が良い木だね」

一之助の［A］に満ちた眼差しを、眩しげに受け止めた兄は静かに頷いた。

「ア そうかもしれないが……違うかもしれない」

兄の不思議な答えにしばらく黙り込んだ一之助は、不意に浮かび上がったある思い付きを口にした。

「そうだ！　この木の檜皮を兄さんのお守りにしたらいいんだ。ものすごく運が良い檜だから御利益だってきっとある」

自分の考えに喜んだ一之助がなんの躊躇もなく剝がれ掛かった一片の檜皮に手を伸ばすと、 B 声がそれを遮った。

「まて！　それは必要ない。お国の為に命を尽くす覚悟をした者が、今更命惜しさに幸運に縋ろうなどと思うわけにはいかない。ほんの小さな事でもここぞという時に、決心が鈍ることもある。気持ちは嬉しいが、お守りを作るならお前が持っていろ」

一寸驚いて身を堅くした一之助はすぐに大きく頷いた。

「お国のためにはその方が良いですね。僕もお守りなんて持ちません」

弾む声で手を止めた一之助の純真な様に苦笑した兄はつと視線を逸らし空に向かって伸び上がる巨大な檜をじっと見上げた。

「お前は持っていた方が良い」（イ）

その時、兄がぽつりと漏らした小さな呟きは一之助の耳には届かなかった。

兄が帰らぬ人となって六十年近い年月が過ぎ去った。昨日のことのように思い出されたその情景も遙か彼方の遠い時間だ。ふと気が付けば、一之助は敬愛してやまなかったあの兄の三倍以上歳を取っている。

何故か自分だけが取り残されてしまったような寂寞とした想いが、一之助の胸の内に湧き上がった。

お守りにしようと思いついたこの木も、今日彼自身の手によってその長い幸運に終止符を打とうとしている。

あと五年もすればこの霧深い山奥にも高速道路の巨大なコンクリートの支柱が立ち並ぶことだろう。

大いなる変化は突如として湧き起こるものなのだ。

一之助は古い記憶を振り払うように力強く柏手を打ち、小さく頭を垂れた。

すうっと小さな呼気が彼の口元から漏れ聞こえた。

（ウ）途端に一之助の体から人の気配が消えていく。姿はそこにありながら、人ではない別の何かに変わって行く。

静かに面を上げた彼の顔は全ての筋肉が岩のように引き締まり、まるで能面の様に表情が消えている。そして鋭い眼差しの奥からじわじわと白い光が湧き上がる。

普段の一之助を知る者は、今の彼を同じ人物とは思えぬであろう。真の樵は命懸けの仕事に相対した瞬間鬼となる。

彼らが立ち向かう相手は優しい母なる自然ではない。太古の頃より恐れ畏怖され、あまりの凶暴さ故に神とさえ崇められた冷酷にして非情な大自然なのである。

だからこそ人外の者にならなくては戦うことすら叶わない。

一之助は足下の大型チェーンソウに手を掛けると、力強くスタータープルを引き絞る。「ドドドドドン」とたくましい排気音と共に、排気量百ccの二ストロークエンジンが一発で目を覚ました。彼は素早く二度三度アクセルトリガーを引き絞り、凄まじい轟音を山中に響かせた。

ソウブレードに十分チェーンオイルが行き渡ったのを確認した一之助は、巨大なチェーンソウをゆっくりと持ち上げ巨木の幹に歩み寄った。

そしてくるりと檜に背を向け二本のワイヤーが導く伐倒方向を、じっと見つめる。

ほんの僅かでも切り損じれば、重さ数十トンの古木はどのように暴れだすのか予測が付かない。失敗は全て命に関わる。慎重に一之助は刃を入れるべき幹の場所を見極めていく。

伐倒と一口に言っても、ただ闇雲に幹を切ればいいというものではない。

まず伐倒方向へ木を導く「受け口」をその時々の条件に合わせ、幹の四分の一から三分の一程度楔形に切り込んで作らなくてはならない。これが上手くいかなくては、どれほど綺麗に水平な「追い口」を後ろから切り込んでも、木は思い通りには倒れない。

　一之助はここと決めた幹の一点に目を凝らし、頭の中に切り込まれた受け口の様を何度も思い描いて行く。

　今日、一之助はまだ一度も幹に触れていない。今朝のように朝靄の湧く前の晩は毛ほどの風も吹かない事を十分に心得ているからだ。

　今日の巨木はすっかり落ち着いている。

　不意に身を屈めた一之助はがっしりと足を踏ん張り中腰の姿勢を保って、なんの躊躇もなく長大なチェーンブレードを巨木の幹に押し当てた。

　間髪入れずチェーンソウの排気管から猛然と白煙が立ち上がり、深閑とした森の木々を爆音が打ち震わせる。真っ白な切り屑をバー先端から吹雪のように舞い上がらせ、長大なチェーンブレードが褐色の檜皮にぐいと食い込む。

　激しく身震いする巨大なチェーンソウと一体となった一之助は、その痩身を中腰のままピクリとも動かさず、幹に潜り込んで行くチェーンブレードをじっと見つめ続けた。

　と、その時である。

　突如「パンッ」と硬質な金属が弾けるような甲高い音が響き、素早く身を反らした一之助は大きく後ろに跳ね飛んだ。

　同時に辺りは不気味な静寂に包まれる。

「チェーンが切れたずら」

　エ思いも寄らぬ出来事にも眉一つ動かさず、一之助は感情の無い乾いた口調で呟いた。

　そしてゆっくりとチェーンソウに近づいて行く。

　チェーンが切れた瞬間、彼がとった俊敏な身のこなしは、まさに神業であった。

強力なエンジンパワーに押し出され、断ち切れた途端、蛇のように身をくねらせ鋭い刃と共に絡み付くチェーンを巧みに交わしたばかりか、冷静にキルスイッチを切り、エンジンを止めた動きは流石としか言いようがない。現に同様の事故で絡み付いたチェーンのエッジが腕や足を切り裂き、大きな怪我をする者が数多い。

「新品のチェーンに張り替えたばかりずらが」

僅かに首を捻り、チェーンソウを切り込みから外した一之助は、幹の中に何かを見付け慎重に手を伸ばすと摑み出した。

掌に転がるそれを目にした瞬間、彼の表情に劇的な変化が湧き起こった。

今まで鉱物のように固まっていた顔にむらむらと赤みが昇り、鋭い眼光はすっと消え失せ、細めた眦にうっすらと涙が滲んだ。

「こんな所にまで残ってたかのう」

声にも感情を露にした一之助は、ゆっくりと手を上げ掌に乗るその物体を陽にかざした。

少しひしゃげ、鈍く光るそれは機関砲の徹甲弾だった。

今更言うまでもなく、一之助が拾い集めたあの薬莢から発射されたかもしれぬ戦闘機の機関砲弾頭である。谷深い天竜の山全体が若葉の萌葱色に輝く初夏、抜けるような青空に繰り広げられた美しくも悲壮な空中戦。多くの若者が命を落とし、きつく拳を握りしめ、まだ少年だった一之助が見つめ続けたあの死闘の小さな痕跡が、六十年という時を経て彼の目の前で忘れ得ぬ記憶の塊となり静かに光を放っていた。

それはジュラルミンの機体を貫き、アクリルの風防を突き破り、日本のそして米国のまだ少年の面影を残す若者の命を奪った恐るべき一弾なのかもしれない。

一之助は冷たい弾頭を力強くぎゅっと肉厚の掌の内に握り込むと、その場にどんっと腰をつき、空を覆い尽くす檜の枝葉を見上げた。

「兄ちゃん。やっぱりお守りは持っていったほうがよかったのう」

一之助の体からあの鬼気迫る気配は跡形もなく消え失せ、小さく肩を落としたその姿はもはや山の男のそれでなく、ただただ一人の乾いた老人であった。

凍り付いたように身を堅く縮め、ぽつんと地面に腰を下ろした一之助が、夢から覚めたようにうっそりと面を上げた時には、初春の淡い日光がすでに天頂にさしかかり金色に輝く美しい紗を森の中に何枚も広げていた。

ふらりと立ち上がった一之助はゆっくりと道具をまとめ、大型チェーンソウを担ぎ上げると、静かに檜の巨木に背を向けた。

そして、なんの躊躇もなく杣道を降り始めた。

「わしは止めたずら。あの木は伐れん。邪魔なら誰でも好きな様に伐りゃあいいずら。オだが、わしは伐らん。わしには伐れん」

何度も同じ言葉を念仏のように呟く一之助の姿が、沈むように濃緑色の森の中に消えて行く。

彼はまさに今、樵として五十年間守り続けた己の誇りを捨てた。

命懸けで戦うべき自然に対し、山の男としては殺さねばならぬ自らの感情を選んだのだ。

檜はきらきらと無数の木漏れ日を煌めかせながら、初春の山に佇んでいた。

（佃弘之『杣人の森』から。一部表記を改めたところがある。）

＊杣人……木材用に木を植えた山から、木を切ったり運び出したりする人。きこり。

問一　空欄Ａ・Ｂに当てはまる語の組合せとして最も適切なものを、次の①～⑤のうちから選びなさい。

①　Ａ　期待　Ｂ　鈍い

②　Ａ　感動　Ｂ　優しい

③　A　尊敬　B　鋭い
④　A　慈愛　B　厳しい
⑤　A　好意　B　穏やかな

問二　傍線部ア「そうかもしれないが……違うかもしれない」とあるが、このときの「兄」の説明として最も適切なものを、次の①〜⑤のうちから選びなさい。
①　巨大な檜が周りの様々な状況によって一本だけ残っている現実に、このままよりも伐られて家の柱や家具として使われた方が、檜にとって幸せかもしれないと悩んでいる。
②　巨大な檜の周りの環境について、地味が上手く木の特性と合致していたとする自分の想像を振り返りつつも、それらを裏付ける確証が得られずに結論を出せないでいる。
③　巨大な檜が百年後も変わらずに佇立する未来を想像し、悠久な自然の前では人間は小さな存在に過ぎないことを、目先の運の善し悪しにこだわる弟に伝えようとしている。
④　巨大な檜が一本だけ残された現象について、運が良い木と断定する弟の反応を受け止めつつも、運の良し悪しを人間が決めつけるのは傲慢であると思い直している。
⑤　巨大な檜が一本だけ伐られずに残ったことに、運が良い木だと言う弟の言葉を受け止めつつも、残されたことがこの木にとって本当に良いことなのか考えあぐねている。

問三　傍線部イ「お前は持っていた方が良い」とあるが、このときの「兄」の心情の説明として最も適切なものを、次の①〜⑤のうちから選びなさい。
①　国の為に命を投げ出す覚悟を決めた自分の決心を、我が事のようにとらえる弟の真面目な反応に苦笑しつつも、まだ少年の弟は「運が良い木」にあやかっても良いのではと考えている。
②　幸運を求めると運から見放されるという自分の信条について素直に受け入れる弟を微笑ましく思い、国

の為にはこの木のように健やかに生き残る者も必要なのではないかと感じている。
③　周りの空気を読んで、国の為に命を投げ出さなければならない建前に縛られている自分と違い、まだ少年の弟はお守りを持っていても、臆病者と責められることはないと判断している。
④　御利益があると言い伝えのある檜のお守りを、国の為に身を捧げる自分が持つのではなく、まだ少年の弟に持たせることで、弟に少しでも長生きをしてもらいたいと思っている。
⑤　国の為に全国民が使命を果たさなければならない時局において、「運が良い木」にあやかろうとする弟を軽くたしなめながら、弟が納得していないと見て取って皮肉を投げかけている。

問四　傍線部ウ「途端に一之助の体から人の気配が消えていく」とあるが、その理由として最も適切なものを、次の①～⑤のうちから選びなさい。
①　檜の巨木を自らの手で伐倒することへの決心が鈍り、この場から消え入りたくなったから。
②　檜を伐ったことで怒りを買わないようにする為に、人の気配を消さなければならないから。
③　檜と対峙するには、全てを捨てて泉下の鬼になることも辞さない覚悟を示す必要があるから。
④　檜を伐る為には、苛酷で恐ろしい自然と戦うことを辞さない人外の者になる必要があるから。
⑤　檜を伐る間際に「兄」と過ごした遠い昔を回想し、意識が少年の頃に戻ってしまったから。

問五　傍線部エ「思いも寄らぬ出来事にも眉一つ動かさず、一之助は感情の無い乾いた口調で呟いた」とあるが、このときの「一之助」の説明として最も適切なものを、次の①～⑤のうちから選びなさい。
①　チェーンが切れるという不測の事態に対し、事故を回避できたことを誇りに思う気持ちを内に秘め、傍目にはその感情を表に出すことのない円熟した杣人の姿を表している。
②　大怪我につながりかねない危険な事態に直面したときでも、自分のなすべきことを冷静に判断して適切に行動し、決して動ずることのない経験豊かな杣人の姿を表している。

③　場数を踏んであらゆる大木を伐倒してきた「一之助」であっても、想定外の事故に遭遇すると己の身を守ることに精一杯で、冷や汗をかく一人の人間の姿を表している。
④　チェーンが切れた事故があったことで、この木が何かに守られていることを確信しながら、そのことを周りに悟られないようにふるまう熟練の杣人の姿を表している。
⑤　チェーンが切れた際の「一之助」の言動を通して、表向きは沈着冷静にふるまう姿を見せつつも、実際は己の感情を悟られたくない不器用な人間の姿を表している。

問六　傍線部オ「だが、わしは伐らん。わしには伐れん」とあるが、このときの「一之助」の説明として最も適切なものを、次の①～⑤のうちから選びなさい。
①　五十年間、樵として大自然に向き合ってきた人生の中で初めて伐倒に失敗したことで、己の老いを自覚するとともに、今後は若い者に杣人の座を譲り、引退しようと決心した。
②　「兄」をはじめ、日米両国の若者の命を奪ったかもしれぬ徹甲弾を受けてなお、びくともしない檜を前にして自然の偉大な力を感じ、自分の無力さを思い知らされた。
③　伐られる瞬間に自ら受けた徹甲弾を利用してまで伐倒を阻止する檜の強い生命力を感じ取り、樵として五十年間守ってきた誇りを捨てなければならないほどの衝撃を受けた。
④　杣人として己の仕事を全うしてきたが、「兄」の命を奪ったかもしれぬ徹甲弾を切り込みから見付けたことで、この檜をずっと守りたいという感情を抑えられなくなった。
⑤　チェーンが切れた原因と思しき徹甲弾を切り込みから発見したことで、空中戦で死んだ「兄」を思い出し、檜との不思議な因縁を感じて杣人としての責務を果たせなくなった。

問七　本文の特徴と合致しているものとして最も適切なものを、次の①～⑤のうちから選びなさい。
①　「一之助」が己の気力とチェーンソウだけで非情な大自然を象徴する檜の伐倒に挑み、チェーンが切れ

たことで潔く敗北を認めるまでの様子を、「一之助」の一人語りで描いている。

② チェーンが切れても無事に回避できたのは、長年持ち続けてきた檜のお守りの御利益であると確信した「一之助」が、お守りを持とうとしなかった「兄」を悔やむ様を感傷的に描いている。

③ 霧深い山奥で樵の仕事に打ち込む「一之助」が巨大な檜を伐り倒そうとしながらも挫折するまでの様子を、六十年程前の「兄」との会話の記憶を織り交ぜながら懐古的に描いている。

④ 六十年程前の過去と現在、伐る作業の動と静を対比しつつ、一本だけ伐られず残された檜と、「兄」より長生きして取り残されたような想いを持つ「一之助」を重ね合わせて描いている。

⑤ 「一之助」が伐ろうとした檜が人智を超えたものに守られてこの世に残っていくのに比して、古い観念に捉われながら限られた命を生きるしかない人間のはかなさを冷徹に描いている。

【十二】 次の文章を読んで、以下の1～7の問いに答えなさい。

二〇二四年度 神奈川県・横浜市・川崎市・相模原市 難易度

「ハグ、だいぶん疲れとったんと違う?」

ナガラがそう切り出した。会った瞬間やつれていてびっくりした、ちゃんと食べてへんのと違うか、と聞かれ、「ナガラには隠されへんなあ」と私は苦笑した。

「そうやで」とナガラは、いつも通りにのんびりした声で言った。

「私に隠しても、ぜんぶわかるし。なんでも言うてや、そのために旅してるんやから」

言われて、私は、

「うん。母がな……」

と言いかけて、①突然、言葉に詰まってしまった。

私は、手にしていたお箸を箸置きに戻した。そして、テーブルの上に広げられている華やいだ料理の皿の数々を押し黙ったままでみつめた。

ナガラも箸を動かすのを止めて、じっと私をみつめている。友は、私が自分から話し始めるのをAシンボウ強く待ってくれていた。

私は、ほうっと息をついてから、

「母がな。ケアホームに入居してから……少しずつ認知症が進んでしまって。私のことは、かろうじてわかってると思うねんけど、ときどき、急に他人Bギョウギになるねん。お世話さまでした、とか、恐れ入ります、とか言うて。私は毎日ホームへ通って、できるだけ母の近くにいるようにしてるねん。パソコン持っていって、ホームで仕事することだってあるねん。それやのに、なんとなく、母が、少しずつ、少しずつ……遠ざかっていくみたいで……」

そこまで話して、②また言葉に詰まった。思いがけず涙まで込み上げてきてしまった。が、旅先で涙はないぞ、と自分に言い聞かせ、なんとかのみ込んで、話を続けた。

「誕生日にナガラから、旅に出よう、って誘ってもらったやろ。すぐに、ホームの所長に相談してみてん。そんなことしてもええでしょうか、って。そしたら、『あたりまえやないですか、そのために私らがお世話させてもろうてるんですよ、遠慮なしに行ってきてください』って」

所長の気持ちはありがたかった。けれど、③問題は、母のほうだった。

たとえ一日でも私が姿を見せなかったら、母はどう思うだろうか。それこそ幼い子供のように「もう帰ってこない」「見捨てられた」と嘆くのではないか。それがきっかけで、ほんとうに私のことがわからなくなってしまったら……。そう思うと、怖くなってしまって、なかなか決断できなかった。

「それで、返事がくるまでに丸一日かかったんやな」

ナガラが得心したように言った。私はうなずいた。

「でも、もし、ここで乗り越えられへんかったら、私、このさきずうっと、それこそ母がいなくなるまで、ナガラと旅できへんな、って思ってん。そしたら、なんだかすごくさびしくなってしまって……」

しばらく旅に出かけられずにいた。けれど、いつかまた、［ア］して旅に出るんだ。それを励みに、一日いちにちを頑張ってきたのだ。

それなのに、母の命が続く限り旅に出られない、なんてことになったら、申し訳ないじゃないか。ナガラにも、がんばって生き抜いているナガラのお母さんにも、これからがんばって生き抜いてほしい母にも。そして、がんばっている自分にも。
④わかってもらえるかどうか、わからないけど、とにかく母に話してみよう。そして、すっきりした気持ちで旅に出るんだ。
そう決心して、私は、母に打ち明けた。

——お母さん。あのね、私、旅してくるよ。

お母さんもよう知ってる、大学時代の友だち、ナガラと一緒に。

広島のな、鞆《とも》の浦《うら》っていう、めっちゃきれいな海辺の町に行こうって、ナガラが計画してくれてるねん。行ってみて、いいところだったら、またあらためて、お母さんも一緒に行かへん？

連れて行くよ、お母さんを。そうや、ナガラと、ナガラのお母さんも。

みんな一緒に、女四人で、旅をしようよ。

そのためにも、私、行ってくるよ。

だから、待っててな。帰ってくるから——。

母は、ベッドの端っこにちょこんと腰掛けて、背中を折り曲げて、私の話に耳を傾けてくれた。目をしょぼしょぼさせて、うんともすんとも言わなかった。ただただ、小さな石ころのようになって、話を聞いてくれた。

それから今日まで、私が旅に出ることについて、母はなんとも言わなかった。相変わらずとんちんかんなことを言って、私を苦笑させたり困らせたりしていた。

旅立つ日が近付くにつれ、やっぱり伝わらなかったのかな、大丈夫だろうか、と不安が頭をもたげたが、［イ］をくくった。これを乗り越えなければ、この先、もう旅はないのだ。

そうして迎えた——今日。

出発まえに、ホームに立ち寄った。帽子を被り、ボストンバッグを提げて、旅のいでたちで現れた私を、母はいつになくむっつりとした表情で迎えた。これはまずいかも、と、また不安が立ち上ってきた。が、もうどうすることもできない。

出発の時間ぎりぎりまで、私は母と過ごした。壁の時計を確認して、私は傍らに置いていたボストンバッグを手に提げた。そして、じゃあいってきます、と強ばった笑顔を母に向けた。すると——。

そこまで話して、私は、これで三度目、言葉を詰まらせた。息をひそめて聴き入っていたナガラが、さすがに我慢できないように訊いてきた。

「……それで、お母はん……どうしはったん？」

私は、うつむけていた顔を上げて、答えた。

「……いってらっしゃい。そう言ってくれた」

と、その瞬間、こらえていた涙がこぼれ落ちてしまった。

——いってらっしゃい、喜美ちゃん。ナガラちゃんに、よろしゅうな。いつか私も、あんたらの旅に連れてってや。

そう言って、母は、満面の笑みを浮かべたのだ。

そして、部屋を出ていく私に向かって、手を振ってくれた。遠足に出かける私を玄関先で見送ってくれた、遠い日の母そのままに。

「ちょっとぉ。何それ、反則やろ」

突然、ナガラのブーイングが沸き起こった。

見ると、いつもの笑顔がくしゃくしゃになっている。友は、泣いていた。私以上の盛大な泣きっぷりだった。

「うわっ、どしたん。泣きすぎやろ」

友があんまり泣くので、私はなんだかおかしくなって、笑い出してしまった。

「笑うんか。そこ、笑うとこか。あんたのせいで泣いてるんやで。あんたのお母はんのせいで。あんたらめっちゃええ母娘のせいで」

ナガラが言えば言うほど、私はおかしくて、うれしくて、笑ってしまった。そして、やっぱり泣いた。いっぱい、泣いた。友と一緒に。

いちばんびっくりしていたのは、ダイニングのスタッフのお姉さんだ。お刺身の盛り合わせを手にして、テーブルからちょっと離れたところで棒立ちになっている。泣いたり笑ったりしている女性ふたり連れに、料理を出すタイミングは、さぞかし難しかったことだろう。

遠く近く、波音が響いている。夜空を明るく照らす月が、明日の好天を約束してくれている。


(原田マハ『ハグとナガラ』による)

1　傍線部A、Bのカタカナを漢字に直したとき、同じ漢字を使うものの組み合わせとして最も適切なものを、以下のa～eの中から一つ選びなさい。

A シンボウ

1 シンシ服売り場　2 シンリョウ所を建てる　3 シンギは定かでない

4 シンセンを測量する　5 シンラツな意見

B ギョウギ

1 納税のギムを負う　2 ギセイ者を追悼する　3 司会がギジを進行する

4 カイギ的な見方をする　5 イギを正して客を迎える

a A 1 B 4　b A 2 B 3　c A 3 B 2

d A 4 B 1　e A 5 B 5

2 傍線部①「突然、言葉に詰まってしまった」、傍線部②「また言葉に詰まった」という表現から、それぞれに「私」のどのような様子が読み取れるか。最も適切なものを、次のa～eの中から一つ選びなさい。

a ①は、ナガラへの遠慮から話すかどうかためらっているのに対して、②は、母の病状をつまびらかにしてしまったことに対する罪悪感にさいなまれている。

b ①は、ナガラに事の真相を見抜かれて戸惑っているのに対して、②は、母の将来への不安を口にしたことで現実の厳しさを思い出し、落胆している。

c ①は、自分から悩みを打ち明けることをためらっているのに対して、②は、母のことを正直に語るほどに悔しさや歯がゆさがこみ上げてきている。

d ①は、ナガラへどこまで母のことを話すべきか迷っているのに対して、②は、今まで目をそらしてきた現実を直視することとなり、話したことを後悔している。

e ①は、母のことを包み隠さず話すことに抵抗を感じているのに対して、②は、いつの間にか饒舌に語っている自分の浅はかさに気づいて閉口している。

3 傍線部③「問題は、母のほうだった」という表現から、「私」が懸念している問題はどのようなことか。最も適切なものを、次のa～eの中から一つ選びなさい。

a 「私」の魂胆を知って怒った母は意固地になり、その当てつけから親子の縁を切りかねないこと。
b 「私」の意図を母が理解できるとは到底思えなく、余計に母と娘は険悪な関係になるかもしれないこと。
c 「私」の本心を母が知ってしまうとひどく取り乱すことが予想され、事態の収拾がつかなくなること。
d 「私」の判断が母を悲嘆させてしまい、そのことが新たな問題の引き金になり得るかもしれないこと。
e 「私」の無茶な願いを押し通すと母は愛想を尽かし、ホームでのトラブルへ発展するかもしれないこと

4 本文中の[ア]に当てはまる言葉として最も適切なものを、次のa～eの中から一つ選びなさい。

a 逃避行　b 再起動　c 暇乞い　d 直談判　e 最適化

5 傍線部④「わかってもらえるかどうか、わからないけど、とにかく母に話してみよう」という表現から、「私」は母に何を話そうとしているのか。最も適切なものを、次のa～eの中から一つ選びなさい。

a 自分の人生を見つめ直すために旅に出たいという気持ちと、一方で母を連れていけないことへの後ろめたさがあること。
b 日常を忘れて旅に出ることを切望しているが、それ以上に母を残すことを心配して止まない親を思う気持ちがあること。
c 自分のことも母のことも本気で考えているからこそ、思い切って旅に出た方がいいと判断した苦渋の選択であったこと。
d これまで母のせいで自分の時間が奪われてきたのだから、今回くらいはのんびりと旅に出たいという本音があったこと。

e　旅に出て、一度母との距離を取ることにより、互いに感謝し合う関係に戻ることができるという前向きな計画であること。

6　本文中の［イ］には体の一部を表す言葉が入る。［イ］と同じ言葉が（　）に入る慣用句を、次のa～eの中から一つ選びなさい。

a（　）をさぐる　b（　）に銘じる　c（　）車に乗る　d（　）をそろえる

e（　）をなで下ろす

7　この文章における話の展開や表現上の特徴を説明したものとして、適切でないものを、次のa～eの中から一つ選びなさい。

a　会話の途中で母の様子や母とのやり取りを回想として入れることで、読者は私の悩みの切実さに共感しやすくなっている。

b　本文全体を通して二人の会話を中心に描くことで、その場での二人のやり取りや心の機微が細かな描写とともに表現されている。

c　繰り返し登場人物の「涙」や「泣く」様子を描くことで、私とナガラの豊かな心情やその変化が表現されている。

d　所長やスタッフを敢えて登場させることで、私とナガラだけの主観的な世界から読者を現実の世界へと引き戻す効果がある。

e　最後に情景描写を入れた表現で終えたことで、私が一つの困難を乗り越えて前を向いて歩いていこうとする姿が暗示されている。

二〇二四年度　茨城県　難易度

【十三】次の文章を読んで、以下の問1～問7に答えよ。

苦しんだり、怒ったり、騒いだり、泣いたりは人の世につきものだ。余も三十年の間それを仕通して、飽々《あきあき》した。飽き飽きした上に芝居や小説で同じ刺激を繰り返しては大変だ。余が欲する詩はそんな世間的の人情を鼓舞する様なものではない。俗念を放棄して、しばらくでも塵界《じんかい》を離れた心持ちになれる詩である。いくら傑作でも人情を離れた芝居はない、理非を絶した小説は少かろう。どこまでも世間を出る事が出来ぬのがA彼らの特色である。ことに西洋の詩になると、人事が根本になるから所謂《いわゆる》詩歌の純粋なるものもこの境《きょう》を解脱《げだつ》する事を知らぬ。どこまでも同情だとか、愛だとか、正義だとか、自由だとか、浮世の※1勧工場《かんこうば》にあるものだけで用を弁じている。いくら詩的になっても地面の上を馳けあるいて、銭の勘定を忘れるひまがない。シェレーが雲雀《ひばり》を聞いて嘆息したのも無理はない。

うれしい事に東洋の詩歌はそこを解脱したのがある。B採菊《きくをとる》東籬《とうりの》下《もと》、悠然《ゆうぜんとして》見南山《なんざんをみる》。只《ただ》それぎりの裏《うち》に暑苦しい世の中をまるで忘れた光景が出てくる。垣の向うに隣りの娘が覗いてる訳でもなければ、南山に親友が奉職している次第でもない。超然と出世間的に利害損得の汗を流し去った心持ちになれる。独坐幽篁《ひとりゆうこうの》裏《うちにざし》、弾琴《きんをだんじて》復《また》長嘯《ちょうしょうす》、深林人不知《しんりんひとしらず》、明月来相照《めいげつきたりてあいてらす》。只二十字のうちに優に別乾坤《べっけんこん》を建立している。この乾坤の功徳は「不如帰《ほととぎす》」や「金色夜叉《こんじきやしゃ》」の功徳ではない。汽船、汽車、権利、義務、道徳、礼義で疲れ果てた後、凡《すべ》てを忘却してぐっすりと寝込むような功徳である。

二十世紀に睡眠が必要ならば、二十世紀にこの出世間的の詩味は大切である。惜しい事に今の詩を作る人も、詩を読む人もみんな、西洋人にかぶれているから、わざわざ呑気な扁舟《へんしゅう》を泛《うか》べてこの桃源に遡《さかのぼ》るものはない様だ。余は固より詩人を職業にしておらんから、王維や淵明の境界《きょうがい》を今の世に布教して広げようと云う心掛も何もない。只自分にはこう云う感興が演芸会よりも舞踏会よりも薬になる様に思われる。ファウストよりも、ハムレットよりも難有《ありがた》く考えられる。こうやって、只一人絵の具箱と三脚几《さんきゃくき》を担いで春の山路をのそのそあるくのも全くこれが為めである。淵明、王維の詩境を直接に自然から吸収して、すこしの間でも［I］の天地に逍遥《しょうよう》したいからの願。一つの酔興だ。

勿論人間の一分子だから、いくら好きでも、非人情はそう長く続く訳には行かぬ。淵明だって年が年中南山を見詰めていたのでもあるまいし、王維も好んで竹藪の中に蚊帳《かや》を釣らずに寝た男でもなかろう。矢張り余った菊は花屋へ売りこかして、生えた筍は八百屋へ払い下げたものと思う。こう云う余もその通り。いくら雲雀と菜の花が気に入ったって、山のなかへ野宿する程非人情が募ってはおらん。こんな所でも人間に逢う。じんじん端折《ばしょ》りの頬冠《ほおかむ》りや、赤い腰巻の姉《あね》さんや、時には人間より顔の長い馬にまで逢う。百万本の檜に取り囲まれて、海面を抜く何百尺かの空気を呑んだり吐いたりしても、人の臭いは中々取れない。それどころか、山を越えて落ちつく先の、今宵の宿は那古井《なこい》の温泉場だ。

唯、物は見様でどうでもなる。レオナルド、ダ、ヴィンチが弟子に告げた言に、あの鐘の音を聞け、鐘は一つだが、音はどうとも聞かれるとある。一人の男、一人の女も見様次第で如何様《いかよう》とも見立てがつく。どうせ非人情をしに出掛けた旅だから、その積りで人間を見たら、C浮世小路の何軒目に狭苦しく暮した時とは違うだろう。よし全く人情を離れる事が出来んでも、せめて御能拝見の時位《ぐらい》は淡い心持ちにはなれそうなものだ。能にも人情はある。※2七騎落《しちきおち》でも、※3墨田川《すみだがわ》でも泣かぬとは保証が出来ん。しかしあれは情三分《ぶ》芸七分で見せるわざだ。我等が能から享《う》ける難有味は下界の人情をよくそのままに写す手際から出てくるのではない。そのままの上へ芸術という着物を何枚も着せて、世の中にあるまじき悠長な振舞をするからである。

しばらくこの旅中に起る出来事と、旅中に出逢う人間を能の仕組と能役者の所作に見立てたらどうだろう。まるで人情を棄てる訳には行くまいが、根が詩的に出来た旅だから、非人情のやり序《つい》でに、可成《なるべく》節倹してそこまでは漕ぎ付けたいものだ。南山や幽篁とは性《たち》の違ったものに相違ないし、又雲雀や菜の花と一所《いっしょ》にする事も出来まいが、可成これに近づけて、近づけ得る限りは同じ観察点から人間を視てみたい。Ⅱと云う男は枕元へ馬が尿《いばり》するのをさえ雅な事と見立てて発句にした。余もこれから逢う人物を――百姓も、町人も、村役場の書記も、爺さんも婆さんも――悉く大自然の点景として描き出されたものと仮定して取こなして見よう。尤《もっと》も画中の人物と違って、彼らはおのがじし勝手な真似をするだろう。しかし普通の小説家の様にその勝手な真似の根本を探ぐって、心理作用に立ち入ったり、人事葛藤の詮議《せんぎ》立てをしては俗になる。動いても構わない。画中の人間が動くと見れば差し支《つかえ》ない。画中の人物はどう動いても平面以外に出られるものでない。平面以外に飛び出して、立方的に働くと思えばこそ、此方《こっち》と衝突したり、利害の交渉が起ったりして面倒になる。面倒になればなる程美的に見ている訳に行かなくなる。これから逢う人間には超然と遠き上から見物する気で、人情の電気が無暗《むやみ》に双方で起らない様にする。そうすれば相手がいくら働いても、こちらの懐には容易に飛び込めない訳だから、つまりは画の前へ立って、画中の人物が画面の中をあちらこちらと騒ぎ廻るのを見るのと同じ訳になる。間《あいだ》三尺も隔てておれば落ち付いて見られる。あぶな気なしに見られる。言を換えて云えば、利害に気を奪われないから、全力を挙げて彼等の動作を芸術の方面から観察する事が出来る。余念もなく美か美でないかと鑑識《かんしき》する事が出来る。

ここまで決心をした時、空があやしくなって来た。煮え切れない雲が、頭の上へ靠垂《もた》れ懸《かか》っていたと思ったが、いつのまにか、崩れ出して、四方は只雲の海かと怪しまれる中から、しとしとと春の雨が降り出した。菜の花は疾《と》くに通り過して、今は山と山の間を行くのだが、雨の糸が濃《こまや》かで殆んど霧を欺く位だから、隔たりはどれ程かわからぬ。時々風が来て、高い雲を吹き払うとき、薄黒い山の脊《せ》が右手に見える事がある。何でも谷一つ隔てて向うが脈の走っている所らしい。左はすぐ山の裾と見える。深く罩《こ》める雨の奥から松らしいものが、ちょくちょく顔を出す。出すかと思うと、隠れる。雨が動くのか、木が動くのか、夢が動くのか、何となく不思議な心持ちだ。

路は存外広くなって、且つ平だから、あるくに骨は折れんが、雨具の用意がないので急ぐ。帽子から雨垂れがぽたりぽたりと落つる頃、五六間先きから、鈴の音がして、黒い中から、馬子《まご》がふうとあらわれた。

「ここらに休む所はないかね」

「もう十五丁行くと茶屋がありますよ。大分《だいぶ》濡れたね」

まだ十五丁かと、振り向いているうちに、馬子の姿は影画《かげえ》の様に雨につつまれて、又ふうと消えた。糠《ぬか》の様に見えた粒は次第に太く長くなって、今は一筋毎《ごと》に風に捲かれる様までが目に入る。羽織はとくに濡れ尽して肌着に浸み込んだ水が、身体の温度で生暖く感ぜられる。気持がわるいから、帽を傾けて、すたすた歩行《ある》く。

茫々たる薄墨色の世界を、幾条の銀箭《ぎんせん》が斜めに走るなかを、ひたぶるに濡れて行くわれを、われならぬ人の姿と思えば、詩にもなる、句にも咏まれる。D有体《ありてい》なる己れを忘れ尽して純客観に眼をつくる時、始めてわれは画中の人物として、自然の景物と美しき調和を保つ。只降る雨の心苦しくて、踏む足の疲れたるを気に掛ける瞬間に、われは既に詩中の人にもあらず、画裡《がり》の人にもあらず。依然として市井の※4一豎子《いちじゅし》に過ぎぬ。※5雲《うん》烟飛動《えんひどう》の趣も眼に入らぬ。落花啼鳥《ていちょう》の情けも心に浮ばぬ。蕭々《しょうしょう》として独り春山を行く吾の、いかに美しきかは猶更《なおさら》に解せぬ。初めは帽を傾けて歩行た。後には唯足の甲のみを見詰めてあるいた。終りには肩をすぼめて、恐る恐る歩行た。雨は満目の樹梢を揺《うご》かして四方より孤客に逼《せま》る。［Ⅲ］がちと強過ぎた様だ。

（夏目《なつめ》　漱石《そうせき》『草枕』から　…一部省略等がある。）

（注）

※1　勧工場　＝　明治・大正時代、多くの店が共同して、主として日用雑貨やおもちゃなどを陳列販

売した店、いまのマーケットやデパートにあたる
※2　七騎落　＝　作者未詳の謡曲
※3　墨田川　＝　世阿弥作の謡曲〈隅田川〉とも書く
※4　一豎子　＝　俗世間に住むひとりの未熟者
※5　雲烟飛動　＝　雲や霞が飛ぶように流れること

〔問1〕傍線部A「彼ら」とは具体的に何をさすか。本文中から七字以内で抜き出せ。

〔問2〕傍線部B「採菊東籬下、悠然見南山。」について、次の読み方に従って以下の白文に訓点を付けよ。
きくをとるとうりのもと、ゆうぜんとしてなんざんをみる。

採 菊 東 籬 下 、 悠 然 見 南 山 。

〔問3〕空欄 Ⅰ ・ Ⅲ には同じ言葉が入る。ここに当てはまる言葉を本文中から抜き出せ。

〔問4〕傍線部C「浮世小路の何軒目に狭苦しく暮した時」とはどのような時か、次のア～エの中から最も適切なものを一つ選び、その記号を書け。
ア　俗世間の義理や人情にしばられて、窮屈な思いで生活していた時。
イ　俗世間の長屋で御能を見たい、と切ない思いにとらわれていた時。
ウ　俗世間の塵芥にまみれた中、詩歌や芸術のことを夢想していた時。
エ　俗世間の付き合いを離れ、詩的な旅に出ることを希求していた時。

〔問5〕傍線部D「有体《ありてい》なる己れを忘れ尽して純客観に眼をつくる時」とはどのような時か、説明せよ。

〔問6〕空欄 Ⅱ に入る最も適切な人物名を、次のア～エの中から一つ選び、その記号を書け。
ア　西鶴　　イ　一茶　　ウ　蕪村　　エ　芭蕉

［問7］ 本文の要旨を二百字程度で書け。

【十四】 次の文章を読んで、(一)～(七)に答えなさい。

「時の流れ」が河の流れに喩えられるとき、そこではつねに、不在の未来が現在へと流れ来て、現在がやがて過去というもう一つの不在へと流れ去るという事態が思い描かれている。わたしたちにとって河が流れとしてあるのは、川上から流れ着き、ようやっと姿を現わした川面の漂流物を目前に眺め、やがてそれが去ってゆくこと、視野から消えてゆくさまをまじまじと見つめることによってである。その意味では、何かの到来もそうだが、とりわけ、あるものの消失の経験、離別の経験こそが〈時〉の移ろいを浮き立たせる。だから、①つねに「いま」が沸騰している乳児には〈時〉はない。じぶんにとってなくてはならないもの、大切な人、そういうものがじぶんからむしり取られてしまうという痛い経験のなかで、ひとは何かの不在を思い知らされ、〈時〉の移ろいに感じ入る。消えたものへの思い、そこに〈時〉は訪れる。そういう意味では、時間を論じるときに、ひとはつねに何ものかの到来を待ち受けるこの「いま」、そして何ものかの消失の起点となるこの「いま」というものを始点とするほかないようにおもわれる。

未来という不在が流れ来ることも過去という不在へと流れ去ることも、それぞれ「まだない」と「もうない」として、「いま」という現在において意識されていることがらである。その意味で、「まだない」不在の未来もそのようなものとして語られるかぎりでは現在においてある。おなじ意味で、「もうない」不在の過去も現在においてある。そんなふうに「いま」(現在)こそが「時の流れ」の火床であると考えたのが、フッサールの現象学の時間論である。

では、その「いま」は流れをどのように感受しているのか。どのように駆動しているのか。まだない未来と、いまここにある現在と、もうない過去との関係は、「流れ」としてまるで一本の線のように結びあわせて語られるかぎりで、じつは現在(予期)と現在と現在(想起)の関係である。そう考えれば、なんと②時間は流れるのではないことになる。いいかえるとここでは、「流れ」を時間の外から「流れ」として眺める意識(観測点)じたいは時間的だとは考えられていない。だから「時が流れる」ということで問題なのは、流れている者が流れのなかで流れるままにそれを流れとして捉え、aひるがえっておのれをも流れるものとして捉える、そのような時間意識のしくみだということになる。いってみればそれは、歌い終わった旋律が未だたなびきつづけ、さらにこれから口ずさむ旋律を予感しつつ、いままさに歌われている歌唱のようなものである。それをフッサールは、(それ自身が時間流である)意識による「時の流れ」の構成という問題として捉え返した。対象として意識の前で流れる時間ではなく、流れるものとしての時間が自己自身を流れるものとして構成するのはどのようにしてかという問いである。

「流れ」は、何かの移行として感受される。それはいまあるものが未だないものを含み、さらにいまあるものがもはやないものへとおのれを消し去ってゆく運動である。フッサールは「いま」(現在)を、そのように、いまあるものと、未だないもの、もはやないもの、この三つのb契機がたがいに含みあい、溶けあうような現象として捉えた。そしてそれを「いきいきとした現在」(Lebendige Gegenwart)と呼び、そこに流れることと立ちどまることとが同時に起こっているような時間の根源(Ursprung、まさに湧き出る泉である)となるあり方を見た。「流れる現在」とは、たえず「いま」でなくなる、つまりもうないものへと流れ去る「いま」のあり方であり、「立ちどまる現在」とは、まだない未来をたえずおのれのなかに呑み込むものというかたちで恒常的に現在でありつづける「いま」のあり方である。「いま」として自己を同一的なものとして反復しながら、同時に「いま」でないものとしてたえず消え去る(自己が自己でなくなる、つまり自己を差異化する)「いま」のそのような③両義的なあり方に、「時が流れる」ということの実質を見た。いいかえると、「時が流れる」というときのその移行性は、たえず滑り落ちてゆくこととつねに新しくあることとの二重性、つまりは現在が非現在へと移行することとして理解したのである。そして、つねにみずからであろうとしながら、たえずみずからでないものへとたえず自己を超えてゆくという、そのような動性こそ時間の推力であるとしたのである。「いま」をコアとして「時の流れ」を見るいわゆる現象学的時間論である。

（　A　）、ここには決定的ともいえる二つの問題が潜んでいる。

一つは、「時の流れ」がこのように捉えられるにしても、その未来・現在・過去という三つの契機をたがいに含ませ、溶けあわせるようななにがしかの動性があるから時間が流れるのか、それとも時間が経過もしくは推移するそのなかで意識が「いま」を拠点として時間を「まだないもの」と「もうないもの」との関係として再構成するのか、という問題がそのまま残る。（　B　）、意識が時間の根拠なのか、それとも時間が意識の根拠なのかという問題である。とりわけこの問題が顕在化するのは、④未来というもののあり方をめぐってである。未来はフッサールが考えたように、現在が予期というかたちであらかじめ未来を呑み込んでいるというよりも、むしろ逆に、予期というかたちで描かれる未来はじつはそれをしばしば裏切るかたちで、不意に訪れるのではないかということである。そうだとすると、未来という非現在は、現在との連続からではなく、現在との断絶からも主題化されねばならないことになる。未来は現在という時点においてその到来が予期されるものではなく、あらかじめ描きようのないもの、不意を襲うかたちでわたしたちをとらえるもの、その意味でいかなる現在をも逃れ去るものとしてあるということになる。そうなると、「時の流れ」は「いま」という火床のなかで構成されるものではなく、もはや構成不可能な根源的事実としか規定しようがない。時間とは「まだないもの」が「いまあるもの」となり「いまあるもの」がそのまま「ないもの」に滑り落ちる移行そのものであり、「いま」に特権的な位置価があるというものではない。現象学の時間論はここでその限界に立ち到る。

いま一つの問題は、フッサールが「いま」として捉えている現在がどのような幅をもったものなのかということである。フッサールは、現在を不在を呑み込んでゆく運動として捉え、未在と既在を含み込み、それと溶けあうような「時間の庭」というものを想定していた。そのかぎりで、現在はそこから未来と過去とを区切る分水嶺のような「点」としてあるのではなかった。音楽でいえば、次にすぐ聞こえてくるような音とともに、たったいままで聞こえていた音をもまだ現在につなぎとめている、そういうはたらきが「いま」の時間意識にはあるのであった。それをフッサールは「未来予持」(Protention)と「過去把持」(Retention)と呼んでいる。その二つが現在には含まれるというのである。だからこそ⑤「いま」は「庭」をもつとしたのである。

Protention/Retentionというのは意味深長な語で、ともにラテン語のtentioという語を含んでいる。tentioとは「張り」もしくは「伸張」を意味する。「時間の庭」とはだから、「いま」というもののこの「張り」、この「伸張」の幅のことである。

(鷲田清一『哲学の使い方』による)

【注】　本文中の、、、(傍点)は、原文によるもの

(一) 本文中の空欄(A)、(B)に当てはまる語句を、次のア～オからそれぞれ一つずつ選び、記号で書きなさい。

ア たとえば　イ しかし　ウ または　エ つまり　オ なぜ

(二) ══線部分a、bの意味をそれぞれ書きなさい。

(三) ──線部分①とは、どういうことか。六十字以内で説明しなさい。

(四) ──線部分②について、その理由を六十字以内で書きなさい。

(五) ──線部分③を説明した一文を抜き出し、そのはじめと終わりの五字をそれぞれ書きなさい。

(六) ——線部分④について、フッサールの考えと対照的に述べられている考えを、三十字以内で書きなさい。
(七) ——線部分⑤とは、どういうことか。百字以内で説明しなさい。

【十五】 次の文章を読んで、1から6の問いに答えよ。 二〇二四年度 新潟県・新潟市 難易度

中学三年のときに人の心を読めるという特殊な能力に気付いた大学生の「梨木匠《なしきたくみ》」は、「大竹さん」の経営する「NONNA」というオムライス店で働いている。「大竹さん」の態度や口の悪さもあってその店はアルバイトが立て続けに辞めていくが、「匠」とその半年後に入ってきた「常盤《ときわ》さん」は仕事を続けている。「常盤さん」は、相づち程度の返事しかしないものの、しっかりと仕事をこなす年上の女性である。「大竹さん」が誕生日を迎えると、「匠」は「大竹さん」から誘いを受けて一緒に酒を飲みに行き、話をしている。


「一度聞いてみたかったんですけど、大竹さん、どうして、オムライス屋さんをしようと思ったんですか？」

大竹さんは料理は上手だけど、オムライスのイメージとは程遠い。がっちりした体やaスルドい目つきは、日本料理やラーメンといった雰囲気で、オムライスではちょっと可愛《かわい》らしすぎる。

「ばあちゃんの、得意料理だったからさ。」

大竹さんはぼそりと言った。

「大竹さんのおばあさんの？　大竹さん、おばあちゃんっ子だったんですね。」

「まあな。俺、三人兄弟の末っ子でさ。親は共働きだったから、子どものころ、ばあちゃんの家で過ごすことが多かったんだ。兄貴たちは家で留守番してたけど、俺はばあちゃんの家が好きでさ。」

「まだまだかわいいころですね。」

「そう。で、ばあちゃんが俺に食べさせるためにオムライス作ってくれてさ。子どもの好きそうな食べ物ってそれくらいしか浮かばなかったんだろうよ。よく卵にケチャップで絵を描いてくれたんだよな。」

大竹さんはそう言うと、四[b]ハイ目のビールを頼んだ。顔は赤くなっている。

「いいですね。」

おばあさんがケチャップで絵を描いている様子を思い浮かべると、温かい心地がする。

「ああ。ばあちゃんは、じいちゃんを早くに亡くして一人だったから、俺が来るのがうれしくてたまらないみたいでさ。それが子どもの俺にもバレバレなの。俺がおいしいって言ったもんだから、オムライスばっか作って。飽きたって言えず毎日のように食ったな。」

「なんとなくその光景、目に浮かびます。」

「だろ？　居心地いいから中学生になっても、ばあちゃんの家に入り浸ってた。きっと、親よりもばあちゃんと過ごした時間のほうが長いぜ。」

大竹さんは[c]懐かしそうに［　］を細めた。その顔を見るだけで、どれだけいい時間を過ごしていたのかが、おばあさんがどれだけ温かな人だったのかが、よくわかる。大竹さんのおばあさんみたいになんでも受け入れてくれる家族がいたら、どれだけいいだろう。

「うちは祖父母が遠くに住んでて会うこともめったにないから、うらやましいです。」

「でもさ、ばあちゃん子になりすぎたせいで、親は俺のこと扱いにくそうだったな。特に母親はもう一人で留守番できるんだからとか言って、ばあちゃんの家に行くのをあんまりいい顔しなかった。」

「それだけ大竹さんとおばあさんの仲が良かったんですね。でも、不思議ですね。おばあさんに大事に育てられたのに……。」

ぼくは失礼なことを言いそうになって、①途中で口を閉じた。

「な。愛情受けてたのに、どうしてこんなに性格がひんまがってるんだって、誰でも思うよな。」

大竹さんは気を悪くはしなかったようで、にやりと笑った。お酒の力ってありがたい。ぼくはえへへと笑った。

「ばあちゃんさ、俺のこと一番大事にしてたんだ。」

「そうみたいですね。」

おばあさんにとって大竹さんが何より大切だったこと。大竹さんもそれを受け止めていたこと。それは、話を聞くだけでわかった。

「それなのにさ、七十歳を過ぎたころから、ばあちゃん認知症になっちまって……。俺が中学二年生のころかな。」

「そうなんですね……。」

大竹さんはビールを飲みほすと、次にハイボールを注文した。

「それがひでえ話でさ。ばあちゃん、俺のことだけをきれいさっぱり忘れやがったんだ。名前も顔も全部。全然寄り付かなかった兄貴たちのことは時々思い出して、名前呼んだり会えると喜んだりするのに、何度説明しても、俺のことだけ思い出さねえの。しばらくして、ばあちゃん施設に入ったんだけど、俺が会いに行っても、どちら様って無視だぜ、無視。」

大竹さんは笑い話のように軽く話したけど、②ぼくは胸の奥がきゅっとつかまれるような気がした。

「毎日のように俺、施設に行ったけど、ばあちゃん、死ぬまで一度も俺のこと思い出さないままだったな。マジでたった一度も。」

大竹さんは渡されたばかりのハイボールをごくりと飲んだ。心を読まなくたって、大竹さんは話してくれている。それなのに、返すべき言葉は見当たらず、ぼくは「そうだったんですね。」としか言えなかった。

「ばあちゃんが死んでから、親ともそりが合わないままで居場所もない感じでさ。それで、ただのd軟弱ヤンキーになったってわけ。俺なんて威張っていい気になってるだけだよな。」

大竹さんは苦笑いを浮かべた。

大竹さんが威張っていい気になっているのは正解だ。どんな過去があっても、大竹さんの態度や口の悪さを、肯定はできない。でも、その背後にあるものを知るのと、知らないのとでは、ぜんぜん違う。

「確かに、大竹さん、威張ってますよね。おかげで、バイトが一週間以上続かないですもんね。」

「そうそう。お前、すごいよな。新記録達成者だ。ギネスに連絡しねえとな。」

大竹さんはそう笑った。ぼくも笑いながら話を続けた。

「ぼく、最初に大竹さんの店で働いた翌日、驚いたことがあります。」

「何だ?」

「店がきれいになってたことです。ぼくが行き届かなかったところ、大竹さん、朝からやり直してくれたんですよね。」

「いや、どうだろう。」

「今でも毎日、店はきれいです。ぼくや常盤さんではできないくらいに。」

軟弱ヤンキーだった大竹さんが料理を覚え、店を持てるようになるまでの努力は相当なものだったはずだ。自分のためだけでなく、そこにおばあさんへの思いがあるから、やってこられたにちがいない。それを守りたいという気持ちは、③磨かれた調理場を見ればわかる。

「お前って、変なことに気づくよな。」

「そうですか?」

「俺なんかのこと、気味悪いほどよく見てるわ。」

「そんなの、ぼくだけじゃないですよ。大竹さんの誕生日プレゼント、常盤さんが選んでくれたんですけど、大竹さん世話好きだから植物にしたって言ってました。」

「あの女もどこかおかしいよな。」

「おかしくないです。大竹さん、おばあさんと一緒で世話好きなんですよ。毎日まかないに大竹さんの作ったオムライスかピラフ食べてますけど、飽きたことないです。微妙に味に変化つけてくれてますもんね。」

「やめろよな。お前、かなり気味悪いわ。」

　大竹さんは酔いが回ってきたのか、声を出して笑った。いつも暴言を吐いてくる相手であっても、笑ってくれるとうれしくなる。

「きっと、おばあさん、思い残すこと一つもなく大竹さんに愛情を注いだんだと思います。心残りがないくらいに大事にできたんだと。だから、大竹さんのこと、きれいに忘れられたんじゃないでしょうか。不確かな頭で記憶を e サグってわざわざ思い出す必要がないほど。そんなにも、誰かを愛しきれたってすごいと思います。」

　ぼくがそう言うのを、酔って赤くなった目で大竹さんはぼんやり聞いていた。

「そうかな。そうだといいけど。」

「そうですよ。それ以外に大竹さんのことを忘れる理由、ありますか？」

「そうだな。」

　大竹さんはゆっくりとうなずいた。


（瀬尾まいこ『掬《すく》えば手には』）

1　波線部aからeの、カタカナは漢字に直し、漢字はその読みを答えよ。

2　文中の□に当てはまる体の一部を表す漢字を一字で答えよ。

3　傍線部①「途中で口を閉じた」とあるが、なぜか。二十五字以内で説明せよ。
4　傍線部②「ぼくは胸の奥がきゅっとつかまれるような気がした」とあるが、なぜか。七十字以内で説明せよ。
5　傍線部③「磨かれた調理場」とあるが、匠は「磨かれた調理場」を何の象徴と考えているか。五十五字以内で答えよ。
6　この文章に関する説明として最も適切なものを、次のアからオのうちから一つ選び、記号で答えよ。
ア　匠が代弁するおばあさんの気持ちを理解する一方で、素直になれない大竹さんの葛藤を描いている。
イ　匠の話から大竹さんが自分とおばあさんのつながりに気付き、自分を見つめ直す姿を描いている。
ウ　匠が語る言葉に救われたいと願う大竹さんを通して、立場を超えて認め合う二人の絆を描いている。
エ　匠と大竹さんが酒を飲んで互いに自己開示するが、二人の心がすれ違っていく状況を描いている。
オ　匠の人の心を読む能力に警戒しつつも、大竹さんが匠に徐々に心を開いていく様子を描いている。

二〇二四年度　栃木県　難易度

解答・解説

【二】一　堂々としておごそかなこと　二　茸がもつそれぞれの品位と価値とを区別していたこと(二十四字)
三　社会的に成立している茸の価値　四　はじめは与えられた価値であっても、自己没入的な探求の体験の相続と繰り返しにより、自分自身とのかかわりのなかで価値が見いだされる構造(六十四字)　五　エ

○解説○ 一　言葉については、文中での意味を問われているのか、辞書的な意味で問われているのかを考えるが、本問の場合、特に指定はないので辞書的な意味でよいとわかる。文中での意味を問われた場合、辞書的な意味を踏まえ、文中での使われ方を考慮することになるので、若干意味が変わることがあることに注意したい。二　傍線部①のある段落の内容をまとめればよい。赤茸の鮮やかな色にむしろ嫌悪を催すこと、スドウシ等は害はないが魅力を感じないことを踏まえて考えるとよい。三「十四字」が大きなヒントになる。本問でのキーワードは「教え込まれた」である。自分で発見したのではなく、他人にから教わったということを踏まえて、適切な表現を探すこと。四　傍線部③を含む段落の一段落前の内容をまとめる。「この茸と同じ構造」とは、社会から教え込まれた茸の価値を探求の目標としてこの探求に自己を没入し、出逢う茸のそれぞれの品位と価値を自ら体験の相続と繰り返しで見出す構造を指している。五　茸狩りでのそれぞれの茸の品位と価値を擬人法を用いて表現している。例えば「愛らしい」「純粋」「清純」などの表現が用いられている。そして、それぞれの茸の色調が、心に満悦の情を与えている。

【二】(一) a 籠　b 頬　c まなざ　d 傘　e かけら　(二) Ⅰ イ　Ⅱ エ　(三) ア　(四) i エ　ii ア　iii ウ　(五) 浮かび上がる幼いころの風景や伯父の姿を振り払い、目前の母の話に集中するため。(三十八字)　(六) 母に自分で決めるように言われたことにより、まるで子どものように自分の行動を決定できず、負うべき責任から逃げていた自分に不甲斐なさを感じ、自嘲的になっていたから。(八十字)　(七) ア　(八) 1 オ　2 イ　(九) ウ　(十) あ 社会生活　い 論理　う 合意形成

○解説○ (一) 解答参照。(二) Ⅰ「残酷」は二字とも「むごい」の意味を持ち、同じ意味を持つ漢字で構成されている熟語である。肢ア「不安」は上の字が下の字を打ち消す関係、ウ「地震」は主語と述語の関係、エは

反対の意味を持つ漢字の組み合わせ、オ「読書」は動詞と目的語の関係、である。Ⅱ 複合動詞「言い返す」の未然形に、打ち消しの助動詞「ない」が続いたものである。(三) ポイントは「ようだった」である。直喩は「ような」「ようだ」といった言葉を用いる直接的な比喩表現である。(四) 会話文の内容を考える問題は、前後の話の流れに注意しながら考えるとよい。 i 深津と仁海の会話「伯父貴は何のために、おれに逢おうとしているんだ?」→「ないも聞いちょらん。……ようわからん』」→「空欄 i」→「ほとんど食べんし、病院に行こうともせん…」から、伯父の話であると考えるのが適切である。 ii 空欄後の「言いたいことを言って、伝えたいこと伝えて、後は知らない。おまえに任せるって、無責任過ぎるだろう」から考える。 iii 会話主である仁海が「もう一度告げて」とあるので、以前に同様のことを話していたことが推測されることから考えるとよい。(五) 前にある内容をまとめればよいが、特に直前の「深津はかぶりを振った。記憶の底から浮かび上がってくる風景や人の姿を振り払う。母の声に耳を傾ける」に注目すること。(六) 前後の内容を踏まえて考えるとよい。特に、直後の「甘えていた。……自分が負うべき責任から逃げようとしていた」が中心になるだろう。(七) 傍線の後の「深津、あたいは思い知ったじゃ。……」から考える。仁海は自分が島の外では生きられないと分かり、島に戻ってきたことがわかる。(八) 1 老女とのやり取りを描いた最終部分に「水面の色は沖に進むにつれ濃さを増し、……」とある。2 空欄 i の後の「集落のどの家からも海は見える。ときに青く、ときに紅《あか》く、ときに灰色や濃紫に色を変える海を一望できた」とあることから考える。(九) 本文中にある「風にぶつかられ、揺さぶられ、窓が音を立てる。……」や叔父との昔の思い出「そうだろうと思う。…いかつい顔が柔らかな丸みを帯びる」をおさえる。叔父の死期が近い現状へのショックと昔の思い出を懐かしむ心情が複雑に絡み合う様が表現されている。(十) 解答参照。

【三】（一）③　（二）②　（三）①　（四）①　（五）⑤　（六）③

○解説○（一）aは「概念」であり、アは「感概」、イは「大概」、ウは「外観」である。bは「愉(快)」であり、アは「空輸」、イは「諭告」、ウは「愉悦」である。cは「拝借」であり、アは「拝受」、イは「先輩」、ウは「排除」である。（二）①「骨を折る」は尽力する・苦労する、③「鼻を折る」は恥をかかせる・驕れる心をくじく、④「我を折る」は譲歩する、⑤「筆を折る」は文筆活動をやめること、といった意味がある。（三）野島と早川の考え方については、二人の会話文から手がかりを探す。ア　後文にある「神経は…健康を出来るだけたもつためにある」「神経を身体中にぬけ目なくくばって人間の体を保護している、その保護しているものは人間じゃない。…ここで神をもち出すのは早い…人間でない何かの意志に加えられている」とある。また、早川については「そりゃ君、身体が健康になるから気持がいいのだよ。それはオゾンの働きだよ」からアが適切と考える。オについては野島の会話文「美だとか、無限だとか、不滅だとか、そんなものは蛆や蚤には不必要なのです」から、早川については「僕達はそんな寝言はなくっても生きてゆけます」から考える。（四）傍線部Bの内容を大きく捉えると、神を発端にした議論の中で、野島が自分の思いをうまく伝えられず、感情的になり、けんか別れのような形で終わってしまったことにある。それを踏まえて考えるとよい。（五）まず、神を発端とした武子や杉子等との会話を整理する。神に対する武子の考えは問題文の最初のほう「私は神があると云う」「見える神があると云うのではない」「私は見えないものだから見せようがないと云った」とあり、目には見えないが神を感じていることがわかる。一方、杉子は「私は健康に幸福に生きるには神様なんかいらない」「私、神様のことはわかりませんわ。…」からわかるように、神は必要ではないという考えである。このことから適切な肢を考える。（六）本文中でのやり取りの中で神の話を踏まえて野島が言いたかったことは「人間には精神があります。魂があります」に集約されている。この会話文で議論は途切れ、野島は中途半端な形で場を後にすることになる。このことが野島の心残りであり「屈辱」だったのである。

【四】(1) ① 3 ② 1 (2) 3 (3) 2 (4) 4 (5) 1 (6) 5

○解説○ (1) ①「根をつ(詰)める」は一つのことに集中し、没頭すること。②「目をしばた(瞬)く」は目を何度も開けたり閉じたりすること。(2) 前にある満吉の葛藤をまとめればよい。肢5と迷うかもしれないが、「自分の頑固さ」「開き直る」という語が葛藤の内容と合致しないため、不適と判断する。(3) 傍線部Bの前にある「海の魔神、魔修羅那がおれをうかがいに…体に鳥肌が立った」や「『魔修羅那め、やっぱりおれは…逃げちゃおいねえだ』」から考える。ここで「それでも」が使われている意味も考えること。(4) 前にある父親の言葉「『親の言うことをきかぬばかりか、亀萬で造る船にもケチをつけるだな…生意気な口もいいかげんにしやがれ』」、そして満吉は養子に出され、船大工への道を閉ざされようとしていることを踏まえて考えるとよい。(5) 後文で「もう、ゆずれないという意地を強く固めた」と船大工への意思を固めたことを手がかりとする。一方で、模型や資料は満吉にとってどういった存在なのかを考えるとよい。(6) 満吉の葛藤や発言を中心に文全体から考えるとよい。傍線部Eのじいの発言は満吉の言動こそ問題はあるが、根本にある意志まで否定するものではないことを踏まえること。

【五】問1 3 問2 1 問3 2 問4 2

○解説○ 問1 冒頭から傍線部(1)の二文後までに着目する。1は「疑念を抱いた」が誤り。2は母は事件を知らないため「母の様子を不審に思った」が誤り。3は傍線部(1)の直前と直後の静寂な様子と対応しており、正解。4は「本当は八っちゃんは碁石を呑んでいない」が誤り。問2 傍線部(2)の前に着目。「用は僕がいいつかったのだから、婆やの走るのをつき抜けて台所に駈けつけた」とあるように、婆やではなく自分が水を運ぼうとしていた。したがって「口惜しい」とある1が正解。2の「うらやましい」、3の「恥ずかしい」、4の「清々しい」は誤り。問3 傍線部(3)の直前の記述を確認する。1は「婆やから八っちゃんを遠ざけなければ」が誤り。2は「涙がこみ上げてきたと同時に我に返り」が適切。3は、この時点では八ちゃんは「顔を真紅にして苦しんでいる」のではないので誤り。同様に4の「一向によくならない」も誤り。　問4　傍線部(4)に着目する。1は「ごまかそうとしている」が誤り。2は「母が優しく」、「安心感や温もりに満ちている」の記述が適切であり、正解。3は「お菓子」に「幸運」を感じる点が誤り。4は「僕をあやす」が誤り。

【六】 問一　A　猛烈　B　遮(った)　C　見当　D　一目散　問二　Ⅰ　取り付く島もない…頼りにしてすがることができない。　Ⅱ　肩の荷が下りる…責任や負担から解放される　問三　目　問四　ア　問五　エ　問六　ア　問七　(1)　仕事を辞めた時と同じく責任を負おうとしていない(二十三字)　(2)　経済的な不安はあるが、自分がしっかり働くことでぶーさんの命を守ろう(三十三字)　問八　イ

○解説○ 問一　漢字の表意性に留意し、同音(訓)異義語や類似の字形に注意し、楷書で書くこと。　問二　Ⅰ「取り付く島もない」は、「取り付く島がない」ともいう。　Ⅱ「肩の荷が下りる」については、「肩の荷を下ろす」という表現もある。　問三「目を細める」は、かわいらしいものを見たりうれしかったりした場合にも使う。「目を三角に尖らせる」は、「目に角(かど)を立てる」とも同じ意味である。　問四　端書きに「飼い主探しが難航するなか」とあり、傍線部の後に飼い主候補からのメールの返事がないと書いてあることから判断する。　問五「几帳面な大家さんがもしも猫嫌いだったら」「ぶーさんのことを追い払っていたはずだ」を踏まえて、判断する。アとイは、大家さんの人柄について適当ではない。　問六　大家さんの部屋でのペットの飼育を認めない返事に対して、部屋を出る決心をした主人公の心情は、主人公へ自分の腹を見せて信頼のジェスチャーを示すぶーさんを幸せにしたいという思いと喜びにつつまれている。単なるぶーさんを独占できる満足感と喜びだけでなく、深い動物愛があふれている。　問七　(1)　主人公の自己反省である。「またどこかで大きな責任から逃げようとしている私」とは、仕事ができるのに逃げるように仕事を辞めた時

と同じように責任のがれをしようとしているという自覚である。(2) 傍線部中の「それ」とは、家賃二ヶ月分の敷金が退去時に戻ってこないことを指す。その不安はあるが、それでもかまわない、というのである。自分がぶーさんのために働き、ぶーさんと一緒に暮らし、その命を守ってあげよう、という心情である。

問八 ア「主観を排した語り口調を用いることで」、ウ「会話文を中心にテンポよく物語を進めることで」、エ「直喩を多用することで」、オ「抽象的な表現を用いることで」が適当ではない。

【七】問一 a 曖昧 b 額 c 一朝一夕 問二 (1) ア (2) ウ 問三 「好き」という感情を自分でつかみきれないため、自分らしい作品を活けることができないという悩み。(四十七字)

問四 (1) 自分はこれまで型よりも自分らしく好きなように花を活けることを大切にしてきたが、まずは型を大切にすることで自分の求める活け花を見つけることができると思ったから。(七十九字) (2) イ

問五 イ 問六 エ

○**解説**○問一 熟語(特に四字熟語)では、日常見かけない読み方をする漢字があるので注意すること。

問二 (1) 「避け」は「避ける」(他サ下一)の未然形 (2) 「わからない」の「ない」は「わかる」(自ラ五)の未然形についた打消の助動詞、ウ以外の「ない」は形容詞である。 問三 あらすじ、および「私の『好き』なんてアイマイで～」の内容をまとめればよい。紗英は型通りの活け花を活けるのではなく、自分の好きなように思った通りに活けることを望んでいる。しかし、自分の「好き」の感情は気まぐれで実体がないために、その時々の感情をつかめず、思いどおりの活け花を活けることができない悩みである。 問四 (1) 傍線部②以降の文章をまとめればよい。主人公が「はっとした」のは「型」が助けてくれる、という気づきである。今まで敬遠していた活け花の型が、活け花では大切であることの気づきであり、自分の活け花づくりの基本であることの自覚である。 (2) 問題文の最後「今は型を身につける～活けるために。」から考えるとよい。「型」は、

物事に取組む基本であり、これを活用してあらゆる課題が解決される。活け花では、自分の求める活け花を活けることができ、新たな創作意欲や型の追究もできる。問五　ここでの「私の中に滑り込んでくる」は理解するということ。そして、祖母の主人公への言葉「型があるから自由になれる」「型があんたを助けてくれる」が耳に残っていて、容易に離れないことを踏まえて考えるとよい。問六「型」は、経験・工夫・修正等により生まれる。それには規範的要素も含まれる。「たくさんの知恵に育まれてきた果実」は、その比喩といえよう。「型」を没個性的な平板なものと考えていた主人公の先入観の反省もこの表現に見える。

【八】(一) 1　(二) 4　(三) 3　(四) 3　(五) 5　(六) 以前から鳴き声を聞いて存在を知っていたひばりの子が空から落ちたのを見て、無事かどうか心配だったから。(五十字)　(七) 4

○解説○ (一)「正三の頭の真上の空から」や、「ぜんまい仕掛のおもちゃの自動車か何かのように」といった比喩をヒントにする。3について、ひばりの子の鳴き声は「三回」聞いたことがあるので、「生まれたばかり」ではない。4について、「かわいらしい」よりも「うれしくてたまらない」様子の方がふさわしい。(二) B「閉口して」は、「困り果てる」の意。類語に「お手上げ」「辟易」がある。(三)「小さな羽根を動かして、まるでやっとこさ空に引っかかっているというふうに見えた」をヒントにする。1については、正三が推察した理由にならない。2について、ひばりの子はまだこの時点では地面に落ちていない。4について、正三はひばりの巣を探さなかった。5については、ひばりの子を見たことがなかった。(四) D「父の言葉の調子」は、子ども(正三)をしつけるために、きびしくも温かい断定的な言葉の調子である。1は「慌てた」、2は「用心するような」、4は「無知をとがめるような」、5は「むきになる正三」が不適切。(五)「ひばりの子の声のトーンの変化」から、余裕をなくした様子が感じられる。1について、声の響きは「三つくらい」から「二つの音色」になっている。2について、ひばりの子が落下する前である。3について、「大へん慌てたよう」なので「元気」ではない。4について、「安全に着地しようとしている」ようには感じられない。(六) ひばりの子の声の変化に気づいた正三は、空を見上げてひばりの動きを見つめる中で、いきなり地面に落ちていった様子から、ひばりの安否が心配になって走り出したのである。(七) 冒頭のひばりの子の鳴き声やその姿、空から地面への落下を、直喩や擬人法を用いて場面をイメージしやすくする効果的な表現の工夫に特色がある。

【九】問一 ア　問二 エ　問三 ウ　問四 イ　問五 エ　問六 ウ

○解説○ 問一 「煙に巻く」は、大げさなことを言って相手をわけがわからなくさせることを指す。問二 ①「野球のグラブの調整とおなじ」とは、前にある内部を新品同様の状態にもどしつつ、使用者の癖を残すという機械の保全と維持を図るやり方(メンテナンス)を比喩したものである。問三 前の段落の内容をまとめればよい。ポイントは「すべて分解して組み立てられるような単純な構造を基本とする」「中身は機械が一番動きやすいようにする」「大型小型にかかわらず、分解して汚れを油で落とせばいつまでも使える」の三つである。問四 ③「単純な構造こそ、修理を確実に、言葉を確実にしてくれる」という表現は、その前文にある「分解して組み立てられるくらいの、単純だが融通のきく構造が、機械にも、社会にも、人間関係にも欲しい」に関わる。分解と組み立てが簡単な機械は、修理が用意だし、社会や人間関係も、複雑でなければ、争いごともなく安全・安心な生活ができる。しかし、今日の社会は、価値観が多様化し、生き方も様々で、人間関係が複雑化している。この現実についての田辺さんの思いである。問五 傍線部④を含む段落の内容をまとめて考えるとよい。ここでは「IT機器によるシールづくり」と「レッテルの糊づけ機&手作業」が対立関係にあるが、田辺さんは後者である青島さんと一種の共闘意識を抱き続けていたことを整理するとよい。問六 アは「田辺さんが……」、イは「青島さんの作った機械が……」、エは「田辺さんの手作業に対する嫌悪感と……」が不適切である。

【十】(1) ②　(2) ④　(3) ⑤　(4) ①　(5) ③

○解説○ (1) まず、「この季節に」とあるので、寒さが表されていない肢は除外し、残る②、③、⑤で問題文にはない語が入る肢を除外する。③は「研ぐことは…」、⑤は「いくら鈍感な…」が不適。(2)「間の手」には「歌と歌の間に、三味線などの伴奏楽器だけで演奏する部分」「歌や踊りの調子に合わせて入れる手拍子や囃子詞」といった意味があり、ここでは後者の意味で使われている。「どうだ？　え？　あき」「気に入るだろ？あき」から分かるように、自分の話の間に掛け声を入れるように「あき」の名前を呼んでいることから考える。(3) ①と迷うかもしれないが、①の「これで良かったかどうか確信を持てずにいる」は文脈から読めないので不適と判断する。肢⑤の「堅実な考え」は「早く寝せつけ」ることを指す。(4) 傍線部前後の内容をおさえて考えるとよい。庖丁の音を通してあきの心を見抜く佐吉に不安や心配を与えないよう「料理そのものに専念」している姿を「病床から調理台がみえるようにし、見られていることで緊張感を強めようとまで」して、あきは「はなやかな音」をたてようとしたのである。(5) 本文は、病床に伏す死期が近い夫・佐吉と、佐吉の代わりに料理店の台所に立つ妻・あきの暮らしの営みが丁寧に切り取られており、佐吉を思いやるあきの心情が随所からにじみ出ている。

【十一】問一 ③　問二 ⑤　問三 ①　問四 ④　問五 ②　問六 ⑤　問七 ④

○解説○ 問一 「一之助の(空欄A)に満ちた眼差し」で考える。久しぶりの兄とのやりとりで「じゃあ、ものすごく運が良い木だね」と話した際の表情だが、一之助の兄に対する気持ちは、この回想シーンの後に手がかりがある。傍線部イの後に「一之助は敬愛してやまなかったあの兄の」とあることから、「尊敬」が適切。空欄Bについては、その前後のやりとりから考える。一之助が木の檜皮を兄のお守りにすればいいという考えを兄に語り、剝がれ掛かった檜皮に手を伸ばしたところ「(空欄B)声がそれを遮」り、「まて！それは必要ない。」

と兄が言葉を発したのである。檜皮を一之助に剝がさせまいとする兄の咄嗟の言葉であり、これを踏まえると空欄Bは「鋭い」が適切。　問二　傍線部ア「そうかもしれないが…違うかもしれない」の会話文がその前の一之助の「じゃあ、ものすごく運が良い木だね」を受けたものであることを押さえれば、適切な選択肢は⑤だと判断できる。また、一之助の会話文のさらに前の兄の会話文「『どうしてだろうな…で、伐られず残った』」から、兄の木に対して様々に考えていることが推察できる。　問三　傍線部イ「お前は持っていた方が良い」の会話の前の一之助とのやりとりから考える。兄の「『お国のためには…お守りなんて持ちません』」と「純真な様さに…お前が持っていろ』」の言葉に一之助が「『お国のために命を尽くす覚悟をした者が、今更命惜しんで語ったことに対して「苦笑」し、「お前は持っていた方が良い」と話したのである。この内容に合致する①が適切。　問四　「途端に一之助の体から人の気配が消えていく」については、傍線部ウ以降「姿はそこにありながら…人外の者にならなくては戦うことすら叶わない。」で述べられており、理由は「彼らが立ち向かう相手は…非情な大自然なのである。」や「真の樵は命がけの仕事に相対した瞬間鬼となる」にある。非情な自然との命がけの戦いを制するには、人間のままではなし得ないのである。　問五　「思いもよらぬ出来事にも眉一つ動かさず…乾いた口調で呟いた」際の一之助については、傍線部エの前後の内容から読み取る。「突如『パンッ』と硬質な金属が弾けるような…腕や足を切り裂き、大きな怪我をする者が数多い」から、大事故になりかねない出来事が起こっても「眉一つ動かさず」に「ゆっくりとチェーンソウに近づ」く様や「蛇のように身をくねらせ鋭い刃と共に絡み付くチェーンを巧みに交わしたばかりか、冷静にキルスイッチを切り、エンジンを止めた」動きは「神業」だと描かれている。よって、これに合致する③が適切。　問六　「だが、わしは伐らん。わしには伐れん」と語った際の一之助については、傍線部オの前の内容から考える。「掌に転がるそれを目にした瞬間…『兄ちゃん。やっぱりお守りは持って行ったほうがよかったのう』」の中で、檜から見つけた機関砲弾によって兄との六十年前の記憶が呼び起こされた一之助は、その瞬間に「山の男」から「一人の乾いた老人」に戻ったのである。檜との宿縁を感じ、もはや檜を伐る気持ちが消失した末の傍線部オの会話であり、これに合致する⑤が正解。　問七　①「潔く敗北を認めるまで」「『一之助』の一人語り」が、②「長年持ち続けてきた」以降が、③「懐古的に」が、⑤「古い観念に捉われながら」以降がそれぞれ文意に合わず、不適。

【十二】 1　e　2　c　3　d　4　b　5　c　6　a　7　d

○解説○　1　Aは「辛(抱)」であり、1は「紳(士)」、2は「診(療)」、3は「真(偽)」、4は「深(浅)」、5は「辛(辣)」である。Bは「(行)儀」であり、1は「義(務)」、2は「犠(牲)」、3は「議(事)」、4は「(懐)疑」、5は「(威)儀」である。　2　傍線部①は、その前の二人の会話に着目する。「ナガラ」が「(「私」に)会った瞬間やつれていてびっくり」し「私に隠しても、ぜんぶわかるし。なんでも言うてや、そのために旅してるんやから」と「私」への気遣いを見せる。それに対し、「私」は自分への誕生日プレゼントの旅の最中に、母の悩みを話して楽しい時間を壊わすことにならないかと、悩みを打ち明けるのをためらっている。傍線部②は、直前の「私」の会話文から心情を読み取る。「私」はできるだけ母の近くにいようと努力しているのに「母が、少しずつ、少しずつ……遠ざかって行くみたいで……」とあり、母の変化や母に振り回されて思うようにいかず、悔しい心情を読み取るとよい。　3　傍線部③の直後に着目する。「私」が旅に行くことで、母が嘆くこと、それがきっかけで自分のことが分からなくなってしまうのではないかと危惧している。　4　空欄の前後から考えるとよい。前に「しばらく旅に出かけられずにいた。」とあるが、逆接の接続詞「けれど」と言葉が続き「いつかまた…旅に出るんだ。それを励みに、一日いちにちを頑張ってきたのだ」とある。現状を乗り越えて自分の人生を生きようと己を奮い立たせる意思が読み取れる。再起動はパソコン用語でよく使われるので合点がいかないかもしれないが、「起動」が動きを起こすこと、といった意味合いがあることから考えるとよい。

5　傍線部④の前後の文脈に着目する。「母の命が続く限り旅に出られない、……がんばっている自分にも。」とあり、傍線部④「わかってもらえるかどうか、わからないけど、とにかく母に話してみよう」の後に「すっきりした気持ちで旅に出るんだ」と続けている。母と自分の今を見つめ、悩みながら、今後を真剣に考えた末の「旅に出るんだ」の判断である。　6　空欄イに入るのは「腹」であり、a「腹をさぐる」は「それとなく、相手の考えを探ろうとする」を表す。なお、bは「肝に銘じる」(心にしっかり刻み付け忘れまいとする)、cは「口車に乗る」(上手い言葉にだまされる)、dは「耳をそろえる」(不足なく金銭を用意する)、eは「胸をなで下ろす」(心配事が解消して安心する)である。　7　d「私とナガラだけの主観的な世界」が誤り。「私」と「ナガラ」の世界は客観的世界が描かれている。

【十三】問1　芝居や小説(五字)　問2　採ルレ菊ヲ東籬ノ下、悠然トシテ見ル二南山ヲ一。　問3　非人情　問4　ア　問5　喜怒哀楽の感情をもった現実の自己を完全に離れて、自身を客観的に見つめる視点を確立する時。　問6　エ　問7　人の世の喜怒哀楽の感情に三十年付き合って、いささか飽き飽きした。芝居や小説の世界も、こういう刺激を繰り返している。西洋の詩も同じだ。その点、東洋の詩歌はすべてを超越した非人情の世界だからいい。私も非人情を求めて旅に出たが、完全に人情から脱却できないことはわかっている。人間を大自然の中の点景と見たて、おのれも突き放して画中の人物になりきろうと決心したが、すぐに現実に引きもどされた。(百九十一字)

○**解説**○　問1　A「彼ら」は、「どこまでも世間を出る事が出来ぬ」ことが特色である。人情世界を演ずる芝居と理非の世界を描く小説が、これである。　問2　白文(漢文)に訓点(返り点と送り仮名)をつけるのは、漢文を日本文の構造にし、訓読(和訳)するためである。述語・目的語の関係にある「採菊」はレ点、「見南山」は一二点をつける。助詞「ヲ」「トシテ」、および動詞「採」「見」の活用語尾「ル」は、カタカナでつける。

問3　空欄Ⅰ・Ⅱの前後の文や語句と整合する言葉を、抜き出さなければならない。Ⅰの前の文「淵明、王維の詩境を直接に自然から吸収して」、およびⅢの前の文「画中の人物として、自然の景物と美しき調和を保つ」などの描写から、人情を離れ、出世間的な心境の中にいる主人公の姿が見える。問4　C「浮世小路の何軒目に狭苦しく暮した時」とは、俗世間での利害得失の息苦しい生活経験である。非人情をするために俗界を離れたら、今までの生活で見てきた人間も違って見えるだろう、と主人公は考えている。問5「有体なる己れを忘れ尽して」とは、「ありのままの自分(自我意識の働く主体)を忘れ尽くして」の意。「純客観に眼をつくる」は、「自己を客観的に見られた存在として考える」の意。問6『奥の細道』の中で、(松尾)芭蕉が尿前(しとまえ)の関で封人(ほうじん)(国境を守る人)の家に宿泊した時の句に、「蚤(のみ)虱(しらみ)馬の尿(しと)する枕もと」がある。問7　主人公は、俗世間に対しての倦怠感を述べた後、俗世間を対象にした芝居や小説、および西洋の詩歌に対し、東洋の詩歌が出世間的で非人情の世界を描いて俗界を解説している、としてその詩味を大切にすることを強調している。主人公は、旅に出て自我を忘れ、人情の世界から解説し、非人情の世界に逍遥したいと思っていた。しかし、すぐに人情の世界に引きもどされてしまうと感じた。非人情の世界に生きることの難しさを、深く自覚したのである。

【十四】(一)　A　イ　B　エ　(二)　a　反対に　b　きっかけ　(三)　つねに「いま」だけを懸命に生きる乳児は、人や物の到来や消失、離別を意識できないので、時の移ろいを感じないということ。(五十八字)
(四)　一本の線のように未来と現在と過去を結ぶことは、全て現在から時を捉えることであり、流れの外に意識を置くことになるから。(五十八字)　(五)　はじめ…「流れる現　終わり…方である。　(六)　未来は不意に訪れるもので、現在とは断絶しているという考え。(二十九字)　(七)　フッサールは現在という領域を未来と過去を含みこんだものであり、明確にその境界が区切られるものではないと捉えており、その意味で時間と

いうものを外と溶けあいながらつながっている庭に見立てているということ。(百字)

○解説○ (一) A 前文「いま」をコアとして『時の流れ』を見るいわゆる現象学的時間論」を受けて、空欄以下にこの考えへの疑問を呈していることから、逆接の接続詞が適切である。 B 空欄の後では前文の言い換えをしていることを踏まえて考えるとよい。 (二) なお、a「ひるがえって」は「翻って」とも書く。漢字の問題などでも頻出なので、送り仮名等をおさえておくこと。 (三) ここでの「沸騰している」は「それしかない」といった意味に置き換えられる。乳児にとっては『いま』おなかがすいたから泣く」というように、現時点のことしか考えられないことを踏まえて考えるとよい。 (四) 傍線部②の前後の内容をまとめればよい。「予期する現在(未来)」、「いま」である現在、「想起する現在(過去)」を一本の線に結び合わせる行為において、観測点そのものは流れの外にあることになる、ということを指す。 (五) 「両義的なあり方」とあるので、二つの意味が述べられていること。また、テーマが「いま」であること、「そのような」から該当する内容は傍線部前にある可能性が高いことを踏まえて探せばよい。ここでは流れ去る「いま」と現在でありつづける「いま」を指す。 (六) 後文にある「むしろ逆に」をキーワードに内容をまとめればよい。フッサールは「未来」について、現在の中にあらかじめ呑み込まれていると考えており、この考え方と対照的となるのは未来は現在の時点でその到来が予期されるものではなく、不意に訪れるもので、現在とは断絶したものという考え方である。 (七) ここでは「庭」が何を意味するのかを考えるとよい。フッサールは、現在を未来と過去に区切るのではなく、不在(未在と既在)を呑みこんでいく運動ととらえ、その二つが「時間の庭」に含まれることを想定している。現在は、未来と過去を区切る単なる点ではなく、両者を「時間の庭」に含み込み、それを溶かしあう「張り」の幅を持ったものだとイメージしている。

【十五】 1 a 鋭(い) b 杯 c なつ(かし) d なんじゃく e 探(っ) 2 目 3 失礼な発言で大竹さんの気を悪くすると考えたから。 4 大竹さんを一番大事にしてくれたおばあさんは、他の家族は覚えていたのに大竹さんだけを忘れたことを聞き、そのつらい気持ちを想像できたから。（六十七字） 5 おばあさんへの思いに支えられて相当な努力を積んだ結果、持つことが出来た店を大切にしたい大竹さんの気持ち。（五十二字） 6 イ

○**解説**○ 1 解答参照。 2 「目を細める」は、うれしさや目にするものの愛らしさ等によって、ほほえみを浮かべること。 3 傍線部①の二行後に「大竹さんは気を悪くはしなかったようで」とあることから、匠は大竹さんが気を悪くするかと思い、口を閉じたのである。「失礼な」と「気を悪く」といった表現を用いて説明する。 4 傍線部②の後文で「返すべき言葉は見当たらず」とあることから、大竹さんの辛さを気の毒に感じていることがわかる。傍線部②の前の大竹さんの言葉の内容をまとめながら、それに対する匠の思いを説明する。 5 傍線部③の直前の内容を中心にまとめるとよい。店を持てるようになるまでの努力と、店を「守りたい」という思いを説明する。 6 特に後半で、匠が大竹さんのおばあさんに関する思い出とそれに対する思いを引き出す役割として、巧みに会話を進めている点がポイントになっている。

古文

要点整理

歌合 平安時代前期にはじまったが、中期から鎌倉時代前期に特に流行した。歌人を左右二組に分け、判者を立て、左右がその優劣を争う文芸競技である。最古の歌合は在原行平《ゆきひら》の行った「在民部卿家歌合」である。

もののあはれ しみじみとした調和的な情趣美をいい、平安時代に特に重視された美意識である。日本文学全般の底流をなすものと考えられている。これを最初に唱えたのは、江戸時代の国学者本居宣長である。宣長はその著「源氏物語玉の小櫛《おぐし》」で、源氏物語全編の本質を「もののあはれ」にあると論じた。また物語の効用は「もののあはれ」を感得する精神を養うにあるとした。

枕詞 原則として五音節からなる語で、ある特定の語にかぶせて、修飾的にあるいは句調を整えるために用いることばを枕詞という。枕詞とそれがかぶせられる語との関係は、恒常的なものである。枕詞は、いわゆる口語訳をするときは、訳出する必要はない。

序詞 枕詞の延長されたものと考えられるが、枕詞のように形式化した修辞ではなく、個性的に、また即興的に創作され、作者の情意がこめられているので、解釈の対象からはずしてはならない。

縁語 一つの言葉とそれに類縁のある言葉、あるいは連想的に結びつく言葉を用いる修辞法を縁語という。縁語は、表現上、一種のおもしろみを出そうとする修辞法であるから、それを訳出することはむずかしい。

　玉の緒よ絶えなば絶えねながらへば
　　忍ぶることの弱りもぞする（新古今集）

この歌では、「玉の緒」の「緒」を中心とし、「絶え」「ながらへ」「弱り」など、「緒」に関係のある語を用いて、照応のおもしろさを出そうとしている。

引き歌・本歌取り 古歌の語句を散文に引用して文章を飾る技巧を「引き歌」といい、和歌に用いられた場合は「本歌取り」という。このような技巧は、古歌のイメージが重層して、背景が広がり、奥行きが深まって、文章がいちだんと情趣を増すという効果がある。

須磨には、いとど心づくしの秋風に、海はすこし遠けれど、行平の中納言の関吹き越ゆるといひけむ浦波、夜々は、げにいと近く聞えて、又なくあはれなるものは、かかる所の秋なりけり。

(源氏物語「須磨」)

この文章の「心づくしの秋風」は、古今和歌集の読み人しらず「木の間より漏りくる月の影見れば心づくしの秋は来にけり」、「関吹き越ゆる」は、続古今和歌集の在原行平「旅人は袂《たもと》涼しくなりにけり関吹き越ゆる須磨の浦風」から引かれたものである。「旅人は」の歌は「行平の中納言の……といひけむ」とあるので容易に察しがつくが、「木の間より」の歌は、地の文に融合しているので見のがしやすい。しかし、当時の「源氏物語」の読者にとって、古今和歌集は必読の教養書であったので、その一句を示されただけでも、すぐ本歌を連想することが可能であった。

掛詞 一つの語あるいはその一部分に二つの意味をもたせる修辞法を掛詞という。掛詞を解釈する場合には、掛けてある意味を生かして、二様に解釈することが大切である。

季題 連歌や俳句によみこむ季節をあらわす言葉を季題という。季語といってもよい。鎌倉時代の連歌の勃興期にさえ、発句は必ず眼前の情景(季節)をよむべきものとされた。江戸後期にいたって、馬琴の「俳諧歳時記」などにみられる季題の詳細な整理分類が行われた。

季題は、その発生期における重要条件が形式化したとともに、短詩型の文学には一語のうちにできるだけ多くの内容余情を盛ろうとした結果生まれたのである。

さび 「しおり」「ほそみ」とともにあげられる芭蕉の俳諧の理念である。さらに言えば、日本の芸術の理念でもある。

平安時代末期、俊成や定家の提唱した世紀末的無常観にいろどられた漢詩的な「幽玄」は、やがて「からび」「わび」などの美意識に展開した。この美意識が江戸初期の庶民の華美、耽溺を経たのちにひらける淡々とした渋みを加えて、生命をとりかえした。それがさびである。このように、さびは中世的な美意識にたつものであるが、今日においても日本的なあるいは東洋的な美の理念として高い意義を持つものである。

序破急 もともとは、雅楽の構成形式の三段階の名称である。まず細かい拍子でゆるやかな「序」に始まり、次に拍子に綾のある「破」にうつり、最後に楽を統べとじる急テンポの「急」におわるのが雅楽の一般的演奏形式である。この変化と流れを転用したのが能楽である。これはまた、おなじ変化の美を求める連歌俳諧にも転用された。

所作事 時代によって、意味することが異なるが、広義には、舞踊・舞踊劇のことをいい、狭義には、元禄期に歌舞伎で劇的要素の濃い振《ふり》をいう。所作事を略して所作ともいうが、宝暦以後は、所作を舞踊の意味に、所作事を舞踊と舞踊劇の総称に用いるようになった。

実施問題

【二】次の文章は、「中納言」が唐から帰国後初めて内裏に参内し、「帝」と対面した時の様子を描いている。これを読んで、以下の問いに答えなさい。

内裏よりしきりに召しあれば、a参り給ふ御ありさまおろかならず。めでたき御装束のにほひをととのへて、めづらしう立ち出で給ふ、目かかやくばかりなり。世に知らぬ御にほひ、百歩《ひやくぶ》のほかもかをるばかりにて、日ごろも降り積もる雪、今もうちそそきわたすに、いとど光を添へたる御ありさまにて、行き来の道の人々も、めづらしう見たてまつる。陣あゆみ入り給ふより、何の深き心もなげなるものども、女官どもの司などさへ涙落として見たてまつりおどろく。まいて御方々の、細殿《ほそどの》のうちにこぼれ出でて、苦しきまで見送るを、後目《しりめ》にかけつつ過ぎ給ひぬるも、口惜しうねたげなる。

御前に召しありて参り給へるに、ア年ごろ隔てて御覧ずるは、あさましうこの世のものならず、御目もおどろきて、とばかりものも仰せられで、涙落とさせ給へるイ御けしき、かたじけなきに、われも①え心強からず。かの国にありけむことどもなど、くはしく問はせ給ふに、御前をとみに立ち出づべうもあらず。暮れぬるに、雪もなほ降りまさりつつ、月もいとおもしろう澄みのぼりたり。「b遊びなどもすさまじうおぼえて、ことにものの音《ね》なども聞かでなむ過ごしつるに」とて、御遊びはじまる。中納言は、この世のこともめづらしうおぼされて、見し世の春に似たりしほどなど、ことにつけつついみじうおぼさるれば、心澄ましてかき立て給へる箏《しやう》の琴の音、おもしろうあはれなることかぎりなし。例のことなれば、涙とどむる人なかりけり。めづらしげなきことなれど、えぞ書きつづけざりけるぞ。②御衣《おほむぞ》賜はり給ふ、つねのことなりかし。

A　別れては雲居の月もくもりつつかばかり澄めるかげも見ざりき

と仰せごとあるに、いとなめてならぬことなれば、かたじけなうおぼす。

B　ふるさとのかたみぞかしと天の原ふりさけ月を見しぞかなしき

と③奏し給ひて、下《お》り給ふままに舞踏《ぶたふ》し給ふ。

（『浜松中納言物語』による）

（注）百歩のほか…百歩以上離れた所。　陣…宮中の警備に当たった兵士の詰所。
御方々…女御・更衣に仕える女房たち。　細殿…殿舎の廂《ひさし》を仕切って女房の部屋とした所。
見し世の春に似たりしほど…滞在していた唐で経験した春に似た折。中納言が唐で恋に落ちた后の琵琶を聞いたことがあり、それを思い出している。
舞踏…謝意を込めた拝礼。

問一　二重傍線部ア、イの本文中での意味を答えよ。

問二　波線部a、bについて、それぞれ口語に訳せ。

問三　傍線部①は誰のどのような様子について言っているのか、説明せよ。

問四　傍線部②について、帝が中納言に「御衣」を与えたのはどうしてか、説明せよ。

問五　傍線部③の「奏し」「給ひ」について、それぞれ誰への敬意を表しているか、答えよ。

問六　Aの歌について、「雲居」が持つ二つの意味が分かるようにして口語訳せよ。

問七　Bの歌は、『古今和歌集』に収められた安倍仲麿《あべのなかまろ》の歌を踏まえて詠まれたと見ることができる。ここで踏まえられている安倍仲麿の歌を書け。

問八　「高等学校学習指導要領」（平成30年3月告示）に示された科目「言語文化」において、2　内容〔思考力、判断力、表現力等〕A　書くこと　について指導する際の言語活動例として、具体的にどのようなものが示されているか、書け。

二〇二四年度　群馬県　難易度

【二】次の文章は、『徒然草』の一節である。これを読んで、以下の各問いに答えよ。

家居の(1)つきづきしく、あらまほしきこそ、仮の宿りとは思へど、興あるもの(a)なれ。
よき人の、のどやかに住みなしたる所は、さし入りたる月の色も、一きはしみじみと見ゆるぞかし。今めかしくきららかならねど、木だちものふりて、(2)わざとならぬ庭の草も心あるさまに、簀子・透垣のたよりをかしく、うちある調度も昔覚えてやすらかなるこそ、(3)心にくしと見ゆれ。
多くの工の心をつくしてみがきたて、唐の、大和の、めづらしく、えならぬ調度ども並べ置き、前栽の草木まで心のままならず作りなせるは、見る目も苦しく、いとわびし。さてもやは、ながらへ住むべき。又、時のまの煙ともなりなんとぞ、うち見るより思は(b)るる。大方は、家居にこそ、ことざまはおしはからるれ。
後徳大寺大臣の、寝殿に鳶ゐさせじとて縄をはられたり(c)けるを、西行が見て、「鳶のゐたらんは、何かはくるしかる(d)べき。此の殿の御心、さばかりにこそ」とて、(4)その後は参らざりけると聞き侍るに、綾小路宮のおはします小坂殿の棟に、いつぞや縄をひかれたりしかば、かのためし思ひいでられ侍りしに、誠や、「烏のむれゐて池の蛙をとりければ、御覧じ悲しませ給ひてなん」と人の語りしこそ、さては(5)いみじくこそと覚えしか。徳大寺にもいかなる故か侍りけん。

（校注　永積安明「完訳日本の古典　第三十七巻」から　※問題作成において一部改訂）

1 『徒然草』について説明した次の文の（ ① ）～（ ③ ）に当てはまる言葉を(ア)～(ケ)から選び、それぞれ記号で答えよ。

兼好法師によって（ ① ）時代末期に書かれ、「枕草子」「（ ② ）」とともに三大（ ③ ）と言われている。

(ア) 平安　(イ) 鎌倉　(ウ) 室町　(エ) 十訓抄　(オ) 奥の細道　(カ) 方丈記
(キ) 紀行文　(ク) 説話集　(ケ) 随筆

2 傍線部(1)を現代語訳せよ。

3 傍線部(a)～(d)の中で活用形の異なるものを一つ選び、記号で答えよ。また、その活用形を次の(ア)～(カ)から一つ選び記号で答えよ。

(ア) 未然形　(イ) 連用形　(ウ) 終止形　(エ) 連体形　(オ) 已然形　(カ) 命令形

4 傍線部(2)と対の意味となる言葉を文章中から七字で探し、抜き出して書け。

5 傍線部(3)の意味として、最もふさわしいものを次の(ア)～(エ)から一つ選び、記号で答えよ。

(ア) 心細い　(イ) ほほえましい　(ウ) 奥ゆかしい　(エ) つまらない

6 傍線部(4)とあるが、動作主を文章中から抜き出して答えよ。

7 傍線部(5)とあるが、どのようなことに対してそう感じたのか、三十字以上三十五字以内で書け。

8 文章の内容に合致するものを次の(ア)～(エ)から全て選び、記号で答えよ。

(ア) 住まいの様子を具体的に描写し、住まいには住む人の人柄が表れるという意見を提示している。
(イ) 珍しい小道具類を並べ、庭木等をよく手入れしている住まいに対する肯定的な考えを提示している。
(ウ) 前段に書いた内容に対し、後段で例外となる事例を提示することで多面的な見方を示唆している。

(エ) 前段に書いた内容について、後段でさらに具体例を提示することで、自分の主張を補強している。

二〇二四年度 岡山市 難易度

【三】 次の文章を読んで、以下の問一～六に答えなさい。

【和歌Ⅰ】 天の河あさせしら波たどりつつ渡りはてねば明けぞしⓐにける 〔古今 秋上 紀友則〕

この歌の心は、天の河の深さに、あさせ白波たどりて、河の岸に立てるほどに、明けぬれば、「今はいかがはせむ」と、**逢**はでかへりぬるⓑなり。さることとやはあるべき。ただの人すら、ひととせを、夜昼恋ひくらして、たまたま、女逢ふべき夜なれば、いかにしても、かまへてA渡るらむものを。まして、七夕と申す星宿ⓒには、おはせずや。天の河、深しとて、かへり給ふべきにあらず。いかにいはむや。その河には、B鵲《かささぎ》ありて、C紅葉を橋に渡しともいひ、D渡し守ふねはや渡せともいひ、E君渡りなば楫《かじ》かくしてよとも詠めり。かたがたに、渡らむことは、さまたげあらじ。渡し守の、人を渡すは、知る知らぬはあるべき。七夕の、心ざしありて、渡らむとあらむに、渡し守、Fなどてかいなび申さむ。また、河も、さまでやは深からむ。かたがたに、心得られⓓぬことなり。また、アひがごとを詠みたらむ歌を、古今に、躬恒・貫之、まさに入れむやは。たとひ、かの人々 X 、あやまちて入れめ、延喜の聖主[注Ⅰ]、のぞかせ給はざらむやは。もし、古今の書きあやまりかと思ひて、イあまたの本をみれば、みな、渡りはてねばとあり。おろさかしき人の、書きたる本にやあらむ、渡りはつればと書ける本もあり。おぼつかなさに、人に、尋ね申ししは、なほ、渡りはてねばとあるべきなめり。渡りはつればとあるは、あしきなめり。かやうのことは、古き歌の、ひとつの姿なり。恋ひかなしみて、立ちゐ待ちつることは、ひととせなり。たまたま、待ちつけて、**逢**へることは、ただ、ひと夜なり。その程の、まことにすくなければ、まことには、**逢**ひたれど、中々にて、**逢**はぬかのやうにおぼゆるなり。されば、程のすくなきに、逢はぬ心ちこそすれと詠むべけれど、歌のならひにて、さもよみ、また、逢ひたれど、ひとへに、まだ逢はぬさまに詠めるなり。たとへば、月の、山のはに出でて、山のはに入る、と詠むがごとし。いつかは、月、山より出でて、山には入る。されども、うち見るが、さ見ゆるを、さこそおぼゆれとはいはで、ひとへに、山より出づるやうに詠むなり。これのみかは。花を、しら雲に似せ、紅葉を、錦に似せなどするも、ひとへに、それにこそはなすめれ。注2ことたがふもの、人の物いふは、似たる物をも、ひとへになし、聞かぬ事をも、聞きたるやうにこそはいふめれ。それがやうに、歌も、逢ひながら、逢はずとはいふなり、とこそうけ給はりしか。

（『俊頼髄脳』による。）

（注1）延喜の聖主＝醍醐天皇のこと。古今和歌集の撰集を命じた。
（注2）ことたがふもの＝人ではないもの。

問一　ⓐに、ⓑなり、ⓒに、ⓓぬとありますが、それぞれの助動詞の意味の組合せとして最も適切なものを、次の①～④の中から選び、その番号を答えなさい。

①　ⓐ　完了　ⓑ　伝聞　ⓒ　完了　ⓓ　打消
②　ⓐ　断定　ⓑ　断定　ⓒ　断定　ⓓ　完了
③　ⓐ　完了　ⓑ　断定　ⓒ　断定　ⓓ　打消
④　ⓐ　断定　ⓑ　伝聞　ⓒ　完了　ⓓ　完了

問二　X に当てはまる最も適切な助詞を、次の①～④の中から選び、その番号を答えなさい。

①　が　②　や　③　こそ　④　さへ

問三　アひがごと、イあまたのとありますが、これらの本文における意味として最も適切なものを、次の各群の

①～④の中からそれぞれ選び、その番号を答えなさい。

ア　ひがごと

① 失礼なこと　② 縁起の悪いこと　③ 古くさいこと　④ 正しくないこと

イ　あまたの

① 手元の　② 多くの　③ 専門の　④ 昔の

問四　A渡るらむものを、Fなどてかいなび申さむの口語訳をそれぞれ書きなさい。

問五　B鵲《かささぎ》、C紅葉を橋に渡し、D渡し守ふねはや渡せ、E君渡りなば楫《かじ》かくしてよとありますが、これらは次に示す【鵲にまつわる伝説】又は、【七夕にまつわる和歌】を踏まえて例示したものとされています。筆者はどのようなことの例としてこれらを示したと言えますか。【鵲にまつわる伝説】及び【七夕にまつわる和歌】の内容に触れて書きなさい。

【鵲にまつわる伝説】

七夕の夜、牽牛と織女が逢う時に、鵲という鳥が翼を並べて天の河に橋を架けるとされた。

【七夕にまつわる和歌】

天の河紅葉を橋に渡せばや七夕つめの秋をしも待つ

渡し守ふねはや渡せ一年に二たび来ます君ならなくに

久方の天の河原の渡し守君渡りなば楫かくしてよ

問六　G歌のならひとありますが、本文において筆者は【和歌Ⅰ】について、この「歌のならひ」と結び付けて解釈を示しています。筆者は【和歌Ⅰ】について、具体的にどのような解釈を示していますか。本文における「歌のならひ」の内容を明らかにして書きなさい。

【四】 次の文章を読んで、一～六の問いに答えよ。

廿三日《はつかあまりみか》。日照りて曇りぬ。「このわたり、海賊の恐《おそ》りあり」と言へば、神仏《かみほとけ》を祈る。

廿四日《はつかあまりよか》。昨日《きのふ》の同じ所なり。

廿五日《はつかあまりいつか》。楫取《かぢとり》らの、「北風悪《あ》し」と言へば、船出《い》ださず。「海賊追《お》ひ来《く》」といふこと、絶えず聞こゆ。

廿六日《はつかあまりむゆか》。まことにやあらむ、「海賊追ふ」と言へば、①夜中ばかりより船を出だして漕ぎ来る途《みち》に、*手向《たむけ》する所あり。楫取して幣《ぬさ》奉《たいまつ》らするに、幣の東《ひむがし》へ散れば、楫取のaまうして奉る言《こと》は、「この幣の散る方《かた》に、御船《みふね》すみやかに漕がしめ給へ」とaまうして奉る。これを聞きて、ある女《め》の童の詠める、

*わたつみの道触《ちぶ》りの神に手向する幣の②追風《おひかぜ》止まず吹かなむ

とぞ詠めるA。

この間に、風のよければ、楫取いたく誇りて、船に帆上げなど喜ぶ。その音を聞きて、童も嫗《おむな》も、*いつしかとし思へばにやあらむ、いたく喜ぶ。この中に、b淡路《あはぢ》の専女《たうめ》といふ人の詠める歌、

追風《おひかぜ》の吹きぬる時は行《ゆ》く船の*帆手《ほて》打ちてこそ③うれしかりけれ

とぞ。

天気《ていけ》のことにつけつつ祈る。

『土佐日記』(新日本古典文学大系)より(作問の関係上、一部表記等を改めた。)

＊手向《たむけ》する所…航海の安全を祈って、海の神に捧げ物をする場所。

＊わたつみの道触りの神…海の行路の安全を守る神。
＊いつしかとし思へばにやあらむ…早く都に帰りたいと思うからか。
＊帆手…「帆手」は船の左右につけた張り綱。「て」に「手」を掛けて「手打ちて」の意を導く。

一　「aまうして」、「b淡路《あはぢ》」を音読する場合、その読み方をすべてひらがなで答えよ。
二　「Aる」の品詞・活用形を記せ。
三　「①夜中ばかりより船を出だして」とあるが、その目的を説明せよ。
四　「②追風止まず吹かなむ」を現代語訳せよ。
五　「③うれしかりけれ」とあるが、何がうれしいのか、十五字以上二十字以内で記せ。
六　この作品は日記文学と呼ばれるが、その文学史的な特徴を、次の条件に従って説明せよ。

【条件】
①　作者について触れること。
②　土佐日記以前の他の作者の日記と比較すること。

二〇二四年度　山梨県　難易度

【五】　次の文章を読んで、以下の問いに答えなさい。

夢よりもはかなき A世の中を、嘆きわびつつ明かし暮らすほどに、（注1）四月十余日にもなりぬれば、木の下くらがりもてゆく。築地の上の草あをやかなるも、人はことに目もとどめぬを、あはれとながむるほどに、近き

B透垣のもとに人のけはひすれば、たれならむと思ふほどに、故宮[注2]にさぶらひし小舎人童なりけり。

あはれにもののおぼゆるほどに来たれば、「Cなどか久しく見えざりつる。遠ざかる昔のなごりにも思ふを。」など言はすれば、「そのこととさぶらはでは、なれなれしきさまにやと、つつましうさぶらふうちに、日ごろは山寺にまかりありきてなむ。いとたよりなく、つれづれに思ひたまうらるれば、D御代はりにも見たてまつらむとてなむ、帥宮[注3]に参りてさぶらふ。」と語る。「いとよきことにこそあなれ。その宮は、いとあてにけけしうおはしますなるは。昔[注4]のやうにはえしもあらじ。」など言へば、「しかおはしませど、いとけ近くおはしまして、『常にi参るや。』と問はせおはしまして、『参りはべり。』と申しさぶらひつれば、『これもて参りて、いかがii見たまふとて奉らせよ。』とのたまはせつる。」とて、橘の花を取り出でたれば、「E昔の人の」と言はれて、「さらばiii参りなむ。いかが聞こえさすべき。」と言へば、ことばにて聞こえさせむもかたはらいたくて、「なにかは。あだあだしくもまだ聞こえたまはぬを。はかなき言をも。」と思ひて、

　薫る香によそふるよりはほととぎす聞かばやおなじ声やしたると

と聞こえさせたり。

まだ端におはしましけるに、この童、隠れのかたに気色ばみけるけはひを御覧じつけて、「いかに。」と問はせたまふに、御文をさし出でたれば、御覧じて、

　おなじ枝に鳴きつつをりしほととぎす声は変はらぬものと知らずや

と書かせたまひて、賜ふとて、「かかること、ゆめ人に言ふな。すきがましきやうなり。」とて、入らせたまひぬ。もて来たれば、をかしと見れど、常はとて御返り聞こえさせず。

（和泉式部『和泉式部日記』）

(注1)　四月十余日……長保五年(一〇〇三)の四月。
(注2)　故宮……冷泉天皇の第三皇子である為尊親王のこと。為尊親王は前年六月に亡くなっている。

（注3） 帥宮……太宰府の長官をつとめる親王。ここでは、冷泉天皇の第四皇子敦道親王をさす。
（注4） 昔……為尊親王をさす。

1 二重傍線部 i ～ iii に含まれる敬語が示す敬意の対象の組合わせとして最も適切なものを、①～⑤の中から一つ選びなさい。

① i 帥宮 ii 帥宮 iii 帥宮
② i 作者 ii 作者 iii 作者
③ i 帥宮 ii 帥宮 iii 作者
④ i 作者 ii 作者 iii 帥宮
⑤ i 帥宮 ii 作者 iii 帥宮

2 傍線部A「世の中」は、本文においてはどのような意味か。最も適切なものを、①～⑤の中から一つ選びなさい。

① 世間の評判、名声 ② 現世、この世 ③ 帝の治める世 ④ 世の常、世間一般
⑤ 男女の仲

3 傍線部B「透垣」の読みとして最も適切なものを、①～④の中から一つ選びなさい。

① すがき ② すいがい ③ とおしかき ④ とうかい

4 傍線部C「などか久しく見えざりつる」に対する小舎人童の返事として最も適切なものを、①～⑤の中から一つ選びなさい。

① 来るつもりがなかったわけではないが、なにかと他にも親しくする人がいたし、最近は各地の山寺へもその人と参拝していたから。

② 特にこれという用事があるわけではないが、なれない生活であったので質素に暮らしているうえに、近頃は山寺を歩き回っていたから。
③ 昔のことを忘れたわけではないが、私の衣服が古くなっているのではと気恥ずかしく思い、近頃は山寺でお祈りすることに専念していたから。
④ これという用事がないと、ぶしつけではないかと遠慮していたし、最近は山寺詣でに出歩いていたから。
⑤ お仕えできなかったのは、成長した姿を見てほしいとひそかに考えた結果、ふだんは山寺で修行する生活をしていたから。

5 傍線部D「御代はり」は、誰の「代はり」なのか。最も適切なものを、①～⑤の中から一つ選びなさい。
① 故宮　② 小舎人童　③ 帥宮　④ 山寺の仏　⑤ 作者

6 傍線部E「昔の人の」は『古今和歌集』にある有名な古歌の第四句である。この歌の上の句を、①～⑤の中から一つ選びなさい。
① 人はいさ心も知らずふるさとは
② ほととぎす鳴きつる方を眺むれば
③ さつき待つ花橘の香をかげば
④ ほととぎす鳴くや五月のあやめ草
⑤ 夜をこめて鳥の空音ははかるとも

7 本文の内容を説明したものとして最も適切なものを、①～⑤の中から一つ選びなさい。
① 主人公の女が築地のあたりを眺めていたところ、たまたま通りかかった童と出会う。童は慰みに橘の花を贈り、故宮のことを思い出した女は、弟宮に兄宮の思い出として歌を贈った。
② 作者が嘆きわずらう日々を過ごしていたころ、弟宮からの命を受けて橘の花を持参した童に再会する。

作者は、兄宮を思い出すよすがとして、弟宮をほととぎすに見立てた歌を贈った。

③ 主人公の女が今は亡き為尊親王をしのんでいたところ、故宮に仕えていた童から橘の花を受け取る。女は、花を贈ってくれた弟宮に、童をほととぎすになぞらえた歌を返した。

④ 四月中旬のころ、作者は透垣のもとに人の気配を感じ、童と出会う。童が持っていた橘の花を見て古歌を思い浮かべた作者は、故宮が飼っていたほととぎすの声をもう一度聞きたいと弟宮に歌で訴えた。

⑤ 主人公の女が故宮をしのび、もの思いにふけって築地をながめていたとき、弟宮からの使いの童に出会う。弟宮からの橘の花を受け取った女は、兄弟で飼っていたほととぎすが今もかつてと同じように鳴いているか、歌で質問した。

8 日記文学の作品を成立年代順に並べると、どの順序が正しいか。最も適切なものを、①～⑤の中から一つ選びなさい。

① 蜻蛉日記 ― 土佐日記 ― 十六夜日記 ― 更級日記
② 蜻蛉日記 ― 土佐日記 ― 更級日記 ― 十六夜日記
③ 蜻蛉日記 ― 十六夜日記 ― 土佐日記 ― 更級日記
④ 土佐日記 ― 蜻蛉日記 ― 更級日記 ― 十六夜日記
⑤ 土佐日記 ― 更級日記 ― 蜻蛉日記 ― 十六夜日記

二〇二四年度 三重県 難易度

【六】 次の文章を読んで、以下の(一)～(七)の各問いに答えよ。

今は昔、※大江の匡衡《まさひら》が妻《め》は、赤染《あかぞめ》の時望《ときもち》と云ひける人の娘なり。その腹に挙周《たかちか》をば生ませたるなり。その挙周、勢長じて、①文章の道に止むごとなかりければ、公《おほやけ》に仕りて、つひにa和泉守になりにけり。その国に下りけるに、母の赤染をも具して行きたりけるに、挙周思ひかけず、身に病を受けて、②日ごろ煩ひけるに、重くなりにければ、母の赤染歎き悲しみて、思ひb遣る方なかりければ、住吉《すみのえ》の明神に御幣《おほみてぐら》を奉らしめて、挙周が病を祈りけるに、その御幣の串に書きつけて奉りたりける、

③かはらむと思ふ命は惜しからでさても別れむほどぞ悲しき

と。その夜④つひにいえにけり。

また、この挙周が官《つかさ》望みける時に、母の赤染、鷹司殿《たかつかさどの》にかくなむよみて奉りたりける、

思へ君⑤頭の雪をうち払ひ消えぬさきにと急ぐ心を

と。※御堂《みだう》、この歌を御覧じて、いみじく哀れがらせ給ひて、かく⑥和泉守にはなさせ給へるなりけり。

また、この赤染、夫の匡衡が稲荷の禰宜《ねぎ》が娘を語らひて愛し思ひけるあひだ、赤染がもとに久しくA来たらざりければ、赤染、かくなむよみて、稲荷の禰宜が家に匡衡が有りける時に遣りける、

⑦わが宿の松はしるしもなかりけり※杉むらならば尋ね来なまし

と。匡衡、これを見て恥しとや思ひけむ、赤染がもとに返りてなむすみて、稲荷の禰宜がもとには通はずなりにけりとなむ語り伝へたるとや。

(『今昔物語集』から)

(注) ※大江の匡衡……平安時代中期の貴族・歌人・儒者。中古三十六歌仙の一人。その妻も中古三十六歌仙の一人。
※御堂……法成寺の異称であり、それを建立した藤原道長の尊称。
※杉むら……稲荷神社の杉木立のこと。

(一) 〜〜線a「和泉」、b「遣」の読み方をそれぞれ現代的仮名遣いで答えよ。

(二) ‖‖線A「来たらざりければ」を例にならって文法的に説明せよ。

マ行上一段活用動詞	意志の助動詞			形容詞
未然形	連体形	名詞	係助詞	終止形
(例)見	む	心	も	なし

(三) ——線①「文章の道」、②「日ごろ」のここでの意味を答えよ。

(四) ——線③「かはらむと思ふ命は惜しからで」、④「つひにいえにけり」、⑥「和泉守にはなさせ給へるなりけり」を現代語訳せよ。

(五) ——線⑤「頭の雪」とあるが、これは誰のどのような様子について言ったものか。説明せよ。

(六) ——線⑦の和歌「わが宿の松はしるしもなかりけり杉むらならば尋ね来なまし」について、次のⅠ、Ⅱの各問いに答えよ。

Ⅰ この和歌に用いられている技法とその内容について、四十字程度で説明せよ。

Ⅱ 「杉むらならば尋ね来なまし」とはどういうことか。最も適切なものを、次のア〜オから選び、記号で答えよ。

ア 私の家に、稲荷神社のような杉木立を植えたとしても、あなたは私を訪ねてはくれないだろうという赤染の諦め。

イ 稲荷の禰宜の家にある杉木立が、あなたが私の家に来ることを遮っているのでしょうかという赤染の疑い。

ウ 私の家にあるのが松でなく杉木立であれば、あなたはきっと私を訪ねてくれるに違いないという赤染の断定。

エ　稲荷の禰宜の家には杉木立があるので、あなたはそれに惹かれて尋ねられるのかもしれないという赤染の迷い。

オ　私の家の松が、もし稲荷神社の杉木立であったなら、きっとあなたは訪ねて来なさるでしょうにという赤染の願い。

(七)　文章中の和歌にまつわる三つのエピソードの共通点を踏まえながら、本文の趣旨を四十字程度で説明せよ。

■二〇二四年度■山口県■難易度

【七】次の文章は、『住吉物語』の一節である。これを読んで、以下の(一)～(五)の問いに答えよ。

少将はこのよしほの聞きて、嵯峨野[*1]へ先へ行きて、松の木陰《こかげ》に忍びゐて見たまへば、車をやり寄せて立てアられたり。雑色《ざしき》をば遠く退けて、侍《さぶらひ》二、三人ばかり寄りて、女房、半者車より降り、小松にたはぶれて、姫君の御車のa御簾も上げたれば、確かならイねど、ほのかに見えたまふ。少将よく隠れて見たまふをも知らず、女房ども、「いとをかしき野辺《のべ》の景色、御覧さぶらへかし。見ぐるしくもさぶらはず。萌《も》え出《い》づる草もなつかしくこそ」と言へば、中の君降りたまへり。紅梅《こうばい》の匂《にほ》ひに紅《くれなゐ》の浮き織物の袴《はかま》踏みしだき、さしあよみたる御さま、衣《きぬ》のすそに足《た》らぬほどなり。青柳《あをやぎ》の風に乱れたる姿に異ならず。次に、三の君降りたまへり。花《はな》山吹《やまぶき》の単衣《ひとへ》、濃き萌葱《もえぎ》のありつかはしく、朽葉《くちば》の織物着たまへり。いみじくb愛敬づきて、これは少しまさりたる。髪はおなじほどにおはしけり。

侍従[*2]さし寄りて、「Aさらば、降りさせおはしましさぶらへかし。見ぐるしくもはべらず。君達《きんだち》もみな降りたまふ」など申せば、まことにさもこそはとて、やや久しくありて降りさせたまふなり。藤襲《ふぢがさね》の単衣、紅の表《うは》着《ぎ》に、紅の織物の袴踏みしだき、さしあよみたまへる御ありさま、いとめでたく、秋の夜の月、雲間《くもま》より差し出でたる心地《ここち》して、御ぐしはC袿のすそに豊かにあまり、たけのほど、姿よりはじめて、まみと口つき、絵に描《か》くとも筆に及びがたし。人に見せまほしきほどなり。少将うち驚き、かかる人も世におはしけるかと、昔聞こえし*3王昭君《おうせうくん》、*4衣通姫《そとほりひめ》といふとも、いかでこれにはまさるべきとおぼしめし、世の中あぢきなくなりまさり、限りありて、天人《てんにん》の装《よそほ》ひも物の数ならずなどと、せん方《かた》なく思ひ嘆きたまふ。三の君をこそ目やすきさまに思ひしに、かかる人もおはしけることよとて、涙せきあへたまはず。

姫君たちは、少将の見たまふともゆめにも知りたまはで、うちとけ遊びたまふを、よくよく見たまひて、少将の、大きなる松の下にほれぼれとしてゐたまへるを、人こそあれ、*5宮腹の姫君見つけたまひて、あきれたまへるこそ。いとらうたげにB扇《あふぎ》差しかざして、車に乗りたまへるさま、たぐひなくこそおぼゆれ。中の君、三の君も急ぎ乗りたまひウぬ。いづれもいづれも、とりどりにあらまほしけれども、宮腹の姫君はたとふべき方もなし。

少将、近く寄りたまひてのたまひけるは、「いかであやしき者とおぼしめしさぶらふらん。この野の景色ゆかしさに出《い》でつるほどに、車の音聞こえければ、あやしみ、たれなるらんと思ひて、立ち忍びはべる。さりながら、しかるべき御契りエにや、参り会ひはべり」とて、小松を引きて、少将かくなん、

春霞《はるがすみ》立ちへだつれど野辺《のべ》に出でて松の緑をけふ見つるかな

*6姫君にとは思へども、さすがはばかり、「二所《ふたところ》の御中《なか》へ」と言はす。中の君、「姫君に」と聞こゆれば、よしなきありきして人に見えつる、口惜《くちを》しければ、「それへこそ」とて、いらへしたまはず。

(注) *1 嵯峨野 …現在の京都市右京区嵯峨一帯の称。

*2 侍従 …「姫君」の侍女。

＊3　王昭君　…前漢の元帝の女官。
＊4　衣通姫　…允恭天皇の妃。
＊5　宮腹の姫君…文中の「中の君」「三の君」の姉。
＊6　姫　…ここでは「宮腹の姫君」を指す。

（出典　「新編日本古典文学全集39　住吉物語」）

（一）本文中の～～～a～cの読みの組合せとして最も適切なものを、次の①～⑤の中から一つ選べ。

①　a　のれん　b　あいけい　c　うわぎ
②　a　のれん　b　あいぎょう　c　うちき
③　a　みす　b　あいぎょう　c　うちき
④　a　みす　b　あいぎょう　c　ひとえ
⑤　a　みす　b　あいけい　c　うわぎ

（二）本文中の＝＝＝ア～エの助動詞の文法的な意味の組合せとして最も適切なものを、以下の①～⑤の中から一つ選べ。

a　過去　b　打消　c　完了　d　受身　e　尊敬　f　断定

①　ア　e　イ　b　ウ　c　エ　f
②　ア　e　イ　c　ウ　b　エ　f
③　ア　e　イ　b　ウ　c　エ　a
④　ア　d　イ　b　ウ　c　エ　a
⑤　ア　d　イ　c　ウ　b　エ　f

（三）本文中の――A「さらば、降りさせおはしましさぶらへかし。見ぐるしくもはべらず。君達もみな降りたまふ」とあるが、その解釈として最も適切なものを、次の①～⑤の中から一つ選べ。

① では、どうぞお降りになってくださいませ。見苦しいでしょうからおそばに控えません。妹君も皆お降りになりました。

② では、どうぞ降りてお仕えくださいませ。見苦しいでしょうからおそばに控えません。妹君も皆お降りになりました。

③ では、どうぞお降りになってくださいませ。見苦しくもございません。妹君も皆お降りになりました。

④ では、どうぞ降ろさせ申し上げてくださいませ。見苦しくもございません。父君や少将も皆お降りになりました。

⑤ では、どうぞ降りてお仕えくださいませ。見苦しくもございません。父君や少将も皆お降りになりました。

（四）本文中の――B「扇差しかざして」とあるが、その理由として最も適切なものを、次の①～⑤の中から一つ選べ。

① 松の木の下に優雅に立っていた少将を見つけて、少将にも和歌を詠みかけようと思ったから。

② 松の木の下に立っていた少将を見つけて、少将の存在を忘れていたことを申し訳なく思ったから。

③ 松の木の下に隠れてのぞき見していた少将を見つけて、驚き恥ずかしく思ったから。

④ 松の木の下に隠れていた少将を見つけて、さりげないやさしさと風流心に気づいたから。

⑤ 松の木の下に隠れてのぞき見していた少将を見つけて、憤りを感じ、あきれて何も言えなかったから。

（五）この文章中の出来事の説明として適切でないものを、次の①～⑤の中から一つ選べ。

① 少将には、中の君よりも三の君のほうが少しまさっているように見えた。

② 少将がもっとも美しく思われて心ひかれたのは、宮腹の姫君である。
③ 少将は、三姉妹が嵯峨野にでかけることをそれとなく聞いて先回りした。
④ 不審に思われた少将は、姫君たちに会いたくて待っていたのだと言い訳をした。
⑤ 少将は、宮腹の姫君に対する思いを「小松」に託して歌を詠んだ。

二〇二四年度 岐阜県 難易度

【八】次の文章は、「栄花物語」の一部で、花山院に対して不敬を働いた藤原伊周が捕えられようとしている場面である。これを読んで、以下の問いに答えよ。

よろづの人の見思ふらむことも恥づかしういみじう思《おぼ》さるるほどに、世の中にある(注)検非違使《けびゐし》のかぎり、この殿の四方にうち囲みたり。おのおの(注)えもいはぬやうなる者立ち込みたるけしき、道大路の四五町ばかりのほどは行き来もせず。いとけ恐ろしき殿の内のけしきども、いはん方なく騒がしけれど、寝殿の内におはしましある人々多かれど、人おはするけはひもせず、Aあはれに悲しきに、かかるあやしの者ども殿の内にうちめぐりて、ここかしこをぞ見騒ぐめるけはひ、えもいはずゆゆしげなるに、物のはざまより見出して、あるかぎりの人々、胸ふたがり、心地いといみじ。(注)殿、「今は逃れがたきこと①にこそはあめれ。アいかでこの宮のうちを出でて(注)木幡《こはた》に詣りて、B近うも遠うも遣はさむ方にまかるわざをせん」と、思しのたまはするに、この者ども立ち込みたれば、おぼろけの鳥獣《とりけだもの》ならずは出でたまふべき方なし。「C夜中なりとも、今一度参りてこそは、今はの別れにも御覧ぜられめ」と言ひつづけのたまはするままに、えもいはず大きに、水精《すいしやう》の玉ばかりの御涙つづきこぼるるは、D見たてまつる人いかがやすからむ。母北の方、宮の御前、御をぢの人々、(注)例の涙にもあらぬ御涙ぞ出で来て、この恐ろしげなる者どもの宮の内に入り乱れたれば、検非違使どもいみじう制すれど、それにもイさはるべきけしきならず。

（「栄花物語」）

（注）検非違使……京中の取締り、訴訟、裁判、刑の執行等を担当する役人。
えもいはぬやうなる者…放免。検非違使の下部として、罪人の逮捕、獄囚の拷問、罪人の移送に当る。罪を犯した者が処刑を免れて使われるため、粗暴な振舞いが多かった。

殿……………伊周のこと。

木幡……………藤原氏の代々の墓所。

例の涙にもあらぬ御涙…血の涙。

(1) 波線部ア・イの意味として最も適当なものを一つずつ選び、番号で答えよ。

ア　いかで

1　どのような　2　どうやって　3　どうして　4　どちらにせよ　5　どうにかして

イ　さはるべきけしきならず

1　阻止されるような様子もない
2　萎縮するような様子もない
3　納得するような様子もない
4　遠慮するような様子もない
5　安心できるような様子もない

(2) 二重傍線部①「に」の文法的な説明として正しいものを一つ選び、番号で答えよ。

1　格助詞　2　接続助詞　3　断定の助動詞　4　完了の助動詞　5　名詞の一部

(3) 傍線部A「あはれに悲しきに」とあるが、どのような様子を指しているのか。その説明として最も適当なものを一つ選び、番号で答えよ。

1 伊周の処遇がどうなるのか周囲の人々が遠巻きに見ている中で、検非違使が邸内に無遠慮に踏み込んでくる様子
2 検非違使たちに邸宅を囲まれ邸内もざわめいている一方、寝殿の中では一族たちが息をひそめている様子
3 検非違使たちに邸宅を囲まれた恐ろしさに、仕えていた多くの者たちがすっかり逃げ出してしまった様子
4 検非違使や粗暴な者たちが寝殿まで入り込んで騒いでいるので、一族の者が恐怖のあまり声も出せない様子
5 藤原氏に対する人々の非難を恐れて、誰も立ち入れないように検非違使に邸宅を守らせ鳴りをひそめる様子

(4) 傍線部B「近うも遠うも遣はさむ方にまかるわざをせん」の解釈として最も適当なものを一つ選び、番号で答えよ。

1 近国でも遠国でも、遣わされる所へ下向することにしよう。
2 近国でも遠国でも、人を遣わしてなんとか仏事をさせよう。
3 近国でも遠国でも、遣わされる所へいらっしゃるだろう。
4 近国でも遠国でも、人を遣わして行かせることにしよう。
5 近国でも遠国でも、どこへ配流されても必ず参上しよう。

(5) 傍線部C「なき御影にも今一度参りてこそは、今はの別れにも御覧ぜられめ」の解釈として最も適当なも

のを一つ選び、番号で答えよ。

1 藤原氏代々の墓所に今一度参詣したら、最後に先祖にお会いできるだろうか。
2 花山院の御所に今一度伺ったとしても、最後にお会いすることはできないだろう。
3 いなくなった者たちが今一度参上したら、これが最後と姿を見せてやろう。
4 亡き父殿の御霊に今一度お参りして、最後のお別れとしてお目にかかろう。
5 信用を失った花山院に今一度お仕えして、最後にご挨拶を申し上げたい。

(6) 傍線部D「見たてまつる人いかがやすからむ」の解釈として最も適当なものを一つ選び、番号で答えよ。

1 伊周の涙を御覧になる人はその気持ちを容易には表現できない。
2 伊周の涙を見申し上げる人はどうして心穏やかでいられようか。
3 伊周の涙を見た人はなんとかして心を落ち着けようとするだろう。
4 伊周の涙を拝見する人はどうして無視することができただろうか。
5 伊周の涙を見てしまった人はどれほど切ない思いになっただろう。

■二〇二四年度■愛知県■難易度

【九】次の文章を読んで、以下の設問に答えよ。

富士川といふは、富士の山より落ちたる水なり。その国の人の出でて語るやう、「一年ごろ、[A]ものにまかりたりしに、いと暑かりしかば、この水のつらに休みつつ見れば、川上の方より黄なる物流れ来て、物につきてとどまりたるを見れば、*反故なり。とり上げて見れば、黄なる紙に、丹して濃くうるはしく書かれたり。あやしくて見れば、来年なるべき国どもを、除目のごと、みな書きて、この国来年あく[B]べきにも、守なして、また添へて[C]二人をなしたり。あやし、[ア]あさましと思ひて、とり上げて、ほして、をさめたりしを、[イ]かへる年の司召に、この文に書かれたりし、ひとつ違はず、[D]この国の守とありしままなるを、三月のうちに亡くなりて、またなりかはりたるも、このかたはらに書きつけられたりし人なり。かかることなむありし。来年の司召などは、今年この山に、[ウ]そこばくの神々あつまりて、ないたまふなりけりと[E]見たまへし。[F]めづらかなることにさぶらふ」と語る。

（『更級日記』より）

《注》反故：物を書いて不要になった紙のこと。

一　傍線部A「ものにまかりたりしに」の解釈として最も適切なものを①～⑤から選び、番号で答えよ。

①　季節が移りゆく時だったので
②　よそに出かけました折に
③　急いで進んでいたので
④　物事が落ち着いた時分に
⑤　道に迷っていたところ

二　傍線部ア、イ、ウの解釈として最も適切なものを①～⑤からそれぞれ選び、番号で答えよ。

ア　①　気の毒だ　②　おもしろい　③　あきれた　④　なるほど　⑤　むずかしい
イ　①　翌年　②　変わりゆく年　③　交替の年　④　帰京する年　⑤　現在の年
ウ　①　選ばれた　②　高貴な　③　全国の　④　多くの　⑤　代表となる

三　傍線部B「べき」のここでの意味として適切なものを①～⑤から選び、番号で答えよ。

①　可能　②　当然　③　婉曲　④　推量　⑤　適当

四　傍線部C「二人」とは誰のことか。最も適切なものを①～⑤から選び、番号で答えよ。
①　現在の国守と隣国の国守
②　来年の守と補欠の守
③　神とその国の人
④　現在の国守の次官二人
⑤　神々の中の代表二人

五　傍線部D「この国の守とありしままなるを」の解釈として最も適切なものを①～⑤から選び、番号で答えよ。
①　この国の守と書いてあった通りでしたが、
②　この国の守がよく国を治めていたのに、
③　この国の守として引き続き務めを果たしていましたが、
④　この国の守とは昔通りの付き合いをしていたところ、
⑤　この国の守だけはそのまま任官するはずだったのを、

六　傍線部E「見たまへし」の主語を①～⑤から選び、番号で答えよ。
①　書きつけられたりし人　②　作者　③　そこばくの神々　④　国の守　⑤　その国の人

七　傍線部F「めづらかなる」の「なる」の文法的に正しい説明を①～⑤から選び、番号で答えよ。
①　四段活用動詞「なる」の連体形
②　断定の助動詞「なり」の連体形
③　形容動詞「めづらかなり」の活用語尾
④　下二段活用動詞「なる」の終止形

⑤ 伝聞推定の助動詞「なり」の連体形

八 「富士」に関わる和歌「田子の浦にうち出でて見れば白妙の富士の高嶺に雪は降りつつ」は、作者が「富士」を見て詠んだ長歌に添えられた、次の反歌がもととなっており、後に『新古今和歌集』にもおさめられている。その作者として最も適切なものを①～⑤から選び、番号で答えよ。

「田子の浦ゆうち出でてみれば真白にそ富士の高嶺に雪は降りける」

① 藤原定家　② 西行法師　③ 紀貫之　④ 在原業平　⑤ 山部赤人

二〇二四年度 神戸市 難易度

【十】 次の文章は『十訓抄』中の一節である。これを読んで、以下の問いに答えなさい。

六条修理大夫顕季卿、東のかたに知行のところありけり。館の三郎義光、妨げ争ひけり。大夫の理ありければ、院に申し給ふ。「①左右なく、かれが妨げをとどめらるべし」と思はれけるに、②とみにこときれざりければ、心もとなく思はれけり。

院に参り給へりけるに、閑かなりける時、近く召し寄せて、「汝が訴へ申す東国の庄の事、今まで、こときらねば、くちをしとや思ふ」と仰せられければ、③かしこまり給へりけるに、たびたび問はせ給へば、わが理ある由をほのめかし申されけるを、聞こしめして、「申すところは、④いはれたれども、わが思ふは、⑤かれを去りて、かれに取らせよかし」と仰せられければ、思はずにあやしと思ひて、⑥とばかりものも申さで候ひければ、「 A が身には、かしこなしとても、ことかくまじ。国もあり、官もあり。いはば、この所いくばくならず。 B はかれに命をかけたる由、申す。かれがいとほしきにあらず。 C がいとほしきなり。

義光はえびすのやうなるもの、心もなきものなり。⑦やすからず思はむままに、夜、夜中にもあれ、大路通るにてもあれ、いかなるわざはひをせむと思ひ立ちなば、⑧おのれがため、ゆゆしき大事にはあらずや。身のともかくもならむも、さることにて、心憂きためしにいはるべきなり。理にまかせていはむにも、思ふ、憎むのけぢめを分けて定めむにも、かたがた沙汰に及ばむほどのことなれども、⑨これを思ふに、今までことさらぬなり」と、仰せごとありければ、顕季、かしこまり悦びて、涙を落して出でにけり。

(『十訓抄』による)

(注) 六条修理大夫顕季……藤原顕季。播磨・美作など諸国の国司を歴任、蓄財。白河院の院別当として活躍。

館の三郎義光……源義光。平安時代後期の武将で、新羅三郎とも称した。源義家の弟。

院……白河院。白河上皇のこと。

1 傍線部①「左右なく」の意味として最も適切なものを、次のa～eの中から一つ選びなさい。

a 非常に厳しい態度で
b 双方からよく話を聞いて
c 迷うこともなく、たやすく
d 事柄をもう一度整理して
e 道理を丁寧に説明して

2 傍線部②「とみにことききれざりければ」とは、具体的に何がどのような状態であることを指しているのか。

最も適切なものを、次のa～eの中から一つ選びなさい。
a　顕季の武力では義光に対抗するのが難しかったこと。
b　院の裁定がすぐには下らなかったこと。
c　顕季と義光の話し合いがなかなか始まらなかったこと。
d　証拠になる証文がすぐには見つからなかったこと。
e　顕季がそもそも義光と話したいと思っていなかったこと。

3　傍線部③「かしこまり給へりける」を品詞分解したものとして正しいものを、次のa～eの中から一つ選びなさい。
a　ラ行変格活用動詞の連用形＋謙譲の補助動詞の已然形＋過去の助動詞「けり」の連体形
b　名詞＋四段活用動詞の已然形＋強意の助動詞「り」の連用形＋過去の助動詞「けり」の連体形
c　ラ行変格活用動詞の連用形＋下二段活用動詞の連用形＋過去の助動詞「けり」の連体形
d　ラ行四段活用動詞の連用形＋尊敬の補助動詞の已然形＋完了の助動詞「り」の連用形＋過去の助動詞「けり」の連体形
c　名詞＋下二段活用動詞の連用形＋過去の助動詞「けり」の連体形

4　傍線部④「いはれたれども」とは、どのような内容に関わる誰の評価なのか。その説明として最も適切なものを、次のa～eの中から一つ選びなさい。
a　義光と顕季の両方の立場に対する院の評価
b　二人の争いを世間はどう見ているのかという作者の評価
c　義光が訴えている不満は理解できるという院の評価
d　顕季が東国の荘園について訴えた内容に関わる院の評価

e　武士はどのような立場でものを考えるのかという作者の評価

5　傍線部⑤「かれ」が指し示す内容として最も適切なものを、次のa～eの中から一つ選びなさい。
a　個人的に抱く不満
b　義光
c　争われている訴訟
d　顕季
e　東国の荘園

6　傍線部⑥「とばかりものも申さで候ひければ」とは誰のどのような様子を描写したものか。その説明として最も適切なものを、次のa～eの中から一つ選びなさい。
a　院からかけられた言葉が余りにも思いがけないものであったため、顕季が何も言えなかった様子。
b　院から思いがけないお褒めの言葉をいただき、感激のあまりに義光が言葉に詰まる様子。
c　今回の訴訟の内容の是非がはっきりとしているのに、院の言葉が一方的に過ぎるため院の近侍たちが驚いている様子。
d　院からかけられた言葉が余りにも理不尽で一方的なものであったため、顕季が不満をじっと堪えている様子。
e　争われている訴訟の決着がどうなるか分からないため、義光の家臣が焦って気をもんでいる様子。

7　文章中のA～Cに入る語句の組み合わせとして最も適切なものを、次のa～eの中から一つ選びなさい。
a　A　顕季　B　顕季　C　義光
b　A　義光　B　義光　C　顕季
c　A　顕季　B　義光　C　顕季

d　A　義光　B　顕季　C　義光
e　A　顕季　B　顕季　C　顕季

8　傍線部⑦「やすからず思はむままに」、傍線部⑨「これを思ふに」の、動作主は誰か。その組み合わせとして最も適切なものを、次のa～eの中から一つ選びなさい。

a　⑦　院　⑨　顕季
b　⑦　院　⑨　義光
c　⑦　義光　⑨　顕季
d　⑦　顕季　⑨　義光
e　⑦　義光　⑨　院

9　傍線部⑧「おのれがため」の「おのれ」が指しているものとして最も適切なものを、次のa～eの中から一つ選びなさい。

a　義光の従者　b　顕季　c　世間の人々　d　義光　e　院

10　本文の内容に合致するものとして最も適切なものを、次のa～eの中から一つ選びなさい。

a　院が義光との東国の所領争いを公平に裁いてくれたので、顕季は納得し、一層、院に忠誠を尽くすようになった。
b　院がなかなか判断を下さなかったので、顕季はしびれを切らしたが、院が義光との仲を取り持ってくれたので、問題を解決することができた。
c　顕季は、武門の誉れ高い義光を相手に苦慮したものの、院の配慮によって、都での武力衝突を避けられたため、安堵することができた。
d　顕季は、義光を相手に所領の件で訴訟沙汰になったが、院が苦慮する様子を見て自ら身を引くことで、問題の解決を図った。

e　顕季は、理不尽な裁定を下す院の真意をはかりかねたが、その裏に院の深い洞察があったことに驚き、その理由を聞いて納得した。

二〇二四年度　高知県　難易度

【十二】次の【文章Ⅰ】は、平貞文(平中)、を主人公の「男」として書かれた「平中物語」の一節である。后の宮の女房であった女は、男(平中)と契りを結んだ。【文章Ⅱ】は、同じ話を扱った「大和物語」の一節であり、【文章Ⅰ】はそれに続く場面である。【文章Ⅰ】の6行目から12行目に対応している。これらを読み、あとの(1)～(5)の問いに答えなさい。

【文章Ⅰ】

そののち、文もおこせず、またの夜も来ず。かかれば、使人《つかひびと》など、わたる(注1)と聞きて、「人にしもありありて。かう音もせず、みづからも来ず、a人をも奉れたまはぬこと」などいふ。心地に思ふことなれば、くやしと思ひながら、とかく思ひみだるるに、四五日になりぬ。女、ものも食はで、音《ね》をのみ泣く。ある人々、「なほ、かうな思ほしそ。b人に知られたまはで、異ごとをもしたまへ。Aさておはすべき御身かは」など(注2)いへば、ものもいはで籠りゐて、いと長き髪をかき撫でて、尼に挟《はさ》みつ。使ふ人々嘆けど、かひなし。

来ざりけるやうは、来て、つとめて、人やらむとしけれど、官《つかさ》(注3)の督《かみ》、にはかにものへいますとて、率ていましぬ。さらに帰したまはず、からうじて帰る道に、亭子《ていじ》(注4)の院の召使(注5)来て、Bやがてまゐる。大堰《おほい》(注6)におはします御供に仕うまつる。そこにて二三日は酔ひまどひて、もの覚えず。夜ふけて帰りたまふに、いかむとあれば、c方ふたがりたれば、みな人人つづきて、たがへにいぬ。この女いかに思ふらむとて、夜さり、心もとなければ、文やらむとて書くほどに、人うちたたく。「たれぞ」といへば、(注7)「尉《ぞう》の君に、もの聞えむ」といふを、さしのぞきて見れば、この女の人なり。「文」とてさしいでたるを見るに、切髪を包みたり。あやしくて、文を見れば、

d 天の川空なるものと聞きしかどわが目のまへの涙なりけり

尼になるべしと思ふに、目くれぬ。返し、男、

世をわぶる涙ながれて早くとも天の川にはさやはなるべき

ようさり、e いきて見るに、いとまがまがしくなむ。

（「平中物語」による）

（注1）わたると聞きて　この男が通い始めたと聞いて。
（注2）などいへば　などと側にいる召使いたちは女を慰めるが。
（注3）官の督　右兵衛督。
（注4）亭子の院　宇多法皇のこと。
（注5）召使　宮廷や太政官で雑用を担う低い役職の官。
（注6）大堰　京都市右京区嵐山。大堰川の流域。紅葉見物や船遊びが行われた。
（注7）尉の君　大宝令の制度による三等官。ここでは平中のこと。

【文章Ⅱ】

かかりけるやうは、平中、そのあひけるつとめて、人おこせむと思ひけるに、つかさのかみ、にはかにものへいますとて寄りいまして、寄りふしたりけるを、おひ起して、「いままで寝たりける」とて、逍遙しに遠き所へ率ていまして、酒飲み、ののしりて、さらに返したまはず。からうじてかへるままに、亭子の帝の御とも

に大井に率ておはしましぬ。そこにまたふた夜さぶらふに、いみじう酔ひにけり。夜ふけてかへりたまふに、この女のがりいかむとするに、方ふたがりければ、おほかたみなたがふ方へ、院の人々類していにけり。この女、いかにおぼつかなくあやしと思ふらむと、恋しきに、今日だに日もとく暮れなむ。いきてありさまもみづからいはむ。かつ、文をやらむど、酔ひさめて思ひけるに、人なむ来てうちたたく。「たそ」と問へば、「なほ尉の君にもの聞えむ」といふ。さしのぞきて見れば、この家の女なり。胸つぶれて、「こち、来」といひて、文をとりて見れば、いと香ばしき紙に、切れたる髪をすこしかいわがねてつつみたり。いとあやしうおぼえて、書いたることを見れば、(以下略)。

(『大和物語』による)

(1) 【文章Ⅰ】中の波線部 a ~ e についての説明として適当でないものを、次の①~⑤のうちから一つ選びなさい。

① 波線部 a 内の「奉れ」は謙譲語で、女に対する敬意を表しており、「ぬ」は打消の助動詞「ず」の連体形である。

② 波線部 b 内の「れ」は受身の助動詞「る」の連用形であり、「たまへ」は尊敬語で、女に対する敬意を表している。

③ 波線部 c 内の「たがへ」は方違えのために行く場所を意味しており、「ぬ」は完了の助動詞「ぬ」の終止形である。

④ 波線部 d 内の「なる」は存在の助動詞「なり」の連体形であり、「けり」は詠嘆の助動詞「けり」の終止形である。

⑤ 波線部 e 内の「見るに」は「尉の君が女のもとへ行って見ると」の意味であり、「なむ」は強意の係助

詞である。

(2) 【文章Ⅰ】中の傍線部A「さておはすべき御身かは」の解釈として最も適当なものを、次の①〜⑤のうちから一つ選びなさい。

① 恨まれても仕方がないことをしていらっしゃるということがわからない方ではありません。
② 通って来ない男をそのままにしていらっしゃるのは、男が身分の高い人だからでしょうか。
③ 男に捨てられたという噂がすぐに広まってしまう身分なので、出家してはどうでしょうか。
④ 何も食べず声を上げて泣いてばかりいらっしゃる方なので、出家してはいかがでしょうか。
⑤ 男から何の音沙汰もないことを嘆き、沈んだままでいらっしゃってよい方ではありません。

(3) 【文章Ⅰ】中の傍線部B「やがてまゐる」の解釈として最も適当なものを、次の①〜⑤のうちから一つ選びなさい。

B「やがてまゐる」
① 男は、しばらくして、官の督のもとに参上した
② 召使は、そのまま、官の督のもとに参上した
③ 官の督は、すぐに、亭子の院のもとに参上した
④ 男は、そのまま、亭子の院のもとに参上した
⑤ 召使は、しばらくして、官の督のもとに参上した

(4) 次に示すのは、授業で【文章Ⅰ】と【文章Ⅱ】を読んだあとの、教師と生徒のやりとりの場面である。これを読み、以下のa、bの問いに答えなさい。

教　師　二つの文章を読みましたが、【文章Ⅱ】の冒頭にある「かかりけるやうは」とは何を意味しているのでしょうか。

生徒Ａ　「文章Ⅰ」では、6行目にあるように「来ざりけるやうは」となっているから、そのことを踏まえて考えると、男が女のもとに訪れなかった理由が語られているのかなあ。
生徒Ｂ　私もそう思う。これって【文章Ⅰ】の1行目「そののち、文もおこせず、またの夜も来ず」の理由ですよね。
教　師　その通りです。では、なぜ、男は女に対して音沙汰がなかったのでしょうか。誰かわかる人はいますか。
生徒Ｃ　はい。［X］からだと思います。
教　師　そうですね。ここでは、男が女と契りを結んだあと、音沙汰がなかった事情が、男の心情とともに描写されていますね。では、【文章Ⅰ】と【文章Ⅱ】には相違点があるのですが、わかりますか。
生徒Ａ　官の督と男の描写に違いがあると思います。【文章Ⅱ】からは、男が物に寄りかかって寝ていたのを、官の督がせきたてて起こし、お供として連れて行き、お酒を飲み、大騒ぎをして、いっこうに男を帰さなかったことが読み取れます。
生徒Ｃ　確かにそうだよね。【文章Ⅰ】からは、官の督が、寝ていた男を起こしたことや二人がともにお酒を飲み、騒いだ様子は読み取れないよね。
教　師　その通りですね。では、他に疑問点や相違点について、何か発言がある人はいますか。
生徒Ｂ　はい。【文章Ⅰ】の6行目から12行目は【文章Ⅱ】よりも、［Y］と思います。
教　師　よく気がつきましたね。その通りです。こうして丁寧に読み比べると、面白い発見につながりますね。

a 空欄 X に入る最も適当なものを、次の①～④のうちから一つ選びなさい。

① 男は、女の使いから差し出された手紙とともに、切った髪が入っているのを見て、女が出家してしまったことを悟った

② 男は、女のことが気がかりだったが、官の督と亭子の院のお供を立て続けに務めることになって、自由が利かなかった

③ 男は、もともと官の督と亭子の院と共に大堰に行くことになっていて、帰って来てから女のもとに行こうと思っていた

④ 男は、女と契りを結んだ後で、女が后の宮の女房であったことを知り、このことが亭子の院に知られては困ると思った

b 空欄 Y に入る最も適当なものを、次の①～④のうちから一つ選びなさい。

① 男の心情が簡素に描かれていて、全体的に、話の展開に重きがおかれているのだ

② 女の心情が丁寧に描かれていて、全体的に、男の視点に重きがおかれているのだ

③ 男の心情が具体的に描かれていて、全体的に、登場人物の心理描写に焦点がおかれているのだ

④ 女の心情が間接的に描かれている反面、出家を嘆いた召使いの心情に焦点がおかれているのだ

(5) 【文章Ⅰ】中の和歌の解釈として最も適当なものを、次の①～⑤のうちから一つ選びなさい。

① 「天の川…」の歌も「世をわぶる…」の歌も、「天の川」の題で共通する贈答歌になっており、前者は、「男」を「天の川」に見立て、手の届かない存在だと詠み、後者は、女が尼になったことに対する男の悲しみの涙が「天の川」になったと詠んだ。

② 「天の川…」の歌も「世をわぶる…」の歌も、互いの離別を受け入れたうえで詠まれた歌であるが、前者は、男の消息が途絶えていた事情を知り、出家したことを悔やむ女の気持ちが、後者は、女を出家させ

てしまった男の自責の念が詠まれている。

③「天の川…」の歌も「世をわぶる…」の歌も、「あま」の音に「天」と「尼」を重ねて、前者は、自分には無縁だと思っていた尼になることが、自身に起きたことに対する女の悲嘆を、後者は、女が尼になったことに対する男の悲嘆を詠んでいる。

④「天の川…」の歌も「世をわぶる…」の歌も、上の句と下の句が逆接の接続助詞でつながれており、前者は、尼になるという結論に至った自身に対する女の驚きが、後者は、自分の不実が原因で女を尼にしてしまったという男の後悔が詠まれている。

⑤「天の川…」の歌も「世をわぶる…」の歌も、「涙」を「天の川」に見立てているが、前者は、「天の川」が空であるように、男に対する未練はなく、涙も出ないと詠み、後者は、尼になったとしても、忘れられないという男の未練を詠んでいる。

二〇二四年度　千葉県・千葉市　難易度

【十二】次の文章を読んで、以下の問い（問一～問七）に答えよ。

八月十五夜、つねよりも明しといふなかにもくまなきに、[A]内にも御遊びあるべかりけれど、朱雀院[*1]の帝、御風起[*2]こらせたまへりければ、にはかにとどまりて、いと映えなく、ところどころに、ひとへに月を賞でたまふ夜あり。この源氏の大殿にも、御簾ども上げわたして、姫君たち端に出でたまひて、大君は、琵琶を、[①]御かたちはきよらに、いと気高くて、おほのかなるものの音をゆるるかにおもしろく掻《か》き鳴らし、中の君は、幼く小さき御程に、今宵の月の光にも劣るまじきさまして、箏《しやう》の琴を弾きたまふ。その音言ふかぎりなく、そこらの年を経て弾きしみたるよりも、今めかしく、澄みたる音を弾きましたまへるに、めづらかに、[②]ゆゆしうかなしと、B見聞きたてまつらせたまふに、夜更くるままに、いといみじくおもしろく、あはれなり。Cこれをただ今、物思ひ知らむ人に見せ聞かせばやとおぼすほどに、夜いたく更けて、みな御琴にやがて傾きかかりて御殿籠り入りたるに、小姫君の御夢に、いとめでたくきよらに、髪上げうるはしき、D唐絵の様したる人、琵琶を持て来て、今宵の御箏の琴の音、雲の上まであはれに響き聞こえつるを、訪ね参で来つるなり。おのが琵琶の音弾き伝ふべき人、天の下には君一人なむものしたまひける。これもさるべき昔の世の契りなり。これ弾きとどめたまひて、国王まで伝へたてまつりたまふばかりとて、教ふるを、いとうれしと思ひて、あまたの手を、片時の間に弾きとりつ。この残りの手の、この世に伝はらぬ、いま五つあるは、来年の今宵下り来て教へたてまつらむとて失せぬと見たまひて、おどろきたまへれば、暁がたになりにけり。琵琶は殿も習はしたまはぬものなれば、わざと弾かむとも思はぬに、習ふと見つる手どものいとよくおぼゆるを、あやしさに、琵琶を取り寄せて弾きたまふに、大臣聞きたまひて、こは、いかにかく弾きすぐれたまひしぞ。めづらかなるわざかなと、あさみおどろきたまひつれど、E夢をば、恥づかしうて、なかなかに語りつづけず。つねに習ひし箏の琴よりも、夢に習ひし琵琶は、いささかとどこほらず、たどらるべき調べなく思ひつづけらる。

(『夜の寝覚』による)

(注) ＊1 朱雀院の帝…朱雀院となった帝のこと。すなわち、朱雀上皇。
＊2 風…現在の風邪などの症状に加え、癪や下痢などの腹病を含む。

問一　傍線部①、②の解釈として最も適当なものを、それぞれ次の1～5のうちから一つずつ選べ。

①　御かたちはきよらに

1　見た目はゆったりと物静かで
2　演奏するさまは優雅であり
3　容貌は気品があって美しく
4　振る舞いはゆったりとしており
5　その調べは上品で気高く

②　ゆゆしうかなし

1　言葉を超えるほど、美しい
2　言葉にならないほど、物悲しい
3　妬ましく思うほど、すばらしい
4　そら恐ろしいほど、愛おしい
5　心に染み入るほど、感動的だ

問二　傍線部A「内にも御遊びあるべかりけれど」の解釈として最も適当なものを、次の1～5のうちから一つ選べ。

1　中秋の名月のため、大臣の家で和歌の催しがあるかもしれなかったのに
2　中秋の名月のため、上達部の家々で月見の宴が催されるかもしれなかったのに
3　中秋の名月のため、帝の御寝所でも酒が酌み交わされるはずであったのに
4　中秋の名月のため、北の方のお住まいで作文の催しがあるかもしれなかったのに
5　中秋の名月のため、宮中でも管弦の御宴があるはずであったのに

問三　傍線部B「見聞きたてまつらせたまふ」について、「たてまつら」、「たまふ」はそれぞれ誰への敬意か。

その組合せとして最も適当なものを、次の1～5のうちから一つ選べ。

「たてまつら」　「たまふ」
1　大君　朱雀院の帝
2　中の君　源氏の大殿
3　源氏の大殿　大君
4　中の君　朱雀院の帝
5　大君　源氏の大殿

問四　傍線部C「これをただ今、物思ひ知らむ人に見せ聞かせばや」における「これ」に注意しながら解釈した場合、最も適当なものを、次の1～5のうちから一つ選べ。

1　月下に映える姫君たちの美しい様子を、物事の情緒に通じた帝にもわかってもらいたい
2　この姫の姿とすばらしい音色を、たった今、物の心のわかる人に見せたい、聞かせたい
3　夜更けの情緒ある様子を、これを見聞きできない人たちにもわかってもらいたい
4　今このときのしみじみとした風情を、月を愛でる多くの人たちにわかってもらいたい
5　中秋の月の美しさとそこに響き渡る琴の音のすばらしさを、帝に見聞きしていただきたい

問五　傍線部D「唐絵の様したる人」の発した言葉は本文中に二か所ある。その二か所とはどこか。一か所目の発言の最初の五文字と二か所目の発言の最初の五文字の組合せとして、最も適当なものを、次の1～5のうちから一つ選べ。

一か所目　二か所目
1　めづらかに　今宵の御箏
2　めづらかに　これ弾きと

3　おのが琵琶　　これ弾きと
4　おのが琵琶　　この残りの
5　今宵の御箏　　この残りの

問六　傍線部Ｅ「夢をば、恥づかしうて、なかなかに語りつづけず」のようになった理由として、最も適当なものを、次の1～5のうちから一つ選べ。
1　一夜にして琵琶を弾く技量が上達し、その理由が夢の中で見たことに由来することを、中の君自身も不思議に思っているから。
2　実際の琵琶の演奏は大君の域には達しなかったものの、父の大臣がことさらに褒めちぎったため夢のことを言いだしにくかったから。
3　いくら夢の中でお告げがあったからと言って、習いたての琵琶を朱雀上皇の前で演奏するのは気が引けて恥かしくなるから。
4　夢の中で習った琵琶は夢の中でこそ上手く弾けたものの、夢から覚めたときには曲の調べしか思い出せなかったから。
5　大君は琵琶の演奏法を習っていたのに、習ったこともない中の君がいくら夢の中でもうまく琵琶を弾けるようになるはずがないから。

問七　本文の内容に合致するものとして最も適当なものを、次の1～5のうちから一つ選べ。
1　中秋の名月の夜、朱雀上皇の具合が悪くなったので、急に月見の御催しが中止になり、源氏の大殿の館で姫君たちが琵琶や箏を演奏してもてなす代わりの会を開いた。
2　大君は琵琶をゆったりと掻き鳴らし、父大臣のもとに集まった貴族たちの興を盛り上げ、中の君による箏の琴の演奏も澄み切った音色で、より一層代わりの会を盛況に導いた。

3　中秋の明月の夜、中の君の夢の中に唐絵から抜けでたような女人が現れ、前世からの不思議な因縁があるため、国王に伝えるべく箏の秘密の演奏法を伝授した。

4　中の君は琵琶の演奏法は父の大臣が習わせなかったこともあり、特に弾こうとも思わなかったが、夢に見た内容がはっきりとしているので、琵琶を取り寄せて弾いてみた。

5　中の君の父は中の君があまりにも上手に琵琶を弾いたため、おどろきいぶかしんで、習わぬ琵琶がうまく弾ける理由を中の君に問いただしてみた。

二〇二四年度　大分県　難易度

【十三】次の文章は『蜻蛉日記』の一部で、作者である右大将道綱の母が、夫である藤原兼家のことを考える場面からの引用である。これを読み、以下の問いに答えよ。

かくてのみ思ふに、なほいとあやし、めづらしき人に移りてなどもなし、にはかに 1かかることを思ふに、心ばへ知りたる人の、「失せたまひぬる[注1]小野の宮の大臣の[注2]御召人《めしうど》どもあり。これらをぞ思ひかくらむ。近江ぞ、あやしきことなどありて、色めく者 aなめれば、それらに、ここに通ふと知らせじと、かねて断ちおかむとな b らむ」と言へば、聞く人、「いでや、さらずとも、かれらいと心やすしと聞く人なれば、なにか、さわざわざしうかまへたまはずともありなむ」などぞ言ふ。「もし、さらずは、先帝の皇女たちがならむ」と疑ふ。ともあれかくもあれ、ただいとあやしきを、「2入る日を見るやうにてのみやはおはしますべき。ここかしこに詣でなどもしたまへかし」など、ただこのころは、ことごとなく、明くれば言ひ、暮るれば嘆きて、さらば、いと暑きほどなりとも、げにさ言ひてのみやは、と思ひ立ちて、[注3]石山に十日ばかりと思ひ立つ。

忍びてと思へば、3はらからといふばかりの人にも知らせず、心ひとつに思ひ立ちて、明けぬらむと思ふほどに出で走りて、賀茂川のほどばかりなどにて、いかで聞きあへつらむ、追ひてものしたる人もあり。有明の月はいと明けれど、会ふ人もなし。河原には死人も臥せりと見聞けど、恐ろしくもあらず。粟田山といふほどにゆきさりて、いと苦しきを、うち休めば、ともかくも思ひわかれず、ただ涙ぞこぼるる。人や来ると涙はつれなしづくりて、ただ走りてゆきもてゆく。

　山科にて明けはなるるにぞ、いと顕証なるここちすれば、あれか人かにおぼゆる。人はみなおくらかし先立てなどして、かすかにて歩みゆけば、会ふ者見る人あやしげに思ひて、ささめき騒ぐぞ、いとわびしき。

　からうして行き過ぎて、注4走り井にて、注5破子《わりご》などものすとて、幕引きまはして、とかくするほどに、いみじくののしる者来。いかにせむ、誰ならむ、供なる人、見知るべき者にもこそあれ、あないみじ、と思ふほどに、馬に乗りたる者あまた、車二つ三つ引きつづけて、ののしりて来。「若狭守《わかさのかみ》の車なりけり」と言ふ。立ちも止まらで行き過ぐれば、ここちのどめて思ふ。あはれ、程にしたがひては、思ふことなげにても行くかな、さるは、明け暮れひざまづきありく者、ののしりて行くにこそはあめれと思ふにも、胸さくるここちす。下衆ども車の口につけるも、さあらぬも、この幕近く立ち寄りつつ、水《みづ》浴み騒ぐ。振舞のなめうおぼゆること、ものに似ず。わが供の人、わづかに、「あふ、立ちのきて」など言ふめれば、「例もゆききの人、寄るところとは知りたまはぬか。咎めたまふは」など言ふを見るここちは、いかがはある。

　やり過ごして、いまは立ちてゆけば、関うち越えて、打出の浜に死にかへりていたりたれば、先立ちたりし人、舟に菰《こも》屋形引きてまうけたり。ものもおぼえずはひ乗りたれば、はるばるとさし出だしてゆく。いとここち、いとわびしくも苦しうも、いみじうもの悲しう思ふこと、類なし。申の終はりばかりに、寺の中につきぬ。

注1　「小野の宮の大臣」…藤原実頼。兼家の伯父で摂政太政大臣だった。
注2　「御召人」…………主人の身の回りの世話などをする侍女。

注3　「石山」……………大津市にあった当時もっとも信仰の厚かった真言宗の寺。
注4　「走り井」…………逢坂の関近くにあった湧き水。逢坂の関は、当時、近江の国にあった東国への往還の要所。
注5　「破子」……………内に仕切りのある折箱で、食物を入れる。またその食物。弁当。

問1　傍線部a～dの文法的説明の組み合わせとして最も適当なものを、次の①から④までの中から一つ選び、記号で答えよ。
①　a　断定の助動詞の撥音不表記　b　推量の助動詞
　　c　完了の助動詞　d　伝聞・推定の助動詞
②　a　伝聞・推定の助動詞の語幹　b　断定の助動詞の活用語尾＋推量の助動詞
　　c　完了の助動詞　d　四段活用の動詞
③　a　断定の助動詞の撥音不表記　b　断定の助動詞の活用語尾＋推量の助動詞
　　c　存続の助動詞　d　断定の助動詞
④　a　伝聞・推定の助動詞の語幹　b　推量の助動詞
　　c　存続の助動詞　d　伝聞・推定の助動詞

問2　作者が出発した時と、目的地に到着した時刻の組み合わせの説明として最も適当なものを、次の①から④までの中から一つ選び、記号で答えよ。
①　出発…明け方　到着…午後五時ごろ
②　出発…明け方　到着…午後八時ごろ
③　出発…夜半　到着…午前五時ごろ

④ 出発…夜半　到着…午前八時ごろ

問3 傍線部1「かかること」とあるが、具体的な内容に関わる説明として最も適当なものを、次の①から④までの中から一つ選び、記号で答えよ。

① 作者の他に兼家が懸想する人が新しくできたこと。
② 作者への兼家の愛情がさめてしまったこと。
③ 作者の侍女を兼家が新たに好きになってしまったこと。
④ 作者に対する兼家の訪れが遠のいたこと。

問4 傍線部2「入る日を見るやうにてのみやはおはしますべき。ここかしこに詣でなどもしたまへかし」とあるが、この箇所の口語訳として最も適当なものを、次の①から④までの中から一つ選び、記号で答えよ。

① 一日中、入り日を見ていることはできません。だから、あちらこちらを訪れることはできるはずです。
② 入り日をだけをみて過ごすのはもったいないと思います。あちらこちらに物詣でするとよいのではないでしょうか。
③ 一日中、入り日ばかりを見ていられますでしょうか。あちらこちらを訪れるのがよいでしょう。
④ 入り日を見るように、沈み込んでばかりいらしてはいけません。あちらこちらに物詣でなどなさいませ。

問5 傍線部3「はらからといふばかりの人」とはどのような人か。その説明として最も適当なものを、次の①から④までの中から一つ選び、記号で答えよ。

① 普段親しくしている人。
② 妹のような身近な人。
③ お供をしてくれそうな人。
④ 夫の従者である人。

問6　傍線部4「あれか人かにおぼゆる」とあるが、作者がこのような気持ちになった理由として最も適当なものを、次の①から④までの中から一つ選び、記号で答えよ。
① 夫の束縛から逃れてはみたものの、これからどう過ごしていくのが良いか、全く見当がつかなかったから。
② あまりにも遠くまで来ざるを得なくなった自分の境遇が、一層みじめに思え、やりきれなくなったから。
③ 自分たちの一行が、とてもあらわではしたない恰好で、周囲を気にしてやり場のない思いになったから。
④ 慣れない旅程にすっかり疲れ果て、意識がもうろうとして、どう振舞ってよいかわからなくなったから。
問7　傍線部5「ここちのどめて思ふ」とあるが、そう思った理由として最も適当なものを、次の①から④までの中から一つ選び、記号で答えよ。
① 騒がしい一行が、やっと自分の近くを通り過ぎたから。
② 牛車の主は、たまたま自分とは関わりがない人だったから。
③ 通り過ぎた一行が、そう身分の高い貴族ではなかったから。
④ 牛車がわずかに二、三両で、とても数が少なかったから。
問8　傍線部6「例もゆきき の人、寄るところとは知りたまはぬか。咎めたまふは」とあるが、これは誰のどのような様子を表したものか。その説明として最も適当なものを、次の①から④までの中から一つ選び、記号で答えよ。
① 若狭守やその従者たち一行の威勢をひけらかすような振舞の様子。
② 道中の行き交う人たちの作者の身分に気付かぬ様子。
③ 作者とお供の者たちのいらだつような腹立たしい様子。
④ 兼家の家人たちの作者一行を都に連れ戻そうとする様子。

問9　本文中における作者の心境として最も適当なものを、次の①から④までの中から一つ選び、記号で答えよ。

① 馴れない旅の空の下で、本当に自分を一途に想ってくれるあなたの気持ちには向き合うことができません。今の私は遠く離れておりますので。

② 私も本当は都が恋しいのだけれど、今ごろ都でも私の帰りをあなたは待ってくれているでしょうか。今すぐにでもあなたに逢いたいのです。

③ 今の私には、晴れ晴れとした暮らしはできません。思い煩う気持ちばかりで、つらい物思いに沈んでいますので。しばらく考えたいのです。

④ 偽りのない世の中であったなら、どれほど人の言葉が嬉しかったことでしょう。私はあなたの言葉をそのまま受け取ることはできません。

問10『蜻蛉日記』よりも前に成立したとされる日記作品として最も適当なものを、次の①から④までの中から一つ選び、記号で答えよ。

① 更級日記　② 紫式部日記　③ 十六夜日記　④ 土佐日記

二〇二四年度　沖縄県　難易度

【十四】次の文章を読んで、以下の(1)～(6)の問いに答えよ。

＊1大納言行成卿《かうぜいきやう》、いまだ殿上人にておはしける時、＊2実方《さねがた》中将、①いかなるいきどほりかありけむ、殿上に参りあひて、いふこともなく、行成の冠をうち落して、小庭に投げ捨ててけり。行成、少しもさわがずして、＊3主殿司《とのもづかさ》を召して、「冠取りて参れ」とて、冠して、守刀より、＊4かうがい抜き出して、鬢《びん》かいつくろひて、

居直りて、「いかなることにて候ふやらむ。たちまちに、かうほどの乱罰にあづかるべきことこそおぼえ侍らね。その故をうけたまはりて、後のことにや侍るべからむ」と、ことうるはしくいはれけり。実方はしらけて、逃げにけり。

をりしも小蔀より、主上御覧じて、「行成はいみじきものなり。②かくおとなしき心あらむとこそ思はざりしか」とて、そのたび蔵人頭あきけるに、多くの人を越えて、③なされにけり。実方をば、④中将を召して、「歌枕見て参れ」とて、陸奥守になして、流し遣はされける。⑤やがて、かしこにて失せにけり。

実方、蔵人頭にならでやみにけるを恨みて、執とまりて、雀《すずめ》になりて、殿上の小台盤《こだいばん》*5に居て、台盤を食ひけるよし、人いひけり。

一人は忍にたへざるによりて、［ア］を失ひ、一人は忍を信ずるによりて、［イ］にあへると、たとひなり。

（『十訓抄』より）

［注］

＊1　大納言行成卿——藤原行成

＊2　実方中将——藤原実方

＊3　主殿司——宮中の雑役をとりしきる役人

＊4　かうがい——頭髪を整えるための道具

＊5　小台盤——小食卓

(1)　——線①「いかなるいきどほりかありけむ」の解釈として最も適切なものを次のA～Dから一つ選び、その記号を書け。

A　たとえどれくらい腹立たしいことがあったとしても
B　いったいどのような腹立たしいことがあったのだろうか
C　どうして腹立たしいことなどあろうか、いやそのようなことはない
D　どういう方法で腹立たしさを表すことができようか、いやできない

(2)　――線②「かく」の指し示す内容として最も適切なものを次のA～Dから一つ選び、その記号を書け。
A　立派な人物であるのに、まだ位の低い殿上人であったこと。
B　頭髪や物言いに気を配るなど、常に高い評価を得ていたこと。
C　実方に乱暴されても、少しも騒がずきちんと対応をしたこと。
D　実方の言いがかりに反論できず、おとなしく引き下がったこと。

(3)　――線③「なされにけり」の主語として最も適切なものを次のA～Dから一つ選び、その記号を書け。
A　行成　　B　実方　　C　主殿司　　D　主上

(4)　――線④「中将を召して」の具体的内容として最も適切なものを次のA～Dから一つ選び、その記号を書け。
A　実方を、中将として任命して
B　実方を、宮中に呼び出して
C　実方の、中将の職を取り上げて
D　実方に、ごちそうをふるまって

(5)　――線⑤「やがて、かしこにて失せにけり」とあるが、実方はその後どうなったと言われているか。その説明として最も適切なものを次のA～Dから一つ選び、その記号を書け。
A　執着の心を残して雀となり、殿上の台盤をつっついた。

B　陸奥への流刑を恨み、行成への報復に執念を燃やした。
C　蔵人頭の官位の奪還を望んだままあっけなく病死した。
D　行成との確執がなくなり、雀に転生し平穏に暮らした。

(6)　本文中の［ア］、［イ］に当てはまる言葉の組合せとして最も適切なものを次のA～Dから一つ選び、その記号を書け。

A　ア　官職　イ　俸禄　　B　ア　朋友　イ　神仏　　C　ア　名誉　イ　才能
D　ア　前途　イ　褒美

二〇二四年度　愛媛県　難易度

【十五】 次の文章を読んで、後の1～6の問いに答えなさい。

十六といふ年、二月にかうぶり[*1]せさせたまひて、名をば仲忠といふ。上達部の御子なれば、やがてかうぶり[*2]賜ひて、殿上せさせ、上も東宮も、召しまつはしうつくしみたまふ。上、大将に、「いづくなりし人を、かうにはかに、いと優にては取り出でられたるぞ」と問はせたまへば、「年ごろははべるところも①知りたまへざりし、ひととせ見いでてはべり。ものなど少し心得てのち、交らひはせむと申ししかば、さもはべることなりとて、②籠めはべりつるなり」と奏したまふ。「たが腹ぞ」と問はせたまへば、「故治部卿俊蔭が娘の腹にはべり」と申したまへば、上おどろかせたまひて、「いかにぞ。③三代の手は伝へたらむな。かの朝臣、唐土より帰り渡りて、嵯峨の院の御時、『④この手少し伝へよ』と仰せられければ、『ただ今大臣の位を賜ふとも、え伝へ奉らじ』と奏しきりてまかでにしより、参らで、中納言になるべかりし身を沈めてし人なり。さるはいみじき有職[*3]なり。ただ娘一人ありける。年七歳より習はしけるに、父の手にいと多くまさりて弾きければ、父、

『この子はわが面起こしつべき子なり。これが手よりたれもたれも習ひ取れ』となむ言ひけると聞きしかば、俊蔭がありしときに消息*4などして、⑤亡くなりてのち、尋ね訪ひしかど、亡くなりにたりしと聞きしは、そこに隠されたるにこそありけれ。いと興ありや。かの手は、三代はましてかしこからむ」とのたまはすれば、大将、「さはべるべけれど、殊なることもはべらざるべし。代々のついでとして、一手二手などもや仕うまつらむ」と奏したまふ。

（『うつほ物語』による）

*1 かうぶり…元服して初めて冠をつけること。
*2 かうぶり…この「かうぶり」は叙爵のことで、五位に叙せられることを指す。上達部の子は蔭位により特別に位階を賜る。
*3 有職…学問教養に優れていること。
*4 消息…便り。

1 傍線部①「知りたまへざりし」の主語として最も適切なものを、次のa～eの中から一つ選びなさい。

a 俊蔭　b 仲忠　c 東宮　d 大将　e 上

2 傍線部②「籠めはべりつるなり」とは、具体的に誰が何をどうしていたことを述べているのか。その説明として最も適切なものを、次のa～eの中から一つ選びなさい。

a 上が、俊蔭が亡くなった本当の理由を知らずに今日まで過ごしていたこと。
b 大将が、時期が来るまで仲忠を家の中にとどめておいたこと。
c 俊蔭が、自分の子どもをひっそりと目立たないように育てていたこと。

d　東宮が、世間体を慮って俊蔭の娘を人目に触れないところに隠しておいたこと。
e　嵯峨の院が、昔、あるものの秘法が外部に漏れることを嫌って秘密にしていたこと。

3　傍線部③「三代」が指す人物として最も適切なものを、次のa～eの中から一つ選びなさい。
a　上、上達部、大将　b　嵯峨の院、上、東宮　c　上達部、朝臣、大将　d　俊蔭、娘、仲忠
e　中納言、大将、仲忠

4　傍線部④「この手」の意味として最も適切なものを、次のa～eの中から一つ選びなさい。
a　書の運筆法　b　歌の詠歌法　c　琴の演奏法　d　碁の戦術法　e　笛の呼吸法

5　傍線部⑤「亡くなりてのち、尋ね訪ひしかど、亡くなりにたりしと聞きしは、そこに隠されたるにこそありけれ」の意味として最も適切なものを、次のa～eの中から一つ選びなさい。
a　治部卿俊蔭の娘が亡くなったあと、仲忠の父親を探したのだけれども、母親も亡くなったと聞いたのは、実はあなたが事情を隠していたのであった。
b　治部卿俊蔭が亡くなったあと、仲忠の行方を探したのだけれども、仲忠が亡くなったと聞いたのは、実はあなたが仲忠を隠していたのであった。
c　仲忠の父親が亡くなったあと、母親の行方を探したのだけれども、母親も亡くなったと聞いたのは、実はあなたが事情を隠していたのであった。
d　治部卿俊蔭が亡くなったあと、その娘の行方を探したのだけれども、娘が亡くなったと聞いたのは、実はあなたがその娘を隠していたのであった。
e　治部卿俊蔭の娘が亡くなったあと、仲忠の行方を探したのだけれども、父親も亡くなったと聞いたのは、実はあなたが事情を隠していたのであった。

6　本文の内容に当てはまるものとして最も適切なものを、次のa～eの中から一つ選びなさい。

a　大将は、故治部卿俊蔭の血を引く仲忠という子どもを大切に養育し、自分の面目を立てることを期待しつつ、当家に代々伝わって来た秘手を丁寧に仲忠に教えた。

b　故治部卿俊蔭は、自らの出世を棒に振っても、代々家に伝わる秘手を他人には伝えず、一心に仲忠にその奥義を伝えることに没頭し、のちに仲忠はその道の大家として名をはせた。

c　上は、昇殿した仲忠が故治部卿俊蔭の血を引く子孫と知り、その技量に期待をかけると同時に、技のすばらしさのほどを大将に下問された。

d　故治部卿俊蔭の娘は、不遇をかこったけれども自らの信念を貫いた父の生き方を尊敬し、のちに父の恥辱をそそぐべく、嵯峨の院の前で優れた腕前を披露した。

e　大将は、仲忠の腕前について、控え目に上に上奏したが、実際の腕前は本邦で彼をしのぐ者はいない程すばらしく、その技量は亡き母をはるかに凌駕していた。

二〇二四年度　茨城県　難易度

【十六】次の文章は『徒然草』の一部である。これを読んで、以下の[問1]～[問6]に答えよ。

家居のつきづきしく、あらまほしきこそ、仮の宿りとは思へど、興あるものなれ。よき人の、のどやかに住みなしたる所は、さし入りたる月の色も一際しみじみと見ゆるぞかし。今めかしくきららかならねど、木立ものふりて、わざとならぬ庭の草も心あるさまに、簀子・A透垣のたよりをかしく、うちある調度も昔覚えてやすらかなるこそ、心にくしと[見ゆ]。

多くの匠の心を尽してみがきたて、唐の、大和の、めづらしくえならぬ調度どもならべ置き、B前栽の草木まで心のままならず作りなせるは、見る目も苦しく、いとわびし。Cさてもやはながらへ住むべき。また時の間の煙ともなりなんとぞ、うち見るより思はるる。大方は家居にこそことざまはおしはからるれ。

※1後徳大寺大臣の、寝殿に鳶《とび》ゐさせじとて縄を張られたりけるを、西行が見て、「鳶のゐたらんは、何かは苦しかるべき。この殿の御心さばかりにこそ」とて、その後は参らざりけると聞き侍るに、※2綾小路宮のおはします小坂殿の棟に、いつぞや縄を引かれたりしかば、かの例思ひ出でられ侍りしに、「まことや、烏の群れゐて池の蛙をとりければ、御覧じかなしませ給ひてなん」と人の語りしこそ、さてはいみじくこそと覚えしか。徳大寺にもいかなるゆゑか侍りけん。

(注)

※1　後徳大寺大臣　＝　藤原実定

※2　綾小路宮　＝　亀山天皇の皇子、性恵法親王

〔問1〕　傍線部A「透垣」、傍線部B「前栽」の読みをひらがなで書け。

〔問2〕　傍線部C「さてもやはながらへ住むべき」を反語に注意し、現代語訳せよ。

〔問3〕　傍線部D「その後は参らざりける」とあるが、西行が行かなかったのはなぜか、四十字以内で説明せよ。

〔問4〕　傍線部E「さてはいみじくこそと覚えしか」から筆者のどのような考えが読み取れるか、五十字以内で説明せよ。

〔問5〕　本文中の見ゆを正しい活用形に改めよ。

〔問6〕　『徒然草』は日本三大随筆の一つである。残りの二つを漢字で書け。

【十七】次の文章を読んで、以下の各問いに答えなさい。なお、設問の都合上、一部表記を改めた部分がある。

九条民部《くでうみんぶ》卿《きやう》顕頼《あきより》のもとに、あるなま公達《きんだち》[※1]、年は高くて、近衛司《このゑづかさ》を心がけ給ひて、あるものして、「よきさまに奏し給へ」など、[ア]いひ入れ給へるを、主《あるじ》[イ]うち聞きて、「年は高く、今はあるらむ。なんでふ、近衛司、望まるるやらむ。出家うちして、かたかたに[※2]居給ひたれかし」と、うちつぶやきながら、「細《こま》かに承りぬ。ついで侍るに、奏し侍るべし。①このほど、いたはること[※3]ありて［A］、かくて聞き侍る。いと便《びん》なく侍り、と聞えよ」とあるを、②この侍、さし出づるままに、申せと候ふ。年高くなり給ひぬらむ。なんでふ、近衛司、望み給ふ。かたかたに出家うちして、居給ひたれかし。さりながら、細かに承りぬ。ついで侍るに奏すべし、と候ふといふ。

この人、「しかしかさま侍り。思ひ知らぬにはなけれども、前世《ぜんぜ》[※4]の宿執《しゆくしふ》にや、このことさりがたく心にかかり侍れば、③本意《ほい》とげてのちは、やがて出家して、籠《こも》り侍るべきなり。隔てなく仰《おほ》せ給ふ、いとど本意に侍り」とあるを、そのままにまた聞ゆ。主《あるじ》、手をはたとうち、「いかに聞えつるぞ」といへば、「しかしか、仰せのままになむ」と[ウ]いふに、すべて[エ]いふばかりなし。

この使《つかひ》にて、「いかなる国王、大臣の御事をも、内々おろかなる心の及ぶところ、さこそうち申すことなれ。それを、この不覚人、ことごとくに申し侍りける。あさましと聞ゆるもおろかに侍り。すみやかに参《まゐ》りて、御所望のこと申して聞かせ奉らむ」とて、そののち、少将《せうしやう》[※5]になり給ひにけり。

古人いへることあり。

人を使ふことは、④工《たくみ》の木を用ふるがごとし

と[オ]いへり。「かれはこのことに堪へたり。これはこのことによし」と見はからひて、その得失《とくしつ》を知りて使ふなり。しかれば、民部卿、「えせたくみ」[※6]にておはしけるやらむ。申次《まうしつ》ぎすべくもなかりける侍《さぶらひ》なりしか。

※1　なま公達…たいして身分の高くない貴族の子弟。
※2　かたかた…片隅。
※3　いたはる…病気になること。
※4　前世の宿執…前世からの執着。
※5　少将…近衛少将。
※6　えせ…かたちばかりでよくない意の接頭語。

（十訓抄「新編日本古典文学全集」）

（一）……線部ア～オの動作の中で、①主語が同じ人物になるものをすべて選び、記号を書きなさい。また、②その主語にあたる人物をa～dから選び記号で書きなさい。
a　公達　　b　主　　c　侍　　d　古人

（二）——線部①「このほど、いたはることありて［A］、かくて聞き侍る。いと便なく侍り、と聞えよ」にかかわって答えなさい。
（i）［A］に当てはまる最も適切な言葉を次のア～エから一つ選び記号で書きなさい。
ア　なむ　　イ　こそ　　ウ　らし　　エ　ばや
（ii）——線部①の言葉を述べた人物が、このような話題を付け加えた理由を四十字以上五十字以内で書きなさい。

（三）——線部②における会話文の箇所を抜き出し、最初と最後の五字を書き抜きなさい。

（四）——線部③「本意」とあるが、公達にとってどのようなことが本意であったと述べているか、簡潔に書きなさい。

(五) 本文中には次の一文が入る箇所がある。この一文の直後の三字を、本文中から書き抜きなさい。

まことに、いはれけるやうに、出家していまそかりける。

(六) ――線部④「工の木を用ふるがごとし」とは、どのようなことを喩えているか、最も適切なものを次のア～エから一つ選び、記号で書きなさい。

ア その人の良し悪しではなく、その人の希望をよく聞いて人を使うべきである。
イ その人の良いところを伸ばし、悪いところを補うべきである。
ウ その人の良し悪しにかかわらず、その人らしさを大切にすべきである。
エ その人の良し悪しをよく考えて、人を使うべきである。

(七) 「十訓抄」より前の時代に成立した作品として適切なものを次のア～エから一つ選び、記号で書きなさい。

ア 太平記　イ 風姿花伝　ウ 雨月物語　エ 大鏡

■二〇二四年度■長野県■難易度

【十八】 次の文章は『平中物語』の一節である。これを読んで、以下の問いに答えよ。

この男、また、はかなきもののたよりにて、a雲居よりもはるかに見ゆる人ありけり。ものいひつくべきたよりなかりければ、いかなるたよりして、気色見せむと思ひて、からうして、たよりをたづねて、ものいひはじめてけり。「いかで、一度にても、御文ならで、Ⅰ聞えしかな」といふを、いかがはⅡあべき、げに、よそにても、いはむことをや聞かましと思ひけるほどに、この女の親の、わびしくさがなき※朽嫗《くちおな》の、さすがにいとよくものの気色を見て、かしがましきものなりければ、かく文通はすと見て、文も通はさず、A責め守りければ、この男は、せめて、「対面に」といひければ、この女ども、「『かかる人の、制しⅢたまへば、雲居にてだにもえ』などいひ聞かせよとてなむ、迎へる」といひければ、「今まで、などかおのれにはのたまはざりつる。人の気色とらぬ先に、①月見むとて、母の方に来て、わが琴弾かむ。それにまぎれて、簾のもとに呼び寄せて、ものはいへ」とぞ、この、来たる親族たばかりける。さて、この男来て、簾のうちにて、ものいひける。この友だちの女、「わが徳ぞ」といひければ、「うれしきこと」など、男、女いひ語らふに、この、母の女のさがなきもの、B宵まどひして寝にけるときこそありけれ、夜ふけければ、目さまして起き上りて、「あな、さがな。などて寝られざⅣらむ。もし、あややある」といひければ、この男、b簀子のうちに、はひ入りて隠れにければ、のぞきて見るに、人もなかりければ、「おいや」などいひてぞ、奥へ入りける。その間に、男、いで来たれば、「よし、これを見たまへ」「かかればなむ。命あらば」などいひけるほどに、「あやしくも、いませぬるかな」といへば、男、帰りぬ。

　たまさかに聞けと調ぶる琴の音のあひてもあはぬ声のするかな

といひたれば、この、琴弾きける友だちも、「はや返ししたまへ」といひけるほどに、親聞きつけて、「いづこなりし盗人の鬼の、わが子をば、からむ」といひて、いで走り追へば、沓をだにもえ履きあへで、逃ぐ。女どもは呼吸もせで、うつぶしふしにけり。かかりけれど、いみじう制しければ、言の通はしをだにえせで、ものいひけるたよりをも尋ねて、寄せざりけるほどに、こと人にあはせてけり。さりければ、男、②親さあはすとも、さやはあるべきとぞ、思ひ憂じてやみにける。

（注）※　朽嫗…老女を罵っていう言葉。

問一　二重傍線部a「雲居」、b「簀子」の本文中の読みを、現代仮名遣いで書け。

問二　波線部Ⅰ「聞え」、Ⅲ「たまへ」について、敬語の種類を(甲群)の中から、誰から誰に対する敬意を表しているかを(乙群)の中から、それぞれ適切なものを一つずつ選んで、その記号を書け。
(甲群)…ア　尊敬語　イ　謙譲語　ウ　丁寧語
(乙群)…ア　男　イ　雲居よりもはるかに見ゆる人　ウ　女の親　エ　女ども　オ　親族
カ　友だちの女
問三　波線部Ⅱ「あべき」、Ⅳ「らむ」について、文法的説明として最も適切なものを、次のア～エからそれぞれ一つずつ選んで、その記号を書け。
Ⅱ「あべき」
ア　ラ変動詞「あり」の連体形の撥音便の無表記＋適当の助動詞「べし」の連体形
イ　四段動詞「ある」の連体形の撥音便の無表記＋推量の助動詞「べし」の連体形
ウ　ラ変動詞「あり」の連体形の撥音便の無表記＋当然の助動詞「べし」の連体形
エ　四段動詞「ある」の連体形の撥音便の無表記＋命令の助動詞「べし」の連体形
Ⅳ「らむ」
ア　現在推量の助動詞「らむ」の連体形
イ　原因推量の助動詞「らむ」の連体形
ウ　助動詞の活用語尾＋推量の助動詞「む」の連体形
エ　助動詞の活用語尾＋意志の助動詞「む」の連体形
問四　傍線部A、Bの本文中における意味として最も適切なものを、次のア～エからそれぞれ一つずつ選んで、その記号を書け。
A　責め守りければ
ア　男に苦情を言い続けていたので

イ　文句を言っては監視していたので
ウ　手紙を没収していたので
エ　戸締りを厳重にしていたので
B　宵まどひして
ア　夜があまり更けないうちに
イ　夜のとばりがおりてから
ウ　夜の間じゅう騒ぎ通して
エ　夜の早いうちから眠くなって

問五　傍線部①「月見むとて、母の方に来て、わが琴弾かむ」とあるが、なぜこのような発言をしたと考えられるか。五十字以内で説明せよ。

問六　問題文中の和歌「たまさかに聞けと調ぶる琴の音のあひてもあはぬ声のするかな」には、修辞法として掛詞が用いられている。この掛詞を指摘し、どのような意味が掛けられているのか説明せよ。

問七　傍線部②「親さあはすとも、さやはあるべき」とあるが、このように男が思う心情を本文に即して五十字以内で説明せよ。

問八　『平中物語』は平安中期に成立した作者未詳の文学作品であるが、この作品のジャンル名を漢字三字で書け。

【十九】 次の文章は『建礼門院右京大夫集』の一節である。次を読んで、以下の問いに答えなさい。

建仁三年の年、X霜月の二十日余り幾日の日やらむ、※1五条の三位入道俊成、九十に満つと①聞かせおはしまして、※2院より※3賀賜はするに、贈り物の※4法服の装束の袈裟に、歌を書くべしとて、※5師光入道の女《むすめ》、宮内卿の殿に歌は召されて、紫の糸にて、院の仰せごとにて、※6置きてまゐらせたりし。

Ⅰ ながらへてけさぞうれしき老いの波八千代《やちよ》をかけて君に仕へむ

とありしが、給はりたらむ人の歌にては、いま少しよかりぬべく、心の内に覚えしかども、そのままに置くべきことなれば、置きaてしを、②「けさぞ」の「ぞ」文字、「仕へむ」の「む」文字を、「や」と、「よ」になるべかりけるとて、にはかにその夜になりて、※7二条殿へきと参るbべきよし、仰せごととて、※8範光の中納言の車とてあれば、参りて、文字二《ふたつ》置き直して、やがて賀もYゆかしくて、夜もすがら候ひて見しに、※9昔のこと覚えて、いみじく※10道の面目なのめならず覚えしかば、Zつとめて入道のもとへ③そのよし申しつかはす。

Ⅱ 君ぞなほ今日より後も数ふべき九《ここの》かへりの十《とを》の行く末

返事《かへりごと》に、「かたじけなき召しに候へば、④這ふ這ふ参りて、人目いかばかり見苦しくと思ひしに、かやうによろこび言はれたる、なほ昔のことも、物のゆゑも、知ると知らぬとは、まことに同じからずこそ」とて、

Ⅲ 亀山の九かへりの千歳をも君が御代《みよ》にぞ添へゆづるべき

注※1　五条の三位入道俊成…藤原俊成(一一一四〜一二〇四)。
※2　院…後鳥羽上皇(一一八〇〜一二三九)。
※3　賀…長寿を祝う宴。
※4　法服…僧衣。
※5　師光入道の女、宮内卿の殿…師光入道の娘で、「宮内卿の殿」と呼ばれた後鳥羽院女房。
※6　置きて…刺繍して。
※7　二条殿…後鳥羽院の御所。
※8　範光の中納言…藤原範光(一一五四〜一二一三)。
※9　昔のこと…昔の俊成に関すること。寿永二年(一一八三)に『千載和歌集』を撰進するよう後白河法皇の院宣が下されたことを指す。
※10　道の面目…歌道の名誉。

問一　二重傍線部X「霜月」は月の異名である。何月のことか答えよ。
問二　二重傍線部の単語Y「ゆかしく」、Z「つとめて」の本文中での意味を現代語で答えなさい。
問三　太線部の助動詞a「て」、b「べき」の本文中の文法的意味として最も適当なものを次のア〜オの中からそれぞれ一つ選び、記号で答えなさい。
ア　推量　　イ　可能　　ウ　命令　　エ　完了　　オ　強意
問四　傍線部①「聞かせおはしまして」の部分を次のように整理したい。以下の(1)〜(3)の問いに答えなさい。

聞かせおはしまして
せ…尊敬の助動詞「す」の［い］
おはしまし…尊敬の補助動詞「おはします」の［い］
※尊敬語を二つ重ね、動作の主体に対してより高い敬意を表す方法…［ろ］
→この場合、［は］に対する敬意

(1) 空欄［い］に当てはまる活用形を答えなさい。
(2) 空欄［ろ］に当てはまる語句を答えなさい。
(3) 空欄［は］に当てはまる人物名を次のア〜エの中から一つ選び、記号で答えなさい。
ア 建礼門院右京大夫　イ 俊成　ウ 後鳥羽上皇　エ 宮内卿の殿

問五 Ⅰの和歌と傍線部②「『けさぞ』の『ぞ』文字、『仕へむ』の『む』文字を、『や』と、『よ』になるべかりける」について、授業で扱う際に次のように板書して整理したい。以下の(1)〜(6)の問いに答えなさい。

■板書案■
○Ⅰの和歌について、
・(命令により、)［A］が詠んだ。
・給はりたらむ人…［B］のことである。

※読解のための文法事項

Ⅰ　ながらへてけさ［ぞ］うれしき老いの波
　　八千代をかけて君に仕へ［む］

（訳　生きながらえて祝賀を賜り、袈裟をいただく今朝は嬉しく光栄でございます。今後も幾千年長生きして［C］。）

ながらへてけさ［や］うれしき老いの波
　　八千代をかけて君に仕へ［よ］

〈［D］に対しての内容〉
〈［E］に対しての内容〉

▽「む」…［1］の助動詞
▽「仕ふ」…［2］動詞

(1)　空欄［A］・［B］に当てはまる人物名を次のア～オの中からそれぞれ一つ選び、記号で答えなさい。
ア　建礼門院右京大夫　イ　俊成　ウ　宮内卿の殿　エ　後鳥羽上皇　オ　範光の中納言

(2)　空欄［1］に当てはまる助動詞の文法的意味を答えなさい。

(3)　空欄［C］に当てはまる口語訳を簡潔に書きなさい。

(4)　空欄［2］に当てはまる活用の行と種類を答えなさい。

(5)　空欄［D］・［E］に当てはまる人物名を次のア～オの中からそれぞれ一つ選び、記号で答えなさい。
ア　建礼門院右京大夫　イ　俊成　ウ　宮内卿の殿　エ　後鳥羽上皇　オ　範光の中納言

(6) 板書案を踏まえ、傍線部②「『けさぞ』の『ぞ』文字、『仕へむ』の『む』文字を、『や』と、『よ』になるべかりける」の理由を、五十字以内で説明しなさい。

問六 傍線部③「そのよし」の内容を六十字以内で説明しなさい。

問七 傍線部④「這ふ這ふ参りて」の「這ふ這ふ」とは、「這うようにして」という意味である。こうした行動の理由として最も適当なものを次のア～エの中から一つ選び、記号で答えなさい。

ア これまで多くの和歌を評価されてきたものの、こんなに年老いた姿で人前に出ることが恥ずかしく、隠れるようにして参上したから。

イ これまで多くの和歌を評価されてきて、お祝いの場には慣れていたが、急に呼ばれたため慌てて参上したから。

ウ これまで多くの和歌が評価されてきたが、こうして長寿のお祝いもして頂いたことを恐れ多く感じ、恐縮して参上したから。

エ これまで多くの和歌を評価されてきた自分が、さらに上皇から呼ばれたことで、周囲から妬まれるのではと気にしながら参上したから。

問八 和歌Ⅲについての説明として適切なものを次のア～オの中から一つ選び、記号で答えなさい。

ア Ⅱの和歌の返歌として俊成が詠んだ和歌で、今後も健康を大事にして長生きしたいという思いを込めて詠んだ和歌である。

イ Ⅱの和歌の返歌として建礼門院右京大夫が詠んだ和歌で、今後も俊成に長生きしてほしいという思いを込めて詠んだ和歌である。

ウ Ⅱの和歌の返歌として俊成が詠んだ和歌で、この先もまた長寿のお祝いをしてほしいという願いを込めて詠んだ和歌である。

エ　Ⅱの和歌の返歌として俊成が詠んだ和歌で、これからも上皇の御代が長く続くようにという願いを込めて詠んだ和歌である。

オ　Ⅱの和歌の返歌として建礼門院右京大夫が詠んだ和歌で、これからも上皇の御代が長く続くようにという願いを込めて詠んだ和歌である。

問九　『建礼門院右京大夫集』は、鎌倉時代に書かれた作品である。同時代の作品を次のア～オの中から一つ選び、記号で答えなさい。

ア　閑吟集　　イ　古今和歌集　　ウ　金葉和歌集　　エ　金槐和歌集　　オ　和漢朗詠集

【二十】　**二〇二四年度　福島県　難易度**

次の文章は、白拍子の仏御前が入道のもとを訪れ、同じく白拍子の祇王御前のとりなしで入道と対面する場面である。この文章を読み、各問いに答えよ。

入道出であひ対面して、「今日の見参は、あるまじかりつるものを、祇王がなにと思ふやらん、余りに申しすすむる間、か様に見参しつ。見参するほどにては、Ⅰ いかでか声をも聞かであるべき。今様一つ歌へかし」と宣へば、仏御前、「承り ア さぶらふ」とて、今様一つぞ歌うたる。

君をはじめて見る折は　A 千代も経ぬべし姫小松
御前の池なる亀岡に　鶴こそむれゐてあそぶめれ

と、おし返しおし返し、三返歌ひすましたりければ、見聞の人々、みな耳目をおどろかす。入道もおもしろげに思ひ給ひて、「わごぜは今様は上手でありけるよ。この定では、舞もさだめてよかるらむ。一番見ばや。鼓打召せ」とて召されけり。うたせて一番舞うたりけり。

仏御前は、かみすがたよりはじめて、みめかたち美しく、声よく節も上手でありければ、なじかは舞も損ずべき。B心もおよばず舞ひすましたりければ、入道相国舞にめで給ひて、仏に心をうつされけり。仏御前、「こはされば何事さぶらふぞや。もとよりわらはは推参の者にて、出され参らせさぶらひイしを、祇王御前の申状によつてこそ、召しかへされてもさぶらふに、Cかやうに召しおかれなば、祇王御前の思ひ給はん心のうちはづかしうさぶらふ。はや〳〵暇をたうで、出させおはしませ」と申しければ、入道、「すべてその儀あるまじ。但し祇王があるをはばかるか。その儀ならば祇王をこそ出さめ」とぞ宣ひける。仏御前、「それ又、いかでかⅡさる御事さぶらふべき。諸共に召しおかれんだにも、心うさぶらふべきに、まして祇王御前を出させ給ひて、わらはを一人召しおかれなば、祇王御前の心のうち、はづかしうさぶらふべし。Dおのづから後まで忘れぬ御事ならば、召されて又は参るとも、今日は暇を給はらむ」とぞ申しける。入道、「なんでう、其儀あるまじ。祇王とう〳〵罷出でよ」とお使かさねて三度までこそたてられけれ。

（『平家物語』による）

(注) 今様＝平安時代後期に流行した歌謡の一種

(一) ═線アの敬語の種類と、その敬意の対象の組合せとして最も適切なものを、次の1～5から一つ選べ。

1 尊敬語—入道
2 謙譲語—入道
3 丁寧語—祇王
4 謙譲語—祇王
5 丁寧語—入道

(二) ——線Aの示す内容として最も適切なものを、次の1～5から一つ選べ。

1　君の御前にある庭の姫小松は、このの ち千年も長く栄えるだろうということ。
2　姫小松のような私は、君のおかげで千年も命が延びそうな気がするということ。
3　君の御前にある庭の姫小松は、千年も経ったかのように立派に見えるということ。
4　姫小松のような私は、君のお側近くに千年もの長きにわたってお仕えしたいということ。
5　君の御前にある庭の姫小松は平家の永遠の繁栄を象徴しているということ。

(三)　══線イの助動詞と文法的意味が同じ助動詞を含むものを、次の1～5から一つ選べ。
1　はるばる来ぬる旅をしぞ思ふ
2　力をも入れずして天地を動かし
3　おほやけも行幸せしめ給ふ
4　直垂のなくてとかくせしほどに
5　上がる雲雀になりてしか

(四)　――線Bの意味として最も適切なものを、次の1～5から一つ選べ。
1　本音を押し隠して何とか
2　気持ちをこめてやっとのことで
3　想像もできないくらい立派に
4　心ここにあらずという様子で
5　気持ちを強くもって気丈に

(五)　――線Cは、誰がどのようにすることを言っているのか。その具体的な説明として最も適切なものを、次の1～5から一つ選べ。
1　入道が、仏御前を自分の側近くに召し抱えること。

2 祇王御前が、仏御前の舞に対して嫉妬をすること。
3 入道が、祇王御前への寵愛を深めること。
4 祇王御前が、入道のつれない仕打ちに対して恨みを抱くこと。
5 入道が、祇王御前の舞の技量に対して失望すること。

(六) ——線Dの意味として最も適切なものを、次の1～5から一つ選べ。
1 あなたがご自分で後々まで忘れないというのであれば、私をお召しになることもあるのかもしれませんが、それでも今日はお暇をいただけないでしょうか。
2 もしも後々まで私をお忘れにならないのなら、召されてまた参上することがあったとしても、今日はお暇をいただきましょう。
3 あなたが決して私をお忘れにならないというのであれば、召されてお目にかかることもあるでしょうから、今日はお暇をいただけないでしょうか。
4 あなたが祇王御前を忘れないというのであれば、私をお召しになられたとしても、おそらく今日のようにお暇を出されるのでしょう。
5 あなたが祇王御前を忘れないというのであれば、祇王御前を召されることもありましょうけれども、今日のように気まぐれにお暇を出されるのでしょう。

(七) 『平家物語』と同じ軍記物語である作品を、次の1～5から一つ選べ。
1 保元物語　2 今鏡　3 平中物語　4 とはずがたり　5 住吉物語

(八) 〰〰線Ⅰを口語訳せよ。

(九) 〰〰線Ⅱとはどのようなことか。説明せよ。

解答・解説

【二】問一　ア　数年来(長年)　イ　御様子(御態度・御表情)　問二　a　参内なさる御様子は並大抵のものではない。　b　管弦の遊びなども興ざめに(おもしろくなく)感じられて　問三　中納言の、気丈に振る舞うことができないでいる様子。　問四　中納言が素晴らしい琴の演奏をしたので、褒美を与えようとしたから。　問五　奏し…帝　給ひ…中納言　問六　あなたと別れて後は、「宮中」で見る「空」の月も(涙で)曇るばかりで、これほど澄んでいる月の光も見ませんでしたよ。　問七　天の原ふりさけ見れば春日なる三笠の山にいでし月かも　問八　本歌取りや折句などを用いて、感じたことや発見したことを短歌や俳句で表したり、伝統行事や風物詩などの文化に関する題材を選んで、随筆などを書いたりする活動。

○解説○　問一　ア　幾年かの間、もしくは長年、という意味。　イ　けしき(気色)は、様子、有様、表情、態度など。そこに「御」が付いている。　問二　a　「おろかならず」は、なみ一通りではなく、の意味。　b　「すさまじい」は、興がさめるようだ、情趣がない、という意味。　問三　「御前」に参じているのは「中納言」であり、「心強い」は気強い、心丈夫である、という意味。　問四　傍線部②の前の「琴の音、おもしろうあはれなることかぎりなし」に着目。　問五　「奏す」は、天皇などに申し上げる、の意。ここでは、「帝」への敬意と、「給ふ」によって語り手の中納言に対する敬意も表現されている。　問六　「雲居」が、宮中と雲のある空の両方を表している。　問七　「天の原ふりさけ月」から導き出す。　問八　短歌や俳句の創作については、小学校第五学年及び第六学年の〔思考力、判断力、表現力等〕の「B書くこと」の(2)の「イ　短歌や俳句をつくるなど、感じたことや想像したことを書く活動。」、中学校第二学年の〔思考力、判断力、表現力等〕の「B書くこと」の(2)の「ウ　短歌や俳句、物語を創作するなど、感じたことや想像したことを書く活動。」として例示している。これらを受けて、「言語文化」においては、〔知識及び技能〕の(1)のオなどとの関連を図りながら、本歌取りや折句などの表現の技法を用いて、感じたことや発見したことを短歌や俳句で表す言語活動を示している。

【二】 1 ①(イ) ②(カ) ③(ケ) 2 似つかわしく 3 記号…(a) 活用形…(オ) 4 心のままならず 5 (ウ) 6 西行(が) 7 小坂殿に縄を引いていた理由が、烏が蛙をとるのを防ぐためであったこと。(三十四字) 8 (ア)、(ウ)

○解説○ 1 注意したいのは「枕草子」は他の二作品と異なり、平安時代に執筆されていること。「三大随筆」とひとくくりにされているが、「枕草子」と「徒然草」では執筆(完成)した年は三百年以上離れているといわれる。 2 シク活用の連用形なので、現代語訳も連用形にすること。 3 (a)は「こそ」を受けた已然形だが、(b)は「ぞ」を受けた連体形であり、(c)と(d)も連体形である。 4 「わざとならぬ」は意図的ではなく、その反対に「心のままならず」は意図的に、わざと、という意味で使われている。 5 ここでは「よき人」の家のたたずまいを評価しているので、心ひかれる、奥ゆかしい、という意味となる。 6 大臣の様子を西行が見て、その後は「参らざりける」と謙譲語を用いているので、西行が動作主となる。 7 ここでの「いみじく」は立派であると評価している。その内容は、「小坂殿の棟に、いつぞや縄をひかれたりし」ことの理由が「烏のむれゐて池の蛙をとりければ」であることを指す。 8 (ア)は形式段落第一～三段落の内容を受けている。(イ)は形式段落第三段落で否定的に述べている。(ウ)は形式段落第四段落で西行による批判を受けながら小坂殿の棟は例外であることを述べている。(エ)は、補強ではなく例外を述べているので、合致しない。

【三】問一 ③ 問二 ③ 問三 ア ④ イ ② 問四 A 渡るであろうになあ F どうして断り申し上げるだろうか、いや断り申し上げないだろう 問五 鵲や紅葉の橋を渡ったり、渡し守のいる舟で渡ったりするなど、牽牛が天の河を渡る方法があるということ。 問六 たとえ事実とは異なった内容になったとしても、思ったり感じたりしたとおりに詠むのが「歌のならひ」である。【和歌Ⅰ】もそうした「歌のならひ」に沿った和歌の一首で、実際には天の河を渡って織女に逢うことができたが、あまりにも短い逢瀬で逢わなかったかのように感じられたため、天の河を渡り切れずに帰ったと詠まれた歌であるという解釈を示している。

○**解説**○ 問一 ⓐは完了の助動詞「ぬ」の連用形。ⓑは断定の助動詞「なり」の終止形。完了の助動詞「ぬ」の連体形「ぬる」に接続している。ⓒも断定の助動詞「なり」の連用形。体言に接続している。ⓓは打消の助動詞「ず」の連体形。可能の助動詞「らる」の未然形に接続している。 問二 推量の助動詞「む」の已然形「め」で受けているので、ここでは已然形で結ぶ係助詞「こそ」が該当する。同じく係助詞の「や」は連体形で結ぶ。 問三 ア「ひがごと」は、道理に合わない事柄、間違った事柄、心得違いのこと。 イ「あまた」は、非常に、数多く、たくさん、という意味。 問四 A「らむ」は推量の助動詞。「…であるだろう」の意味。「ものを」は終助詞で、不満や残念な気持ちを込めた詠嘆。 F「などてか」は、疑問の意の副詞「などて」に助詞「か」がついた反語表現。「いなび」は動詞「否ぶ」で、断る、いやがる、の意味。 問五 【鵲にまつわる伝説】では「天の河に橋を架ける」とあり、【七夕にまつわる】でも「紅葉を橋に渡せばや」、「ふねはや渡せ」、「君渡りなば」とあるように、いずれも天の河を渡る手段を示している点に着目する。 問六 Gの直前で「逢へることは、ただ、ひと夜なり。その程の、まことにすくなければ、まことには、逢ひたれど、中々にて、逢はぬかのやうにおぼゆるなり。」とあるように、逢った時間がわずかでは、逢わなかったように思える、という部分に着目する。これを受けて「歌のならひ」は「逢ひたれど、ひとへに、まだ逢はぬさまに詠めるなり」という、読み手の実感どおりに詠むことを示している。

【四】一　a　もうして　b　あわじ　二　品詞…助動詞　活用形…連体形　三　海賊に見つからないようにするため　四　追い風が止まずに吹いてくれ(吹いてほしい)　五　追い風を受けて船が順調に進んでいること(十九字)　六　男性である紀貫之が、女性に仮託して仮名を用いて記述した日記である。漢文で書かれていた事務的な記録としての日記と異なり、私的な心情が表現され、仮名で書かれている日記の先駆けとなった。

○**解説**○ 一「音読」は現代語音で読むため、a「まう」は「もう」、「淡路」の「あは」は「あわ」となる。

二　A「る」は完了の助動詞「り」の連体形。強意の係助詞「ぞ」と呼応した係り結びのため、結辞は連体形になっている。　三　前文に「まことにやあらむ(本当だろうか)、『海賊追ふ』と言へば」とあることから考えるとよい。　四「なむ」はあつらえの終助詞で「希望し、期待する意」を表し、活用語の未然形につく。

五「うれしかりけれ」は、その前の句「追風の……帆手打ちてこそ」を受けている。「追風が吹いているときは、走っている船の帆が帆をはたはたとはたつかせるが、「私どもも手を打って、心の底から」を踏まえて、作者の「うれしく思うこと」をまとめる。「帆手」の「手(て)」を人の手に掛けている掛詞も使われている。

六「土佐日記」以前の日記は、官庁の事務的仕事の記録や日常の備忘録まで、個人の日記もあったが、記録性中心で男性による漢文体であった。平安初期に仮名文字による和文体が発達してくると個人の内面を自由に表現することになり、記録的な日記に文学性が加味されて日記文学が誕生したのである。その先駆けとなったのが、紀貫之の「土佐日記」である。当時平仮名は「女手」と呼ばれ、男性は仮名文字で日記を書くことはないため、貫之は自らを女性に仮託して執筆した。仮名による表現の自在さは心情表現の分析・記録に適しているため、その後「蜻蛉日記」をはじめ数多くの女流日記が生まれた。

【五】 1 ④ 2 ⑤ 3 ② 4 ④ 5 ① 6 ③ 7 ② 8 ④

○解説○ 1 i 「常に参るや」は、童に対する帥宮の問いかけで、和泉式部のところに「いつもうかがうのか」と言っている。 ii 「これもて参りて、『いかが見たまふ』とて奉らせよ」も童に対する帥宮の言葉で、「これを持って(和泉式部のところに)伺い、『どのようにご覧になりますか』と言って(侍女を介して)差し上げさせよ」といった意味になる。 iii 「さらば参りなむ。いかが聞こえさすべき」は、童の和泉式部とのやり取りの中の発言で「では(帥宮のところに)参ります。(帥宮に)どう返事いたしましょう」と話している。 2 「世の中」には、人の一生、この世、人の世、男女の仲など様々な意味があるが、話の内容を考えると、ここでは和泉式部と故宮の恋愛と捉えるべきである。 3 「すきがき」のイ音便で、「板か竹で間隔を取って作られた垣」のことである。 4 童の返事は、傍線部Cを含む発言の直後「そのことをさぶらはでは…山寺にまかりありきてなむ」であることをおさえる。「これといった用事もないのでは、(和泉式部の所に)伺うことも馴れ馴れしいようだと(訪問を)遠慮しておりますうちに、近頃は山寺詣でにに出歩き申し上げておりました」という。 5 元々は故宮に仕えていた童が主人の死により、帥宮に仕えるようになったことが童の発言「いとたよりなく、つれづれに…参りてさぶらふ」から読み取れる。 6 「さつき待つ花橘の香をかげば昔の人の袖の香ぞする(読み人知らず)」が、元歌である。 7 ①は「たまたま通りかかった童」「童は慰みに橘の花を贈り」、③は「童をほととぎすになぞらえた歌」、④は「故宮が飼っていたほととぎすの声を…訴えた」、⑤は「兄弟で飼っていた…歌で質問した」がそれぞれ文意に合わない。 8 成立年は、『土佐日記』は九三四年ごろ、『蜻蛉日記』は九七四年ごろ、『更級日記』は一〇六〇年ごろ、『十六夜日記』は一二八二年ごろとされている。

【六】(一) a いずみ b や (二) 「来たら」ラ行四段活用動詞・未然形、「ざり」打消の助動詞・連用形、「けれ」過去の助動詞・已然形、「ば」接続助詞 (三) ① 漢詩文の道 ② 何日かの間

(四)③　子の命に代わろうと思う私の命は少しも惜しくはないが　④　とうとう病気が治ってしまった

⑥　和泉守に任じてくださったのであった　(五)　赤染衛門の毛髪が白髪である様子。　(六)　Ⅰ　掛詞であり、まつの音に、植物の松と赤染が夫の匡衡を待つという二つの意味をかけている。(四十二字)　Ⅱ　オ

(七)　赤染が優れた和歌を詠むことで、相手の心を動かし、自分が望むような結果を得たこと。(四十字)

○解説○　(一)　解答参照。　(二)　「来たら(来る)」は「やって来る、来る」を表す。未然形接続の助動詞「ざり」は「ず」の補助活用(ラ変型)の連用形で「……ない」という意味。連用形接続の助動詞(ラ変型)「けり」は過去と詠嘆の意味があるが、詠嘆となるのは主に和歌の場合。「已然形＋ば」は確定条件を表し「……ので」と訳す。　(三)　①　古文での「文章」は、多くは「漢詩、漢文」を表す。　②　「日ごろ」には「数日の間」「何日か」「普段」などの意味があるが、ここでは「身に病を受けて、日ごろ煩ひける」(病気になり、「日ごろ」苦しんだ)のため、文脈から前者の「何日か」が適切と考える。　(四)　③　「かはら(代はる)」は、ラ行四段活用の動詞で「代わる、交代する」、未然形接続の助動詞「む」は意志を表す。「惜しから(惜し)」はシク活用の形容詞で「惜しい」の意味。接続助詞「で」は未然形接続で打消接続となり「……ないが、……せず」を表す。④　「つひに(終に)」は副詞で「最後には、とうとう」、ヤ行下二段活用の「いえ(癒ゆ)」は「(病気が)治る」を表す。「に」は完了の助動詞、「けり」は過去の助動詞。　⑥　サ行四段活用の動詞「なさ(なす)」は、ここでは「任命する」の意味。「せ」は尊敬の助動詞、「なり」は完了の助動詞、「けり」は過去の助動詞である。(五)　当時、年齢を重ねて白くなった髪の毛を「頭の雪(霜)」にたとえることがあり、「雪」に「白髪」と「白雪」の二つの意味を持たせた和歌が詠まれることもあった。ここでは、和歌を詠んだ赤染衛門が鷹司殿に「年老いた私の白髪頭に降りかかる雪を打ち払って、先が短い自分の命が消えないうちに、挙周が少しでも早く官職に就いてほしいと思う我が心を、どうかお汲み取りください」と訴えているのである。　(六)　Ⅰ　「わが宿の松はしるしもなかりけり」は「あなたを待つ我が家の松にはあなたを魅了する効果はないのでしょう」という意

味である。Ⅱ　この和歌を詠んだのが赤染であることと、稲荷神社の禰宜の娘とねんごろになった夫の匡衡が稲荷神社にばかり通い、赤染のもとに来てくれないことを踏まえて詠んでいることを押さえる。「杉むら(叢)ならば尋ね来なまし」は「(稲荷神社の)杉木立だったなら、訪ねていらっしゃるでしょうに」の意で、自分の所に来てほしい思いが込められている。(七)　赤染は「挙周の病の回復」「挙周の官職就任」「匡衡との復縁」の願いをそれぞれ和歌に詠み、訴えかけた。受け手を突き動かすほど優れた和歌の力により、三つの望みをすべて叶えたことを踏まえて、まとめればよい。

【七】(一)　③　(二)　①　(三)　③　(四)　③　(五)　④

○解説○　(二)　ア「立てられたり」の「らる」は「自発・受身・可能・尊敬」の意味がある。アを含む一文の主語は「少将」で敬語が使われていることから、尊敬が適切。　イ「確かならねど」の「ね(ぬ)」は完了・打消しの意味があり、未然形接続の場合は打消し、連用形接続の場合は完了の意味をもつ。ここでは「なら」の未然形に接続しているため、打ち消しとわかる。　ウ「乗りたまひぬ」の「ぬ」はイと同様だが、たまひの連用形に接続しているため、完了となる。　エ「御契りにや」の「に(ぬ)」は助動詞としては「断定・完了」の意味がある。「断定」は連体形(体言なども)接続、「完了」の場合は連用形接続。ここでは名詞「契り」に接続しているため断定が適切。　(三)　Aの会話主は直前にあるように姫君(宮腹の姫君)の侍女であり、相手は姫君である。三姉妹の姫たちは嵯峨野に着き、中の君、三の君の順に車から降りる。その後に「姫君」の侍女が車の中の姫君に「さし寄り」て「さらば、降りさせおはしましさぶらへかし。見ぐるしくもはべらず。君達もみな降りたまふ」と申したのである。文法に着目すると、「させ(さす)」は尊敬の助動詞、「おはしまし(おはします)」は「ある」の尊敬語、「さぶらへ(さぶらふ)」は補助動詞「……でございます」の命令形、「かし」は終助詞で「……よ」、「はべら(はべる)」は補助動詞で「……ございます」である。　(四)　「扇差しかざして」の理由は「少将の、大きなる松の下にほれぼれとしてゐたまへる」を(中の君と三の君の姉である)宮腹の姫君が「見つけたまひて、あきれたまへる」ことである。「あきれ(呆きる)」は「(想定外のことに)呆然とする」という意味。宮腹の姫君は、松の木の陰に隠れていた少将に顔を見られるという想定外の事態に驚き、扇をかざして顔を隠したのである。(五) 形式段落第四段落にある少将の話では「この野の景色ゆかしさに出でつるほどに、車の音聞こえければ、あやしみ、たれなるらんと思ひて、立ち忍びはべる」とあり、嵯峨野の景色を見に来たところ、車の音が聞こえたので不審に思って隠れたと言っている。

【八】(1) ア 5 イ 1 (2) 3 (3) 2 (4) 1 (5) 4 (6) 2

○解説○ (1) ア「いかで」には疑問、反語、願望の意味があるが、意志の助動詞「ん(む)」があることから願望と判断できる。 イ「さはるべきけしきならず」の「さはる」は「妨げられる」の意味である。 (2) ここでの「に」は「こと」という体言に接続していることから、断定の助動詞と判断できる。 (3)「あはれに悲しきに」に関する説明は、直前にある「いとけ恐ろしき殿の内のけしきども…人おはするけはひもせず」を中心に考えるとよい。 (4) 傍線部Bにある「まかる」は「(命令を受けて)都を離れて地方へ行く」という意味であることを踏まえて考えるとよい。 (5)「なき(御)影」は死者の霊、「今は(今際)の別れ」は「最後の別れ」、「御覧ず」は「御覧になる」という意味である。 (6)「たてまつる」は補助動詞で謙譲の意味がある。「いかが」は疑問で「どのように…か」を表し、「やすから(安し)」は「心安らか」という意味がある。

【九】一 ② 二 ア ③ イ ① ウ ④ 三 ② 四 ② 五 ① 六 ⑤ 七 ③ 八 ⑤

○解説○ 一 「もの」はある場所を表し、「まかり」は「行く」の謙譲語「まかる」(罷る)の連用形で「出かける」

という意味がある。　二　いずれも出題実績がある古語なので、きちんとおさえておくこと。イ「かへる年」は一つの単語として覚えておくとよい。　三「べき」(べし)の用法は「推量」「意志」「可能」「当然」「命令」「適当」「予定」の七つ。ここでは「この国来年あくべきにも」で考える。「あく」(空く)は「(官職などの)空きが生じる」という意味。「その国の人」が富士川で入手した黄色い反古紙の内容である。来年新たに任ぜられるはずの国々のことが除目のように皆書いてあり、この国は来年官職が空く「(べき)」ことについても、守の名前が書かれていて、また別の名前も添えて二人の名前があったのである。文脈から考えて「当然」が適切。四　紙にはこの国の来年の守の名前ともう一人の名前が書かれていた。「もう一人」とは後任のことで、ここでは「補欠の守」と解釈する。　五　傍線部Dの直前で「この文に書かれたりし、ひとつ違はず」とあり、文の内容について「この国の守とありしままなるを」と言っていることがわかる。　六「見たまへし」の「たまふ」はここでは謙譲語であり、会話主である「その国の人」が見聞きしたことを謙遜しながら話したと考える。七　傍線部F「めづらかなる」は形容動詞「珍らかなり」の連体形で、「なる」はその活用語尾である。八　山部赤人の作品には、ほかに「若の浦に潮満ち来れば潟をなみ葦辺をさして鶴鳴き渡る」(万葉集)などがある。

【十】1 c　2 b　3 d　4 d　5 e　6 a　7 c　8 e　9 b　10 e

○解説○　1「左右なく」(左右なし)は、「たやすく、ためらうことがなく」といった意味である。　2　傍線部②「とみに」は後に打ち消しの言葉を伴って「すぐには…ない」、「こときれ」(事切る)は「物事が決着する、終わる」という意味で「すぐには決着がつかなかった」ということ。六条修理大夫藤原顕季卿が東国の荘園を巡る源三郎源義光との争いについて白河院に訴えるも、(白河院が)すぐに義光を差し止めてくれるだろうという(顕季の)思いに反して「すぐには決着がつかなかった」のである。3「かしこまり」(かしこまる)はラ行四段活用動詞の連用形で、「給へ」(給ふ)は尊敬の補助動詞の已然形である。その後に完了の助動詞「り」の連用形と過去の助動詞「けり」の連体形が続く。意味は「恐れ多くお思いになった」である。4 傍線部④「いはれたれども」を含む院の会話文は、顕季の訴えに対する回答なので、d「顕季が東国の荘園について訴えた内容に関わる院の評価」が適切である。5 傍線部⑤「かれ」に「を去りて」が続くので、「かれ」の代名詞が場所を表すと推察できる。傍線部⑤を含む会話文は、顕季の訴えに対する院の回答であるためeが適切となる。6 傍線部⑥の動作主が顕季であることをおさえる。院の回答に対して「思はずにあやし」(思いがけないことで不思議だ)と思い、「とばかりものも申さで候ひ」(しばらくの間、何も言わないでそばに控えていた)のである。7 A「あの土地がなくても困らない」「国もあり、官職もある」のは顕季である。B「あの土地に命をかけている」「あの者を気の毒に思っているのではない」から義光だと判断できる C Bの「気の毒だと思わない」対象者が義光であることと、更に空欄Cの後で「義光は荒々しい田舎者のような者」と続くことから、「気の毒に思う」のは顕季と判断できる。8 ⑦「やすからず思はむままに」の後の「夜、夜中にもあれ、大路通るにてもあれ、いかなるわざはひをせむ」の動作主を考える。「面白くないと思えばすぐに」「夜、夜中でも、大路を通る時でもいかなる仕打ちをしよう」と考えるのは義光である。⑨「これを思ふに」の後に「今までことさらぬなり」とある。「こう考えて」「今まで決着をつけなかった」のは、顕季の訴えに対する結論を下していなかった院である。9 ⑧「おのれがため」の後の「ゆゆしき大事にはあらずや」も含め、傍線部の前の文脈と合わせて考える。義光の仕打ちがあったとしたら、「あなたにとって大事になるのではないか」と院が気に掛けているのは顕季である。10 a 院は義光を優遇する裁きを下している。b「院が義光との仲を取り持ってくれた」とは本文から読み取れない。c 院の会話文中に「えびすのやうなもの」とある。d 顕季は院の裁きを受けて、荘園を義光に譲ったのである。

【十二】 (1) ③ (2) ⑤ (3) ④ (4) a ② b ① (5) ③

○解説○ (1) 「たがへにいぬ」は「片違えのための場所に行った」という意味で、「いぬ」はナ行変格活用動詞の「往ぬ」である。 (2) 「さておはすべき御身かは」は「そのままでおいでになるあなた様でありましょうか、いいえ違います」という意味であり、これまでの話の流れを踏まえて内容を明らかにする。女(后の宮の女房)と契りを交わした男(平中)は女に後朝の文も出さず、夜になっても女を訪ねなかった。そのまま四~五日経ち、女は食事もとらずに泣くばかりで、これを見た女の召使いたちが「それでもこのように悲しまないでください。世間の人に知られないようにして、別のことを考えてください。」と女に語り、男からの連絡がないことを悲しみ続けるような方ではないと慰めたのである。 (3) 「やがて」の意味「そのまま」「すぐに」を踏まえるとよい。また、傍線部の前の話の流れをおさえ、「まゐる」の主語と参上先を考える。傍線部を含む段落には男が通えなかった事情が記されており、男は官の督に連れて行かれた後、やっと帰る途中で「亭子の院の召使い」が来て「やがてまゐる」のである。この流れから、主語は男で参上先は「亭子の院」のもとと考えるのが自然である。 (4) a 男は任務があったために女のもとに行けなかったのである。 b 空欄Yの直前、【文章Ⅰ】の6行目から12行目の内容は男が通えなかった事情である。この時点で「女の事情」を主語とした②、④は除外される。【文章Ⅰ】と【文章Ⅱ】の当該箇所を比較すると、【文章Ⅰ】では描かれていない心情が【文章Ⅱ】の5文目以降で「この女、いかにおぼつかなく…文やらむと、酔ひさめて思ひける」と描かれており、【文章Ⅰ】は出来事を淡々と描いていることがわかる。 (5) 女の使いが男に渡した女からの文に書かれていた「天の川…」の和歌の修辞法は、掛詞(「天」と「尼」)で、「天の川は空にあると聞いていましたし、尼なるものは自分には縁遠いものと思っていましたが、その川は私の目の前を流れる涙の川であって、尼になることも現実に我が身に起こることでした」という意味。その歌に男が返した「世をわぶる…」の和歌の修辞法は掛詞(天の川の「天」と「尼」、「ながれ」は「流れ」と「泣かれ」)と、縁語(「流れ」と「川」、「泣かれ」と「涙」)

で「男女の仲を嘆いて流れる涙の川が早く流れても、そうすぐに天の川になるべきでしょうか、尼になるべきなのでしょうか」という意味である。

【十二】問一　①　3　②　4　問二　5　問三　2　問四　2　問五　5　問六　1
問七　4

○解説○　問一　①　古語の「かたち」は外見や顔つき、「きよら」は最高の美しさを意味する。②　古語の「ゆゆし」は程度が激しいこと、「かなし」はいとしいことを意味する。問二　古語の「内」は宮中、「遊び」は管弦(管楽器と弦楽器)を意味することを踏まえて考えるとよい。問三　源氏の大殿が、琴を弾く中の君の姿に「ゆゆしうかなし」と「見聞き申し上げていらっしゃる」のである。問四　問三から、これが中の君の姿を目にした大殿の感想であることがわかる。問五「唐絵の様したる人」の発言とは「今宵の御箏の琴の音……国王まで伝へたてまつりたまふばかり」「この残りの手の……来年の今宵下り来て教へたてまつらむ」の二か所を指す。問六　小姫君(中の君)は夢に現れた「唐絵の様したる人」に琵琶を教えられて上達したものの、それを言えずにいたのである。問七　1、2「代わりの会」が誤り。宮中の管弦の宴が中止になり、それぞれの邸で月を見る夜になった。3「箏の秘密の演奏法」が誤り。「唐絵の様したる人」が教えたのは琵琶である。5「中の君に問いただした」が誤り。大殿は「あさみおどろきたまひつれど(驚きあきれなさったが)」とあるが、問いただしたわけではない。

【十三】問1　③　問2　①　問3　④　問4　④　問5　②　問6　③　問7　②　問8　①
問9　③　問10　④

○解説○　問1　a「なめり」の已然形である「なめれ」で考える。「なめり」は断定の助動詞「なり」の連体形

「なる」＋推定の助動詞「めり」の「なるめり」。その撥音便形「なんめり」の撥音不表記形である。
b「ならむ」で考える。これは断定の助動詞「なり」の未然形＋推量の助動詞「む」で、断定的な推量の意を表す。　c「臥せり」で考える。動詞「臥す」の連用形「臥せ」＋存続の助動詞「り」の終止形である。「り」は完了と存続の意味があるが、ここでは存続が適切。　d「(車)なりけり」で考える。これは、断定の助動詞「なり」の連用形＋過去の助動詞「けり」の終止形で、過去の事象に関する断定を意味する。
問2　出発時は、傍線部3の後の「明けぬらむと思ふほどに」(夜が明けそめたと思われるときに)「出で走り」より「明け方」と判断でき、到着時は、最終文「申の終はりばかりに」より、午後五時ごろと判断できる。
問3　「かかることを思ふ」(このようなことを訝しがる)の指示内容は、直前の内容「めづらしき人に移りてなどもなし」(新しい女性に心移りしたなどということも聞かない)をおさえつつ、侍女の発言「近江ぞ、あやしことなどありて～ここに通ふと知らせじと、かねて断ちおかむとならむ」を踏まえて考える。兼家は、近江の女性対策として作者を訪れなくなったなどと話している。　問4　前半は反語の係助詞「や」と「おはします」(いらっしゃる)をおさえて、「入り日を見るようにしてばかりしていてはいけません」と捉え、後半は「たまへかし」(～なさってください)をおさえて、「あちこちを詣でるなどなさってください」と捉える。
問5　「はらから(同胞)といふばかりの人」は「兄弟姉妹」を意味する。　問6　「あれ(我)か人かにおぼゆる」理由は、傍線部前後に手がかりがある。自分たちが人目につくので、お供の人を自分の後や先に行かせたりしてひっそり歩いていくが、行き交う人は自分を見てひそひそささやき合っていることを、やりきれないといっている。　問7　「ここちのどめて思ふ」(気持ちを落ち着かせて思う。気持ちが落ち着く)理由は、直前の「若狭守の車」(牛車)が自分たちの前を立ち止まらずに通り過ぎたためである。作者は「誰ならむ、供なる人、見知るべき者にもこそあれ、あないみじ、と思ふ」とあるように、知人との遭遇を懸念していた。　問8　「例もゆききの人、寄るところとは知りたまはぬか。咎めたまふは」(いつも往来する人が立ち寄る場所だとご存じないのか。咎めだてされるのは)は、作者のお供による「あふ、立ちのきて」の発言を受けた若狭守の従者の発言であることをおさえる。都では慇懃だが地方では横暴な振る舞いをする若狭守の従者の無礼な態度に作者は閉口していたのである。問9 作者が夫の藤原兼家のことを考える第一段落に着目して考える。問4で確認した侍女の発言や、その直後の「ただこのころは、ことごとなく」(この頃は、他のことについては全く考えることがなく)より考えるとよい。問10 蜻蛉日記は九七四年頃の成立とされており、①『更級日記』の成立は一〇六〇年頃、②『紫式部日記』は一〇一〇年頃、③『十六夜日記』は一二八二年頃、④『土佐日記』は九三五年頃とされている。

【十四】 (1) B (2) C (3) D (4) C (5) A (6) D

○**解説**○ (1)「いかなる」は「いかなり」(形動)の連体形で「どのような、どういう」という意味。「いきどほりか」の「か」は疑問の係助詞で、「ありけむ」の「けむ」(過去推量の助動詞・連体形)と呼応して係結びになっている。(2)「かく」は「このように、こう」の意味をもつ副詞で、「おとなしき心」の「おとなしき」を修飾している。「かく」の指示する内容は、行成が実方に自分の冠をうち落とされ、小庭に投げ捨てられても、冷静に対応したことである。(3)「れ」は尊敬の助動詞「る」の連用形である。行成を蔵人頭に任命した主上への作者の敬意を示す。(4)「中将を召し」たあと、中将を陸奥守として左遷していることから考えるとよい。行成に対する実方の不祥事のため、呼び出して彼の職を解いたのである。(5)「やがて」は「すぐに、そのまま」という意味の副詞、「失せにけり」は「亡くなってしまった」と解する。死後のことについては「実方、蔵人頭にならでやみにけるを恨みて～雀になりて～台盤を食ひけるよし」とある。(6) アには堪忍できず不祥事を起こした実方、イには実方の乱暴に冷静に対応した行成についての「たとえ」が入る。

【十五】1 d　2 b　3 d　4 c　5 d　6 c

○解説○ 1 「年ごろははべるところも知りたまへざりし」は「長年の間、(仲忠の)いらっしゃる所も分からなかった」という意味であり、これは帝から大将への問いかけに対する返答である。 2 傍線部②「籠めはべりつるなり」は「(家の)中に入れていたのでございます」という意味で、大将が自邸で仲忠を養育していたことを指す。 3 傍線部③「三代」が「親・子・孫の三世代」を表すことをおさえ、その前後の内容から考える。仲忠の母親が「故治部卿俊蔭が娘」であることに驚いた帝は「三代の手は伝へたらむな。かの朝臣、唐土より帰り渡りて…」と話している。「かの朝臣」は俊蔭のこと。つまり、三代とは俊蔭と娘と仲忠のこと。 4 「手」には「文字」「やり方」などの意味があるが、文中の「手」はすべて「技量」を表す。「父の手にいと多くまさりて弾きければ」の「弾き(弾く)」は「弦楽器を演奏する」という意味である。 5 これは大将に向けた帝の会話文の一部である。傍線部⑤にある「亡くなり」「尋ね訪ひ」「亡くなり」「隠され」の動作主(対象者)をその前の内容から考える。俊蔭は一人娘に七歳の時から琴を習わせたところ、父よりも遥かに巧みに弾いたので、自分の琴の奏法はこの娘から習うように言った。それを聞いた帝は俊蔭の存命中、娘に便りを送るなどして「亡くなりてのち、尋ね訪ひしかど、亡くなりにたりしと聞きしは、そこに隠されたるにこそありけれ」となる。話の流れを考えると「俊蔭が亡くなり」、「娘を尋ね訪ひ」、「娘が亡くなり」、「娘が隠され」となる。「娘が隠され」たのは、仲忠がかくまわれていた大将の家である。 6 肢cは傍線部③の直前から始まる帝の会話文や本文の内容と合致している。 aは「自分の面目を立てることを期待しつつ」が誤り。 bは「仲忠にその奥義を伝えること」以降が誤り。孫の仲忠ではなく、娘である。 dの内容は本文にない。 eは「仲忠の腕前について」以降が誤りで、仲忠の腕前についての記載はない。

【十六】問1　A　すいがい　B　せんざい　問2　そのような状態のままで住み続けることができようか、いや、できまい。　問3　大臣が鳶を寄せ付けないように寝殿に縄を張った行為に、心の狭さを感じたから。（三十七字）　問4　物事や行いには、それなりに理由があるのだから、外からちょっと見ただけでは、わからないものである。（四十八字）　問5　見ゆれ　問6　枕草子、方丈記

○**解説**○　問1　A「透垣」は、「すいがき」でも可。「すきがき」の音便。「板や竹で間を少し透かしてつくった垣根」のこと。B「前栽」は、「せざい」でも可。「庭先に植えこんだ草木」のこと。　問2　C「さてもやはながらへ住むべき」の「さても」は、「そうであっても」の意の副詞。「やは」は、反語の係助詞。「さてもやは」は組成語で、「そうであっても～か、いや～ない」と訳す。「ながらへ住むべき」の「べき」は、可能の助動詞「べし」の連体形で「やは～べき」で強意の係り結び。　問3　D「その後は参らざりける」の西行の心情は、後徳大寺大臣が、「寝殿に鳶ゐさせじとて縄を張られたりけるを、西行が見て」の後の「鳶のゐたらんは、何かは苦しかるべき」に関わる。鳶を寄せつけまいとする後徳大寺大臣の狭量な態度に対しての批判を踏まえてまとめる。　問4　E「さてはいみじくこそと覚えしか」は、綾小路宮の小坂殿に縄が張られた折に、後徳大寺殿の例が思い出されたが、「池の蛙を烏(からす)の群が捕えるのを性恵法親王様が悲しまれて縄を引かれた」という人の声を耳にしての筆者の思いである。「いみじく」は、「いみじ」(シク・形)の連用形で、「すぐれている。立派だ」の意。綾小路宮の縄を引いたことへの賛辞である。外見だけで人や物事を評価してはいけない、という筆者の考えが見える。以下の文には、「徳大寺にもいかなるゆゑか侍りけん」とある。　問5「やすらかなるこそ」の「こそ」(強意の係助詞)に呼応して係り結びになっているため、已然形「見ゆれ」に改める。　問6『徒然草』は鎌倉時代末期、『枕草子』は平安時代中期、『方丈記』は鎌倉時代前期。

【十七】㈠ ① イ、エ ② b ㈡（i）ア （ii）体調不良を理由に奏上できない可能性があり、公達の願いを受け入れられないことがあることをにおわすため。（五十字） ㈢ 申せと候ふ～し、と候ふ ㈣ 近衛司になること ㈤ 古人い ㈥ エ ㈦ エ

○**解説**○ ㈠ 主語にあたるのは、アは公達、イは主、ウは侍、エは主、オは古人。 ㈡（i）「かくて聞き侍る」の結辞「侍る」（「侍り」（自ラ変）の連体形）は、強意の係助詞「なむ」に呼応して係り結びになっている。 （ii）「このほど、いたはることありて」とは、「このところ、病気をしていて」の意。「かくて聞き侍る」は「こんな状態でお話を承りました」。「いと便なく侍り」の「便なく」は「便なし」（形・ク）の連用形で、「礼を欠く、都合が悪い」意。公達の近衛府の役人になりたいという望みを奏上できない場合もある、ということを感じとらせるための主（顕頼）の返事。 ㈢ 侍の言葉は、「申せと候ふ～と候ふ」まで。 ㈣「本意」が「ほい」と表記される場合、「ほんい」の撥音「ん」を書かなかった形。「本来の望み、目的」の意。冒頭の「近衛司を心がけ給ひて」を参考にする。 ㈤ 欠文は、「本当に言われたとおり、出家なさったということである。」と訳す。「いまそかり」（自ラ変）は、「あり」の尊敬語。公達は、「本意遂げてのちは、やがて（そのまま）出家して、籠り侍るべきなり」と述べている。公達が近衛司の少将になったあとの三字を抜き出す。 ㈥「工（たくみ）の木を用ふるがごとし」は、「明文抄」巻二にある「明王の人を任ずること、巧匠の木を制するが如し」にちなむ。曲がっている木でも、短い木でもその性質を生かして無駄なく用いるように人を使うことが大事だということである。 ㈦「十訓抄」は一二五二年の成立で、作者は六波羅二﨟左衛門入道とされる。アの「太平記」は一三七二年頃の成立で、小島法師の作と伝えられる。イの「風姿花伝」は一四〇〇年頃の成立で、作者は世阿弥。ウの「雨月物語」は一七六八年の成立で、作者は上田秋成。エの「大鏡」は平安時代後期の成立で、作者不詳。

【十八】問一　a　くもい　b　すのこ　問二　Ⅰ　(甲群)…イ　(乙群)…アからイに対する敬意
Ⅲ　(甲群)…ア　(乙群)…エからウに対する敬意　問三　Ⅱ　ア　Ⅳ　ウ　問四　A　イ
B　エ　問五　計略を巡らし、反対する母親の注意を自分に向けることで、思いを寄せる男と娘が逢えるようにするため。(四十八字)　問六　「あふ」が掛詞で、琴の調子が「合ふ」と男女が「逢ふ」が掛けられている。　問七　実際に会い、互いの心を通わしながらも、親の言う通りに違う人と結婚した娘を批判し、嫌気が差している。(四十九字)　問八　歌物語

○**解説**○　問一　a「雲居」は「雲のある遠くのそら。雲のかなた」、b「簀子」は「竹や木を並べて作った敷きもの。また、その床」を指す。　問二　Ⅰ　ここでの「聞え」は、「聞こゆ」(他ヤ下二)の連用形で、「言ふ」の謙譲語。男から雲居よりもはるかに見ゆる人への敬意である。　Ⅲ「たまへ」は尊敬の補助動詞「たまふ」(ハ四)の已然形で、「(この)女どもから」から「女の親」への敬意を示す。　問三　Ⅱ「あべき」は「あるべき」の撥音、「あんべき」の「ん」の無表記である。「ある」はラ変動詞「あり」の連体形、「べき」は「いかがは」に呼応した係り結びで、適当の助動詞「べし」の連体形である。　Ⅳ「らむ」は、打消の助動詞「ず」の未然形「ざら」に推量の助動詞「む」の連体形が接続した「ざらむ」の語尾である。　問四　A「責め」は「なじる、文句をいう」、「守り」は「目を離さず見張っている」ことである。　B「宵まどひ」は、「宵寝惑ひ」ともいう。「夜の早いうちから眠りたがること」をいう。　問五「月見むとて、母の方に来て、わが琴弾かむ」というのは、ここの女房たちが男の「対面に」という強引な要求を受け、女の親族に事情を話したところ、親族の女が計略をめぐらしたのである。月見を口実に女の親の部屋で私が琴を弾く、というのである。その隙に、男を「簾のもとに呼び寄せて、ものはいへ」と告げている。　問六　訳すと「たまに聞けといって弾いて下さる琴の音がうまく調子が合っていても、調子外れの音もまじるのですね。やっとお目にかかれても思いがとげられない、邪魔が入るのですね。」となる。掛詞については、ここでは「あひても」「あはぬ」が、それぞれ「合

ふ」と「逢ふ」を掛けている。琴の調子が「合ふ」、男女が「逢ふ」を意味している。　問七「親さあはすとも、さやはあるべき」の「さ」は「そのように」の意味で、前文中の「こと人にあはせてけり」を指す。「あはせ」は、「あはす」(他サ下二)の連用形で「夫婦にする。めあわす」という意味で、「いくら親が、そんなふうに他の男と結婚させようとしても、親の言いなりになっていいものだろうか」と解釈する。男は、この経験を踏まえて「思ひ憂じしてやみにける」とその心情を述べている。「憂じ」は「倦じ」と同義で「嫌気がさす。あきらめる」という意味である。　問八「平中物語」は「平中日記」「貞文日記」ともいう。十世紀中ごろ成立した歌物語である。平貞文(平中)の事跡として語られた三十九の和歌説話から成る。「今昔物語」や「宇治拾遺物語」に取り入れられている。

【十九】 問一　十一月　問二　Y　見たい(知りたい)　Z　翌朝　問三　a　エ　b　ウ 問四　(1)　連用形　(2)　最高敬語　(3)　ウ　問五　(1)　A　ウ　B　イ　(2)　意志　(3)　(我が)君に仕えよう　(4)　ハ行下二段活用　(5)　D　エ　E　イ　(6)　後鳥羽上皇から俊成への袈裟に刺繡される和歌なので、後鳥羽上皇の立場で詠まれていなくてはいけないから。(五十字)　問六　俊成の長寿を祝う宴を一晩中拝見したことで、昔のことが思い出され、俊成の歌道の名誉が一通りでないものに思われたということ。(六十字)　問七　ウ　問八　エ　問九　エ

○**解説**○ 問一　霜月は、霜降月ともいう。季節としては冬である。　問二　Y「ゆかしく」は、「ゆかし」(形・シク活用)の連用形。「ゆかし」は、心が対象物に強く引かれる状態をいう。Z「つとめて」は、「早朝」の意味もある。　問三　a「て」は、完了の助動詞「つ」の連用形。b「べき」は、命令の助動詞「べし」の連体形。　問四　尊敬の助動詞「す」は、他の尊敬語とともに用いられる。「おはします」(自サ四)のような尊敬の補助動詞などとともに用いられて、最高敬語(二重尊敬)を構成する。最高敬語は、天皇・皇后、またはそれに

準ずる人の動作について用いる。　問五　(1)　Aは、「院より〜歌を書くべしとて、師光入道の女」とある。Bは、「九十に満つ」(藤原)俊成が、院より賀の贈り物を「給はりたらむ人」(拝領する人)。(2)　助動詞「む」は、推量、婉曲、勧誘にも使われる。(3)「君」は、俊成の九十の賀を賜った後鳥羽上皇。(4)「使ふ」だと、ハ行四段活用になることに注意。(5)　Dは、俊成の後鳥羽上皇への意志。Eは、「使へよ」が「使ふ」の命令形で、後鳥羽上皇から俊成に対しての言葉である。(6)　Ⅰの歌は、俊成が後鳥羽上皇からの贈り物(袈裟)への喜びと君に仕える意志を詠んだ内容だったが、文字を変えて、贈り主の後鳥羽上皇の歌にした。　問六　傍線部の「その」の指示内容は、「やがて賀もゆかしくて〜覚えしかば」を指す。「俊成の長寿の祝賀を見たくて、一晩中祝宴を見たことで、昔の俊成のことを思い出し、俊成の歌道の名誉も一通りではない(なのめならず)と思われたこと」を説明する。　問七　俊成は「這ふ這ふ」参上して、人目にも見苦しいと思っていたが、建礼門院右京大夫から祝いの歌をもらって、喜んでいる。「なほ昔のことも、物のゆゑ(物の道理)も、知ると知らぬとは、まことに同じからずこそ」と、特に「昔のこと」に触れたことに深く心を打たれたのであろう。　問八　Ⅱの歌は、「あなたは九十の賀を賜った今日から後も、九十もの長寿を数えられることでしょう」と解釈する。Ⅲの歌は、「九十はおろか蓬莱の山に住む仙人がもつ九千の長寿をも、わが君の御代に添えておゆずりしましょう」と解釈する。　問九　ア「閑吟集」は室町時代後期、イ「古今和歌集」は平安時代前期、ウ「金葉和歌集」は平安時代後期、エ「金槐和歌集」は鎌倉時代前期、オ「和漢朗詠集」は平安時代中期。

【二十】(一)　5　(二)　2　(三)　4　(四)　3　(五)　1　(六)　2　(七)　1　(八)　どうしてお前の声を聞かないでいられようか。(九)　入道のもとから祇王を追い出すこと。

○解説○　(一)　ア「さぶらふ」(ハ行四段活用)。は、「あり」の丁寧の補助動詞。会話文であるから仏御前から入道への敬意。なお、入道(入道相国)は、平安時代末期に武士として初めて政権を握った平清盛のことである。

(二)「姫小松」は、仏御前をたとえている。「千代も経ぬべし」の「ぬべし」は、強意の助動詞「ぬ」＋推量の助動詞「べし」で、「～してしまいそうだ」の意。「千年寿命が延びてしまいそうな気がする」と訳す。
(三) イ「し」は、過去の助動詞「き」の連体形。1は、強意の副助詞。2は、接続助詞の一部。3は、尊敬の助動詞「しむ」の連用形「しめ」の一部。5は、願望の終助詞「しか」の一部。(四)「心およぶ」は、「心が行き届く、想像(予想、期待)できる」の意。「心もおよばず」は、「想像できないくらい立派に」という意味あいになる。(五) C「かやうに召しおかれなば」は、「入道相国舞にめで給ひて、仏に心うつされけり」を踏まえての仏御前の言葉である。「召しおかれなば」で、「な」は完了の助動詞「ぬ」の未然形、「ば」は順接仮定条件の接続助詞である。「もしこのように私(仏御前)を召し置かれたなら」と訳す。主語は、入道である。
(六) D「おのづから後まで忘れぬ御事ならば」の「おのづから」は、「もし、万一」の意で、ここでは後に接続助詞「ば」という仮定表現を伴っている。「忘れぬ」は、入道が仏御前を忘れないということ。「召されて又は参るとも」では、仏御前が入道に「召されて」「参る」ということ。「今日は暇を給はらむ」では、仏御前が入道に暇を「給はらむ」と言っている。「給はら」は、謙譲の動詞「給はる」(ラ行四段活用)の未然形、「む」は意志の助動詞の終止形。「暇をいただきましょう」という意味になる。(七) 2は歴史物語、3は歌物語、4は日記、5は擬古物語である。(八) Ⅰ「いかでか声をも聞かであるべき」の「いかでか～べき」は、反語の係り結び。「どうして～しないでいられようか」と訳す。(九) Ⅱ「さる御事」の「さる」は、「そういう、そのような」という意の連体詞で、前文の「その儀ならば祇王をこそ出さめ」の発言を指示している。

漢文

要点整理

返り点　読む順序を示すために付けられた符号。漢字の左下に小さく記入されている。

送り仮名　漢文の原形をそのままにしておいて、日本語に翻訳しながら読むためにつけるものを送り仮名という。なるべくもとの漢文の組み立てがこわれないように漢字の右下に小さく片仮名でつける。返り点と送り仮名とをあわせて訓点という。

白文　漢文に句読点、訓点をつけてないものを白文という。白文による学習は、漢文力をつける上で最も効果的な方法である。

訓読　中国語で書かれたものを漢字の音と訓とを利用して直訳することを訓読という。一種の翻訳であり、返り点と送り仮名をたどって書き下すと日本語の文章になる。

　訓読法を発案したのは、平安前期の学者、三善清行《みよしきよつら》という説があるが、文字の発明と同様、ひとりの人間によってつくり得るものではない。今日行われている訓読法は、おそらく奈良時代以前から起こり、その後多くの変遷を経て江戸時代にいたり、明治以降は、送り仮名や訓読の仕方についての内閣告示などを受けて、今日の漢文訓読法が固定してきたのである。しかし、まったく固定しているものではなく、今日でも読む人の好みによって少しずつ違う。

実字と助字　名詞・代名詞・動詞・形容動詞・副詞などのような、それ自体で一定の意味を持って独立する字を実字という。また、助動詞・助詞・接続詞・感動詞などのような、それ自体では一定の意味を持たないで、実字を助けて文の意味を完全にする字を助字という。なお、重要な語ではあるが、訓読ではその前後の語の送り仮名で読むなどして、直接には読まない助字(焉・也・矣・而など)を、置き字といっている。

六書　後漢《ごかん》の許慎《きょしん》の「説文解字《せつもんかいじ》」〔永年十年(九十九年)〜建元元年(百二十一年)に成立〕の中で述べられている、漢字の作られ方、用法の六種の分類を

「六書《りくしょ》」という。

(1)象形文字　物の形をかたどったもので、絵文字の性格をもつ文字である。目に見えるものをかたどったものであるため、漢字の中では最も基本的なものであるが、字数は少ない。

日・月・川・木・山・馬など。

(2)指事文字　形で表現することのできない抽象的観念を表すための文字で、あるものの位置や数量などを直接に指示する。

一・二・三……横線の数によって数の概念を表す。

上・下……「一」の上下に「・」を加えた「・二」「二・」から転じたもの。

(3)会意文字　二つまたは三つの文字の形を組み合わせ、同時にその意味を合成した文字である。

林……木の並び立ったもの。

東……木の中に日のある方角の意。

(4)形声文字(諧声文字)　二つの文字を組み合わせるのに、一方からは、意味(形)をとり、他の一方からは、音(声)をとって新しく文字を作り、それによって新しい文字の音と意味とを示そうとしたものである。形声文字は、漢字の八割以上を占める。

問・聞……「門」は音を表し、「口・耳」は意味を表す。

江・河……「氵(水)」は意味を表し、「工・可」は音を表す。

以上の象形・指事・会意・形声の四つの方式によって、あらゆる漢字が構成された。しかし、漢字は、作られた当初の意味・用法だけでなく、後になって転用されるものが出てくる。それが、転注であり、仮借である。

(5)転注　一つの語が本来の意味から転移して別の意味が生じたとき、もとの字をそのまま新しい意味を表すのに転用した場合、それを「転注」という。たとえば、「楽(ガク)」は、音楽を意味するが、音楽は人の心を楽しませるものであることから「たのしむ」の意味に転用され、音も「ラク」となった。

(6)仮借　言葉だけあって文字のない場合、すでにある、同音の文字を借りて使ったものを「仮借」という。たとえば、「来」は、ライムギを表す文字であったが、動詞の「くる」も同音であったため、「来」を借りて「くる」の意を表した。後に、ライムギは「麦」で表され、「来」は「くる」の意味にのみ用いられるようになった。

漢詩の体裁　古詩には一定の形式がなく、句数の長短や平仄《ひょうそく》は自由である。楽府は、はじめは漢の武帝の創設した音楽をつかさどる役所であったが、いつしか歌曲の意にかわったものである。

一般に近体詩とは唐以後の詩をいう。律詩は、韻律にかなった詩という意味で、初唐の枕佺期《しんせんき》、宋之問《そうしもん》によって確立されたといわれる。五言律詩は、平仄法が厳格であり、第二・四・六・八句末に同一韻で押韻《おういん》し、第三・四句、第五・六句をおのおの対句《ついく》にする。七言律詩は、第一句にも押韻するほかは、五言律詩の特徴と同じである。排律は、律詩の対句のところを引き伸ばした形式で、多くは十二句・十六句ないし五十句である。

絶句の意味については、さまざまな説があるが、まだ定説がない。しかし、詩の一部を断ち切って作った新詩形のことであるとする説を支持する学者が多い。唐代になって律詩の型が定まると共に、五・七言絶句の体裁も確立した。絶句は、近体詩即ち唐詩の中で最も洗練されたものである。絶句は、起句《きく》・承《しょう》句・転《てん》句・結《けつ》句の四句から成る。

平仄　漢字には平声《ひょうしょう》(平らかな発音)・上声《じょうしょう》(尻あがりの発音)・去声《きょしょう》(尻さがりの発音)・入声《にっしょう》(語尾がつまる発音)の四とおりの発音があって、これを四声《しせい》といい、平声を「平《ひょう》」、あとの三つを「仄《そく》」という。漢詩は、この平仄を巧みに組み合わせるので朗唱しやすく、聞いても耳に快いのである。

実施問題

【一】次の文章は、『新序』の一節で、晋の君主である悼公《とうこう》が、老齢を理由に引退する祁奚《きけい》に、後任について尋ねている場面である。これを読んで、各問いに答えよ。(設問の都合で訓点を省略した部分がある。)

晋ノ大夫祁奚老ス。晋君問ヒテ曰ハク、「(1)孰可レ使レ嗣。」祁奚対ヘテ曰ハク、「解狐可ナリト。」君曰ハク、「非ズ二子之讐《あだ》ニ一邪ト。」対ヘテ曰ハク、「君問フレ(2)可ヲ。非ザルレ問フニレ讐ヲ也ト。」晋(a)遂挙グ二解狐ヲ一。後又(3)問フ、「孰可三以為二国尉一。」祁奚対ヘテ曰ハク、「午也可ナリト。」君曰ハク、「(4)非ズ二子之子ニ一邪ト。」対ヘテ曰ハク、「君問フレ可ヲ。非ザルレ問フニレ子ヲ也ト。」君子謂フ、「祁奚(b)能挙グレ善ヲ矣。称ゲテ二其ノ讐ヲ一不レ為サレ諂《てん》ト、立テテ二其ノ子ヲ一不レ為サレ比ト。書ニ曰ハク、『不レ偏セ不レ党セ、王道蕩《たう》蕩《たう》タリト。』祁奚之謂フ也。外ヨリ挙ゲテ不レ避ケ二仇《きう》讐《しう》ヲ一、内ヨリ挙ゲテ不レ回《めぐら》サ二親戚ヲ一。(5)可シレ謂フ二至公ト一矣。(c)唯善ナルガ故ニ能挙グ二其ノ類ヲ一。」

(注) 嗣――「継」と同じ。　解狐、午――いずれも人名。　尉――警察・刑罰をつかさどる官。
諂――こびへつらう。　比――同類。なかま。　書――『書経』のこと。
蕩蕩――広大なさま。

問1 波線部(a)～(c)の読みを送り仮名も含めてそれぞれ答えよ。(現代仮名遣いでよい。)

問2 傍線部(1)を書き下し文にせよ。

問3 傍線部(2)の解釈として最も適当なものを、次の(ア)～(オ)から一つ選び、記号で答えよ。

(ア) 大夫としての能力を見極める人物

(イ) 大夫としての資質を備える人物

(ウ) 大夫として主君に諫《かん》言できる人物
(エ) 大夫としての使命を自覚する人物
(オ) 大夫として国家を統率できる人物

問4 傍線部(3)の主語を文章中から二字で抜き出せ。
問5 傍線部(4)を現代語訳せよ。
問6 傍線部(5)とあるが、これはどういうことか。本文全体を踏まえ、八十字以内で説明せよ。

■二〇二四年度■岡山県■難易度■■■

【二】次の文章を読み、以下の問いに答えなさい。

周《しう》処《しよ》年少ノ時、兇《きよう》彊《きやう》侠《けふ》気《き》ニシテ、①為ル二郷里ノ所ト一レ患《うれ》フル。又義興ノ水中ニ有リレ蛟《みづち》、山中ニ有リ二邅《てん》跡《せき》ノ虎一、並ビニ皆暴二犯スａ百姓ヲ一。義興ノ人謂ヒテ為シ二三横ト一、而シテ処尤《もつと》モ劇《はげ》シ。②或ヒト説キテレ処ニ殺シレ虎ヲ斬ラシムレ蛟ヲ。実ハ冀フナリ三三横唯ダ餘《のこ》サンコトヲ二其ノ一《いつ》ヲ一。処ｂ即チ刺二殺シ虎ヲ一、又入リテレ水ニ撃ツレ蛟ヲ。蛟或イハ浮キ或イハ没シ、行クコト数十里、処与レ之ｃ倶ニシ、経タリ二三日三夜ヲ一。郷里皆謂《おも》ヒニ已ニ死セリト一、更《こもごも》相慶ス。竟ニ殺シテレ蛟ヲ而出デ、聞キ二里人ノ相慶スルヲ一、

始《メテ》知《リ》レ為《リシヲ》二人情《ノ》所《ト》一レ患《フル》、有《リ》二自《ラ》改《ムルノ》意一。乃《チ》入《リ》レ呉《ニ》尋《ヌ》二二陸《ヲ》一。平原不レ在《ラ》、正《ニ》見《エテ》二 ᵈ清河《ニ》一、ᵉ具《サニ》以《テ》レ情《ヲ》告《ゲ》、并《ならビニ》云《フ》、「欲《スルモ》二自《ラ》⑤修改《セント》一、而年已《ニ》蹉跎《タリ》、③終《ニ》無《カラント》レ所《ス》レ成。」清河曰《ハク》、「古人貴《ブ》二④朝《ニ》聞《イテ》夕《ニ》死《スルヲ》一。⑤況《ンヤ》君《ノ》前途尚《ホ》可《ナルヲヤ》。且《ツ》人《ハ》患《フ》二志之不《ルヲ》一レ立《タ》、亦何《ゾ》憂《ヘン》二令名《ノ》不《ルヲ》一レ彰《あらはレ》邪《ト》。」⑥處遂《ニ》自《ラ》改励《シ》、終《ニ》為《ル》二忠臣孝子《ト》一。

（『世説新語』による）

(注) 周處…人名。　兇彊俠気…凶暴で勇ましいこと。　義興…地名。
蛟…龍の一種で、よく大水を起こすと言われる。　邅跡虎…あたりを彷徨する虎。
三横…三つの横暴なもの。　二陸…陸機(平原)・陸雲(清河)兄弟。
蹉跎…時機を失すること。　令名…名声。

問一　波線部a～eの語の読み方を、送り仮名も含め、平仮名(現代仮名遣い)で答えよ。
問二　傍線部①、⑤を、それぞれ口語に訳せ。
問三　傍線部②について、ある人が周處にこのような依頼をしたのはどうしてか、説明せよ。
問四　傍線部③について、周處がこのように思ったのはどうしてか、説明せよ。
問五　傍線部④は、「朝聞道、夕死可矣。(朝に道を聞かば、夕に死すとも可なり。)」という一節を踏まえたものであるが、これは誰の言葉とされているか、人物名を書け。また、清河はこの一節を通して周處に何を伝えたかったと考えられるか、説明せよ。

問六　傍線部⑥について、周處が自分の行いを改めることができたのはどうしてか、本文全体の内容を踏まえて説明せよ。

二〇二四年度　群馬県　難易度

【三】次の文章を読んで、以下の(1)～(7)の各問いに答えなさい。

〔次の文は、唐の太宗が侍臣と「天下を守ること」について、問答したときのやりとりの一部である。本文は、一部表記を変更している。〕

貞観十五年、太宗謂《ヒテ》二侍臣《ニ》一曰《ク》、守《ルコト》二天下《ヲ》一難《キヤ》易《キヤト》。侍中魏徴①対《ヘテ》曰《ク》、甚《ダ》②難《シト》。太宗曰《ク》、任《ジ》二賢能《ニ》一受《クレバ》二諫諍《ヲ》一③則《チ》可《ナラン》。何《ゾ》謂《ハント》レ為《スト》レ難《シト》。徴曰《ク》、観《ルニ》二自《リノ》レ古帝王《ヲ》一、在《ルトキハ》二於憂危之間《ニ》一、則《チ》任《ジ》レ賢《ニ》受《ク》レ諫《ヲ》。及《ビテハ》レ至《ルニ》二安楽《ニ》一、必《ズ》懐《ク》二寛怠《ヲ》一。④恃《ミテ》二安楽《ヲ》一而欲《スレバ》二寛怠《ヲ》一、言《フ》レ事《ヲ》者、⑤惟《ダ》令《ム》二競《きよう》懼《くせ》一。⑥日《ニ》陵《シ》月《ニ》替《シ》、以《テ》至《ル》二危亡《ニ》一。聖人《ノ》

⑦所‐以《ハ》居《リテ》安《キニ》思《フ》危《キヲ》、正《ニ》為レ此《ガ》也。安《クシテ》而《モ》能《ク》懼《ル》。⑧豈《ニ》不レ為《サ》レ難《シト》。

（『貞観政要』より）

【注】 魏徴…字は玄成。太宗に仕えた唐の功臣。　諫諍…強く諫める。
競懼…いましめ恐れる。

（1）――線①「対ヘテ」、③「則チ」の読み方を現代仮名遣いで書きなさい。

（2）――線②と、魏徴が太宗の問いに対して答えた理由として最も適切な部分を、本文中から五字以内の白文(漢字のみ)で抜き出し、書きなさい。

（3）――線④の主語として最も適切なものを、次のア～オから一つ選び、記号で書きなさい。

ア　君主　イ　民衆　ウ　侍臣　エ　聖人　オ　魏徴

（4）――線⑤を全てひらがなの書き下し文に直しなさい。

（5）――線⑥の意味として最も適切なものを、次のア～オから一つ選び、記号で書きなさい。

ア　時間の経過とともに　イ　一つずつ積み重ねられ　ウ　自然と人々が離れていき
エ　しだいに衰えすたれて　オ　一日が終わり新しい月になると

（6）――線⑦を「安きに居りて危きを思ふ所以は」と読むように返り点をつけなさい。

所‐以《ハ》居《リテ》安《キニ》思《フ》危《キヲ》

（7）――線⑧の現代語訳を書きなさい。

【四】次の文章は、「艾子」という人物と「斉王」とのやりとりの場面です。文章を読んで、以下の各問いに答えなさい。ただし、設問の都合上、訓点を省いたところがあります。

斉王一日臨《ミ》レ朝※注1《ニ》、顧《ミテ》二侍臣《ヲ》一曰《ハク》、吾《ガ》国介《シ》二於数強国《ノ》間《ニ》一、歳《ゴトニ》苦《シム》二支※注2備《ニ》一、令《シテ》欲《ス》下(a)調《シ》二丁壮《ヲ》一、築《カント》中大城《ヲ》上。(b)自東海起《リテ》、連《ナリ》二即墨※注3《ニ》一、経二大行※注4《ヲ》一、接《シ》二轘轅※注5《かんえんニ》一、下《ルマデ》二武関※注6《ニ》一、逶※注7《い》迤《り》四千里、与二諸国一隔絶《セシムレバ》、使《ムレバ》下秦※注8《ヲシテ》不《ラシメ》レ得レ窺《フヲ》二吾《ガ》西《ヲ》一、楚※注8《ヲシテ》不《ラシメ》レ得レ窃《ムヲ》二吾《ガ》南《ヲ》一、韓※注8魏※注8《ヲシテ》不《ラ》上レ得レ持《スルヲ》二吾之左右《ヲ》一、(c)豈不大利邪。今百姓築《カバ》レ城《ヲ》、雖《モ》レ有《リト》二少労一、而異日

(d)［　　　　　　　　　　　　］、可《シ》二以《テ》永《ク》逸※注9《タル》一矣。聞《カバ》二吾《ガ》下《スヲ》レ令《ヲ》、(e)孰不欣躍※注10而来耶。艾子対《ヘテ》曰《ハク》、今旦大《イニ》

雪《フル》、臣趨《はじルニ》レ朝《ニ》、見《ル》三路側《ニ》有《ルヲ》二民《ノ》裸露《シ》僵《きょう》※注11踣《ぼくシ》、望《ミテ》レ天《ヲ》而歌《フ》一。臣《ハ》怪《シミテ》レ之(1)《ヲ》問《フニ》二其《ノ》故《ヲ》一、答《ヘテ》曰《ハク》、大雪《ハ》応《ズ》レ※注12候《ニ》。且《ニ》《ルモ》レ喜《バント》三明年人食《フヲ》二賤※注13麦《ヲ》一、我《ハ》即《チ》今年凍死《セン》矣。正《ニ》如《ク》二今日築《クガ》レ城《ヲ》、百姓《ハ》不《ル》レ知《ラ》下享《クル》二永逸《ヲ》一者《ノ》在《ルカヲ》中何人《ニ》上也《ト》。

（『東坡居士艾子雑説』より）

※注1　朝……朝会。
※注2　支備……支出。ここでは軍事費。
※注3　即墨……斉の国の東部にある都市。
※注4　大行……斉の北にある太行山脈。
※注5　轘轅……河南にある山の名。
※注6　武関……秦の東の関所。
※注7　透迤……延々と続く。
※注8　秦・楚・韓・魏……国名。
※注9　逸……気楽に楽しむこと。
※注10　欣躍……踊るようにして喜ぶこと。
※注11　僵踣……体がこわばり、倒れる様子。
※注12　応候……気候が順調であること。
※注13　賤麦……質の劣った麦。

問一　傍線部(a)「調」の本文中における意味として最も適切なものを、次の1～5のうちから一つ選びなさい。

1　検証する　2　軽減する　3　安定する　4　動員する　5　圧迫する

問二　傍線部(b)「自」の本文中における役割と波線部が同じ役割をしているものを、次の1～5のうちから一つ選びなさい。

1　桃李不言、下自成蹊。
2　子曰、見賢思斉焉、見不賢而内自省也。
3　剣自舟中墜於水。
4　笑而不答、心自閑
5　人不可不自勉。

問三　傍線部(c)「豈不大利邪」について、書き下し文と解釈の組合せとして最も適切なものを、次の1～5のうちから一つ選びなさい。

1　豈に大いに利かざるか。　秦・魏にとって大いに効果のあるものにならないのか。
2　豈に大利は邪ならざるか。　秦・魏にとっての大きな利益は差し障りがあるだろうか。
3　豈に大ならざること利ならんや。　我が国にとって大事でないものが効果的だとは思えない。
4　豈に大利ならざるか。　我が国にとって大きな利益になるだろうか。
5　豈に大利ならずや。　我が国にとって大いに利益となるだろう。

問四　空欄 (d) に入る「二度と戦争や侵略の心配がなくなる」という意味のものとして最も適切なものを、次の1～5のうちから一つ選びなさい。

1　不㆔復タ有ラ㆓征戍侵虞之患㆒
2　不レ有ラ㆓復タ征戍侵虞之患㆒ニハ
3　復タ不レ有ラ㆓征戍侵虞之患㆒

4　復タ有リレ不ルコト二征戍侵虞之患ナラ一

5　復タ征戍侵虞之患不レ有ラ

問五　傍線部(e)「孰不欣躍而来耶」について、書き下し文と解釈の組合せとして最も適切なものを、次の1～5のうちから一つ選びなさい。

1　孰《た》れか欣躍せざるに来たらんや。　喜びもないのに我が国に来る者などいない。

2　孰《た》れか欣躍して来たらざらんや。　誰もが喜んで我が国に来るだろう。

3　孰《いづ》くんぞ欣躍せずして来たるか。　どうして喜びもないのに我が国に来たのか。

4　孰《いづ》くんぞ欣躍するに来ざらんや。　喜んだのに我が国に来ないわけがない。

5　孰《いづ》くにか欣躍せずして来たるか。　喜びもないのに来ようとする場所などない。

問六　傍線部(f)「之」の内容として最も適切なものを、次の1～5のうちから一つ選びなさい。

1　大雪の中で切実に天候の回復を望む民が、天に向かって歌を捧げていること。

2　急いで艾子のもとを訪れた民が、雪の中で身を震わせながら歌っていること。

3　大雪の朝に、困窮した様子の民が、道端で天を仰いで歌っていること。

4　生活困窮の中で天候回復の兆しがあり、民が天の恵みに感謝して歌っていること。

5　大雪に苦しむ民が、なお望みを捨てず歌によって王に訴え出たこと。

問七　艾子が斉王に言いたかったこととして最も適切なものを、次の1～5のうちから一つ選びなさい。

1　予測しがたい未来への備えを万全に行い、長期にわたる民の安全を確保しようと努めた王を称賛した。

2　天候を見極め、この先収穫が見込めることを理解して前向きに倹約に努める民を称揚すべきだと助言を行った。

3　貧苦にあえぐ民であっても将来への希望を捨てずに暮らしており、その健気さを知るべきだと皮肉を言った。
4　将来の安寧が得られたとしても、今、足下で民が苦しんでいるのを見過ごしてはならないと苦言を呈した。
5　生活苦から自暴自棄となる民の存在を知り、王が民から目を背け、無関心であることに対して諫言した。

二〇二四年度　宮城県・仙台市　難易度

【五】次の漢文を読んで、以下の問いに答えなさい。(ただし、設問の都合で訓点を省略した部分がある。)

有《リ》㆓新《タニ》(注1)死《セル》鬼㆒。形《ハ》疲《レ》(注2)瘦《そう》頓《とんス》。忽《チ》見《ル》㆓
生時《ノ》友人《ヲ》㆒。死《シテ》及《ブモ》㆓二十年《ニ》㆒、肥健《ナリ》。
相問訊《ス》。曰《ハク》、「A卿《ハ》那《ゾ》爾《ルカト》。」曰《ハク》、「吾《ハ》飢餓《シテ》
殆《ド》不㆓自《ラ》任《たへ》㆒。卿《ハ》知《ル》㆓諸《ノ》方便《ヲ》㆒。故《ニ》当《ニ》㆓《ベシト》
以《ツテ》㆑法《ヲ》見《ル》㆑教《ヘ》。」友《ノ》鬼云《フ》、「此《レ》甚《ダ》(a)易耳。」
但《ダ》為《ニ》㆑人《ノ》作《セ》㆑怪《ヲ》。人必《ズ》大《イニ》怖《レ》、当《ニ》㆑《ント》与《フ》㆓

卿ニ食ヲ一。」

新鬼往キテ入ル二(注3)大墟ノ東頭ニ一。有リ二一家一、奉ジテレ仏ヲ精進ス。屋ノ西廂ニ有リレ(注5)磨《うす》。鬼就キテ推シ二此ノ磨ヲ一、如クス二人ノ推ス法ノ一。此ノ家ノ主語リテ二子弟ニ一曰ハク、「仏憐レミテ二吾ガ家ノ貧シキヲ一、令ムト二鬼ヲシテ推サレ磨ヲ。」乃チ輂《はこ》ビテレ麦ヲ与フレ之ニ。至ルマデレ夕ベニ磨《ひ》ク二数(注6)斛《こく》ヲ一。疲頓シテ乃チ去ル。遂ニ罵リ二友ノ鬼ヲ一、「卿ハ那ゾ誑《たぶら》カスカトレ我ヲ。」又曰ハク、「但ダ復タ去ケ。自ラ当ニキレ得也ト。」

復タ従リ二墟ノ西頭一入ル二一家ニ一。家奉ズレ(注7)道ヲ。門ノ傍ラニ有リレ(注8)碓《うす》。此ノ鬼便チ上リテレ碓ニ、如クス二人ノ舂《うすづ》クノ状ノ一。此ノ人言フ、「昨日鬼助ク二(注9)某甲ヲ一。今復タ来タリテ助クレ吾ヲ。可シト二輩ビテレ穀ヲ与フレ之ニ。」又給シ二（注10）婢ニ（注11）簸《は》篩《し》ヲ一、至ルマデレ夕ベニ力《つとメ》疲ルルコト甚ダシキモ、不レ与ヘ二鬼ニ食ヲ一。鬼暮レニ帰リ、大イニ怒リテ曰ハク、「吾自リ三（b）与卿為シテ二（注12）婚姻ヲ一、非ズ二他ノ比ニ一。（c）如何見欺。二日助クルモレ人ヲ、不レ得ト二一（注13）甌《おう》ノ飲食ヲモ一。」友ノ鬼曰ハク、「卿ハ自ヅカラ不ルレ（注14）偶《あハ》耳。此ノ二家ハ奉ジレ仏ヲ事B道。C情自ヅカラ難シレ動カシ。今去キテ、可シ下覓《もとメ》二百姓ノ家ヲ一作スレ怪ヲ。則チ無カラントレ不ルコトレ得。」鬼復タ去キテ、得二一家ヲ一。門首ニ有リ二竹竿《かん》一。従リレ門入ルニ、見ル下有リテ二一群ノ女子一、窓前ニ共ニ食ラフヲ上。至ルニ二庭中ニ一、D有リ二一ノ白狗一、便チ

抱《キテ》令《ム》㆓空中《ニ》行《カ》㆒。其《ノ》家見《テ》㆑之《ヲ》大《イニ》驚《キテ》言《フ》、「自来、未《ダ》《ト》㆑有《ラ》㆓此《ノ》怪㆒。」占《ヒテ》云《フ》、「有《リ》㆓客(注15)鬼《ノ》索《ムル》㆑食《ヲ》。可《シ》㆑殺《ス》㆑狗《ヲ》。並《ビニ》甘果・酒飯《モテ》于《イテ》㆓庭中《ニ》㆒祀《ラバ》㆑之《ヲ》、可《シト》㆑得《レ》㆑無《キヲ》㆑他。」其《ノ》家如《クス》㆓師《ノ》言《ノ》㆒。鬼果《タシテ》大《イニ》得《タリ》㆑食《ヲ》。自《リ》㆑此《レ》後、恒《ニ》作《スハ》㆑怪《ヲ》、友《ノ》鬼之教《ヘ》也。

（『幽明録』）

(注1) 新死鬼……死んだばかりの幽霊。
(注2) 痩頓……痩せ衰えている。
(注3) 大墟東頭……大きな村ざとの東の端。
(注4) 仏……仏教。
(注5) 磨……ひきうす。
(注6) 斛……容量の単位。一斛は一〇斗で、約二〇リットル。

（注7）道……道教。
（注8）碓……つきうす。
（注9）某甲……誰それ。
（注10）婢……家の手伝いをする女性。
（注11）簸篩……みとふるい。殻と実とを分ける道具。
（注12）婚姻……縁戚関係。
（注13）甌……小さいかめ。
（注14）偶……出くわす。「遇」に同じ。
（注15）客鬼……まつってくれる人のいない幽霊。

1　波線部（a）「易耳」、（b）「与卿」、（c）「如何見欺」の本文中の読み方の組合わせとして、最も適切なものを、①～⑤の中から一つ選びなさい。

①（a）やすきのみ　（b）けいより　（c）みてあざむくをいかんせん
②（a）やすきのみ　（b）けいと　（c）いかんぞあざむかるるか
③（a）きくにやすし　（b）けいと　（c）あざむかるるをいかんせん
④（a）きくにやすし　（b）けいより　（c）みてあざむくをいかんすべき
⑤（a）やすきのみ　（b）けいより　（c）いかんぞあざむかざらんや

2　傍線部A「卿那爾。」の解釈として最も適切なものを、①～⑤の中から一つ選びなさい。

① おまえはどうして痩せているのだ。
② おまえはどうして肥えているのだ。

③　おまえはどうして死んでしまったのだ。
④　おまえはどうして飢えているのだ。
⑤　おまえはどうして知りたいのだ。

3　傍線部B「事道」の「事」と同じ意味の「事」を含む熟語として最も適切なものを、①～④の中から一つ選びなさい。

①　事業　②　事故　③　師事　④　事典

4　傍線部C「情自難動」とはどういうことか。最も適切なものを、①～⑤の中から一つ選びなさい。

①　気の毒な鬼に対し情け深いということ。
②　怪異を素直に受け入れないということ。
③　神仏の加護を信じていないということ。
④　鬼に仲違いを仕向けているということ。
⑤　鬼の助けをあてにしているということ。

5　傍線部D「有一白狗、便抱令空中行。」とあるが、「新死鬼」がそのようにした理由として最も適切なものを、①～⑤の中から一つ選びなさい。

①　占い師がいいかげんなことを言うので、自分が本当にいることを示すため。
②　友人の鬼の言葉通り、怪異を見せて驚かせば、酒食をもらえると思ったため。
③　友人の鬼が自分を欺いたことを恨み、白狗に憑依して復讐するため。
④　窓辺で食事をしている女子の気を引いて、席に招待してもらうため。
⑤　人間を手助けしても食料を得られないので、白狗を奪い殺して食べるため。

6　本文の内容から、人々にとって「鬼」とはどのような存在だと読み取れるか。最も適切なものを①～⑤の中から一つ選びなさい。

① 人に悪さをしたり驚かしたりするが、それは受け止める側の問題であり、全く恐ろしいだけのものではないという存在。

② 戦争や飢饉などにより悲惨な死に方をして、死後の世界でもずっと食を求めてさまようような可哀想で憐れむべき存在。

③ 普段は人を脅したり怖がらせたりするが、人を楽しませるためにいたずらをするなどユニークな面を併せ持つ愛すべき存在。

④ 生前の仏教や道教への信仰心が薄かったことで死後の世界に行けず、生と死の境目を何十年もさまよい続ける迷惑な存在。

⑤ 食にありつけず苦しい生活をしながらも貧しい人々を見て見ぬふりができず、嫌々ながらだが手を差し伸べる心優しい存在。

7 二重傍線部「家奉道」の「道」に多大な影響を与えた「老子」の思想を表した語句として最も適切なものを、①～⑤の中から一つ選びなさい。

※「老子」…春秋戦国時代の思想家。道家思想の祖。

① 性悪説　② 王道論　③ 無為自然　④ 徳治主義　⑤ 法家思想

【六】次の文章を読んで、以下の(一)〜(五)の各問いに答えよ。なお、設問の都合で一部訓点を省略している。

※魯《ろ》陽《やう》ノ文《ぶん》君《くん》、謂ツテ二※子《し》墨《ぼく》子《し》ニ一曰ク、①有語我以忠臣者。令ムレバ二之ヲシテ俯《ふ》セ一則チ俯シ、②令ムレバ二之ヲシテ仰ガ一則チ仰ギ、處《を》レバ則チ靜カニ、呼ベバ則チ應《こた》フト③、可キレ謂フ二忠臣ト一乎。子墨子曰ク、令ムレバ二之ヲ俯セ一則チ俯シ、令ムレバ二之ヲ仰ガ一則チ仰グ、是レ似タリレ※景《かげ》ニ也。處レバ則チ靜カニ、呼ベバ則チ應フ、是レ似タリレ※響キニ也。④君將ニル三何ヲ得ント二於景ト與レ響キ一哉。A若以テセバ二翟《てき》之B所謂忠臣ナル者ヲ一、上ニ有レバレ過チ則チ微《うかが》ヒテレ之ヲ以テ諫メ、己ニ有レバレ善則チ※訪《はか》リテ二之ヲ上ニ一、而無ク二C敢以テ告グル一、外匡《すく》ヒテ二其ノ邪ヲ一、而入レ二其ノ善ニ一、※尚《しやう》同《どう》シテ而無シ二※下比スルコト一、D是以美善ハ在リテレ上ニ、而怨《ゑん》讎《しう》ハ在リレ下ニ、安《あん》樂《らく》ハ在リテレ上ニ、而※憂《いう》慼《せき》ハ在リレ臣ニ。⑤此レ翟《てき》之所謂忠臣者也ト。

（「墨子」から）

(注) ※魯陽文君…人名。魯陽の地に住む文君という人。

※子墨子…墨子(墨翟)のこと。　※景…影に同じ。
※響…やまびこ。こだま。　※訪…謀に同じ。はかる。
※尚同…尚は上に同じ。上に立つ君主に人々を同調させること。
※下比…部下におもねること。　※憂慼…心配事。

(一) ～～線A「若」、B「所謂」、C「敢」、D「是以」の読みを、送り仮名も含めて現代仮名遣いで答えよ。

(二) ――線①「有語我以忠臣者」が、「われにつぐるにちゅうしんをもつてするものあり」となるように返り点と送り仮名を施せ。

(三) ――線②「令之仰則仰」、③「可謂忠臣乎」を、それぞれ現代語訳せよ。

(四) ――線④「君將何得於景與響哉」とあるが、墨子はどのようなことを主張しているのか。六十字以内で説明せよ。

(五) ――線⑤「此翟之所謂忠臣者也」とあるが、墨子が考える忠臣とはどのような人物か。最も適切なものを、次のア～オから選び、記号で答えよ。

ア　人々を君主に同調させず、おもねらせない人物。
イ　君主の気持ちを推し量り、常に君主を楽しませようと心がける人物。
ウ　自分に良い考えがあれば、それを世間に対して広く主張できる人物。
エ　臣下の間だけでなく、君主とも心配事を共有できる人物。
オ　善いことは君主に帰し、民の恨みは一手に引き受ける人物。

【七】次の文章は『淮南子』の一節である。これを読んで、以下の問いに答えよ。（ただし設問の都合上、返り点や送り仮名を省略した箇所がある。）

殺無罪之民、而養無義之君、害莫大焉。殫《つくシテ》天下之財、而贍《たらスハ》※1一人之欲、禍莫深焉。使①※2夏《か》桀《けつ》・殷《いん》紂《ちゅう》有害於民、而立被其患、不至於※3為炮格。②※4晋《しん》厲《れい》・宋《そう》康《こう》行一不義、而身死国亡、不至於侵奪為暴。此四君者、皆有小過、而莫之討也。故至於攘《みだシ》③天下、害a百姓、肆《ほしいままニシテ》一人之邪、而長海内之禍。此※5天倫之所不取也。b所以立君者、④以禁暴討乱也。今乗萬民之力、而反為※6残賊、是⑤為虎傅翼。⑥何為弗除。夫畜池魚者、必去※7猵《へん》獺《だつ》、養禽獣者、必去※8豺《さい》狼《らう》。⑦又況治人乎。

※1 贍……満たすこと。
※2 夏桀・殷紂……夏の桀王と殷の紂王。
※3 炮格……火あぶりの刑のこと。
※4 晋厲・宋康……晋の厲公と宋の康公。
※5 天倫……人知の及ばない天の理。天道。
※6 残賊……残虐な行いのこと。
※7 猵獺……かわうそ。
※8 豺狼……おおかみ。

問一　二重傍線部ａ・ｂの読みをひらがなで答えよ。（現代仮名遣いでもよい。）
問二　傍線部①・②についてこれらの国が乱れたのはなぜか。三十五字以内で説明せよ。
問三　傍線部③について、同じ意味を表す別の熟語を本文中から抜き出せ。
問四　傍線部④は「暴を禁じ乱を討つを以てなり」と訓読する。これを参考にして返り点を施せ。（送り仮名は不要。）

以　禁　暴　討　乱　也

問五　傍線部⑤とあるが、どのようなことか。内容を説明したものとして最も適当なものを次の中から選び、記号で答えよ。
ア　万民を救うはずの王が残虐な行いをするので、万民が逃げ出してしまうこと。
イ　本来の王のあるべき姿を取り戻すために、万民の力で王を位から降ろすこと。
ウ　王のせいで暴動が起きるので、万民が力をあわせて天下を治めること。
エ　次に国を治める者が万民の力に乗じて王を打ち倒し、天下に平和をもたらすこと。
オ　混乱を抑えるはずの王が、万民の力に乗じてかえって残虐な行いをすること。
問六　傍線部⑥を書き下し文に改めよ。
問七　傍線部⑦を、言葉を補って現代語訳せよ。

【八】次の漢文を読んで、以下の設問に答えよ。（設問の都合で送り仮名を省いたところがある。）

貞観十三年、太宗謂ヒテ侍臣ニ曰ク、朕聞ク、太平ノ後ニハ必ズ有リ大乱、大乱ノ後ニハ必ズ有リ太平。承クルハ大乱之後ヲ、即チ是太平之運也。[a]能[b]安天下ヲ者ハ、惟在リ賢才ニ。公等既ニ不能ハ知ル賢ヲ、朕又不可遍ク識ル。[c]日復一日、無シ得ル人ヲ之理。[A]今欲令人自挙。[B]於テ事如何ト。魏徴曰ク、知ル人ヲ者ハ智、自ラ知ル者ハ明ナリ。知ルコト人ヲ既ニ以テ為ス難シト。[C]自知誠亦不易。且ツ愚暗之人、[D]皆矜リ能ヲ伐ル善ヲ。恐ラクハ長ゼン澆*競之風ヲ。不ト可カラ令ム自ラ挙ゲ。

（『貞観政要』より）

＊　澆競……人情が薄く、人を退けてわれがちに競争すること。

一　傍線部a～cの漢字の読みとして、適切なものを①～⑤から選び、番号で答えよ。

a　①　よく　②　たいして　③　のう　④　あたはず　⑤　たへるは

b　① いづれの　② やすんずる　③ いずくんぞ　④ なんぞ　⑤ たれか

c　① いちど　② もどること　③ かさなり　④ ふくすること　⑤ また

二　傍線部Aを「今、人をして自ら挙げしめんと欲す」と読めるよう、返り点を施したものとして適切なものを①～⑤から選び、番号で答えよ。

① 今　欲㆑令　人㆓自　挙㆒

② 今　欲㆑令㆑人㆓自　挙㆒

③ 今　欲㆔令　人㆓自　挙㆒

④ 今　欲㆑令㆓人　自　挙㆒

⑤ 今　欲㆓㆑令　人　自　挙㆒

三　傍線部B「事」とは具体的に何を指しているのか。最も適切なものを①～⑤から選び、番号で答えよ。

① 大乱の後には必ず太平の世が来ること。

② 天下を安泰にできる者は、賢者だけであること。

③ 皇帝の臣下には賢者を知る者がいないこと。

④ 優れた人を得る方法が見つからないこと。

⑤ 人々に自分自身を推薦させようと思うこと。

四　傍線部Cをすべてひらがなで書き下したものとして適切なものを①～⑤から選び、番号で答えよ。

(傍線部の返り点・送り仮名は省いている。)

① おのずからしるまことのまたやすからずを

② みずからしることまことにまたやすからず

③ おのずからまことをまたしることはやすからず

④　みずからまことをしるはまたやすからず
⑤　おのずからまことにまたやすからずをしる

五　傍線部Dは誰のどのような様子をたとえているのか。その説明として適切なものを①～⑤から選び、番号で答えよ。
①　愚かな人が自分で自分の才能や善行を自慢する様子。
②　太宗の臣下が自分の出世のために都合のよい者を推挙する様子。
③　一般の国民が互いを疑ってそれぞれに告げ口をする様子。
④　出世をもくろむ人がありもしない手柄を吹聴する様子。
⑤　太宗が臣下の心中を疑い密告を奨励する様子。

六　本文の内容について述べたものとして適切なものを①～⑤から選び、番号で答えよ。
①　有能な人物を得ようと思うなら、時間をかけて人から推挙してもらうのがよい。
②　有能な人物や本当の賢者は、天下の騒乱がおさまったのちに出てくるものである。
③　有能な人材を見抜くのは智の力であるし、自分自身を知るのは賢明さである。
④　自分自身を知ることはたやすいが、他者の優れた素質を見抜くことは難しい。
⑤　自分で自分を評価することほど難しいものはなく、主観に満ちたものになる。

■二〇二四年度■神戸市■難易度

【九】次の漢文を読んで、以下の問いに答えなさい。ただし、設問の都合上、文字を改め、送り仮名・返り点を省いた箇所がある。

奚《ヲカ》謂《フ》二國小《ニシテ》無《シト》レ禮。昔者①晉《ノ》公子重耳出亡《シ》、過《ル》二於曹《ニ》一。曹君袒裼《セシメテ》而觀《ル》レ之《ヲ》。釐負羈與《ト》二叔瞻一侍《ス》二於前《ニ》一。叔瞻謂《ツテ》二曹君《ニ》一曰《ク》、臣觀《ルニ》二晉《ノ》公子《ヲ》一、非《ザル》二常人《ニ》一也、君遇《スルニ》レ之《ヲ》無《シ》レ禮、彼若《シ》有《リテ》レ時反《リ》レ國《ニ》而《シテ》起《サバ》レ兵《ヲ》、卽《チ》恐《ラクハ》爲《ラム》二曹《ノ》傷《ト》一、君不《ト》レ如《カ》レ殺《スニ》レ之《ヲ》。曹君②弗聽《カ》。釐負羈歸《リ》而《シテ》不レ樂《マ》。其《ノ》妻問《ウテ》レ a之《ヲ》曰《ク》、公③從外來《リ》、而《シテ》④有不樂之色何也。負羈曰《ク》、吾聞《ク》レ b之《ヲ》、⑤有《ルハ》レ福不レ及《バ》、禍《ノ》來《ルハ》連《ナルト》レ我《ニ》。今日吾《ガ》君召《ク》二晉《ノ》公子《ヲ》一、其《ノ》遇《スルニ》レ之《ヲ》無《シ》レ禮、我與《ニ》在《リ》レ前《ニ》、吾是《ヲ》以《テ》不《ト》レ樂《マ》。其《ノ》妻曰《ク》、吾觀《ルニ》二晉ノ公子一ヲ、萬乘之主也、其ノ左右從者ハ、萬乘ｃ之相也、今窮シテ而出亡シ過二ル於曹一ニ、曹遇レスルコトｄ之ヲ無レシ禮、此レ若シ反レラバ國ニ、必ズ誅二セム無禮一ヲ、⑥則チ曹ハ其ノ首也、⑦子奚ゾ不二ルト先ヅ自ラ貳一セ焉。負羈曰ク、諾ト。盛二リ黄金ヲ於壺一ニ、充レタスニｅ之ヲ以レテシ餐ヲ、加二ヘ璧ヲ其ノ上一ニ、夜令三ム人ヲシテ遺二ラ公子一ニ。

（『韓非子』による）

晉公子重耳＝晉の文公のこと。左伝には、重耳の体は一枚あばらであったので、曹君は珍しがり、重耳が湯あみをする時に、強いて見たとあり、また呂氏春秋には、曹君は公子に肌脱ぎになって池の魚を捕らせ、その身体を見たとある。

曹君＝曹の君主。

釐負羈＝曹君の家臣。

叔瞻＝曹君の家臣。

袒裼＝肌脱ぎになること。

餐＝食事。

璧＝玉の平円形で孔のあるもの。

1　傍線部①「晉公子重耳」を指すものとして最も適切なものを、文章中の二重傍線部a～eの中から一つ選びなさい。

2　傍線部②「弗」、③「從」の読みとして最も適切なものを、以下のa～eの中からそれぞれ一つ選びなさい。

②「弗」

a　いかる　b　なじむ　c　ず　d　なす　e　はらふ

③「從」

a　より　b　ききいれ　c　なびき　d　したがひ　e　つらなり

3　傍線部④「有不樂之色何也」の書き下し文として最も適切なものを、次のa～eの中から一つ選びなさい。

a　不樂の色有るは何ぞやと
b　樂からずの色何のために有るやと
c　樂からず有り之何の色ぞと
d　樂まざるの色何のために有るやと
e　樂まざるの色有るは何ぞやと

4　傍線部⑤「有福不及、禍來連我」とは、どのようなことをたとえた表現か。最も適切なものを、次のa～eの中から一つ選びなさい。

a　良いことが結果に結びつかないと、それは悪いことをしたのと同じであることのたとえ。
b　良いことを言っても除け者にされ、悪いことでは巻き添えをくうことのたとえ。

c　せっかく良いことをしたのに、それが逆恨みされることのたとえ。
d　努力しても幸運をつかみ取れないと、自然と運気が落ちていくことのたとえ。
e　良いことを日頃積み重ねていれば、悪いことがあっても傷を最小限に抑えられることのたとえ。

5　傍線部⑥「則曹其首也」の「首」が表す意味として最も適切なものを、次のa～eの中から一つ選びなさい。
a　大事にされる　b　中心となる場所　c　急所　d　一番大切な部分　e　最初に

6　傍線部⑦「子奚不先自貳焉」と述べられている理由として最も適切なものを、次のa～eの中から一つ選びなさい。
a　後に起こるかもしれない災いを考えたならば、今のうちに先手を打って、その禍に備えておいた方が後々の為になると思うから。
b　権力に逆らえば今の地位を失うかもしれないので、ここはじっと我慢をしてやり過ごした方がよいと思うから。
c　曹君は臣下の本当の忠心を試しているので、その期待に応えるべく、見えないところで秘かに忠義を尽くした方がよいと思うから。
d　一国の宰相であるならば、国の行く末を考えてよくない施策はやめるよう、主君に進言した方がよいと思うから。
e　どんな身分であれ、自分の将来を考えたならば、滅びそうな国に留まることは我が身の滅亡を意味すると思うから。

7　本文の内容に合致するものとして最も適切なものを、次のa～eの中から一つ選びなさい。
a　曹君は、晉の公子重耳が曹国に亡命したので、食客として遇することにしたが、一方で公子に恥をかかせるような扱いをしたことで臣下からもあきれられた。

b　鬵負羈は晉の公子重耳のただものならざる様子を見て、のちのち自国の災いとならぬよう、今のうちにその種を取り除くべきことを曹君に進言した。

c　叔瞻も鬵負羈もともに曹君の御前にあって、晉の公子である重耳への扱いを批判し、無礼にならないような振る舞いをすべきだと曹君をたしなめた。

d　鬵負羈の妻は、晉の公子である重耳とその従者の人相から、彼らの将来を占い、今のうちに曹君を諫めるべきであると夫である鬵負羈に進言した。

e　鬵負羈は曹君の無礼な振る舞いが気がかりであったため、夜分にこっそり使者を遣わして、黄金や宝玉、食事などを晉の公子である重耳に送った。

■二〇二四年度■高知県■難易度■■■■

【十】次の文章を読んで、以下の問い（問一〜問七）に答えよ（設問の都合上、返り点・送りがなを省略したところがある）。

燕王好ム二微巧ヲ一。衛人曰ク、臣能ク以テ二※1棘刺之端ヲ一為ルト二※2母猴ヲ一。燕王説ビレ之ヲ、①養之以五乗之奉。王曰ク、吾試ミニ観ムト三客ガ為ルヲ二棘刺之母猴ヲ一。客曰ク、人主欲セバレ観ムトレ之ヲ、必ズ半歳不レ入ラレ宮ニ、不二飲ミレ酒ヲ食ハレ肉ヲ、雨霽《は》レ日出デ、視テ二之ヲ※3晏陰之間ニ一、而棘刺之母猴乃チ可シトレ見ル也。燕王因リテ養ヘドモ二［Ⅰ］ヲ一、不レ能ハレ観ル二其ノ母猴ヲ一。鄭ニ有リ二臺下之冶者一、謂ツテ二燕王ニ一曰ク、臣ハ※4削者也。諸ノ微物モ必ズ以テレ削ヲ削ルレ之ヲ、而シテ

②所削必大於削。今棘刺之端ハ、不レ A容二削鋒一ヲ、王試ミニ観二客之削一ヲ、③能与不能、可知也。王曰ク、善シト。謂ツテ二衛人一ニ曰ク、客為二ルニ、棘刺之母猴一ヲ、何ヲ以テスルト。曰ク、以レテスト削ヲ。王曰ク、吾欲三ス観二見一セント之ヲ。客曰ク、臣請フ B之レ舎ニ取レラント之ヲ。因リテ④逃ル。

（『韓非子』外儲説による）

（注）※1　棘刺…薔薇のとげ。
※2　母猴…雌の猿。
※3　晏陰…晏は陽、明るいところ。陰は暗いところ。
※4　削者…（削るための）のみを使う人。「削」はのみを表す。

問一　空欄 Ⅰ に入る語句として最も適当なものを、次の1～5のうちから一つ選べ。
1　微巧　2　人主　3　母猴　4　衛人　5　冶者

問二　傍線部A「容」、B「之」の読みとして最も適当なものを、それぞれ次の1～5のうちから一つずつ選べ。

A　容
1　なじま
2　いれ
3　まげ
4　うけつけ
5　かえさ

B　之
1　さけて
2　まがりて
3　むかひて
4　あひて
5　ゆきて

問三　傍線部①「養之以五乗之奉」の返り点と書き下し文の組合せとして最も適当なものを、次の1～5のうちから一つ選べ。

1　養レ之以二五乗之奉一　──　之を養ふに五乗の奉を以てす
2　養レ之以五乗之奉　──　之を養ひて以て五乗を之奉す
3　養レ之以五乗之奉　──　之を養ふは以て五乗之を奉ず
4　養レ之以二五乗一之奉　──　之を養ひ五乗を以て之を奉ず
5　養三之以二五乗之奉一　──　之を五乗の奉を以て養ふ

問四　傍線部②「所削必大於削」の解釈として最も適当なものを、次の1～5のうちから一つ選べ。

1　削るのみは、必ず削られるものより大きくしなければならないこと。
2　注意して削ったとしても、削り過ぎてしまう場合も時にはあること。
3　削られるものは、削るのみよりも大きいに決まっていること。
4　削る場合は、必ずのみより小さいものの方がうまくいくこと。
5　注意して削ったとしても、微細なものはうまくいかないこと。

問五　傍線部③「能与不能、可知也」とはどういうことか。その説明として最も適当なものを、次の1～5のうちから一つ選べ。

1　燕王がうまく植物の薔薇を育てられるかどうかをもっと理解した方が良いということ。
2　薔薇のとげの先端に猿を彫ることができるかどうかが分かるはずだということ。
3　燕王がうまく天候を安定させられるかどうかを考えてみてほしいということ。
4　鄭の冶なる者が言っていることが本当かどうかをもう少し吟味できるはずだということ。
5　燕王がのみの使い方を見ることができるかどうかの可能性を考えてほしいということ。

問六　傍線部④「逃」とあるが、それはなぜか。その理由として最も適当なものを、次の1～5のうちから一つ選べ。

1　実際に燕王が自分の所持品を見てしまえば、自分の言っていることが本当に実現できるのか、あるいはそうではないのかが王に分かってしまうから。

2　実際に燕王が自分の仕事をする様子を見てみれば、どれくらい仕事が進んでいたのかが、たちどころに王を始め周りの人に分かってしまうから。

3　実際に燕王が自分の言った通りにしたならば、自分が天候を安定的に制御できるという不思議な力を持っていることについて追及されてしまうから。

4　実際に燕王が自分の道具で母猴を彫ってみれば、それを使って薔薇の先端が本当に削れるのか、削れないのかが周囲にも分かってしまうから。

5　実際に燕王が自分の言うことに背いたので、この王のもとでは自分の望みを叶えることができないと悟り、余計な追及を受ける前に去ろうと思ったから。

問七　本文の内容に当てはまるものとして最も適当なものを、次の1〜5のうちから一つ選べ。

1　燕王は特殊な技能を持つ者を食客として集め、その技能を磨かせると同時に、自分も自らを戒め厳しい戒律を守る代わりに、各食客にもそれぞれが必ず期限までに求められた結果を出すよう迫った。

2　燕王のもとにいた食客は、王が母猴を見る条件として、半年間は後宮に通わず、酒肉を口にしないことに加え、最も重要な点は晴れの日が続き太陽の光が降り注ぐという部分にあることを述べた。

3　燕王は自ら厳しい修業を積んだことにより、母猴を見る力を得ることができたが、食客の言っていることが本当かどうかを確かめたかったので、あえてそれを使おうとはせず、様子を見ることにした。

4　燕王のもとにいた食客は、王が母猴を見たいのであれば、要求された厳しい決まりを守ることが王自身に必要であり、その戒律が守れないのであれば、王の望みはかなわないことを説明した。

5　燕王は鄭から治なる者を呼び寄せ、自分の母猴を見たいという秘かな願望が本当にかなうかどうか、また、食客の言っていることは真実なのかどうかを確かめようと、具体的な質問を行った。

二〇二四年度　大分県　難易度

【十二】次の漢文を読んで、後の1～3の問いに答えなさい。

今有《リ》三三二‐人焉《ニ》一。一人《ハ》勇、一人《ハ》勇怯*1半《バシ》、一人《ハ》
怯《ナリ》。有《リテ》下与《ト》レ之臨《ム》二乎淵谷《ニ》一者上、且《ツ》告《ゲテ》レ之《ニ》曰《ク》、能《ク》跳《リテ》而
越《ユレバ》レ此《ヲ》、謂《フ》二之《ヲ》勇《ト》一。不《ンバ》レ然《ラ》為《スト》レ怯《ト》、彼《ノ》勇《ナル》者《ハ》恥《ヂテ》レ怯《ヲ》、必《ズ》
跳《リテ》而越《エン》焉。①其勇怯半者与怯者則不能也。
又告《ゲテ》レ之《ニ》曰《ク》、跳《リテ》而越《ユル》者《ニハ》与《ヘン》二千金《ヲ》一。不《ンバ》レ然《ラ》則《チ》否《ト》。
彼《ノ》勇怯半《バスル》者《ハ》奔《リ》レ利《ニ》、必《ズ》跳《リテ》而越《エン》焉。②其怯者
猶未能也。須臾《ニシテ》顧《ミテ》見《バ》二猛虎《ノ》暴然《トシテ》向《カヒ》逼《ラントスルヲ》一、
則《チ》怯《ナル》者《モ》、不《シテ》レ待《タ》レ告《グルヲ》跳《リテ》而越《ユルコト》レ之《ヲ》、如《カラン》二康*2荘《ノ》一矣。

然《ラバ》則《チ》人豈《ニ》有《ラン》二勇怯一哉。③要在以勢驅之耳。君之難《キハ》レ犯*3《シ》、猶《ホ》二淵谷之難《キガゴトシ》一レ越《エ》也。所謂性忠義《ニシテ》不レ悦《バ》レ賞《ヲ》、不《ル》レ畏《レ》レ罪《ヲ》者《ハ》勇《ナル》者也。故《ニ》無《シ》レ不《ル》レ諫《メ》焉。悦《ブ》レ賞《ヲ》者《ハ》勇怯半《バスル》者也。故《ニ》賞《アリテ》而《ル》後《ニ》諫《ム》焉。畏《ルル》レ罪《ヲ》者《ハ》怯《ナル》者也。故《ニ》刑《アリテ》而《ル》後《ニ》諫《ム》焉。

（『唐宋八大家文読本』による）

＊1　怯…臆病。
＊2　康莊…四通八達の大通り。平坦な道。
＊3　犯…面を犯す。君主がいやな顔をするのを承知で諌める。

1　傍線部①「其勇怯半者與怯者則不能也」の意味として最も適切なものを、次のa～eの中から一つ選びなさい。

a　勇敢と臆病とが半々の者と臆病な者とは、一緒になることはできない。
b　勇敢と臆病とが半々の者は、臆病な者と一緒だと見なすことはできない。
c　勇敢と臆病とが半々の者と臆病な者とは、跳び越えることができない。
d　勇敢と臆病とが半々の者は、臆病な者と一緒になったら跳び越えることができない。
e　勇敢と臆病とが半々の者は、臆病な者と一緒に跳び越えることができない。

2　傍線部②「其怯者猶未能也」をすべてひらがなで書き下す場合、その書き下し文として最も適切なものを、次のa～eの中から一つ選びなさい。

a　そのけふなるものはなほいまだあたはざるなり。
b　そのけふなるものもなんぞいまだあたはざるや。
c　そのけふなるものはなんぞいまだよからざるや。
d　そのけふなるものもなほいまだあたはざるがごときなり。
e　そのけふなるもののなほいまだよからざるがごときや。

3　傍線部③「要在以勢驅之耳」の意味する内容として最も適切なものを、次のa～eの中から一つ選びなさい。

a　猛虎が威勢よく駆けて来たら、臆病者でも深淵を跳び越えようとする。
b　情勢次第では、臆病者でも虎を飼い慣らすことができる。
c　勢いをつけて駆け出しさえすれば、何ごとも思い通りになる。
d　勇敢な者も臆病な者も、勢いをつけさえすれば深淵を跳び越えることができる。
e　勇敢だ臆病だというのも、結局は周囲の情勢がそうさせているに過ぎない。

二〇二四年度　茨城県　難易度

【十二】次の漢文は、『春秋左氏伝』の一節である。これを読んで、(一)～(七)に答えなさい。(設問の都合上、訓点を省略した箇所がある。また、一部、旧字体を新字体で表記している。)

鄭人游《ビ》二于郷※1校《ニ》一、以《テ》論《ズ》二執政《ヲ》一。然※2明謂《ヒテ》二子※3産《ニ》一曰《ク》、毀《こぼタバ》二郷校《ヲ》一如※4何《ト》。子産曰《ク》、何《ソ》爲《サン》。夫※5人朝※6夕《シテ》退《キテ》而游《ビ》焉、以《テ》議《ス》二執政之善否《ヲ》一。其《ノ》所《ノ》レ善《シトスルハ》者、吾則《チ》行《ヒ》レ之《ヲ》、其《ノ》所《ノ》レ悪《シトスル》者《ハ》、吾則《チ》改《メン》レ之《ヲ》。①是《レ》吾《ガ》師也。若《レ》之《ヲ》何《ソ》毀《タン》レ之《ヲ》。我聞《ク》二忠善以《テ》損《スルヲ》レ怨《ミヲ》一。不レ聞《カ》二作《なシテ》レ威《ヲ》以《テ》防《グヲ》レ怨《ミヲ》一。豈《ニ》不《ランヤ》二a遽《カニ》止《メシメ》一。b然《レドモ》②猶防川。大決《ノ》所《ハ》レ犯《ス》、傷《ツクルコトヲ》レ人必《ズ》多《シ》。吾不《ル》レ克《あたハ》救《フコト》也。③不レ如《カ》二小決《シテ》使《ムルニ》レ道※7《カ》一。不《ル》レ如《カ》二吾聞《キテ》而薬《トスルニ》レ之《ヲ》也《ト》一。然明曰《ク》、蔑※8也、今而後《ニシテ》知《ル》二吾子※9之信《ニ》可《キヲ》レ事《フ》也一。④小人實《ニ》不才《ナリ》。c若《シ》果《タシテ》行《ハバ》レ此《レヲ》、其鄭國實《ニ》頼《ラン》レ之《ニ》。⑤豈《ニ》唯《ダ》二三《ノ》臣《ノミナランヤト》。仲※10尼聞《ク》二是《ノ》語《ヲ》一也曰《ク》、以《テ》レ是《ヲ》観《ルニ》レ之《ヲ》、人謂《フモ》二子産《ヲ》不仁《ト》一、⑥吾《ハ》不《ル》レ信《ゼ》也《ト》。

【注】
※1 郷校＝村里の学校
※2 然明＝鄭の国の大夫。然明は字
※3 子産＝鄭の国の宰相
※4 如何＝ここでは「何如」の意
※5 夫人＝人々
※6 朝夕＝朝廷に朝夕に出仕すること
※7 道＝「導」に同じ
※8 蔑＝然明の名
※9 吾子＝あなた
※10 仲尼＝孔子の字

(一) ═══線部a～cの漢字の読みを、送り仮名も含めて平仮名(現代仮名遣い)で書きなさい。
(二) ───線部①を、指示語の内容を明らかにして、口語訳しなさい。
(三) ───線部②の書き下し文が、「猶ほ川を防ぐがごとし。」となるように、次の白文に返り点を付けなさい。

猶 防 川 。

(四) ───線部③を、書き下し文に直しなさい。
(五) ───線部④について、然明が自らを「不才」と評した理由を四十字以内で書きなさい。
(六) ───線部⑤は、どういうことか。本文の内容を踏まえて四十字以内で説明しなさい。
(七) ───線部⑥について、本文全体の内容を踏まえて理由を百字以内で書きなさい。

二〇二四年度 新潟県・新潟市 難易度 ■■■■□

【十三】次の文章を読んで、以下の各問に答えよ。(設問の都合で返り点・送り仮名を省いたところがある。)

詩ニ云ク、靡レシ不レルハ有レラ初メ。(1)鮮二シ克ク有一レルハ終リ。故ニ先王之所レハ重ンゼシ者、唯終リト與レノミ始メ。何ヲ以テ知二ル其ノ然一ルヲ也。昔智伯瑤ハ殘二ヒ范中行一ヲ、圍二ミ晉陽一ヲ、卒ニ爲二ル三家ノ笑一ヒト。呉王夫差ハ、棲二マシメ越ヲ

於會稽《ニ》一、勝《ツテ》二齊《ニ》於艾陵《ニ》一、爲《シ》二黄池之遇《ヲ》一、無《シ》レ禮《ニ》二於宋《ニ》一。遂《ニ》爲《ニ》二勾踐《ノ》禽《ニセラレ》一、死《ス》二於干隧《ニ》一。梁君《ハ》伐《チ》レ楚《ヲ》勝《チ》レ齊《ニ》、制《シ》二韓趙之兵《ヲ》一、驅《ツテ》二十二諸侯《ヲ》一、以《テ》朝《ス》二天子《ニ》於孟津《ニ》一。後《ニ》子死《シ》、身布冠《シテ》而拘《ル》二於秦《ニ》一。三者《ハ》非《ザル》レ無《キニ》レ功也。(2)能《クシテ》レ始《メヲ》而不《リシ》レ能《クセ》レ終《リヲ》也。

今王破《リ》二宜陽《ヲ》一、殘《ヒ》二三川《ヲ》一、(3)［　　］雍《ギ》二天下之國《ヲ》一、徙《うつシ》二兩周之疆《さかひヲ》一、而世《ウシテ》主不三敢《テ》窺《ハ》二陽侯之塞《ヲ》一、取《ツテ》二黄棘《ヲ》一、而韓楚之兵不二敢《テ》進《マ》一。王若《シ》能《ク》爲《サバ》二此《ノ》尾《リヲ》一、則《チ》三王《モ》不レ足《ラ》レ四《トスルニ》、五霸《モ》不レ足《ラ》レ六《トスルニ》。王若《シ》不《シテ》レ能《ハ》レ爲《スコト》二此《ノ》尾《リヲ》一、而有《ラン》二後患一。(4則《チ》臣《ハ》恐《ルル》三諸侯之君河濟之士《ノ》、以《テ》レ王《ヲ》爲《サンコトヲ》二呉智之事《ト》一也。

(『戦国策』「新釈漢文大系」から作成)

〔問1〕 傍線部(1)「鮮克有終。」とあるが、「鮮」の解釈として適切なものは、次の1～4のうちのどれか。

1 うつくしい　2 すくない　3 あたらしい　4 いさぎよい

〔問2〕 傍線部(2)「能始而不能終也。」の説明として最も適切なものは、次の1～4のうちではどれか。

1 最初からおごらずいからずうまくやれたので、最後は思った以上の成果が出るということ。

2 最初は努力してもうまくいかなかったのに、最後には望む結果になるということ。

3 最初はおごらずいからずうまくやれたのに、最後を慎むことを怠ったためうまくやれなかったということ。

4 最初から努力してもうまくいかなかったので、最後も良くはならないということ。

〔問3〕 空欄 (3) に入る漢文を、「しかうしててんかのしをしてあへていはざらしむ。」と読み「しかしながら、天下の士の口を完全にふさいでおられます。」と解釈するとき、これを漢文に直して返り点を付したものとして最も適切なものは、次の1～4のうちではどれか。

1 而使三天下之士不二敢言一。

2 而天下之士使レ不二敢言一。

3 而天下之士不レ敢ニ言一使。

4 而天下之使士レ不ニ敢言一。

〔問4〕傍線部(4)「則臣恐諸侯之君河濟之士、以王爲吳智之事也。」とあるが、「臣恐」について説明したものとして最も適切なものは、次の1〜4のうちではどれか。

1 王が、ここで見事な終止符を打てなかったら、三王や五霸は、諸侯である君主たちや黄河や済水の流域地方の諸士から、呉王夫差や智伯瑤と同じ程度の存在と見なされるであろうこと。

2 王が、三王や五霸に並ぶほどの人物ではなかったら、後々患いが生じ、王は、諸侯である君主たちや黄河や済水の流域地方の諸士を、呉王夫差や智伯瑤と同じ憂き目に遭ったと勘違いをするであろうこと。

3 王が、ここで見事な終止符を打つようなことがあれば、後の憂いは無いため、諸侯である君主たちや黄河や済水の流域地方の諸士が油断して、呉王夫差や智伯瑤と同じ失態を犯して王の地位を揺るがすであろうこと。

4 王が、ここで見事な終止符を打てなかったら、後々患いが生じ、諸侯である君主たちや黄河や済水の流域地方の諸士から、王が呉王夫差や智伯瑤と同じ憂き目に遭ったと思われるであろうこと。

■二〇二四年度■東京都■難易度

【十四】次の文章を読んで、以下の問いに答えなさい。ただし、設問の都合で訓点を省略したところや、新字体に改めたところがあります。

智伯索《もとム》ニ地ヲ於魏桓子ニ一。①魏桓子

弗予《あたへ》。任《じん》章《しやう》曰、「何故弗予。」桓子曰、「無故索地。故弗予。」任章曰、「無故索地、鄰国必恐。②重欲無厭《あく》、天下必懼。君予之地。智伯必驕。驕而軽敵、鄰国懼而相親。以相親之兵、待軽敵之国、智氏之命不長矣。周書曰、③『将《しやう》欲《よく》敗之、必姑《しばらく》輔之。将欲取之、必姑与之。』君不如与之以驕智伯。君④何釈以天下図智氏、而独以吾国為智氏質乎。」

君曰ク、「善シ。」⑤乃チ与二フ之ニ万家之邑《いふ》一ヲ。智伯大イニ説ブ。因ツテ索二ム蔡《さい》皐《かう》狼《らう》於趙一ニ。趙弗レ与ヘ。因ツテ囲二ム晋陽一ヲ。韓魏反二キ於外一ニ、趙氏応二ジテ之ニ於内一ニ、智氏遂ニ亡ブ。

(『戦国策』より)

注 ○智伯、桓子、任章…ともに、人名。
○鄰国…隣の国。
○将欲…願い望む。
○釈…置く。放置する。
○質…質的。弓のまと。
○邑…町。
○蔡皐狼…蔡と皐狼。ともに地名。
○晋陽…趙氏の城。

問一 二重傍線部Ⅰ「乃」、Ⅱ「因」の読みを、送り仮名がある場合は送り仮名も含めて、ひらがな(現代仮名遣い)で書きなさい。

問二　波線部で用いられている「如」を踏まえて、比較形について次のように整理したい。以下の(1)～(4)の問いに答えなさい。

○比較形

不如A
不 a A
} 読み方…Aに b 　訳…Aに及ばない

・助字を用いて表す場合

(例)　青《ハ》取《リテ》二之《ヲ》 c 藍《ヨリ》一而青《シ》二 c 藍《ヨリモ》一。

二つの c のうち、二番目が比較の意味を持つ。

・二つ以上のものを比べて一番よいものを選ぶような場合は、選択形ともいう。

(例)　 d …選択の意味を持つ字を用いている。

(1)　空欄 a に当てはまる最も適当な漢字一字を書きなさい。

(2)　空欄 b に当てはまる最も適当なひらがな三字を書きなさい。

(3)　空欄 c に当てはまる最も適当な助字を本文中から抜き出しなさい。

(4)　空欄 d に当てはまる例文として最も適当なものを次のア～エの中から一つ選び、記号で書きなさい。

ア　欲《セバ》レ致《サント》レ士《ヲ》先《ツ》従《リ》レ隗始《メヨ》。

イ　以《テ》二五十歩《ヲ》一笑《ハバ》二百歩《ヲ》一則《チ》何如。

ウ　寧ロ為ルトモ二鶏口ト一無カレレ為ルコト二牛後ト一。

エ　不ンバレ入ラ二虎穴ニ一不レ得二虎子ヲ一。

問三　傍線部①「魏桓子弗予」とあるが、その理由を本文の内容に即して二十五字以内で説明しなさい。

問四　傍線部②「重欲無厭、天下必懼」を口語訳しなさい。

問五　傍線部③「将欲敗之、必姑輔之」について、次の問いに答えなさい。

(1)　書き下し文にしなさい。

(2)　二つの「之」は、ともに本文中では何に当たると考えられるか。最も適当な言葉を本文中から漢字二字で抜き出しなさい。

問六　傍線部④「何釈以天下図智氏、而独以吾国為智氏質乎。」について、次の問いに答えなさい。

(1)　「何釈以天下図智氏、」の部分について、「どうして天下の諸侯を率いて智氏を倒すことをおはかりにならないで、」という口語訳になるように、返り点を付しなさい。

何　釈　以　天　下　図　智　氏

(2)　「以吾国為智氏質」とはどういうことか、そうなる原因も含めて説明しなさい。

問七　傍線部⑤「善」とあるが、この部分の解釈として最も適当なものを次のア～オの中から一つ選び、記号で答えなさい。

ア　任章の考えが人々を救うために最も適していると分かり、桓子が任章の誠実さに感心したということ。

イ　任章の進言が理にかなっていると納得し、桓子が一度決めた方針を変える気になったということ。

ウ　任章の提案を採用することで責任を逃れようとして、桓子が自分の決定を翻したということ。

エ　任章の政策を自分の考えよりも妥当だと思い、桓子が任章にかなわないことを認めたということ。

オ　任章の意見が優れていることが明らかであり、桓子が自分の考えを貫くのを恥じたということ。

問八　本文の内容について、生徒が次のように話し合った。以下の(1)、(2)の問いに答えなさい。

生徒A「出典の他の部分を読んでみたんだ。韓も智伯にねらわれて、魏と同じような対応をしたようだよ。」
生徒B「ああ、だから本文の最後に韓が出てくるのか。」
生徒C「最後に三つの勢力が手を結ぶよね。本文中では［a］という言い方で、任章がその展開を予想しているね。」
生徒A「智伯の人柄についても書かれていたよ。韓では『利益を好んで残忍な性格だ』と言われていたみたい。」
生徒B「この本文にも、智伯の人柄が書かれているのかな。」
生徒C「書かれていると思うよ。任章が、智伯は［b］と考えている部分があるけど、ここがそうだと思うな。」

(1)　空欄［a］に当てはまる最も適当な言葉を本文中から漢字二字で抜き出しなさい。
(2)　空欄［b］に当てはまる最も適当な内容を十五字程度で答えなさい。

二〇二四年度　福島県　難易度

【十五】 次の文章を読み、以下の問に答えよ。（出題の都合上、旧字体を改め、一部訓点を省略している。）

或《リ》貪《リテ》生《ヲ》而反《ツテ》死《スルコト》、或《リ》軽《ンジテ》死《ヲ》而得《ルコト》生《ヲ》。或《リ》徐《おもむろニ》行《キテ》而
反《ツテ》疾《キコト》。①何《ヲ》以《テ》知《ル》其《ノ》然《ルヲ》也。②魯*1人有為父報讐《あだ》於斉*2者。
刳《さキテ》其《ノ》腹《ヲ》而見其《ノ》心《ヲ》、坐《シテ》而正《シ》冠《ヲ》、起《チテ》而更《ヘ》衣《ヲ》、徐《ニ》行《キテ》而
出《デ》門《ヲ》、上《リテ》車《ニ》而歩《マセ》馬《ヲ》、顔色不変《ゼ》。其御*3《ノ》欲《スルニ》駆《ラント》、撫《シテ》而
止《メテ》之《ヲ》曰《ク》、「今日為父報讐、以《テ》*4出《スニシテ》死《ヲ》、非《ザル》為《ニスルニ》生《ノ》也。③今
事已《ニ》成《ル》矣。又何《ゾ》去《ラント》之《ヲ》」。追《フ》者曰《ク》、「此《レ》有《ル》*5節行之人、不
可《カラ》殺《ス》也《ト》」。④解《キテ》囲《ヲ》而去《ル》之《ヲ》。使《もシ》被《きテ》衣《ヲ》不暇《アラ》帯《スルニ》、冠不及《バ》
正《スニ》、*6蒲伏《シテ》而走《リ》、上《リテ》車《ニ》而馳《スレバ》、必《ズ》不能《ハ》自《ラ》免《ルルコト》於千歩
之中《ニ》矣。今坐《シテ》而正《シ》冠《ヲ》、起《チテ》而更《あらたメ》衣《ヲ》、徐《ニ》行《キテ》而出《デ》門《ヲ》、上《リテ》
車《ニ》而歩《マセ》馬《ヲ》、顔色不変《ゼ》、此《レ》衆人《ノ》ａ所以為《ス》死《スト》也、而《ルニ》乃《チ》
反《ツテ》以《テ》得《ル》活《クルヲ》。此《レ》所謂徐《ニ》行《クハ》反《ツテ》疾《クシテ》、⑤而馳遅於歩也。
夫《レ》走《ル》者、人之所以為《ス》疾《シト》也。歩《ム》者、人之所以為《ス》遅《シト》也。
今反《ツテ》乃《チ》以《テ》人之所《ノ》為《ス》遅《シト》者《ヲ》、反《ツテ》為《スハ》疾《シト》、⑥明《ラカナレバ》於分《ニ》也。

（『淮南子』より）

（注）＊1　魯…国名。
＊2　斉………国名。
＊3　其御欲駆…御者が追手につかまるのを恐れて馬を走らせようとすると。
＊4　出死………死を覚悟すること。
＊5　節行………自分が正しいと信じる考えや姿勢を固く守り通すこと。節操。
＊6　蒲伏………力をつくして急ぐさま。

問1　二重傍線部a「所以」の読みを現代仮名遣いで答えよ。
問2　傍線部①の解釈として最も適当なものをA～Eから選び、記号で答えよ。
A　そんなことを知ることができようか、いやできない。
B　何によってそうであることがわかるか。
C　何によって知ったらそうなるのか。
D　どのような知識が必要なのか。
E　どうしてそのままでいようとするのか。
問3　傍線部②が「魯人で父のための復讐を斉に果たした者がいた」という意味になるように、返り点を施せ。
魯人有為父報讐於斉者
問4　傍線部③とはどういうことか、十五字以内で説明せよ。
問5　傍線部④について、「追者」がこの行動を取ったのはなぜか。五十字以上六十字以内で説明せよ。
問6　傍線部⑤について、送り仮名を補って書き下し文に直せ。
問7　傍線部⑥が表す内容として最も適当なものをA～Eから選び、記号で答えよ。

A　自分と他人との区別をはっきりと知っているからである。
B　身分秩序のことに通暁しているからである。
C　自身の職分をわきまえているからである。
D　遅速の本質的な区別を知り抜いているからである。
E　身分相応な振る舞いを理解しているからである。

二〇二四年度　島根県　難易度

解答・解説

【一】問1　(a)　つひに　(b)　よく　(c)　ただ　問2　孰か嗣がしむべき(と)　問3　(イ)　問4　普君　問5　そなたの子ではないか(と)　問6　祁奚は、仇敵であろうと身内であろうと私心で判断せず、役職を果たすのにふさわしい能力があるかどうかという点だけで人物を推薦した極めて公正な人物だということ。(七十七字)

○**解説**○　問1　解答参照。　問2　「孰か」と「使む」の読みに注意。使役形で書き下し文にすること。　問3　ここでは「可」は優れていることを指す。　問4　冒頭付近の「晋君問曰」を受けて「又問」と書かれている。「晋大夫」では三文字、「悼公」では文章中という条件に合わないことに注意。　問5　最初の「子」は祁奚を指し、次の「子」は子どもを指す。「邪」は、困惑や驚きを表す感動詞「や」である。　問6　傍線部(5)の直前の「外挙～親戚」を踏まえて述べ、その評価は『不偏不党王道蕩蕩』の引用が示している。八十字以内という条件から、少なくとも七十字以上で内容に即して具体的に述べたい。

【二】問一　a　ひゃくせい　b　すなわち　c　ともにし　d　まみえて　e　つぶさに

問二　①　郷里の人々に思い悩まれる存在であった。　⑤　ましてやあなたの前途はなおさらまだ大丈夫である。　問三　周處を虎や蛟と戦わせれば、横暴な三者のうち勝ち上がった一者だけは残るとしても、他の二者は消えてくれるはずだと考えたから。　問四　自分が行いを改めるには、年齢的にもはや時機を失してしまったと考えたから。　問五　人物名…孔子　説明…正しい道を学び得る(知る)ことが何より尊いのだということ。　問六　郷里の人に嫌われていたことが分かった上に、清河の、前途はまだ大丈夫であり、人は志を立てずにいることを憂えるべきで、名声が世にあらわれないことを憂える必要はないという言葉に納得して力を得たから。

○**解説**○問一　a「姓」は漢音の「せい」と読む。b～eはいずれも漢文では覚えることが必須の漢字である。問二　①「患ふ」は、思い悩む、心配する、の意。⑤「況んや」は、上の文の内容を受けて、いうまでもなく、まして、の意。　問三　理由を述べている傍線部②の次の文に着目。横暴なものが一つだけとなる、とある。　問四　傍線部③の前の部分の内容を踏まえる。改悛の年齢として既に時機を失した、とある。問五『論語』の「里仁」に、「朝がたに人としての道を聞くことができたならば、もうその日の夕方には死んでもかまわない。」という孔子の言葉がある。正しい道を求める切実さ、尊さを意味している。　問六「始知為人情所患、有自改意」という自らの気付きと、清河の「況君前途尚可。且人患志之不立、亦何憂令名不彰邪」という助言を踏まえてまとめる。

【三】（1）① こた(へて)　③ すなわ(ち)　（2）安而能懼　（3）ア　（4）ただきようくせしむ

（5）エ　（6）所㆓‐以ハ居リテ㆑安キニ思フ㆑危キヲ　（7）どうして困難ではないと言えましょうか。

○**解説**○（1）①「対ふ」は、多く目上の人に答える場合に用いられる。③「即ち」は、ここでは順接の確定条件。（2）天下の安泰を守ることの難易を太宗から問われたとき、魏徴は「甚難」と答えた。その理由として、古代からの帝王の治世のあり方について述べ、「在於憂危之間～以至危亡」、すなわち、困難な時期には臣下の諫言を受けるが、安楽な時期には緩み怠るようになり、結局は滅びてしまう、と言っている。これに対して、「安而能懼」は、安楽にあって危険を顧みることができる、ということである。（3）④「恃安楽而欲寛怠」とは、安楽で平和な社会を頼りにして、政治を怠りたくなる生き方である。主語は君主。（4）「令」は使役の動詞で、「兢懼」は「恐れる」の意。君主に諫言しようとする者を恐れさせてしまうということである。（5）⑥「日陵月替」において、「陵」は「おとろえる」、「替」は「すたれる」の意。（6）訓点は、漢文を和訳するために日本語の構造にする記号(返り点と送り仮名)である。「居安」「思危」は、レ点。「所以～思」は、一・二点をつける。「所以」は、理由または手段・方法を示す。ここでは、安楽にあって危険について考えることの理由である。（7）⑧「豈不為難」は、「豈に難しと為さざらんや」と書き下す。反語形である。「どうして困難ではないと言えましょうか。まさに困難なのです」と訳す。

【四】問一　4　問二　3　問三　5　問四　1　問五　2　問六　3　問七　4

○**解説**○問一「調し」(調す)は、ここでは集める、調達するといった意味で、「調丁壮」で「働き盛りの男性を動員して」となる。　問二「自」は前置詞か副詞として使われる語で、前置詞の場合は時間的あるいは空間的な始まりを表し、「…より」と読む。一方、副詞の場合は「おのずから」または「みずから」と読む。傍線部(b)「自」は前置詞である。　問三「豈不大利邪」のポイントは、反語を表す「豈不…邪」(あに…ずや)である。

「利」は利益のことで、主語は文脈から自国のことであると判断できる。訓点は「豈不㆓大利㆒邪」と付ける。問四　ここでのポイントは、部分否定（二度と…ない）を表す「不復」（復た…ず）である。これを訳文に合うように訓点をつけることを考える。　問五　ここでは反語（誰が…するだろうか、いや誰もすることはない）を表す「孰…耶」（たれか…んや）がポイント。訓点は「孰不㆓欣躍而来㆒耶」とつける。　問六　傍線部(f)は「臣怪之」で考える。「臣」が「怪し」んだ内容が「之」であり、その指示内容は前文の艾子による発言「今旦大雪、臣趨朝、見路側有民裸露僵踣、望天而歌」にある。「道端で民が裸で倒れこみ、天を仰いで歌っている」のを今朝、大雪の中で艾子は見たと言っているのである。　問七　艾子が斉王に言わんとしたことは、艾子の発言中の「大雪応候」以降から読み取れる。道端で天を仰いで歌っていた裸の民の「大雪は気候が順調であることを表し、人々は来年、麦を食べることができるが、自分は今年凍死する」という発言が、斉王の築城の話に通じる、と述べている。

【五】１　②　２　①　３　③　４　②　５　②　６　①　７　③

○**解説**○１　(a)「易耳」の「耳」(のみ)は、ここでは強調を表す。(b)「与卿」の「与(と)」は、ここでは「～と」という意味である。(c)「如何見欺」の「如何(疑問・反語の用法で「どうして～か」)」は「いかんぞ」、「見(受身)」は「る／らる」と読む。「どうして(私が)だまされるのか」という意味である。　２　「卿邪爾」は、「卿は邪ぞ爾るや(あなたはなぜ、そのようであるのか)」と書き下す。「爾」の内容は、文脈から考えて「痩頓」だと分かる。　３　ここでの「事」は「つかふ」とよみ「仕える」という意味がある。　４　「情自難動(情自づから動かし難し)」は、「鬼が人間を怖がらせようと怪異を見せても、(人間の)感情が動くことは難しい」と意味である。　５　友人の鬼による会話文中で傍線部Bの後に「今去、可…則無不得(一般庶民の家に行って怪異を行えば、(酒食を)得ないことはないだろう)」とあることから考えるとよい。　６　②は「戦争や飢餓などにより悲惨な死に方をして」、③は「人を楽しませるためにいたずらをするなどユニークな面を持つ愛すべき存在」、④は全て、⑤は「貧しい人々を見て見ぬふりができず」「嫌々ながら手を差し伸べる心優しい」がそれぞれ、文意に合わない。 7 老子の思想である「無為自然」は、「自然のまま、ありのままに生きる」という考え方である。「性悪説」は荀子、「王道論」は孟子、「徳治主義」は孔子、「法家思想」は韓非子とそれぞれ深く関係がある。

【六】(一) A もし B いわゆる C あえて D ここをもって
(二) 有《リ》下語《グルニ》レ我《ニ》以《テスル》二忠臣《ヲ》一者上 (三) ② その者に上を向かせれば上を向き
③ 忠臣ということができるでしょうか (四) 君主の命令に応じて動くだけでは影やこだまと同じで、そこから何も得ることができないため、忠臣とは呼べないということ。(五十七字) (五) オ

○**解説**○ (一) A「若」は仮定を表す副詞で「もし……ならば」、B「所謂」は「一般に言う」、C「敢」は「普通であればやらないようなことをやる」、D「是以」は「このようにして」といった意味がある。 (二) 上下点と一二点を併用するのがポイント。先に訓読するのは一二点であることに注意する。 (三) ② 「令之仰則仰」を訳す際のポイントは、順接仮定条件の接続語「則」で、「～であるならば……」と訳す。「令」は使役動詞で「～に……させる」と訳す。「仰」は「上を見る」を意味する。 ③ 「可謂忠臣乎」のポイントは、可能を表す「可」と、疑問を表す「乎」であろう。 (四) ④ 「君將何得於景與響哉」は「あなたは影とこだまから何を得ようとしているのか」という意味であり、前での魯陽の文君と墨子の忠臣についての対話を踏まえて考える。魯陽の文君が言う「下を向けと言えば下を向き、上を向けと言えば上を向く」「放っておけば黙っており、呼ぶと返事をする」者を墨子は「影」「こだま」にたとえ、この後で自身の忠臣論を語る。何も得られない者は忠臣ではないと言っている。 (五) 傍線部⑤「此」が指す内容は、直前の「是以美善在上、而怨讐在下、安楽

在上、而憂慼在臣」(このようにして、いいことは君上に帰し、怨讐は臣下が引き受け、安楽は君上に帰し、心配事は臣下が引き受ける)であるので、それを踏まえて考えればよい。

【七】問一 a ひや(ゃ)くせい b ゆゑ(え)ん 問二 王に小さな過失があったときに、王をうち倒すものがいなかったから。(32字) 問三 海内

問四 以㆓禁㆑暴討㆑乱也 問五 オ 問六 何為れぞ除かざらん(や)。 問七 まして人民を治めるには、なおさら害を与えるものを取り除く必要がある。

○**解説**○ 問一 aは「多くの人民」、bは「理由」を意味する。 問二 ①、②の後文でこれらの王をまとめて「四君」と表している文章があるので、その文をまとめればよい。「皆有小過、而莫之討也」(この四君主は、いずれも小過があったとき、それを討伐するものがなかった)としている。 問三 ここでの「天下」は世の中、世界中、国内を意味する。類語である「海内」は国内を意味する。 問四 訓読文は、漢文を日本文の構造にするための訓点に従って訓読しながら書き下したものである。「禁暴」「討乱」はレ点を用い、「討」から「以」は一・二点をつける。 問五 ここでの「為虎傅翼」(虎の為に翼をつくるなり)とは、前文の「今乗萬民之力、而反為残賊」を指す。 問六 ⑥「何為弗除」は、「何為れぞ除からん」の反語文である。「弗」は「不」と同じ意味をもつ。 問七 ⑦は「況んや人を治むるをや」と訓読する。前文の「夫畜池魚者、必去猵獺、養禽獣者必去豺狼」は、害を取除き魚や鳥獣の命を守ることをいう。これを受けて「まして、人民を治める君主の場合、害を取除くことは言うまでもない」と訳す。

【八】一 a ① b ② c ⑤ 二 ④ 三 ⑤ 四 ② 五 ① 六 ③

○**解説**○ 一 a 「能く」は「～できる」という可能を意味する。 b 「安んずる」は「安らかにする」「平安にす

る」などの意で、「安天下」は「天下を平安にする」と訳す。c「復た」は「再び」という意味である。二「令」が使役動詞(しむ)であることに注意すること。三「於事如何」は「このことについて、どうだろうか」の意で、「事」の内容は直前の「今欲令人自挙」を指す。四 訓点は「自知誠亦不㆑易」となる。五「矜能伐善」は「能に矜り善に伐る」と書き下し、「能力を誇り、善い行いを誇る」という意味である。六 魏徴の発言に「知人者智、自知者明」とあることから考える。

【九】 1 d 2 ② c ③ a 3 e 4 b 5 e 6 a 7 e

○**解説**○ 1 dは曹が無礼を働いた「晉公子重耳」である。なお、aは「釐負覊」、bは直後の「有福不及禍来連我」、cは「……の」の意味、eは黄金を盛った壺を指す。 2 ②「不」と同じで否定を意味する。③「自」と同じで動作の起点を表す前置詞である。 3「何也」は「なぜか」を意味する疑問の表現で、文の訓点は「有㆓不㆑樂之色㆒何也」となる。「顔色がよくないのはなぜですか」という意味である。 4 傍線部⑤「有福不及、禍來連我」は、「福は(私のところにまで)及ばないのに、禍は私のところにまで及ぶ」という意味を踏まえて考えるとよい。 5「首」の意味には「一番始めに、筆頭に」がある。 6 傍線部⑦「子奚不先自貳焉」と述べられている理由としては、この後の釐負覊の行動「盛黄金於壺、充之以餐、加璧其上、夜令人遺公子」を考えるとよい。 7 aは「臣下からもあきれられた」、bは「釐負覊」、cは「批判し、無礼にならないような振る舞いをすべきだと曹君をたしなめた」、dは「曹君を諫めるべきである」が不適切である。

【十】 問一 4 問二 A 2 B 5 問三 1 問四 3 問五 2 問六 1 問七 4

○**解説**○ 問一 衛人が薔薇のとげの先端に雌猿を作れるというので燕王が厚遇したが、一向に作ろうとしなかったことを踏まえて考える。 問二 なお、Aの書き下し文は「棘刺の端は、削鋒を容れず(薔薇のとげの先端には、のみの切っ先が入らない)」。Bの書き下し文は「臣請ふ舎に之きて之を取らん(私を宿舎に行かせてのみを取ってこさせてください)」である。問三 大意は「客を遇するために馬車五台分の給与を与えた」である。問四 書き下し文は「削るところは必ず削よりも大なり」である。問五 書き下し文は「能くすると能くせざると知るべきなり」である。問六 問四・五を参照。衛人は治者に嘘を見抜かれたので逃亡した。問七 「人主これを観むと欲せば、必ず半歳宮に入らず、飲酒食肉せず、雨霽れ日出でて、これを晏陰の間に視る。而して棘刺の母猴すなわち見るべきなり」に注目。衛人は燕王に対し「薔薇のとげの雌猿を目にするには、半年間后のもとに通わず、酒や肉を口にせず、雨が上がって太陽が出た瞬間に、明るいところと暗いところのはざまで見る必要がある」と条件をつけたのである。

【十一】 1 c 2 a 3 e

○**解説**○ 1 「與」(与)は「……と」の接続詞で、「不能」は「……できない」という意味である。傍線部①の直訳は「勇敢と臆病が半分ずつの者と臆病な者とはできないのだ」となる。ここでは勇敢な者と、勇敢と臆病が半分ずつの者と、臆病な者がいるとして、それぞれが淵か谷を飛び越えられるかについて書かれている。以上を踏まえるとcが適切とわかる。 2 ここでのポイントは再読文字「未」(いまだ……ず)だろう。「猶」は通常の副詞で「それでもやはり」という意味である。 3 「驅」は「駆り立てる」の意味で「勢いで彼らを駆り立てただけだ」ということを踏まえて考えるとよい。

【十二】 (一) a にわかに b しかれども c もし (二) 政治の善し悪しを論議する人々は、私の師です。 (三) 猶レ防レ川。 (四) 小決して道かしむるに如かず。 (五) 然明は、子産がお仕えするにふさわしい人物であったことに今まで気付かなかったから。(四十字) (六) 数名の側近だけではなく、鄭の国の多くの人々が子産を信頼するであろうということ。(三十九字)　(七)　仲尼は、子産が人々の意見を政治に反映させたり、人々の不満を低減させたりして、人々の気持ちに寄り添いながら、より良い政治の実現を図っている様子を聞き、子産のことを仁を備えた人物として認めているから。(九十八字)

○解説○　(一)　aは「すみやか」といった意味があり、bは「しかし、けれども」という意味の逆接の接続詞である。cは「かりに、万一」といった意味がある仮定の副詞である。(二)「是」は「其所善者、吾則行之、其所悪者、吾則改之」で政治を論議する人々を指す。子産の政治の特失の批判する人々を子産は「吾師」だと述べている。(三)「猶」が再読文字(なほ〜ごとし)であることに注意すること。一回目の読みでは、返り点はないものとして扱う。(四)　訓点(送り仮名・返り点)に注意して書き下す。ここで「不」は漢字ではなく、「ず」とすることに注意。(五)「小人」は然明の謙称であり、「不才」はここでは「愚かな人間」としての謙遜した意味を含んでいる。然明の村里の学校廃止の考えに対し、学校は民衆が子産の政治について批判する薬として政治に役立てる、という子産の言葉に、然明は深く感動し、為政者としての子産の常識の高さと誠実な人柄に今まで気づかなかった自分を恥じている。(六)　⑤「豈唯二三臣」は反語文であり、「どうして私ども二、三人の者ばかりでしょうか、いやもっと多くの人々も同じです」と訳す。前文「若果行此、其鄭国實頼之」を踏まえての言葉である。子産の民意を反映した政治に対しての信頼を表している。(七)　仲尼(孔子)の「吾不信也」(私は信じない)は、前文「以是観之」(子産の民意を反映する政治のあり方を観察すること)、「人謂子産不仁」(子産は不仁の政治家であるという人があっても)を踏まえている。「以是観之」の子産の行政のあり方について、「子産曰」以下の民意反映の考えをまとめるとよい。

【十二】　問1　2　問2　3　問3　1　問4　4

○解説○　問1「鮮し」は「すくなし」と読む。傍線部(1)は「終わりを全うするものは滅多にない」の意味。

問2　傍線部(2)の書き下し文は「始めを能くして終りを能くせざりしなり」。最初はうまくできても最後がうまくやれなかった、という意味。1は「思った以上の成果がでる」が誤り。2は「最初は努力してもうまくいかなかった」が誤り。4は「最初から努力してもうまくいかなかった」が誤り。　問3　「をしてあへていはざらしむ」に着目。使役動詞「使」(しム)は、「使」のあとに「○○ヲシテ」が並ぶので「使天下之士」となり、さらに「あへていわざらしむ」は「使○○○○不敢言」となり、一、二、三を用いることとなる。2は「ヲシテ」の用法にならない。3は「使」の場所が不適切。4は「天下之使」が誤り。　問4　「臣恐」の内容は、諸侯や諸士から、王が呉(＝呉王夫差)や智(＝智伯瑤)の事と同じく思われる、ということである。1は、「三王や五覇は」が誤り。2は「三王や五覇に並ぶほどの人物ではなかったら」、「勘違いをするであろう」が誤り。3は「見事な終止符を打つようなことがあれば」が誤り。

【十四】問一　Ⅰ　すなわ(ち)　Ⅱ　よ(って)　問二　(1)　若　(2)　しかず　(3)　於　(4)　ウ
問三　智伯が何の理由もなく土地を要求してきたから。(二十二字)　問四　欲望をつのらせて飽きることがなければ、天下の諸侯は必ず恐れるだろう。　問五　(1)　之を敗らんと将欲せば、必ず姑く之を輔けよ。
(2)　智伯　問六　(1)　何 釈㆘ 以㆓ 天 下㆒ 図㆗ 智 氏㆖　(2)　土地を与えないことで、魏が智伯の攻撃の対象になるということ。　問七　イ　問八　(1)　相親　(2)　土地を与えれば必ず驕るだろう(十四字)

○**解説**○問一　Ⅰ「乃」は、「すなわち」と読む。「そこで」の意。Ⅱ「因」は、「よって」と読む。「そういうわけで」の意。　問二　比較形は、二つ以上のものを比較して、「こちらのほうが、より～である」と選択する句形である。訓読しない助辞「於」は、「場所、対象、時間、比較、起点、受身」を表す。「如」(しく)と同義の助辞に「若」がある。ともに「及ぶ。肩を並べる」意。「不如(若)A」の形で、「不如ヵ㆑(若)㆑A㆓」(Aにしかずと読む。比較選択の意を表す助字は、「寧」(むしろ)。「どちらかといえば」の意。　問三「魏桓子弗予」に対して、任章が「何故弗予」と問い、桓子は「無故索地」と答えている。　問四「重欲無厭」は、前文の「無故索地」を受けている。「天下必懼」は、「鄰国必恐」を受けている。　問五「将欲敗之、必姑輔之」は、「これ(=智伯)を打ち破ろうと願望するなら、ぜひともまずこれに力を貸して助けなさい」と訳す。
問六　(1)　書き下すと、「何ぞ天下をひきいて智氏を図るを釈きて」となる。「以天下」は、一二点。これを挟んで、「釈」〜「図」〜「智氏」に、上中下点をつける。　(2)「質」は、注に「弓のまと」とあり、ここでは侵攻の対象になることを意味する。　問七「善」は、「よく分かった」の意。任章の進言が理にかなっており、救国のため最適な考えであることを、魏桓子が認めた言葉である。　問八　(1)　智伯の強欲による侵攻を恐れて、趙・韓・魏の三国が友好関係を結んで結束するということである。　(2)　智伯が隣国の土地を手にすれば、「必驕」とある。この智伯の人柄が自滅につながることを、任章は予感している。

【十五】問1　ゆえん　問2　B　問3　魯人有下為レ父報二讐於斉一者上　問4　父の復讐を果たしたこと。(十二字)　問5　魯人が、復讐を果たした後も死への覚悟を固く守り通し、その場から逃げ出そうとしなかったことに感銘を受けたから。(五十四字)　問6　馳するは歩むより遅き(もの)なり　問7　D

○解説○問1　a「所以」は、「ゆえん」と読み、「故に」の転。　問2　①「何以知其然也」の「何以」は疑問詞で、「何を以て」と読む。「何によって」の意。「知其然也」(其の然るを知るや)は、「そうであることがわかるか」と訳す。　問3　②は、「魯人に父の為に讐(あだ)を斉に報ずる者有り」と書き下す。返読文字「有」「為」および動詞「報」に留意し、「為父報讐於斉」をレ点と一・二点で、「有〜者」に上・下点をつける。
問4「今事已成矣」(今事已に成る)は、「今、事を成し遂げた」と訳す。魯人が念願であった父の讐(仇)を討ったことをいう。　問5　父の仇を討った魯人はその後、「顔色不変。其御欲駆、撫而止之」とあり、逃走しようとする御者に「今日為父報讐、以出死、非為生也」と述べ、死を覚悟してその自分の行為であることを告白し、「又何去之」と言っている。この魯人の告白を聞いた「追者」は、心打たれて、「此有節行之人、不可殺也」と言って、囲みを解いて立ち去ったのである。 問6 ⑤「馳スルハ遅キモノ㆓於歩ムヨリ㆒也」の書き下し文。
問7 ⑥「明於分也」(分に明かなればなり)の「分」は、「分別」(ふんべつ)の意。「世間的な物事の道理をよくわきまえていること」。ここでは、「走ることは速く、歩くことは遅い」という一般人の考えに対し、「遅いと思うものをかえって速いと思うのは、〔遅速の本質的な〕違いを知りぬいている」ことをいう。以下の文で、このことを知りぬいた者を「則幾於道」(則ち道に幾(ちか)し)と述べている。

その他・総合問題

●対義語

悪評—好評
韻文—散文
運動—静止
演繹—帰納
否決—可決
求心—遠心
栄転—左遷
愛好—嫌悪
偶然—必然
延長—短縮
順境—逆境
機敏—遅鈍
叙情—叙事
個性—類型
一般—特殊
開放—閉鎖
相対—絶対

巨視—微視
過激—穏健
同質—異質
歓喜—悲哀
積極—消極
簡潔—冗漫
是認—否認
感情—理性
直接—間接
乾燥—湿潤
得意—失意
寒冷—温暖
直線—曲線
強硬—柔軟
空虚—充実
建設—破壊
美点—汚点
巧妙—拙劣

敏感—鈍感
希薄—濃厚
優遇—冷遇
真実—虚偽
予算—決算
模倣—創造
慎重—軽率
虐待—愛護
雄飛—雌伏
称賛—非難
興奮—冷静
固定—流動
需要—供給
詳細—概略
疎遠—親密
妥結—決裂
秩序—混乱
反抗—服従

繁栄—衰微
保守—革新
容易—困難
内容—形式
粗野—優雅
婉曲—露骨
王道—覇道
間口—奥行
安全—危険
起工—竣工
急性—慢性
希望—失望
強健—病弱
緊張—弛緩
勤勉—怠惰
軽薄—重厚
具体—抽象
原因—結果

その他・総合問題

原則―例外
現象―本質
倹約―浪費
権利―義務
広義―狭義
攻撃―防御
巧遅―拙速
購入―売却
購買―販売
興隆―滅亡
債権―債務
時間―空間
自然―人工
質素―贅沢
自由―束縛
集結―散開
就任―辞任
反逆―帰順
受理―却下
饒舌―寡黙

承諾―拒絶
勝利―敗北
進捗―停滞
進展―停頓
精密―粗雑
尊敬―軽蔑
精神―肉体
戦争―平和
増加―減少
総合―分析
大胆―臆病
統一―分裂
理論―実践
能動―受動
不易―流行
文明―野蛮
平凡―非凡
膨張―収縮
無常―常住
唯物―唯心

友好―敵対
優勝―劣敗
優良―劣悪
利益―損失
与党―野党
乱雑―整頓
吸収―発散
絶賛―酷評
精読―濫読
快楽―苦痛
解放―束縛
騰貴―下落

●四字熟語

阿鼻叫喚（アビキョウカン）　苦しみに堪えられないで泣きさけぶこと。転じて甚だしい惨状を形容する語。

安心立命（アンシンリツメイ）　天命を知って心を安んじ煩悶せぬこと。

意気軒昂（イキケンコウ）　元気の盛んなさま。意気込みの高く上がるさま。

以心伝心（イシンデンシン）　言語や文字によらず心から心に伝えること。

一意専心（イチイセンシン）　他に心を向けず、その事のみに心を用いること。

一日千秋（イチジツセンシュウ）　一日逢わねば千年も逢わぬように思われることで、慕い思う情の切なること。

一網打尽（イチモウダジン）　一味の者を一度に捕えつくすこと。

一陽来復（イチヨウライフク）　今まで悪いことばかりあったが、漸くよい方に向いてくること。冬が去って春の来ること。

一攫千金（イッカクセンキン）　一つかみで大金をもうけること。ちょっとした仕事で非常に大きい利を得ること。

一騎当千（イッキトウセン）　一騎で千人の敵を相手にすることができるほど強いこと。

一瀉千里（イッシャセンリ）　物事が速やかにはかどり進むこと。文章や弁舌が明快なこと。

意馬心猿（イバシンエン）　煩悩・欲情のおさえがたいさま。

意味深長（イミシンチョウ）　意味が深く含蓄のあること。言外に意味のあること。

有為転変（ウイテンペン）　世の中の物事の移りやすくはかないこと。

右顧左眄（ウコサベン）　右を見たり左を見たりしてためらうこと。

有象無象（ウゾウムゾウ）　世の中の有形無形の一切の物。沢山に集ったつまらぬ人々。

海千山千（ウミセンヤマセン）　あらゆる経験をして来たわるがしこい者。

紆余曲折（ウヨキョクセツ）　事情がこみいって幾度

も変化すること。
雲散霧消（ウンサンムショウ） ちりぢりに消え失せること。
栄枯盛衰（エイコセイスイ） 栄えたり衰えたりすること。
会者定離（エシャジョウリ） 会う者は必ず別れる運命を持つということ。
岡目八目（オカメハチモク） 局外者から見ると、その物事の理非得失が当事者よりもよくわかること。
温故知新（オンコチシン） 古い物事を究め新しい知識や見解を開くこと。
偕老同穴（カイロウドウケツ） 夫婦の愛情深く生きては共に老い死んでは同じ墓にはいること。
我田引水（ガデンインスイ） 自分の利益となるように物事をひきつけて言ったりすること。
画竜点睛（ガリョウテンセイ） 最後につけ加える大切な仕上げ。
換骨奪胎（カンコツダッタイ） 古人の詩文の意味・内容をまねて語句を変えまたは表現形式を変えて新しいもののように見せかけること。
閑話休題（カンワキュウダイ） さて。むだ話はさておいて。話を本筋にもどすときに用いる。
危急存亡（キキュウソンボウ） 残るか亡びるかという危難にせまること。
疑心暗鬼（ギシンアンキ） 疑う心があればありもせぬ恐ろしい鬼の形を見るものであるということ。
牛飲馬食（ギュウインバショク） 牛が水を飲み馬がまぐさを食うように大いに飲み大いに食うこと。
狂言綺語（キョウゲンキゴ） 道理にあわぬ言葉と巧みにかざった語。
曲学阿世（キョウガクアセイ） 学問の真理を曲げて時勢に気にいるような説をとなえること。
玉石混淆（ギョクセキコンコウ） よいものとつまらぬものとが入りまじること。
虚心坦懐（キョシンタンカイ） 心にわだかまりがなく、すなおに人や物事に対すること。
毀誉褒貶（キヨホウヘン） ほめられることと悪く言われること。
金科玉条（キンカギョクジョウ） 貴重な法律。大切な規則。
月下氷人（ゲッカヒョウジン）　なこうど。男女の縁を取りもつ人。
喧喧囂囂（ケンケンゴウゴウ）　やかましいさま。わいわいがやがやする。
乾坤一擲（ケンコンイッテキ）　運命をかけて、のるかそるかの勝負をすること。
捲土重来（ケンドチョウライ）　一度失敗した者がまた勢いをもりかえしてくること。
権謀術数（ケンボウジュッスウ）　巧みに人をあざむくはかりごと。
巧言令色（コウゲンレイショク）　ことばを巧みにかざり顔色を和らげて人のきげんをとること。
荒唐無稽（コウトウムケイ）　ことばによりどころがなくとりとめのないこと。でたらめ。
呉越同舟（ゴエツドウシュウ）　仲の悪い者同士が一つ所にいること。
五里霧中（ゴリムチュウ）　迷って考えの定まらないこと。
欣求浄土（ゴングジョウド）　死後極楽浄土へ行けるよう願い求めること。
言語道断（ゴンゴドウダン）　何とも言いようのなくもってのほかのこと。
山紫水明（サンシスイメイ）　山や水の景色の美しいこと。
周章狼狽（シュウショウロウバイ）　あわてふためくこと。
秋霜烈日（シュウソウレツジツ）　刑罰または権威・志操などのきびしくおごそかなこと。
春風駘蕩（シュンプウタイトウ）　春のけしきののどかなようす。
笑止千万（ショウシセンバン）　非常におかしくてたまらぬこと。大そう気の毒なこと。
深山幽谷（シンザンユウコク）　深い山と奥深くて静かな谷。
信賞必罰（シンショウヒツバツ）　賞罰をはっきりと正確に行うこと。
針小棒大（シンショウボウダイ）　物事を大げさに言うこと。
深謀遠慮（シンボウエンリョ）　よく先のことを考え

た深いはかりごと。
森羅万象（シンラバンショウ）　宇宙間のあらゆるものごと。万物。
切磋琢磨（セッサタクマ）　玉石などを切りみがくように道徳学問を勉めはげんでやまぬこと。
切歯扼腕（セッシヤクワン）　歯をくいしばり腕まくりしてくやしがる。
浅学菲才（センガクヒサイ）　学問知識が浅く才能がないこと。
千載一遇（センザイイチグウ）　容易にあらわれない好機会。
戦戦兢兢（センセンキョウキョウ）　恐れつつしむさま。
泰然自若（タイゼンジジャク）　落ちついて動じないさま。
大同小異（ダイドウショウイ）　大体同じで少し違うこと。はなはだしく類似していること。
多岐亡羊（タキボウヨウ）　学問の道があまり多方面に分れていて真理を得にくいこと。方針が多くて思案に迷うこと。
多士済済（タシセイセイ）　すぐれた人材の多いこと。
談論風発（ダンロンフウハツ）　談話や議論が勢よく口をついて出ること。
朝三暮四（チョウサンボシ）　いいかげんな言葉で人をだますこと。
朝令暮改（チョウレイボカイ）　短時日の間に命令がしきりに改まって決まらぬこと。
天衣無縫（テンイムホウ）　詩歌などに技巧のあとがなく、しかも完美なこと。
同工異曲（ドウコウイキョク）　外観は違うように見えても内容は同じであること。
内憂外患（ナイユウガイカン）　内外に心配ごとの生ずること。
南船北馬（ナンセンホクバ）　たえず方々を旅していること。各地にせわしく旅行すること。
日進月歩（ニッシンゲッポ）　毎日、毎日、時とともにたえず進歩すること。
博覧強記（ハクランキョウキ）　ひろく古今東西の書を読んで物事をよくおぼえていること。

罵詈雑言（バリゾウゴン）　あくたいをつき、ののしること。
百鬼夜行（ヒャッキヤコウ）　多くの人が怪しくみにくい行いをすること。
不倶戴天（フグタイテン）　ともに天をいただかぬこと。どうしてもあだを討たずにはおれないうらみ。
付和雷同（フワライドウ）　一定の見識がなくただ人の説にわけもなく賛成すること。
粉骨砕身（フンコツサイシン）　力のかぎり努力すること。
明鏡止水（メイキョウシスイ）　心静かに澄みきった心境。
面従腹背（メンジュウフクハイ）　表面では服従するように見せかけて内心では反対していること。
門外不出（モンガイフシュツ）　貴重な物で他人に貸すことができない。
優勝劣敗（ユウショウレッパイ）　生存競争ですぐれた者が勝ち、劣った者が負けること。
羊頭狗肉（ヨウトウクニク）　見かけだけは立派で内容がともなわぬこと。
流言蜚語（リュウゲンヒゴ）　根拠のないうわさ。
竜頭蛇尾（リュウトウダビ）　初めは盛んで終りのふるわぬこと。
臨機応変（リンキオウヘン）　時と場所に応じて適当な処置をとること。

●詩の読み味わい方

①その詩の方法にふさわしい読み味わい方をする。
（近代詩と現代詩では、その方法に異なる点がある。写実的な詩と幻想的な詩とでは読み味わい方がちがってくる。視覚的イメージを中心とした詩、ことばのリズムやひびきを中心とした詩、比喩を多く用いた詩など、詩にはさまざまな方法が用いられている。日ごろからさまざまな詩の方法に慣れておく必要がある。）
②ことばのイメージ（ことがらだけでなく、そのことばがよびおこす感情も含めて）を鮮かに思い浮かべる。（「母」「おかあさん」「おふくろ」などは、いずれも概念としては同じであるが、その

イメージは異なる。）
③ことばのひびきやリズムを鋭く感じとる。（そのためには、くり返し音読してみるとよい。母音の感じもつかんでおく必要がある。たとえば、ア音が連なると明るく開放的な感じがするが、イ音が連なると鋭く細い感じがする。リフレーンの効果も見落とせない。）
④比喩表現や象徴表現に注意して、文脈的な意味を読みとるとともに、修辞的な効果も感じとりながら読む。（比喩表現や象徴表現はとくに多く用いられているので、要注意。）
⑤いくつかの連から成る詩の場合は、連の趣意をよくとらえるとともに、連と連との関係・展開を読みとる。
⑥詩の知識を活用する。（近代詩史について、ひととおり理解しておきたい。）

●短歌の読み味わい方

①いつの、どこの、どういう情景を詠んだものかをとらえる。「いつ」とは、（「どんな季節の、どんな時刻なのか」ということで、「どこ」とは、いうまでもなく「場所」のことである。）
②一語一語に注意して、語感やリズム・ひびきを感じとる。（助詞や助動詞の微妙なはたらきには、とくに注意したい。）
③短歌特有の修辞法（枕詞・倒置法・体言止めなど）や短歌史についての知識を活用する。（とくに、次の歌人の歌風を代表的な歌とともに記憶しておきたい。斎藤茂吉・伊藤左千夫・長塚節・与謝野鉄幹・与謝野晶子・中村憲吉・島木赤彦・北原白秋・石川啄木・若山牧水・釈迢空・木下利玄）

●俳句の読み味わい方

①季語を見つけ、その句に写しとられている季節感をとらえる。（近代俳句では、太陽暦によって「春」〈二月立春～四月〉「夏」〈五月立夏～七月〉「秋」〈八月立秋～十月〉「冬」〈十一月立冬～一月〉となっており、われわれの季節感とも一致するので、季語も季節感も比較的とらえやすい。

ただし、季語の中には都会人になじみのうすいものもあるので注意したい。たとえば、次のようなものがそれである。

春↓猫の恋・白魚・若鮎・帰る雁・柳・凧《たこ》・風車・風船・虻・蜂・雀の子・蚕など

夏↓牡丹・袷《あわせ》・繭《まゆ》・セル・祭り・若葉・桐の花・ばら・麦・蝸牛《かたつむり》・蚯蚓《みみず》・早苗・葦切《よしきり》・蟻・青嵐・時鳥《ほととぎす》・雪渓・泉・朝曇り・病葉《わくらば》・夜の秋など

秋↓桐一葉・七夕・天の川・盆・相撲・花火・朝顔・西瓜・雁・鮭《さけ》・蜜柑など

冬↓大根引き・鷲・鷹・小春・落ち葉・木の葉・時雨《しぐれ》・風邪・咳《せき》・蒲団・若葉・春待つなど

また、暖か(春)、暑さ(夏)、さわやか・冷ややか(秋)、寒さ・冴ゆる(冬)なども季語である。

②「切れ字」に着目して、その句の「句切れ」を発見し、句と句とのひびきあいを読みとる。

③修辞的なくふうとその効果を読みとる。

④俳句史的知識を活用する。(正岡子規・内藤鳴雪・高浜虚子・河東碧梧桐・村上鬼城・飯田蛇笏・中村草田男・水原秋桜子・山口誓子などについては、代表的な句とともに、その俳風をとらえておきたい。)

実施問題

【二】次の(一)〜(八)に答えなさい。

(一) 次の①〜⑩の――線部分の片仮名を、必要に応じて送り仮名を付けて、漢字で書きなさい。

① 注意をカンキする。　② ヨクヨウのある話し方　③ 意思のソツウを図る。
④ タイグウを改善する。　⑤ 情報をケンサクする。　⑥ モッパラの評判
⑦ 神社にサンケイする。　⑧ ワズラワシイ作業　⑨ 選手をイロウする。
⑩ 前例にイキョする。

(二) 次の①〜⑩の――線部分の読み仮名を、平仮名で書きなさい。

① 勝負に拘泥する。　② 進捗状況を聞く。　③ 出藍の誉れ
④ 赤字を補塡する。　⑤ 強情を張る。　⑥ 体裁を整える。
⑦ すさまじい形相　⑧ 生糸の生産　⑨ 克己の精神を持つ。
⑩ 新勢力の台頭を許す。

(三) 次の①〜③のそれぞれの漢字に共通する部首名を、平仮名で書きなさい。

① 新・断　② 空・突　③ 術・街

(四) 次の①〜③の慣用句の（　）にそれぞれ当てはまる漢字一字を書きなさい。また、その慣用句の意味として最も適切なものを、以下のア〜カからそれぞれ一つずつ選び、記号で書きなさい。

① （　）が甘い。　② （　）馬に乗る。　③ 頭（　）を現す。

ア 有力者の一言　イ 才能が群を抜いて目立っていること

ウ　なりゆきに任せること　　エ　守りが弱いこと
オ　うまい言葉にだまされること　　カ　かるはずみに人に従うこと

(五)　次の①、②の季語のうち、季節が異なるものをア～エからそれぞれ一つずつ選び、記号で書きなさい。
①　ア　朝凪　　イ　東風　　ウ　陽炎　　エ　朧月
②　ア　紫陽花　　イ　向日葵　　ウ　鳳仙花　　エ　月見草

(六)　次の①、②の文について、活用のある自立語を全て抜き出しなさい。
①　のどかな風景に誘われて、旅に出た。
②　空が暗くなり、たちまち雨が降った。

(七)　次の①、②の文について、——線部分の意味・用法が同じ文をア～エからそれぞれ一つずつ選び、記号で書きなさい。
①　今、手紙を書き終えた。
ア　花瓶に生けた花を玄関に飾る。　　イ　昨日の野球大会で見事に優勝した。
ウ　かつては郊外に住んでいた。　　エ　でき上がったばかりの料理を食べる。
②　その車はただちに出発した。
ア　課題はすでに終わっている。　　イ　最新の科学技術に触れた。
ウ　その花は雪のように白かった。　　エ　部屋をきれいに片付ける。

(八)　次の①～③の文の——線部分が係る文節をそれぞれ抜き出しなさい。
①　友人はますます料理の腕を上げた。　　②　あれからたった半年しか経っていない。
③　あくまで基本的な方針は変えない。

【三】次の問い(問一～問七)に答えよ。

問一　次の(1)、(2)の傍線部の漢字と同じ漢字を含むものを、それぞれ以下の1～5のうちから一つずつ選べ。

(1)　何事もスイハンして仕事をした。

1　商売がハンジョウする。
2　面倒でハンタな業務をこなす。
3　台風で川がハンランする。
4　生涯のハンリョを見つける。
5　一学期のテストのハンイは広い。

(2)　退路をタつ。

1　会壇上にタつ。
2　長い年月がタつ。
3　新しいビルがタつ。
4　布をタつ。
5　筆をタつ。

問二　次の(1)、(2)の傍線部の慣用句・ことわざで適当に用いられているものを、それぞれ次の1～5のうちから一つずつ選べ。

(1)　1　彼女は幼なじみで、気が置けない間柄だ。
2　あの店は高級すぎて敷居が高い。
3　誰もよいアイデアが出せず、議論が煮詰まってきた。
4　助言を聞かずに失敗し、上司の琴線に触れる。

5 初勝利を祝福してもらい浮足立つ。

(2)
1 知っている道なのに道に迷って、箸にも棒にもかからない。
2 情けは人のためならずというから、子供を甘やかしてはいけない。
3 兄のまねをしたら野球が上手になったので、鵜のまねをする烏だ。
4 お世話になった人がみな来てくれたので枯れ木も山のにぎわいだった。
5 井の中の蛙にならないように広い世界で挑戦してみようと思った。

問三 次の例文の傍線部と同じ意味・用法が用いられている文を、以下の1~5のうちから一つ選べ。
例 まだ花が咲かない。
1 練習時間がない。
2 せつない結末の物語だ。
3 夏休みの宿題は多くない。
4 この図書館の絵本は少ない。
5 今日は気分が晴れない。

問四 次の例文の傍線部と同じ意味・用法が用いられている文を、以下の1~5のうちから一つ選べ。
例 日暮らし硯に向かひて
1 我が身一つの秋にはあらねど。
2 一日の日の戌の刻に門出す。
3 すくすくと大きになりまさる。
4 春になりにけるかも。
5 狩りに往にけり。

問五　次の詩を読んで、以下の(1)、(2)の問いに答えよ。

のちのおもひに　　立原道造

夢はいつもかへつて行つた　山の麓のさびしい村に
水引草に風が立ち
草ひばりのうたひやまない
しづまりかへつた午さがりの林道を

うららかに青い空には陽がてり　火山は眠つてゐた
――そして私は
見て来たものを　島々を　波を　岬を　日光月光を
だれもきいてゐないと知りながら　語りつづけた……

夢は　そのさきには　もうゆかない
なにもかも　忘れ果てようとおもひ
忘れつくしたことさへ　忘れてしまつたときには

夢は　真冬の追憶のうちに凍るであらう
そして　それは戸をあけて　寂寥のなかに
星くづにてらされた道を過ぎ去るであらう

(1) この詩で用いられている表現技法を、次の1～5のうちから一つ選べ。
1 反復法　2 擬声語　3 擬人法　4 直喩　5 反語法

(2) この詩の鑑賞として最も適当なものを、次の1～5のうちから一つ選べ。
1 青春の夢を叶えることができなかった青年の辛い思いが表現されている。
2 夢を叶え、自分の田舎に凱旋してきた青年の嬉しい思いが表現されている。
3 恋に破れたことを乗り越え、都会で成功した青年の達成感が表現されている。
4 子どものころからずっと自然の中で過ごしてきた青年の幸福感が表現されている。
5 おとなになるまで山村から出ることができなかった青年の悲しい思いが表現されている。

問六　話し合いの形式について記した各文を読んで、その説明内容として適当でないものを、次の1～5のうちから一つ選べ。
1 シンポジウムとは、問題について専門的な知識をもつ者が、それぞれの立場や専門性から聴衆に見解を述べ、聴衆はそれによって理解を深める話し合いである。
2 ブレーンストーミングとは、一人ひとりが思いついたアイデアを自由に出し合って、発想を膨らませたり、解決策を考え出したりする話し合いである。
3 グループディスカッションとは、あるテーマについて、異なる立場や考えの人たちが少人数で意見を交換する話し合いである。
4 ディベートとは、一定の論題を巡って、肯定側と否定側に分かれて、一定のルールに基づいて話し合い、解決策を導き出そうとする話し合いである。
5 ワールド・カフェとは、「問い」をもとに、多人数で知恵を生み出す話し合いの方法の一つである。くつろいだ雰囲気を大切にしている。

問七　文学史について作品とその説明の組合せとして適当でないものを、次の1～5のうちから一つ選べ。

	作品	説明
1	金槐和歌集	鎌倉時代に源実朝によって編纂された和歌を集めた私家集。
2	蜻蛉日記	平安時代に藤原道綱母によって書かれた自伝的回想記。
3	古今著聞集	鎌倉時代に橘成季によって集められた世俗説話。
4	風姿花伝	室町時代に世阿弥によって書かれた能楽論書。
5	好色一代男	江戸時代に十返舎一九によって書かれた長編小説。

二〇二四年度　大分県　難易度

【三】各問に答えよ。

問1　次の漢字に関する問に答えよ。

(1)　次のア、イの傍線部の漢字の読みをひらがなで答えよ。

ア　漸く手に入れることができた。

イ　彼は文化人類学に造詣が深い。

(2)　次のア、イの傍線部で示したカタカナを漢字で記せ。

ア　久しぶりに会った友人とホウヨウを交わす。

イ　フランス文学にケイトウしている。

(3)　次の漢字の部首名を答えよ。

夢

問2 次の語句に関する問に答えよ。

(1) 四字熟語とその意味の組み合わせとして適当でないものをA～Eから選び、記号で答えよ。

A 快刀乱麻…難事を手際よく処理すること。
B 深謀遠慮…先々のことを考えて周到に計画を練ること。
C 杓子定規…物事の基本に沿って規律を正すこと。
D 南船北馬…各地にせわしく旅すること。
E 当意即妙…その場に合わせてすばやく機転をきかすこと。

(2) 次に示した意味を表す慣用句として最も適当なものを以下のA～Eから選び、記号で答えよ。

今までの親しい関係を絶って、冷淡なあつかいをする。

A 肩を入れる　B 泥を吐く　C 水泡に帰す　D 野に下る　E 袖にする

【四】次の問一～問五に答えなさい。

問一 次の①、②の——部と同じ漢字を用いるものをそれぞれ選びなさい。

① 圧カンの演技で女優賞に輝く。
ア カン末資料を読む。
イ カン嘆の声をあげる。
ウ 彼は勇カンな若者だ。
エ 一カンして無罪を主張する。

オ　山頂から見る景色は壮カンだ。

②面目躍ジョたる活躍で勝利した

ア　狭い道をジョ行する。

イ　順ジョ立てて説明する。

ウ　相互扶ジョの理念を学ぶ。

エ　解決策が突ジョ浮かんだ。

オ　事件をありのままにジョ述する。

問二　次の中から、「握手」と同じ構成の熟語を選びなさい。

ア　熱戦　イ　決心　ウ　官製　エ　緑化　オ　非番

問三　次の文を単語に区切る場合、正しいものを選びなさい。

子犬が走り回る様子を眺めていた。

ア　子犬／が／走り回る／様子／を／眺め／て／いた。

イ　子犬／が／走り回る／様子／を／眺めて／い／た。

ウ　子犬／が／走り回る／様子／を／眺め／て／い／た。

エ　子犬／が／走り／回る／様子／を／眺め／て／いた。

オ　子犬／が／走り／回る／様子／を／眺め／て／い／た。

問四　次の中から、慣用表現として正しくないものを選びなさい。

ア　襟を正して話を聞く。

イ　濡れ衣を着せられる。

ウ　母は身を粉にして働いている。

エ　彼の足の速さには折り紙が付く。
オ　みんなから孫にも衣装だと褒められた。

問五　次の中から、「断」の部首を選びなさい。
ア　こめ　イ　りっとう　ウ　おのづくり　エ　はこがまえ　オ　かくしがまえ

■二〇二四年度■北海道・札幌市■難易度

【五】次のⅠ、Ⅱについては、四字熟語における――線部の片仮名を漢字(楷書)で書け。また、Ⅲ～Ⅴについては、□に当てはまる表現として最も適当なものを、以下のA～Dから一つずつ選び、その記号を書け。

Ⅰ　シンボウ遠慮
Ⅱ　勧善チョウアク
Ⅲ　彼のミスについては胸三寸に□、今回だけはフォローすることにした。
A　納めて　B　詰めて　C　秘めて　D　留めて
Ⅳ　聞き手の感情を逆なでした□ような不誠実な発言でしかなかった。
A　口がおごる　B　目を盗む　C　尻に火がつく　D　木で鼻をくくる
Ⅴ　どのような批判も□とした態度で受け止めることが求められる。
A　枝葉末節　B　泰然自若　C　多岐亡羊　D　甲論乙駁

■二〇二四年度■愛媛県■難易度

【六】作家と作品の組合せとして正しいものを次のA～Dから一つ選び、その記号を書け。
A　幸田文『眠る盃』　B　開高健『裸の王様』

C　遠藤周作『砂の女』　　D　井上ひさし『しろばんば』

二〇二四年度　愛媛県　難易度

【七】次の1・2の問いに答えなさい。

1　故事成語とその説明として適切でないものを、次のa～eの中から一つ選びなさい。

a　「性相近く習相遠し」
→『論語』陽貨編における孔子の言葉から、人の性は生まれたときにはあまり差はないが、長じて異なってくるのは、習慣のためであることを言い表したもの。

b　「石に漱ぎ流れに枕す」
→晋の孫楚が「石に枕し流れに漱ぐ」と言うべきところを、「石に漱ぎ流れに枕す」と言い誤り、「石に漱ぐ」とは歯を磨くこと、「流れに枕す」とは耳を洗うことと強弁した故事から、こじつけて言いのがれること。

c　「骨を換え胎を奪う」
→『冷斎夜話』に記されている内容から、骨を取り換え、胎を取って使うというのが原義。詩文を作る際に、古人の作品の趣意は変えず語句だけを換え、または古人の作品の趣意に沿いながら新しいものを加えて表現すること。

d　「天網恢恢疎にして漏らさず」
→『老子』中の句に由来がある。天の網は広大で目が粗いようだが、悪人は漏らさずこれを捕まえるという意味から、悪いことをすれば必ず天罰が下るということ。

e　「洛陽の紙価を高める」

↓『晋書』文苑伝の故事による。晋の左思が「三都賦」を作ったとき、洛陽の人が争ってこれを転写したため、洛陽の紙の値段が高くなった故事から、一人の人間の発言が世の中に大きな影響を与えるということ。

2 次の(1)～(4)の問いに答えなさい。

(1) 次の説明に該当する作品として適切なものを、あとのa～eの中から一つ選びなさい。

平安中期に成立した作者未詳の歌物語。和歌を中心とした短編百七十三段から成る。宮廷中心の貴族社会で語られていた歌にまつわる話を集成したものであるが、後半には蘆刈の話、安積山の話、姥捨山の話など、民間伝承による古い説話が取り入れられ、これらの伝承説話は中世の謡曲や近代文学の素材ともなった。

a 落窪物語　b 伊勢物語　c 大和物語　d 平中物語　e 狭衣物語

(2) 次の説明に該当する俳人として適切なものを、あとのa～eの中から一つ選びなさい。

明治後半から大正・昭和前半にかけて活躍した俳人で、松山市に生まれた。郷里の先輩正岡子規の俳句革新運動に力を注ぎ、子規より後継者として求められたが、束縛を嫌い辞退した。「花鳥諷詠」を理念とする俳句観を確立し、客観写生を重んずるホトトギス派の重鎮として有名である。

a 水原秋桜子　b 高浜虚子　c 尾崎放哉　d 飯田蛇笏　e 河東碧梧桐

(3) 近世時代の文学の流れに関する説明として誤っているものを、次のa～eの中から一つ選びなさい。

a 近世前期の文化は上方を中心としたものであり、初めは京都を中心とし、後に商業都市大阪が成長した。元禄年間に活躍した井原西鶴は、『日本永代蔵』や『世間胸算用』のほか、『曽根崎心中』などの有名作を著した。

b 元禄文化を代表する俳人の松尾芭蕉は、貞門俳諧にうちこんだのち、『野ざらし紀行』の旅に出て蕉風俳諧のきっかけをつかんだ。紀行文『奥の細道』は「風雅」の世界を展開しようという意図から、虚構も交えた文学作品となっている。

c　近世後期の文化は江戸を中心としたものであり、特に文化・文政期にその最盛期を迎える。江戸時代の読本作者の上田秋成は、日本や中国の古典に題材を取った怪異的な小説『雨月物語』を刊行し、晩年に『春雨物語』を著した。

d　江戸後期の読本作者として有名な滝沢馬琴は、勧善懲悪の理念に貫かれた長編小説を発表し、南房総の里見家再興に活躍した八犬士の物語『南総里見八犬伝』、史実と伝説とが巧みに構成された『椿説弓張月』などを著した。

e　文化・文政期の俳人小林一茶は、方言・俗語を用いた生活感のある誹風を得意とし、「目出度さも中位なりおらが春」の冒頭で有名な句集『おらが春』のほか、「これがまあつひの栖《すみか》か雪五尺」などの句で生活感情を率直に表現した。

(4)　昭和後期の文学の流れに関する説明として誤っているものを、次のa～eの中から一つ選びなさい。

a　第二次世界大戦が終わり、それまでの言論統制から解放されると、既成の大家がそれまで書き溜めていた作品を続々と発表し始めた。谷崎潤一郎は長編小説『細雪』を発表し、大阪の富裕な商家の四姉妹の生き方を描いた。

b　混乱した世相のもとで、無頼派と呼ばれた作家たちも活躍を始めた。坂口安吾は短編小説『白痴』を著した。太宰治は『斜陽』を著し、戦後の没落貴族を題材に「美しく滅びてゆくもの」と「生まれてくる新しいもの」を描こうとした。

c　戦前・戦中以来の作家とは別に、自らの戦争体験に深く根差し、人間と社会を根元的に見つめようとする第一次戦後派と呼ばれた一群の作家たちが登場した。大岡昇平は『俘虜記』を発表し、極限の中での人間の心理や行動を描いた。

d　昭和二十年代の後半になると、第三の新人と呼ばれる若い世代が登場し、日常的な感覚にたった作品を発表し始めた。安岡章太郎は『陰気な愉しみ』『悪い仲間』、遠藤周作は中国を舞台にした長編小説『敦煌』を発表した。

e　昭和三十年代には、石原慎太郎や北杜夫、開高健、大江健三郎らが登場した。大江は、『芽むしり仔撃ち』や『個人的な体験』を発表した。大江は詩的想像力による独自の世界と時代に向けた発言が認められ、ノーベル文学賞を受賞した。

二〇二四年度　高知県　難易度

【八】中山さんは、総合的な学習の時間に防災について学習しています。今後、防災センターや地域の方とやり取りをするために、手紙、メール、電話のどれがよいのかについて考えています。以下の問いに答えなさい。

【手紙の例】

> 拝啓
> 盛夏の候、防災センターの皆様、いかがお過ごしですか。
> 私たちは今、総合的な学習の時間に「減災のてびき」を作成し、地域の方々へ配布しようと考えています。私たちの班では、てびきの中で、減災についてのクイズコーナーを設けているのですが、そのaカイトウがふさわしいのか不安があります。できましたら、適切なカイトウか確認していただけないでしょうか。また、調べ学習の中で生まれた疑問点について、教えていただきたいです。
> そこで、夏休みに防災センターにA行きたいのですが、対応していただくことはできますか。
> お忙しい中、申し訳ありませんが、検討していただき、ごbカイトウをよろしくお願いします。

【メールの例】

宛先	info@12345678.ne.jp
件名	②　　　　（静浜中・中山）

静浜市防災センター　御中

こんにちは。

静浜市立静浜中学校２年１組の中山と申します。


私たちは今、総合的な学習の時間に「減災のてびき」を作成し、地域の方々へ配布しようと考えています。

私たちの班では、てびきの中で、減災についてのクイズコーナーを設けているのですが、そのカイトウがふさわしいのか不安があります。

できましたら、適切なカイトウか確認していただけないでしょうか。また、調べ学習の中で生まれた疑問点について、教えていただきたいです。

そこで、夏休みに防災センターに行きたいのですが、対応していただくことはできますか。


お忙しい中、申し訳ありませんが、検討していただき、ごカイトウをよろしくお願いします。

＊＊＊＊＊＊＊＊＊＊＊＊＊
静浜市立静浜中学校
２年１組　中山　とおる

七月　十日

静浜市防災センター　御中

（　①　）

静浜市立静浜中学校二年一組
中山　とおる

問一　傍線部――a、bのカタカナの同音異義語「カイトウ」をそれぞれ漢字に直し、楷書で丁寧に書きなさい。

問二（　①　）に当てはまる単語をアからエまでの中から選び、記号を書きなさい。

ア　早々　イ　謹啓　ウ　敬具　エ　恭啓

問三　傍線部――A「行きたい」とあるが、「行く」を謙譲語で書きなさい。

問四　メールの件名を書くときに、配慮すべき点を考え、［②］に件名を書きなさい。

問五　中山さんは、手紙、メール、電話を比較し、メールで依頼することにしました。メールで依頼するよさについて、手紙と電話、それぞれとの違いが分かるように書きなさい。

二〇二四年度　静岡県・静岡市・浜松市　難易度

【九】次の(1)～(4)の問いに答えよ。

(1) 重箱読みをする熟語を次のA～Dから一つ選び、その記号を書け。

A　野原　B　世界　C　職場　D　荷物

(2) 同様の意味をもつ成句の組合せとして正しくないものを次のA～Dから一つ選び、その記号を書け。

A　思う念力岩をも通す　―　精神一到何事か成らざらん

B　沈む瀬あれば浮かぶ瀬あり　―　禍福は糾える縄の如し

C　船に刻みて剣を求む　―　株を守りて兎を待つ

D　忠言耳に逆らう　―　馬耳東風

(3) 次の和歌で使われている修辞技法を以下のA～Dから一つ選び、その記号を書け。

> 花の色は　移りにけりな　いたづらに　わが身世にふる　ながめせし間に　小野小町（『古今和歌集』より）

A　枕詞　B　掛詞　C　折句　D　序詞

(4)　パネルディスカッションの説明として最も適切なものを次のA～Dから一つ選び、その記号を書け。

A　一つのテーマについて、肯定と否定との立場に分かれて、一定のルールに基づいて議論し、勝敗の判定をする話合い。

B　既成の観念にとらわれず、各自が思いつきを自由に出し合い、独創的なアイデアを生み出すことを目的とした話合い。

C　一つのテーマについて、全体を四、五人ずつのグループに分け、机を移動してメンバーを入れ替えながら行う話合い。

D　一つのテーマについて、立場や考えの異なる複数の代表者が意見交換し、そこに聴衆が加わって考えを深める話合い。

二〇二四年度　愛媛県　難易度

【十】高橋さんのクラスでは、国語の授業で、それぞれが日本の好きな言葉を一つ選んでその由来を調べ、「幸せな気持ちになる日本の言葉集」を作ろうと考えています。高橋さんは、その言葉集の「はじめに」の部分を任されました。次の【高橋さんの下書き】を読んで、以下の問いに答えなさい。

【高橋さんの下書き】

私たちが使っている言葉は、かつて誰かが生み出し、生活の中で多くの人によって育まれ、変化し続けてきました。『　あ　』仮名序の中に「やまとうたはひとのこころをたねとしてよろづのことのはとぞなれりける」とあるように、人の心を種とするA言葉。どの言葉の由来も、時空をaチョウエツして古人と私たちの心をつなぐ架け橋となりました。つまり、言葉の由来を知ると、bカンタンせずにはいられない美しい古人の心に出会えるのです。

「幸せな気持ちになる日本の言葉集」を作るための作業は、たくさんある言葉から選び出すことも、関連する資料を探すことも、（　い　）作業でした。しかし、ある言葉の由来は私たちの心をcナグサメ、ある由来はユーモアを漂わせ、ある由来は私たちをdハゲましてくれました。

この言葉集を作っているうちに、私たちは、この日本の奥深い言葉を生み、育んできた人々に連なる日本語のeケイショウ者だということに気付き、B誇らしく、幸せな気分になりました。これを読んだ皆さんと一緒に、美しい日本語を後の世代に残していきたいと思います。

問一　【高橋さんの下書き】にある、傍線部――aからeまでのカタカナを漢字に直し、楷書で丁寧に書きなさい。

問二　『　あ　』に当てはまる和歌集をアからオまでの中から選び、記号を書きなさい。

ア　万葉集　　イ　古今和歌集　　ウ　金葉和歌集　　エ　拾遺和歌集　　オ　新古今和歌集

問三　（　い　）には、「苦労する」という意味の体の一部を使った慣用句が入ります。ふさわしい慣用句をアからオまでの中から選び、記号を書きなさい。

ア　腰を据える　　イ　骨が折れる　　ウ　まゆをひそめる　　エ　手をこまねく　　オ　頭が下がる

問四　傍線部――A「言葉」に使われている表現技法をアからオまでの中から選び、記号を書きなさい。また、その効果について説明しなさい。

ア　倒置法　イ　比喩法　ウ　擬人法　エ　体言止め　オ　反復法

問五　傍線部――B「誇らしく」の品詞と活用形を、アからコまでの中からそれぞれ選び、記号を書きなさい。

ア　名詞　イ　動詞　ウ　形容詞　エ　形容動詞　オ　副詞

カ　未然形　キ　連用形　ク　終止形　ケ　連体形　コ　仮定形

二〇二四年度　静岡県・静岡市・浜松市　難易度

【十二】次の〔問一〕～〔問四〕に答えなさい。

〔問一〕　次の二つの文に使われている「と」について、助詞の種類を明らかにして、それぞれの意味の違いを説明しなさい。

ア　坂道を上ると、白い波がきらきら光る海が見えてきた。

イ　椅子と机を教室の後ろに運ぶ。

〔問二〕　第三学年の敬語の働きに関する学習において、次の会話文を提示した。以下の(一)、(二)の問いに答えなさい。

レストランで、注文した料理が運ばれてきた後に
(店員)「御注文の品は、以上でおそろいになりましたか。」
(客)「はい、全部そろいました。」

(一)　――線「おそろいになりましたか」という表現には、敬語としての誤りがある。正しい表現に直し、

誤りである理由を簡潔に説明しなさい。

(二) この学習で、日常の具体的な場面を想起させた意図について、「中学校学習指導要領(平成二十九年告示)解説　国語編」〔知識及び技能〕(1)「言葉の特徴や使い方に関する事項」を踏まえて、簡潔に説明しなさい。

〔問三〕 次の漢字を楷書で書き表したとき、同じ総画数になるものを以下の中から一つ選び、記号で答えなさい。

洋

ア 岩　イ 被　ウ 凍　エ 秋

〔問四〕 書写の時間に、次の手本の「桜」を提示して、「行書の特徴」について学習する活動を行った。手本の「行書の特徴」が見られる部分、一カ所に○を付け、その特徴を書きなさい。

【十二】次はある生徒が書いた電子メールと手紙である。これを読み、以下の問に答えよ。

宛先　customer@△△△△△.co.jp
CC
BCC
件名　職場体験をとても楽しみにしています。朝8時30分からでもよろしいでしょうか。

スーパー高橋店長
高橋一郎様

中央中学校2年1組の伊藤光と申します。来週、職場体験で3日間お世話になります。いつもおいしい野菜を販売しているスーパー高橋様では、どんなお仕事の工夫をさ①<u>れ</u>ているのか、職場体験を通して学べることをとても楽しみにしています。

そこで、一つお願いがあります。スーパー高橋様に②<u>お伺いさせていただく</u>時間を、開店時刻の10時から朝8時30分に変更できますでしょうか。せっかくの機会ですので、開店前の準備から体験してみたいと考えています。

急なお願いで申し訳ありませんが、どうぞよろしくお願いします。

伊藤光
2103@□□.chuoujhs.jp

拝啓
秋の風がさわやか③に吹いてくる時期になりましたが、いかがお過ごしでしょうか。

職場体験でお世話になりました、中央中学校二年一組の伊藤光です。その節はとてもあたたかく④迎えてくださり、ありがとうございました。⑤きれいなお店の前にある花だんに水をやれたのが楽しかったです。

さて、中央中学校では、来る十月三十日⑥に、学習発表会を行います。私達二年生はタブレットを使ったプレゼンテーションで、職場体験の報告をします。ご都合がつきましたら皆様でお越しください。

スーパー高橋の皆様にまたお目にかかれますことを、とても楽しみにしています。

季節柄、長雨が続きますので、風邪などお召しになりませんようにお過ごしください。

敬具

記

●日時　令和五年十月三十日(月)　午後二時より
●場所　中央中学校　体育館

以上

令和五年十月一日

中央中学校二年一組
伊藤光

スーパー高橋の皆様

問1 傍線部①「れ」と同じ意味・用法で使われているものを、A～Eの‖部から選び、記号で答えよ。

A いたずらをして叱られる‖。

B 田中先生はもう帰られる‖。

C 故郷が思い出される‖。

D この商品はよく売れる‖。

E 雨がふらなくて木が枯れる‖。

問2 下線部②「お伺いさせていただく」を適切な敬語表現に書き換えて答えよ。

問3 下線部③「に」と傍線部⑥「に」の品詞の違いについて具体的に説明せよ。

問4 傍線部④「迎」の「亅」は何画目に書くか、算用数字で答えよ。

問5 傍線部⑤「きれいなお店の前にある花だん」は誤解をまねきやすい表現である。生徒にどのような点に気をつけて書き直すよう指導するか、説明せよ。

問6 電子メールの件名が適切ではない。生徒にどのように指導するか、説明せよ。

問7 「光」の字を行書で書くとき、楷書の字との違いを一つ取り上げて行書の特徴を説明せよ。

■二〇二四年度■島根県■難易度

【十三】次の問いに答えなさい。

問一 次の記述は、平成二十九年三月に告示された「中学校学習指導要領」の「第2章 各教科」「第1節 国語」「第2 各学年の目標及び内容」〔第1学年〕の「1 目標」である。空欄ア～ウに当てはまるものの組合せとして最も適切なものを、以下の①～⑤のうちから選びなさい。

(1) 社会生活に必要な［　ア　］を身に付けるとともに、我が国の言語文化に親しんだり理解したりすることができるようにする。
(2) ［　イ　］や豊かに感じたり想像したりする力を養い、日常生活における人との関わりの中で伝え合う力を高め、自分の思いや考えを確かなものにすることができるようにする。
(3) 言葉がもつ［　ウ　］とともに、進んで読書をし、我が国の言語文化を大切にして、思いや考えを伝え合おうとする態度を養う。

① ア 言語の資質・能力　イ 論理的に考える力　ウ 価値を認識する
② ア 国語の知識や技能　イ 筋道立てて考える力　ウ 価値に気付く
③ ア 国語の資質・能力　イ 根拠を持って考える力　ウ 価値に気付く
④ ア 国語の知識や技能　イ 論理的に考える力　ウ 価値を理解する
⑤ ア 言語の知識や技能　イ 筋道立てて考える力　ウ 価値を認識する

問二　平成二十九年三月に告示された「中学校学習指導要領」の「第2章　各教科」「第1節　国語」に、各学年における〔思考力、判断力、表現力等〕「B　書くこと」の指導事項が示されている。その中の第2学年の記述として最も適切なものを、次の①～⑤のうちから選びなさい。

① 目的や意図に応じて、日常生活の中から題材を決め、多様な方法で集めた材料を整理し、伝えたいことを明確にすること。
② 読み手の立場に立って、表現の正確さなどを確かめて、文章を推敲すること。
③ 根拠の適切さを考えて説明や引用を加えたり、表現の効果を考えて記述したりするなど、自分の考えが伝わる文章になるように工夫すること。
④ 伝えたいことが分かりやすく伝わるように、段落相互の関係などを明確にし、文章の構成や展開を工夫すること。

⑤ 根拠の明確さなどについて、読み手からの助言などを踏まえ、自分の文章のよい点や改善点を見いだすこと。

問三 漢字の読み方として適切ではないものを、次の①～⑤のうちからそれぞれ選びなさい。

1 ① 百舌(もず)　② 信天翁(あほうどり)　③ 家鴨(がちょう)　④ 木菟(みみずく)　⑤ 鵲(かささぎ)

2 ① 躑躅(つつじ)　② 仙人掌(さぼてん)　③ 鳳仙花(ほうせんか)　④ 木槿(むくげ)　⑤ 葎(よもぎ)

3 ① 繙く(はじ)　② 窄む(すぼ)　③ 謙る(へりくだ)　④ 質す(ただ)　⑤ 賭する(と)

4 ① 縹(はなだ)　② 浅葱(あさぎ)　③ 鈍色(にびいろ)　④ 橡(とくさ)　⑤ 蘇芳(すおう)

5 ① 斟酌(しんしゃく)　② 恬淡(かったん)　③ 昵懇(じっこん)　④ 磊落(らいらく)　⑤ 耽溺(たんでき)

問四 次の二重傍線部と同じ漢字を書くものとして最も適切なものを、以下の①～⑤のうちからそれぞれ選びなさい。

1 王の命を受け他国にヘイモンする。

① ヘイカツな表面に塗布する。

② 特定の光をシャヘイする。

③ オウヘイで鼻持ちならない。

④ 心身ともにヒヘイする。

⑤ 講師をショウヘイする。

2 海底にケーブルをフセツする。

① 展望台からフカンする景色。

② 彼の境遇はフビンでならない。

③ 社会全般にフエンして広める。

④ 家族をフヨウできる収入を得る。

⑤ フセンに書かれた伝言。

3 地方を回ってコウギョウする。

① 敵のシンコウに備える。

② 芸術のシンコウを図る。

③ シンコウの自由を守る。

④ 議事のシンコウを任せる。

⑤ 外国とのシンコウを深める。

問五 四字熟語とその説明の組合せとして適切ではないものを、次の①～⑤のうちから選びなさい。

① 「夜郎自大」 ― 自分の実力も知らず威張っていること。

② 「瓜田李下」 ― 人に疑われるような紛らわしいことはするなというたとえ。

③ 「意馬心猿」 ― 煩悩・妄念・欲情などで心が乱され抑えがたいこと。

④ 「南船北馬」 ― 人の往来が激しく、にぎやかなこと。

⑤ 「孟母断機」 ― 学業を途中でやめてはいけないというたとえ。

問六 類義語の組合せとして適切ではないものを、次の①～⑤のうちから選びなさい。

① 「濫觴」 ― 「起源」
② 「無聊」 ― 「退屈」
③ 「干戈」 ― 「天災」
④ 「知音」 ― 「親友」
⑤ 「折柳」 ― 「送別」

問七　対義語の組合せとして適切ではないものを、次の①～⑤のうちから選びなさい。
① 「灌木」 ― 「喬木」
② 「得度」 ― 「還俗」
③ 「一斑」 ― 「全豹」
④ 「慧敏」 ― 「迂愚」
⑤ 「自儘」 ― 「放恣」

問八　意味が反対になる慣用句の組合せとして適切ではないものを、次の①～⑤のうちから選びなさい。
① 「得手に帆を上げる」 ― 「好事魔多し」
② 「木で鼻をくくる」 ― 「下にも置かぬ」
③ 「気が置けない」 ― 「気が引ける」
④ 「門前雀羅を張る」 ― 「門前市をなす」
⑤ 「腰を据える」 ― 「手につかない」

問九　傍線部の語句を用いた文例として最も適切なものを、次の①～⑤のうちから選びなさい。
① 事故の報告を受け、おもむろに現場に急行する。
② 家はおろか、土地まで失う事態となった。

③ 春まだ寒いころ、花壇の片隅でつましく咲く花を見つけた。
④ その失敗は彼の自信をゆるがせにするに十分だった。
⑤ よしんば事がうまく運んだら盛大にお祝いをしましょう。

問十 作品と作者の組合せとして適切ではないものを、次の①～⑤のうちから選びなさい。
① 『ハムレット』 ― シェークスピア
② 『イタリア紀行』 ― ゲーテ
③ 『車輪の下』 ― ヘッセ
④ 『変身』 ― カフカ
⑤ 『戦争と平和』 ― ツルゲーネフ

問十一 軍記物語の作品名と関連する出来事の組合せとして適切ではないものを、次の①～⑤のうちから選びなさい。
① 『陸奥話記』 ― 平治の乱
② 『平家物語』 ― 源平合戦
③ 『太平記』 ― 南北朝の動乱
④ 『将門記』 ― 承平・天慶の乱
⑤ 『曾我物語』 ― 曾我兄弟の仇討ち

問十二 松尾芭蕉の紀行文の作品名とその内容の組合せとして適切ではないものを、次の①～⑤のうちから選びなさい。
① 『笈の小文』 ― 伊勢、伊賀、大和、須磨、明石への紀行文。
② 『野ざらし紀行』 ― 江戸から木曾路を経て、北陸を巡った紀行文。

③『鹿島紀行』 ― 常陸国鹿島へ月見に行った際の紀行文。
④『更科紀行』 ― 木曾路、善光寺に参詣した際の紀行文。
⑤『奥の細道』 ― 江戸から奥州を巡り、北陸から大垣まで辿った紀行文。

問十三　作家とその解説の組合せとして適切ではないものを、次の①～⑤のうちから選びなさい。
① 三島由紀夫 ― 実際の事件から題材を得た『金閣寺』を執筆した。
② 遠藤周作 ― 第二次世界大戦中の人体実験を題材とした『沈黙』を創作した。
③ 中島敦 ― 中国の古典から題材を得た『山月記』を創作した。
④ 大江健三郎 ― 実生活をもとにした作品『個人的な体験』を執筆した。
⑤ 井伏鱒二 ― 被爆体験とその後に続く差別を描いた『黒い雨』を執筆した。

問十四「諸子百家」と思想家の組合せとして最も適切なものを、次の①～⑤のうちから選びなさい。
① 儒家 ― 韓非
② 道家 ― 孟子
③ 名家 ― 老子
④ 兵家 ― 孫武
⑤ 縦横家 ― 呂不韋

問十五　枕詞とそのかかる語の組合せとして適切ではないものを、次の①～⑤のうちから選びなさい。
① しきしまの ― 大和
② あをによし ― 奈良
③ やくもたつ ― 厳島
④ ぬばたまの ― 髪
⑤ しろたへの ― 衣

問十六　外来語とその意味の組合せとして最も適切なものを、次の①～⑤のうちから選びなさい。
①　サーベイランス　―　監視
②　ダイバーシティ　―　協調性
③　メタファー　―　直喩
④　スキーム　―　技術
⑤　アフォリズム　―　利己主義

問十七　漢字の書体とその説明の組合せとして適切ではないものを、次の①～⑤のうちから選びなさい。
①「隷書」―　小篆を直線化、簡略化し、横画は波打つような運筆のリズムをもつ。
②「行書」―　草書よりは連続性は低いが、読みやすく速く書けるという特徴がある。
③「草書」―　隷書をさらに簡略化し、連続性を強めたため、速書きに適している。
④「楷書」―　行書をもとにして一点一画を切り離しながら書くため、読みやすい。
⑤「篆書」―　甲骨文、金文、左右対称の字形を曲線で書くことが多い小篆がある。

二〇二四年度　神奈川県・横浜市・川崎市・相模原市　難易度

【十四】第二学年において、古典の世界に親しむために、「不死の薬(藥)」を共通のテーマとしたA、Bを用意した。次の〔問一〕～〔問四〕に答えなさい。

〔問一〕　A『竹取物語』について、以下の(一)～(五)に答えなさい。

A

〈かぐや姫が天に帰る夜、帝は中将に命じ、兵士を遣わしてかぐや姫がいる翁の家を守らせた。しかし、兵士たちも守ることができず、かぐや姫は手紙と壺に入った薬を帝に残し、天に昇っていった。〉

中将、人、ひき具して帰りまいりて、かぐや姫を、え戦ひ留めず成ぬる事、こま〴〵と奏す。薬の壺に、御文そへてまいらす。ひろげて御覧じて、①いといたくあはれがらせ給て、物もきこしめさず、御あそびなどもなかりけり。大臣・上達部をめして、

「いづれの山か、天に近き」

と、②問はせ給に、ある人、奏す、

「駿河の国にあるなる山なん、この都も近く、天も近く侍る」

と奏す。これを聞かせ給ひて、

③逢ことも涙にうかぶ我身には死なぬくすりも何にかはせむ

かの奉る不死の薬に、又、壺具して、御使にたまはす。勅使には、調《つき》の石笠といふ人をめして、駿河の国にあなる山のいたゞきに、もてつくべきよし仰給。嶺にてすべきやう、教へさせ給。御文、不死の薬の壺ならべて、火をつけて燃やすべきよし、仰せ給。そのよしうけたまはりて、兵士どもあまた具して、山へ登りけるよりなん、その山を「富士の山」とは名づけける。

その煙、いまだ雲のなかへたち昇るとぞ、言ひつたへたる。

（『竹取物語』より）

（一）『竹取物語』は平安時代の作品とされている。平安時代に成立した作品を次の中から一つ選び、記号で書きなさい。

ア　雨月物語　イ　今昔物語集　ウ　平家物語　エ　宇治拾遺物語

（二）――線①「いといたくあはれがらせ給て」は、誰のどのような様子を表しているか、その理由も含め

て現代語で書きなさい。

(三) ——線②「問はせ給」を現代仮名遣いにし、平仮名で書きなさい。

(四) ——線③の和歌には、反語が使われているが、その効果について和歌の大意に触れながら説明しなさい。

(五) ══「奏す」と「仰せ給」について、主語を明確にして敬語としての違いを説明しなさい。

〔問二〕 B『戦国策』について、以下の(一)、(二)に答えなさい。

B

④有獻不死之藥於荊王者。謁者操以入。中射之士問曰、可レ食乎。曰、可。因奪而食レ之。⑤王怒、使三人殺二中射之士一。

不死の藥を荊王に獻ずる者有り。謁者操《と》つて以て入る。中射の士問うて曰く、食ふ可きか、と。曰く、可なり、と。因つて奪うて之を食ふ。王怒り、人をして中射の士を殺さしめんとす。

(『戦国策』より)

(注) 獻…「献」に同じ。
荊…現在の中国湖北省・湖南省一帯にあった楚国の別名。
謁者…取り次ぎの役人。
中射之士…宮中警護の役人。

（一）――線④「有献不死之薬於荊王者」に返り点と送り仮名を付けなさい。

（二）――線⑤「王怒」とあるが、その理由を現代語で書きなさい。

〔問三〕　A、Bには共に「不死の薬(藥)」が描かれているが、「不死の薬(藥)」に表れた「命」や「生」に対するそれぞれの考え方の違いを書きなさい。

〔問四〕　この学習のように、古典の世界に親しむ学習において、二つの作品を提示した意図は何か、「中学校学習指導要領(平成二十九年告示)解説　国語編」〔知識及び技能〕(3)「我が国の言語文化に関する事項」を踏まえて書きなさい。

■二〇二四年度■群馬県■難易度■■■■■

【十五】次の設問に答えよ。

一　次は、異なる立場の人との話し合いについて説明したものである。文章中の空欄（　A　）～（　C　）に最もよくあてはまる語句の組合せを①～⑤から選び、番号で答えよ。

（1）複数の情報や（　A　）の高い情報を（　B　）にして、意見を述べる。

（2）相手がどのような（　B　）を基に意見を述べているのかに注意して聞く。

（3）互いの考えの（　C　）、話し合いの論点を踏まえて発言する。

①　A　客観性　B　目標　C　共通点や相違点

②　A　信憑性　B　証拠　C　関連性や重要性

③　A　客観性　B　根拠　C　共通点や相違点

④　A　公平性　B　目標　C　特徴や差異点

⑤　A　信憑性　B　根拠　C　特徴や相違点

二　次は、中学生四名(司会者を含む)によるグループでの話し合いの様子である。これを読んで以下の問いに答えよ。

A中学校では今週の朝礼で、校長先生から自転車事故についてお話があった。卒業生の男子が塾の帰りに無灯火で歩道を走っている時、自転車に気が付かなかった男性(62歳)と衝突し被害者が大けがを負ったという。中学生による自転車事故が増えているので、自転車事故を起こさないためにどうすればよいか、学級で話し合ってほしいということだった。そこで、早速話し合うことになった。まずグループで話し合った。

司会　先日、朝礼で校長先生から自転車事故のことが話されましたが、私も歩いていた時に急に自転車が飛び出してきて怖い思いをしたことがあります。安全に自転車を使用するためにどうすればよいか、意見を出し合いましょう。

つよし　僕は、担任の先生から自転車事故の件数は増えていることや、自転車の免許制について議論があるということを聞き、自転車を免許制にした方がよいと思いました。朝礼でのお話しは、令和4年11月1日に交通対策本部が「自転車安全利用五則」で決めた「夜間はライトを点灯」を守っていなかったことが原因だと思います。このルールを守るためには、講習と試験を受けて免許をとる免許制にした方がよいと思います。その方が安全運転のためのルールを自覚して事故も少なくなると思います。

司会　つよしさんが話した「自転車安全利用五則」は教室に掲示してありますね。他にはどのようなルールがありますか。教えてください。

つよし　他には「車道では原則、左側を通行　歩道は例外、歩行者を優先」「交差点では信号と一時停止を守って、安全確認」「飲酒運転は禁止」「ヘルメットを着用」です。

しのぶ　左側通行は守っていない人もいますね。ヘルメットは子どもがしているのをよく見ます。こういうことは知っていても守らないでいることも多いですね。

司会　しのぶさんは、自転車の免許制についてどう考えますか。

しのぶ　（　A　）免許制にすると安全意識は高まると思いますが、免許を持っても守らない人も出てくるように思います。私は、公共の場である「道路」でのマナーを守ることが大切で、免許制を実施する前に、交通ルールを皆が理解し徹底することがまず必要だと考えます。私の提案は、学校でも、地域の方々や警察の方に協力していただいて自転車のルール、マナーを徹底する教室を開くということです。

司会　なおさんは、どう考えますか。

なお　私は免許制にするべきかどうか、まだ迷っています。つよしさんの言うとおり、事故があるたびに、もっと取り締まりを厳しくした方がいいと思い、免許制も必要だと思います。（　B　）みんながルールを守るために、他にもできそうなことはあるように思うのです。確かに免許制にすると、違反した人は自動車と同じように罰金などを払うことになると思いますので、危険運転の減少につながりますが、自転車に乗っている人全ての人が免許をとるために講習を受けることは可能なのかなと思うのです。

司会　3人とも安全意識を高めていこうという点は共通していますが、免許制については意見が分かれました。ここで、なおさんから免許制について全ての人が講習を受けるのは可能なのかという疑問が出されましたか、他にどのようなことがあるかあげて、免許制について考えてみませんか。

つよし　賛成です。メリットとデメリットをあげて、考えたらよいと思います。

しのぶ　メリットは、乗る人の安全意識が向上することです。誰でも手軽に使うことができる便利なものですが、大変なことを起こしかねない凶器にもなり得る乗り物であるという認識をもつことができると思います。

なお　免許制になると、自動車と同じくナンバープレートを付けることになり管理が楽になって、盗難されても今までより探しやすいかもしれません。

司会　手軽だと思って乗るだけでなく、注意しなければいけないことがあることにも気がつくようになると思います。

つよし　（　C　）、デメリットはどうでしょうか。

しのぶ　僕が心配なのは、自転車は自動車より台数も多いので免許センターが対応できるのかということです。何か良い方法を考える必要があります。

なお　免許を取るための費用のことや、試験をどこで受けるのかということも考えなければいけませんね。家庭には何台くらい自転車があるのでしょうか。複数持っている家も多いから、受けるための費用などが負担になりますね。

司会　メリット、デメリットをあげてもらいましたが、いろいろな課題もありそうです。

つよし　ここまで話し合って考えたのですが、免許制を実施するには課題も多いし、社会全体で考えていくべきものだと分かりました。これからも考えていきたいと思います。ここでは、まず今学校で何ができるかを考えた方が良いと思いました。

司会　つよしさんから学校でできることを考えようという意見が出ました。意見を出し合いましょう。

しのぶ　私は、警察の方に来ていただいて、お話しをうかがったり、自転車の操作について学ぶ会を持ってほしいと思います。それで、生徒の意識が変わると思います。

なお　私もしのぶさんの案に賛成です。それに加え、交通ルールを皆で知るためのポスターを貼ったらどうでしょうか。
しのぶ　賛成です。校内に貼れば、それを見てルールを分かってくれる人も出てくると思います。
つよし　自転車事故を起こさないために、学級で考えたことを実行できるようにしていきましょう。警察の方をお呼びして講習会を開くことと、校内にポスターを貼ることはやれるようにしたいです。
司会　この話し合いで、自転車の免許制についても考えることができ、よいきっかけになりました。また、学校で取り組みたいことも提案したいと思います。皆さん、それでよいでしょうか。
つよし、しのぶ、なお　はい。

(1)　話し合い中の空欄（　A　）～（　C　）にあてはまる語句の組合せを①～⑤から選び、番号で答えよ。
①　A　確かに　B　そして　C　ところで
②　A　ところで　B　でも　C　したがって
③　A　ときに　B　あるいは　C　それとも
④　A　確かに　B　でも　C　では
⑤　A　きっと　B　また　C　では
(2)　発言内容のよい点を述べた文として最も適切なものを①～⑤から選び、番号で答えよ。
①　司会は初めに「安全に自転車を使用するためにどうすればよいか」について話し合うことをしたかったが、免許制のことが話題の中心になってしまった。そこで、免許のデメリットを出し合うことでもとのテーマにもどせると考え、デメリットを出し合うことで話し合いを進めた。
②　つよしさんは、担任から話を聞き免許制を賛成と発言したが、他の人の意見をよく聞きデメリットの意

見を受け入れて、実現するには自分たちの力だけでは難しい面もあると考え、学校で何をするか考えよう話し合いの方向性を変える発言をしている。

③　しのぶさんは、「免許を持っても守らない人も出てくるように思います」や「自転車安全利用五則」を「知っていても守らない人も多い」などのように自分で思っていることを話し、これをもとに学校でのルールやマナーを徹底する教室を開くことを主張している。

④　なおさんは初めに免許制について自分の考えがまとまらないことを話している。が、免許制以外にもできることがあるように思うと意見を述べて他の人に意見を聞いた。自分の意見を話すより、他の人の意見に耳を傾けることを大切にしている。

⑤　三人は、自分の意見を率直に発言している。また、互いの考えを尊重しながら他の人の意見にも耳を傾けている。が、司会の進め方に従ってはいるが、自分の考えを一番大切にして話し合いに参加している。

(3)　この話し合いの流れを述べた文として最も適切なものを①～⑤から選び、番号で答えよ。

①　最初に自転車の免許制について各自の意見が話され、質問を出し合ったがまとまらなかった。そこで、メリット、デメリットについて話し合う中で、初めに賛成と意見を言っていた人から、課題も多く社会で考えていくべきことで、学校でできることを考えようと提案があり、警察による講習会とポスターの作成が出され全員が納得した。

②　最初に自転車の免許制について各自の意見が話された。違う意見ではあったが、三人とも安全意識を高めていこうという点は共通していた。そこで、免許制のメリットとデメリットをあげてさらに考えていくことにした。考えを出し合った後、賛成の立場の人から課題も多いので、まず学校でできることを考えようという提案があり、警察による講習会とポスター作成が出され全員が納得した。

③　最初に司会から「自転車の免許制について」話し合いたいとの説明があった。それにしたがい各自の意

見を話したが、三人の意見は違う意見であった。そこで、免許制にした時のデメリットをあげて、必要かどうか考えようという提案があり、デメリットを出し合うことにした。その結果、免許制は難しいので、まず学校でできることを考えようということになり、警察による講習会とポスター作成が提案され全員が納得した。

④　最初に「自転車の免許制が必要ではないか」という意見が出された。それに対して、他の二人からは反対意見と考えがまとまらないという意見が出たので、実際に実現可能かどうかについて話し合おうということになった。そこで考えを出し合った結果、実現は難しいという結論になり、学校でできることを決め、警察による講習会とポスター作成が提案され全員が納得した。

⑤　最初に自転車を免許制にしたらどうかという意見が話された。そこで、各自が意見を出し合い質疑応答を行った。なかなかまとまらないので、さらに深めるために、免許制のメリット、デメリットをあげることにした。この話をしていき、賛成の立場の人から課題も多いので、まず学校でできることを考えようという提案があり、警察による講習会とポスター作成が出され全員が納得した。

二〇二四年度　神戸市　難易度

解答・解説

【二】(一) ①喚起 ②抑揚 ③疎通 ④待遇 ⑤検索 ⑥専ら ⑦参詣 ⑧煩わしい ⑨慰労 ⑩依拠 (二) ①こうでい ②しんちょく ③しゅつらん ④ほてん ⑤ごうじょう ⑥ていさい ⑦ぎょうそう ⑧きいと ⑨こっき ⑩たいとう
(三) ①おのづくり ②あなかんむり ③ぎょうがまえ (四) ①漢字…脇 記号…エ ②漢字…尻 記号…カ ③漢字…角 記号…イ (五) ①ア ②ウ (六) ①のどかな、誘わ、出 ②暗く、なり、降っ (七) ①エ ②ア (八) ①上げた ②半年しか ③変えない

○解説○ (一)、(二) 漢字については読み書きだけでなく、漢字(言葉)の意味もおさえておくとよい。例えば、(二)③の「出藍の誉れ」は、弟子が師よりも優れた才能を現すことのたとえである。(三) 意識して学習しないと、間違えることがあるので注意した方がよいだろう。対策としては二つの漢字をパーツごとに比較し、共通点をできるだけ多く見つけること。(四) 慣用句では意味だけでなく、対語(表現)や類似表現などもおさえておくとよい。①脇が甘いには、相手につけ込まれやすいといった意味もあり、対語は「脇が堅い」である。②「尻馬」とは他の人の乗っている馬の後部のことである。③「頭角」とは頭のてっぺんのことで、頭の先が抜きん出て現れることから、「多くの人の中で、学識や才能がずば抜けて優れていること」を指すようになった。(五) ①「朝凪」は夏、その他は春の季語である。エの「朧月」は春以外でもみられるが、季語としては春である。②「鳳仙花」は秋、その他は夏の季語である。(六) 活用のある語は、自立語の用言(動詞、形容詞、形容動詞)および付属語の助動詞である。①「のどかな」は形容動詞、「誘わ」は動詞、「出」は動

詞である。②「暗く」は形容詞、「なり」は動詞、「降っ」は動詞である。(七)①例文の「た」は完了の助動詞であり、アは結果の存続を、イとウは過去を、エは完了を表わすものである。②例文の「に」は副詞の一部であり、アは副詞の一部、イは格助詞、ウは助動詞の一部、エは形容動詞の連用形の一部である。(八)①と③は副詞で連用修飾語。用言などに係る。②は副詞または連体詞で、連体修飾語として体言に係る。

【二】問一 (1) 5 (2) 5 問二 (1) 1 (2) 5 問三 5 問四 2 問五 (1) 3 (2) 1 問六 4 問七 5

○解説○ 問一 (1) 問題は「垂範(模範を示すこと)」であり、1は「繁盛」、2は「煩多(繁多)」、3は「氾濫」、4は「伴侶」、5は「範囲」である。(2) 問題は「断つ」であり、1は「立つ」、2は「経つ」、3は「建つ」、4は「裁つ」、5は「断つ」である。「断つ」と「絶つ」は紛らわしいが、「断つ」はさえぎる・やめる、「絶つ」はつながりをなくす・終わらせるという意味がある。問二 (1)「気が置けない」は、気を遣う必要がないこと、遠慮がないこと。なお、2「敷居が高い」は、本来「合わせる顔がない」という意味であり「あの店は高級すぎて」という文脈で使うのは誤りである。(2)「井の中の蛙」は、狭い自分の世界しか知らないことを意味する。問三「咲かない」と5は打消の助動詞「ない」。1と3は形容詞「ない」、2は形容詞「せつない」の一部、4は形容詞「少ない」の一部である。問四「硯に」と2は格助詞。1は断定の助動詞「なり」の連用形、3は形容動詞「大きなり」の連用形、4は完了の助動詞「ぬ」の連用形、5は動詞「往ぬ」の連用形の一部である。問五 (1) 擬人法とは、人でないものを人のように表す比喩の一種であり、問題文では「火山は眠つてゐた」「夢は…戸をあけて…過ぎ去るであらう」がそれにあたる。(2)「夢は そのさきには もうゆかない」「夢は 真冬の追憶のうちに凍るであらう」からは、夢を叶えられなかった喪失感や悲しみが読み取れる。なお、作者の立原道造は昭和初期に活躍した詩人だが二十四歳で死去した。

問六「ディベート」とは特定のテーマに関して相対する意見をもった二つのチームが、観客を説得するように議論すること。解決策を導き出すことが目標ではない。　問七『好色一代男』は井原西鶴による浮世草子である。十返舎一九の作品として有名なのは『東海道中膝栗毛』があげられる。

【三】問1　(1)　ア　ようや(く)　イ　ぞうけい　(2)　ア　抱擁　イ　傾倒　(3)　夕(部)
問2　(1)　C　(2)　E

○解説○　問1　(1)　漢字は、表意文字であるとともに字音がある。(2)　内容を十分に理解したうえで、文脈に適合する漢字を楷書で書くこと。　(3)　部首は、漢字の辞典で、字を配列するときに分類の基準となる、いくつかの漢字に共通の構成要素。「夢」は、「外」「多」「夜」と同じく「夕」部。　問2　(1)　四字熟語は漢字の四字が結合した一つの単語。慣用句。故事成語も多いので、出典を確認しておく。　C の「杓子定規」は、「決まった一つの形式・基準で律しようとして応用や融通のきかないこと」をいう。Bの出典は『文選』賈誼(かぎ)・過秦論。Dは『淮南子』。　(2)　A「肩を入れる」は、「ひいきにして応援すること」、B「泥を吐く」は、「取り調べで、隠してきた悪事や犯行などを白状すること」、C「水泡に帰す」は、「努力がむだになること」(「水の泡となる」ともいう)。D「野(や)に下る」は、「官職についていた者が、辞職して民間人となること」(「下野する」ともいう)。

【四】問一　①　ア　②　エ　問二　イ　問三　ウ　問四　オ　問五　ウ

○解説○　問一　①　圧カンは「巻」。アは「巻末」。イは「感」、ウは「敢」、エは「貫」、オは「観」。②　面目躍ジョは「如」。エは「突如」。アは「徐」、イは「序」、ウは「助」、オは「叙」。　問二「握手」は「手を握る」となり、動詞と目的語の構成である。したがってイ「心を決める」が正解。アは「熱い戦い」、ウは「官の製

（つくり）」、エは「緑と化す」、オは「番に非ず」の構成となっている。　問三　文節を自立語と付属語に分ける。「走り回る」は一語の動詞、「て」は接続助詞、「い」は上一段活用の動詞「いる」の連用形、「た」は過去・完了の意味を表す助動詞の終止形。　問四　ア「襟を正す」は、気持を引き締めて物事に当たる、姿勢を正すの意。イ「濡れ衣を着せる」は、無実の罪に落とすの意。ここでは受身形で用いられている。ウ「身を粉にする」は、労苦をいとわずに、一心に努めるの意。エ「折り紙が付く」は確実であるの意。いずれも用法として適切。オ「馬子にも衣装」は、つまらない者でも外面を飾れば立派に見えることのたとえの意であり、「褒められた」に付くのは不適切。「けなされた」「笑われた」などが適切。　問五「断」の部首は「斤」（おのづくり）。アは「米」、イは「刂」、エは「匸」、オは「匚」。

【五】Ⅰ　深謀　Ⅱ　懲悪　Ⅲ　A　Ⅳ　D　Ⅴ　B

○**解説**○ 四字熟語や慣用句は故事成語とも関わる。その内容とともに、出典も確認しておくとよい。Ⅰの「深謀遠慮」は「奥深い謀計と将来への憂慮」のことで、出典は『文選』。Ⅱの「勧善懲悪」は「善いことを勧め、悪いことを懲らしめる」ことで、出典は『漢書』。Ⅲの「胸三寸に納めて」とは「心の中に秘めて、顔色や言動に出さないようにする」という意味で、「胸三寸に畳む」ともいう。Ⅳの「木で鼻くくる」とは「無愛想に応対すること」のたとえで、類語に「けんもほろろ」「取り付く島もない」がある。Ⅴの「泰然自若」は「落ち着いていて、物事に動じない様子」を指す。「泰然」も「自若」も同義である。

【六】B

○**解説**○ Aの『眠る盃』は向田邦子、Cの『砂の女』は安部公房、Dの『しろばんば』は井上靖の作品である。

【七】1　e　2　(1)　c　(2)　b　(3)　a　(4)　d

○**解説**○ 1 「洛陽の紙価を高める」は、著書の評判がよく、非常に売れていることを意味する。
2 (1) a『落窪物語』は平安時代に成立した物語、b『伊勢物語』は平安前期に成立した歌物語で、主人公は在原業平がモデルとされる。d『平中物語』は色好みとして知られた平貞文を主人公とした平安中期成立の歌物語、e『狭衣物語』は平安後期に成立した物語である。 (2) a「水原秋櫻子」は大正から昭和にかけて活躍した俳人で、俳誌『馬酔木』を主宰した。c「尾崎放哉」は鳥取県出身の自由律俳人である。d「飯田蛇笏」は山梨県出身の俳人で、俳誌『雲母』を主宰した。e「河東碧梧桐」は明治から大正に活躍し、「新傾向俳句」を提唱した俳人である。 (3) 『曽根崎心中』の作者は近松門左衛門である。 (4) 『敦煌』の作者は井上靖であり、遠藤周作の長編小説は長崎を舞台とした『沈黙』などがある。

【八】 問一 a 解答 b 回答 問二 ウ 問三 伺う 問四 防災センターへの訪問のお願い 問五 メールは手紙と比べ素早くやりとりができ、さらに、電話と違って記録に残るよさがある。

○**解説**○ 問一 aはクイズに対する「解答」であり、bは質問などに対しての「回答」である。 問二 手紙文の結語について、頭語が拝啓なので「敬具、敬白」が適切である。なお、「謹啓」に対しては「謹言、頓首」、「前略・冠省」に対しては「草々・不一」を使用する。 問三 A「行く」の謙譲語「伺う」は、「問う」「聞く」の謙譲語でもある。 問四 手紙・メールの内容は防災センターに訪問することであり、その目的は「減災のてびき」にあるクイズの解答確認、調べ学習での疑問点における回答である。このことを踏まえて、「お願い」の件名とするとよい。 問五 メールは文字言語による伝達であり、電子送信なので、文章の送信から到達までの時間がほとんどない。「文字言語による伝達」「電子送信」のメリットを手紙や電話と比較しながらまとめるとよい。

【九】(1) C　(2) D　(3) B　(4) D

○解説○ (1) 「重箱読み」は(音＋訓)の熟語の読みであり、湯桶読み(訓＋音)と混同しないように注意したい。Aは(訓＋訓)、Bは(音＋音)、Cは(音＋訓)、Dは(訓＋音)である。(2) 「忠言耳に逆らう」はまごころを尽くして戒めることばは、耳に痛いものであること、「馬耳東風」は他人の意見や批評などを全く心にとめないで聞き流すことである。(3) 和歌の修辞技法の「掛詞」は同音異義語を利用し、一語に両様の意味を持たせる技法である。「わが身世にふる」の「ふる」は「経る」と「降る」、「ながめ」は「眺め」と「長雨」の掛詞が用いられている。なお、「ふる」と「ながめ」は縁語でもある。(4) Aはディベート、Bはブレーンストーミング、Cはグループディスカッションである。

【十】問一 a 超越　b 感嘆　c 慰　d 励　e 継承　問二 イ　問三 イ　問四 表現技法…エ　効果…強調する　問五 品詞…ウ　活用形…キ

○解説○ 問一 同音異義語や類似の字形に注意しつつ、文脈に適切な漢字を書くこと。問二 和歌集の仮名序で「やまとうたは～」の言葉を述べたのは紀貫之で、歌集名は『古今和歌集』(九〇五年)である。最初の勅撰和歌集である。問三 ア「腰を据える」は物事に落ちついて対処すること。ウ「まゆをひそめる」は、心配ごとで顔をしかめること。エ「手をこまねく」は、何もしないで見ていること。オ「頭が下がる」は、感服することである。問四 和歌で結句を体言(名詞)で止め、余韻、余情を表す技法を体言(名詞)止めという。問五 B「誇らしく」は、「誇らしい」(形・シク)の連用形である。

【十一】問一 アは接続助詞の「と」で順接の意味を表す。イは格助詞の「と」で並立の関係を表す。

問二 (一) 正しい表現…そろいましたでしょうか　理由…そろったのは「品」であり、「お～になる」は尊敬語であることから、この表現は、「品」に対して、店員が尊敬語を用いているという構造になってしまうから。〔二〕相手や場面に応じて、適切に敬語を使い分けることができるようにするため。　問三　エ

問四　

特徴…「木」へんは点画が省略されるため、楷書で書いたときの三画目と四画目はつなげて書く。

○**解説**○　問一　接続助詞の「と」は、活用語に接続し、順接条件を表わす。格助詞の「と」は、体言に接続し、並立関係を表す。　問二　〔一〕「品は」が主語なので、それを受けて「おそろいになる」では、「品」に敬意を表現することになってしまうので、「そろう」はそのまま用いて、「ましたでしょうか」で、客に対する丁寧な表現を用いればよい。　〔二〕〔知識及び技能〕(1)「言葉の特徴や使い方に関する事項」の第三学年の「言葉遣い」には、「エ　敬語などの相手や場に応じた言葉遣いを理解し、適切に使うこと。」とある。この点を踏まえて説明する。　問三　楷書は、現在一般に正式な場合の基準とされている書体。「洋」は九画。アは八画、イは一〇画、ウは一〇画、エは九画。　問四　行書は楷書をややくずした書体。「木」へんの三画目と四画目はつなげている。

【十二】問1　B　問2　伺う　問3　③の「に」は形容動詞の活用語尾だが、⑥の「に」は格助詞である。問4　3　問5　「きれいな」が「お店」にかかるのか、「花だん」にかかるのかわかりにくいので、読点をつけたり語順を変えたりして修飾・被修飾の関係を明確にするように指導する。　問6　件名が長く用件がわかりにくいので、用件がひと目でわかる簡潔な件名にするよう指導する。　問7　楷書の四、五画目が、行書ではと変化するように、点画が連続したり点画の形や方向が変化したりする特徴がある。

○解説○ 問1 ①「れ」は、尊敬の助動詞「る」の連用形。Aは受身、Bは尊敬、Cは自発。DとEは動詞の一部。 問2 ②は、相手への謙譲表現として、「お〜する」を用いて「おたずねする」、または「伺う」を用いる。 問3 ③「さわやかだ」(形容動詞)の連用形「さわやかに」の活用語尾。⑥格助詞(動作・作用の行われる日時を表す)。 問4 「迎」の筆順。。「」は3画目。 問5 ⑤「きれいな」(形容動詞「きれいだ」の連体形)は、名詞を修飾する。そのため、「お店」「前」「花だん」が被修飾の対象になるが、文意から「お店」か「花だん」のいずれかになる。「お店」ならば、「お店の」で読点を打ち、「花だん」であれば、「花だん」の前に「きれいな」を置く。 問6 職場体験のための職場への挨拶文である。件名は簡略に、「職場体験学習についてのお願い」とするように指導する。 問7 行書は、中学校で初めて指導する内容であり、小学校でも書く速さや点画のつながりの学習を踏まえて、中学一年の「書写」で行書の基礎的な書き方を指導する。その書き方とは、直線的な点画で構成されている漢字を、点や画の形が丸みを帯びていること、点や画の方向及び止め・はね・払いの形が変わること。点や画が連続したり省略されたりする場合、筆順が変わることもある。「光」の字では、楷書の4、5画目が、行書では変化し、点画が連続し、点画の形や方向が変化する特徴がある。

【十三】 問一 ② 問二 ④ 問三 1 ③ 2 ⑤ 3 ① 4 ④ 5 ② 問四 1 ⑤
2 ③ 3 ② 問五 ④ 問六 ③ 問七 ⑤ 問八 ① 問九 ② 問十 ⑤
問十一 ① 問十二 ② 問十三 ② 問十四 ④ 問十五 ③ 問十六 ① 問十七 ④

○解説○ 問一 目標の(1)は、「知識及び技能」に関する目標、(2)は、「思考力、判断力、表現力等」で、(2)の「思考力、判断力、表現力等」に関する目標には、考える力や感じたり想像したりする力を養うこと、社会生活における人との関わりの中で伝え合う力を高め、自分の思いや考えを広げたり深めたりすることなどができるようにすることが系統的に示されている。考える力については、第1学年では、筋道立てて考える力、第2学年及び第3学年では、論理的に考える力の育成に重点が置かれている。　問二　第2学年の内容〔思考力、判断力、表現力等〕B　書くことに「(1) 書くことに関する次の事項を身に付けることができるよう指導する。」として「イ」では、構成の検討、つまり、文章の構成を検討することが示されている。第1学年では、段落の役割などを意識して、第2学年では、段落相互の関係などを明確にし、第3学年では、論理の展開などを考えて、文章の構成や展開を考えたり工夫したりすることが示されている。　問三　1　「家鴨」の読みは「あひる」。「がちょう」は「鵞鳥」。　2　「葎」の読みは「むぐら」。「よもぎ」は「蓬」。　3　「繙(く)」の読みは「ひもとく」。「はじ(く)」は「弾(く)」。　4　「橡」の読みは「とち」。「とくさ」は「木賊」。　5　「恬淡」の読みは「てんたん」。　問四　1　例文は「聘問」。①「平滑」、②「遮蔽」、③「横柄」、④「疲弊」。⑤は「招聘」でこれと同じ。　2　例文は「敷設」。①「俯瞰」、②「不憫」。③は「敷衍」でこれと同じ。④「扶養」、⑤「付箋」。　3　例文は「興行」。①「侵攻」。②は「振興」でこれと同じ。③「信仰」、④「進行」、⑤「親交」。　問五　「南船北馬」はいつも忙しく動き回っていることの意。「人の往来が激しく、にぎやかなこと」を表す四字熟語は「熙熙壌壌」(ききじょうじょう)。　問六　「干戈」の類義語は「武器」「戦争」など。　問七　「自儘」の対義語は「遠慮」。「放恣」の対義語は「自制」。　問八　「得手に帆を揚げる」は、得意なことを発揮する機会がきて、調子にのることを表し、「好事魔多し」は、物事がうまくいっているときは邪魔が入りやすいの意。　問九　①「おもむろに」(徐に)は、落ち着いて、ゆったり行動する様子。「不意に」の意味での使用は誤用。②「おろか」は「…は言うまでもなく」の意で、これが適切な使い方をしている。③「つましく」(倹しい)は生活が質素なことを表す。この場合は「つつましく」(慎ましい)が適切。④「ゆるがせにする」は、いい加減にするの意。⑤「よしんば」は「仮に…だとしても」の意。ここでは「もし」が適切。　問十　『戦争と平和』の作者はトルストイ。ツルゲーネフの作品は『あいびき』など。　問十一　『陸奥話記』

と関連する出来事は「前九年の役」である。　問十二『野ざらし紀行』は江戸から「東海道」を経て「畿内」を巡ってから江戸に帰る紀行文である。　問十三　遠藤周作の第二次世界大戦中の人体実験を題材とした著書は『海と毒薬』である。　問十四　①韓非は法家、②孟子は儒家、③老子は道家、⑤縦横家は呂不韋ではなく、張儀など。　問十五「やくもたつ」(八雲立つ)は「出雲」にかかる枕詞。　問十六　②ダイバーシティは多様性、③メタファーは隠喩、④スキームは計画など、⑤アフォリズムは金言など。　問十七「楷書」は「隷書」などをもとにした書体である。

【十四】問一　(一)　イ　(二)　かぐや姫がいなくなってしまったので、帝が深く悲しんでいる様子。
(三)　とわせたも(ま)う　(四)　もう会えないのであれば不死の薬が何の役に立つだろうか、いや何の役にも立たないという、かぐや姫に会えない悲しみを強調している。　(五)　「奏す」の主語は中将で、帝への敬意を表す謙譲語であるのに対し、「仰せ給」の主語は帝で、帝への敬意を表す尊敬語である。
問二　(一)　有リ下献ズル二不死之薬ヲ於荊王ニ一者上　(二)　自分に献上された不死の薬を、中射の士が食べてしまったから。　問三　『竹取物語』では、永遠に生きることよりも愛する人への思いを大事にしているが、『戦国策』では、永遠に生きられる不死の薬への思いが表れている。　問四　二つの作品におけるものの見方や考え方の共通点や相違点に気付かせ、新たな発見をしたり、興味・関心を高めたりするため。

○**解説**○　問一　(一)　アは江戸時代、イは平安時代末期、ウは鎌倉時代、エは鎌倉時代初期の成立である。
(二)　かぐや姫を留めることができなかったことを中将が帝に伝えた場面である。尊敬語「給」に着目する。
(三)　「は」は「わ」、「給」は「たも(ま)う」と表記する。　(四)　「何にかはせむ」は「何になろうか、いや、何にもならない」という反語の意を表す。（五）「奏す」は謙譲語で、天皇または上皇に対してのみ用いる「申し上げる」の意。「仰せ給」は尊敬語で、「お命じになる」の意。問二（一）「不死之薬」を「荊王」に（＝「於」）、という語順で捉える。（二）傍線部⑤の前の文「因奪而食之」の主語が「中射之士」であることに着目する。問三『竹取物語』では、かぐや姫を失いその悲しみにおいて、不死の薬も火をつけて燃やしてしまっている。一方、『戦国策』では、不死の薬を奪って食べてしまった者を殺そうとした。その対比から考える。問四　本資料の〔知識及び技能〕(3)「我が国の言語文化に関する事項」の第二学年には、「エ　本や文章などには、様々な立場や考え方が書かれていることを知り、自分の考えを広げたり深めたりする読書に生かすこと。」とある。これを踏まえて二作品を提示した意図を示す。

【十五】一　③　二（1）④　（2）②　（3）②

○解説○　一　肢⑤と迷うかもしれないが、「異なる立場の人」との話し合いなので、自分と相手の違いを明確にすることが求められる。よって、空欄Cについては「共通点や相違点」を浮き彫りにすることで、相違点（論点）を認識することが重要と考えられる。　二（1）A　文章全体の構造を見ると「（A）～思いますが、…思います」とあり、前半の内容を認めながら、後半で反論している。それを踏まえると「確かに」が適切。B　空欄Bの前でつよしさんの意見に賛成しながら、後で別のやり方を模索していることから、逆接「でも」が適切。　C　空欄Cの前では、免許制のメリットとデメリットをあげようという提案を受けてメリットが述べられている。空欄Cを挟んで、後ではデメリットが述べられていることから、「では」が適切。（2）、（3）個々の立場と発言内容を踏まえつつ、話し合いの流れを読むこと。このような問題では先に問題文を把握し、各肢で不適切な内容が出てきたらチェックするといった方法で解けば正確に早く解答できるだろう。

学習指導要領

実施問題

中学校

【一】次の文章は、『中学校学習指導要領(平成29年3月告示)』及び『中学校学習指導要領解説　国語編(平成29年7月)』の「話すこと・聞くこと」の一部である。[1]から[10]に入れるのに最も適当なものを、それぞれ以下の①から④までの中から一つ選び、記号で答えよ。

第2　各学年の目標及び内容

〔第1学年〕

〔思考力、判断力、表現力等〕

A　話すこと・聞くこと

(1)　話すこと・聞くことに関する次の事項を身に付けることができるよう指導する。

ア　目的や場面に応じて、日常生活の中から話題を決め、集めた材料を整理し、伝え合う内容を検討すること。

イ　自分の考えや根拠が明確になるように、話の中心的な部分と付加的な部分、事実と意見との関係などに注意して、話の構成を考えること。

ウ　相手の反応を踏まえながら、自分の考えが分かりやすく伝わるように表現を工夫すること。

エ　必要に応じて記録したり質問したりしながら話の内容を捉え、[1]、自分の考えをまとめること。

オ　話題や展開を捉えながら話し合い、互いの発言を結び付けて考えをまとめること。

(2) (1)に示す事項については、例えば、次のような言語活動を通して指導するものとする。
ア 紹介や報告など伝えたいことを話したり、それらを聞いて質問したり意見などを述べたりする活動。
イ 互いの考えを伝えるなどして、[2]。

〔第2学年〕 A 話すこと・聞くこと
(1) 話すこと・聞くことに関する次の事項を身に付けることができるよう指導する。
ア 目的や場面に応じて、社会生活の中から話題を決め、異なる立場や考えを想定しながら集めた材料を整理し、伝え合う内容を検討すること。
イ 自分の立場や考えが明確になるように、[3]、話の構成を工夫すること。
ウ 資料や機器を用いるなどして、自分の考えが分かりやすく伝わるように表現を工夫すること。
エ 論理の展開などに注意して聞き、話し手の考えと比較しながら、自分の考えをまとめること。
オ 互いの立場や考えを尊重しながら話し合い、結論を導くために考えをまとめること。
(2) (1)に示す事項については、例えば、次のような言語活動を通して指導するものとする。
ア [4]、それらを聞いて質問や助言などをしたりする活動。
イ それぞれの立場から考えを伝えるなどして、議論や討論をする活動。

〔第三学年〕 A 話すこと・聞くこと
(1) 話すこと・聞くことに関する次の事項を身に付けることができるよう指導する。
ア 目的や場面に応じて、社会生活の中から話題を決め、多様な考えを想定しながら材料を整理し、伝え合う内容を検討すること。
イ 自分の立場や考えを明確にし、相手を説得できるように論理の展開などを考えて、話の構成を工夫すること。

ウ　[5]、自分の考えが分かりやすく伝わるように表現を工夫すること。
エ　話の展開を予測しながら聞き、聞き取った内容や表現の仕方を評価して、自分の考えを広げたり深めたりすること。
オ　進行の仕方を工夫したり互いの発言を生かしたりしながら話し合い、[6]。
(2)　(1)に示す事項については、例えば、次のような言語活動を通して指導するものとする。
ア　提案や主張など自分の考えを話したり、それらを聞いて質問したり評価などを述べたりする活動。
イ　[7]。

(学習指導要領解説)
A　話すこと・聞くこと
「話すこと・聞くこと」の指導事項
○話題の設定、情報の収集、内容の検討
目的や場面に応じて話題を決め、話したり聞いたり話し合ったりするための材料を収集・整理し、伝え合う内容を検討することを示している。「話すこと」、「聞くこと」、「話し合うこと」に共通し、また、その他の指導事項と密接に関わるものである。
○構成の検討、考えの形成(話すこと)
自分の立場や考えが明確になるように話の構成を考えることを通して、自分の考えを形成することを示している。
○表現、共有(話すこと)
[8]表現を工夫することを示している。
○構造と内容の把握、精査・解釈、考えの形成、共有(聞くこと)

9、互いの考えを比較したり、聞き取った内容や表現の仕方を評価したりして、自分の考えを形成することを示している。

○話合いの進め方の検討、考えの形成、共有(話し合うこと)

10、考えをまとめたり広げたり深めたりすることを示している。

話合いは、話すことと聞くことが交互に行われる言語活動であり、それぞれの生徒が話し手でもあり聞き手でもある。話合いの過程では、「話すこと」と「聞くこと」に関する資質・能力が一体となって働くため、指導に当たっては、「話すこと」に関する指導事項と「聞くこと」に関する指導事項との関連を図ることが重要である。

1
① 相手の言いたいことを適確に受け取り
② 同時に話し方の特長や課題を踏まえて
③ 発表の振り返りを繰り返し行うことで
④ 共通点や相違点などを踏まえて

2
① 少人数で話し合う活動
② 指導者を中心に議論する活動
③ 生徒同士で結論を出す活動
④ 姿勢や態度を評価し合う活動

3
① 聞き手が理解しにくいことを意識して
② 根拠の適切さや論理の展開などに注意して
③ 話題に対する適切な理解に基づいて
④ 強調する点や特に聞いてほしいことがわかるように

4
① 説明や提案など伝えたいことを話したり
② 説得や交渉など合意を目指す提案をしたり
③ 反論や意見など、相手の主張を踏まえて発言したり
④ 対話や話し合いなど、相手と交流したり

5
① 資料を適確に提示して理解を求めるなど
② 話し方を工夫して強調する点を明確にするなど
③ 場の状況に応じて言葉を選ぶなど
④ 相手の質問にねばり強く答えようとするなど

6
① その様子を記録して、自分たちの話し合いを評価すること
② 合意形成に向けて考えを広げたり深めたりすること
③ 一つの意見に対し様々な意見が出るよう工夫して進めること
④ 発言が途切れないようにするなど展開を意識すること

7
① 自分の考えが適切に伝わるよう工夫して発表する活動
② 話す際の姿勢や態度の確認のために発表を記録する活動
③ 互いの考えを生かしながら議論や討論をする活動
④ 相手の意見や考えを正確に聞き取る活動

8
① 相手の求めている情報に即して
② 自分の主張したい点が明確になるように
③ 声量や態度、文の構成を確認しながら
④ 聞き手に分かりやすく伝わるように

9
① 話の展開に注意しながら内容を聞き取り
② 話し方や資料の示し方に着目しながら
③ 相手の主張の中心点を探しながら聞き
④ 自分の発表方法との共通点や相違点を意識して

10
① 「話すこと」・「聞くこと」の既習事項を意識しながら
② 場の雰囲気や相手との関係性に基づいて話合い
③ 話合いを効果的に進め、互いの発言を踏まえて
④ 話題に対する適切な理解を前提に発言し

■二〇二四年度■沖縄県■難易度■■■

【二】「中学校学習指導要領(平成二十九年告示)解説　国語編(平成二十九年七月　文部科学省)」に示されている内容について、次の(一)～(三)の問いに答えよ。

(一) 次は、「第二章　国語科の目標及び内容　第二節　国語科の内容　三〔思考力、判断力、表現力等〕の内容　B　書くこと」の一部である。[A]～[E]に当てはまる語句を【語群】a～jから選択し、その組合せとして正しいものを、後の①～⑤の中から一つ選べ。

○題材の設定、情報の収集、内容の検討
　目的や意図に応じて題材を決め、情報を収集・整理し、伝えたいことを明確にすることを示している。

「題材の設定」については、第一学年では、小学校との接続を考慮して［A］、第二学年及び第三学年では、［B］集めることを示し、発達の段階に応じて題材を決める範囲を広げている。

「情報の収集」及び「内容の検討」については、第一学年では、集めた材料を整理し、第二学年では、多様な方法で集めた材料を整理し、第三学年では、集めた材料の［C］を確認し、伝えたいことを明確にすることを示している。

○構成の検討

文章の構成を検討することを示している。

第一学年では、段落の役割などを意識して、第二学年では、段落相互の関係などを明確にし、第三学年では、論理の展開などを考えて、文章の構成や展開を考えたり工夫したりすることを示している。また、第三学年では、構成を考える際に意識することとして、多様な読み手を［D］することを求めている。

○考えの形成、記述　（省略）

○推敲

読み手の立場に立ち、自分が書いた文章について捉え直し、分かりやすい文章に整えることを示している。

第一学年では、［E］、叙述の仕方などを、第二学年では、表現の効果などを、第三学年では、目的や意図に応じた表現になっているかなどを確かめることを示している。

【語群】

a　日常生活の中から　　b　学校生活の中から　　c　社会生活の中から

d 客観性や信頼性　e 多様性や信頼性　f 客観性や具体性
g 想定できるように　h 説得できるように　i 表記や語句の用法
j 文法や語句の用法

① A a　B b　C f　D g　E j
② A a　B c　C d　D h　E i
③ A a　B c　C e　D g　E i
④ A b　B c　C d　D h　E j
⑤ A b　B c　C f　D g　E i

(二) 次は、「第三章　各学年の内容　第一節　第一学年の内容　一〔知識及び技能〕」の内容の一部である。[A]～[E]に当てはまる語句を【語群】a～jから選択し、その組合せとして正しいものを、後の①～⑤の中から一つ選べ。

> 漢字の読みについては、小学校で学習した一、〇二六字に加えてその他の常用漢字一、一一〇字のうち[A]までの漢字の読みを指導する。漢字一字一字の[B]を理解し、語句として、話や文章の中において文脈に即して意味や用法を理解しながら読むことが求められる。そのため、教科書を読むことや読書を通して、漢字の読みの[C]を図ることが大切である。また、字形と音訓、意味と用法、語の成り立ち、熟語の構成などについて必要に応じて指導し、例えば、漢字の構成要素である「へん」や「つくり」などに注目して、[D]ができるようにすることも考えられる。さらに、〔思考力、判断力、表現力等〕の「B書くこと」、「C読むこと」の指導においてだけではなく、「A話すこと・聞くこと」の指導においても、例えば、[E]に誤って理解されそうなときには、

漢字を例示することでこれを避けるといったような活動を取り入れるなど、機会があるごとに漢字を意識するようにすることが考えられる。

【語群】

a 二〇〇字程度から三〇〇字程度　b 三〇〇字程度から四〇〇字程度
c 音訓　d 字形
e 習熟と活用　f 習熟と応用
g 読みを類推すること　h 読みを解釈すること
i 類似の語句の意味　j 同音の語句の意味

①	A a	B c	C e	D g	E i
②	A a	B d	C f	D h	E j
③	A b	B d	C f	D g	E j
④	A b	B c	C f	D g	E j
⑤	A a	B d	C e	D h	E i

(三)「第四章　指導計画の作成と内容の取扱い　三　教材についての配慮事項」において、教材を取り上げる際に配慮すべきこととして示されているものの組合せとして最も適切なものを、後の①～⑤の中から一つ選べ。

A 科学的、論理的に物事を捉え考察し、視野を広げるのに役立つこと。
B 人間、社会、自然などについての考えを深めるのに役立つこと。
C 生活を明るくし、強く正しく生きる意志を育てるのに役立つこと。

D　生命を尊重し、他人を思いやる心を育てるのに役立つこと。
E　自然を愛し、美しいものに感動する心を育てるのに役立つこと。
①　A・B　②　A・C　③　B・D　④　B・E　⑤　C・D

【三】平成二十九年三月告示の中学校学習指導要領　国語　各学年の目標及び内容〔第3学年〕内容〔思考力、判断力、表現力等〕A　話すこと・聞くこと　(1)　オ　には、「進行の仕方を工夫したり互いの発言を生かしたりしながら話し合い、合意形成に向けて考えを広げたり深めたりすること。」と示されています。生徒が「合意形成に向けて考えを広げたり深めたりする」ことができるようにするために、どのような学習を行わせることが重要だと考えられますか。具体的に書きなさい。

二〇二四年度　広島県・広島市　難易度

【四】中学校学習指導要領解説(平成二十九年七月)「国語編」の「第3章　各学年の内容」における〔知識及び技能〕の内容について、次の問一、問二に答えなさい。
問一　第三学年で示されている「言葉遣い」の指導事項として、正しいものを選びなさい。
ア　日常よく使われる敬語を理解し使い慣れること。
イ　敬語の働きについて理解し、話や文章の中で使うこと。
ウ　敬語などの相手や場に応じた言葉遣いを理解し、適切に使うこと。
エ　丁寧な言葉を使うとともに、敬体と常体との違いに注意しながら書くこと。
オ　丁寧な言葉と普通の言葉との違いに気を付けて使うとともに、敬体で書かれた文章に慣れること。

問二　第二学年で示されている「読書」の指導事項として、正しいものを選びなさい。
ア　読書に親しみ、いろいろな本があることを知ること。
イ　自分の生き方や社会との関わり方を支える読書の意義と効用について理解すること。
ウ　日常的に読書に親しみ、読書が、自分の考えを広げることに役立つことに気付くこと。
エ　読書が、知識や情報を得たり、自分の考えを広げたりすることに役立つことを理解すること。
オ　本や文章などには、様々な立場や考え方が書かれていることを知り、自分の考えを広げたり深めたりする読書に生かすこと。

■二〇二四年度■北海道・札幌市■難易度

【五】「中学校学習指導要領(平成29年告示)解説　国語編」について、次の各問いに答えなさい。
問一　次の文章は、「第1章　総説　2　国語科の改訂の趣旨及び要点　(3)学習の系統性の重視」の一部である。文中の(　)に当てはまる語句を、以下の選択肢からそれぞれ一つずつ選び、記号で答えなさい。

> 国語科の指導内容は、系統的・段階的に上の学年につながっていくとともに、螺《ら》旋的・反復的に繰り返しながら学習し、(　①　)を図ることを基本としている。このため、小・中学校を通じて、〔知識及び技能〕の指導事項及び〔思考力、判断力、表現力等〕の指導事項と(　②　)のそれぞれにおいて、重点を置くべき指導内容を明確にし、その系統性を図った。

選択肢
ア　資質・能力の定着　　イ　主体的・対話的で深い学びの実現
ウ　学びに向かう力、人間性等の育成　　エ　目標

オ　言語活動例　　　　　　　　カ　配慮事項

問二　次の文章は、「第4章　指導計画の作成と内容の取扱い　2　内容の取扱いについての配慮事項　〔知識及び技能〕に示す事項の取扱い」の一部である。文中の（　）に当てはまる語句を、以下の選択肢からそれぞれ一つずつ選び、記号で答えなさい。

中学校では、文字を正確に読みやすく書くことができるという、（　①　）を重視した指導が求められる。その際、正しく整えてはひとまとまりの言葉であるとして考える必要がある。また、速くは、中学校における書写の中心的な学習内容となる（　②　）ことのねらいである。

選択肢

ア　文字の芸術性　　　　　　　イ　文字の表現性

ウ　文字の伝達性　　　　　　　エ　文字文化の豊かさに触れ、効果的に文字を書く

オ　漢字の行書及びそれに調和した仮名を書く　　カ　目的や必要に応じて、楷書又は行書を選んで書く

高等学校

【一】次の文章は、『高等学校学習指導要領(平成30年3月告示)』の「古典探究」の一部である。[1]から[10]に入れるのに最も適当なものを、それぞれ次の①から④までの中から一つ選び記号で答えよ。

第6　古典探究
1　目標
言葉による見方・考え方を働かせ、言語活動を通して、国語で的確に理解し効果的に表現する資質・能力を次のとおり育成することを目指す。
(1)　生涯にわたる社会生活に必要な国語の知識や技能を身に付けるとともに、我が国の伝統的な言語文化に対する理解を深めることができるようにする。
(2)　論理的に考える力や[1]を伸ばし、古典などを通した先人のものの見方、感じ方、考え方との関わりの中で伝え合う力を高め、自分の思いや考えを広げたり深めたりすることができるようにする。
(3)　言葉がもつ価値への認識を深めるとともに、生涯にわたって古典に親しみ自己を向上させ、[2]、言葉を通して他者や社会に関わろうとする態度を養う。
2　内容
〔知識及び技能〕
(1)　言葉の特徴や使い方に関する次の事項を身に付けることができるよう指導する。
ア　古典に用いられている語句の意味や用法を理解し、古典を読むために必要な語句の量を増すことを通して、語感を磨き語彙を豊かにすること。
イ　古典の作品や文章の種類とその特徴について理解を深めること。

ウ　古典の文の成分の順序や照応、文章の構成や展開の仕方について理解を深めること。
エ　古典の作品や文章に表れている、3 について理解を深めること。
(2)　我が国の言語文化に関する次の事項を身に付けることができるよう指導する。
ア　古典などを読むことを通して、我が国の文化の特質や、4 について理解を深めること。
イ　古典を読むために必要な文語のきまりや訓読のきまりについて理解を深めること。
ウ　時間の経過による言葉の変化や、5 について理解を深めること。
エ　先人のものの見方、感じ方、考え方に親しみ、自分のものの見方、感じ方、考え方を豊かにする読書の意義と効用について理解を深めること。

〔思考力、判断力、表現力等〕

A　読むこと
(1)　読むことに関する次の事項を身に付けることができるよう指導する。
ア　文章の種類を踏まえて、構成や展開などを的確に捉えること。
イ　文章の種類を踏まえて、古典特有の表現に注意して内容を的確に捉えること。
ウ　必要に応じて 6 を捉えて内容を解釈するとともに、文章の構成や展開、表現の特色について評価すること。
エ　7 を踏まえながら古典などを読み、その内容の解釈を深め、作品の価値について考察すること。
オ　古典の作品や文章について、内容や解釈を自分の知見と結び付け、考えを広げたり深めたりすること。
カ　古典の作品や文章などに表れているものの見方、感じ方、考え方を踏まえ、8 などに対する自分の考えを広げたり深めたりすること。

キ　関心をもった事柄に関連する様々な古典の作品や文章などを基に、自分のものの見方、感じ方、考え方を深めること。

ク　古典の作品や文章を多面的・多角的な視点から評価することを通して、我が国の言語文化について自分の考えを広げたり深めたりすること。

(2)　(1)に示す事項については、例えば、次のような言語活動を通して指導するものとする。

ア　古典の作品や文章を読み、その内容や形式などに関して興味をもったことや疑問に感じたことについて、調べて発表したり議論したりする活動。

イ　同じ題材を取り上げた複数の古典の作品や文章を読み比べ、思想や感情などの共通点や相違点について論述したり発表したりする活動。

ウ　古典を読み、その語彙や表現の技法などを参考にして、［9］、体験したことや感じたことを文語で書いたりする活動。

エ　古典の作品について、その内容の解釈を踏まえて朗読する活動。

オ　古典の作品に関連のある事柄について様々な資料を調べ、その成果を発表したり報告書などにまとめたりする活動。

カ　［10］、その変遷について社会的背景と関連付けながら古典などを読み、分かったことや考えたことを短い論文などにまとめる活動。

キ　往来物や漢文の名句・名言などを読み、社会生活に役立つ知識の文例を集め、それらの現代における意義や価値などについて随筆などにまとめる活動。

1

①　幅広く考察したり着実に推論したりする力　②　他者と議論したり考えを共有したりする力

③ 深く共感したり豊かに想像したりする力　④ 展開を理解したり文の構造を把握したりする力

2
① 我が国の言語文化の担い手としての自覚を深め　② 未来社会を生きる文化人としての認識を持ち
③ 国際社会に通用する教養を身につけ　④ 各地域に根ざす文化の継承を目的として

3
① 心情の豊かさや人々の想いなどの深さ　② 言葉の響きやリズム、修辞などの表現の特色
③ 外国からの影響や我が国の文化の源流　④ 思考の深さや感情の描き方の機微

4
① 我が国の文化と中国など外国の文化との関係　② 地域・社会に根づく文化やその成立過程
③ 神話や伝説の内容と今日の文化との関係　④ 言語が変化していく過程やその要因

5
① 外国の言語文化に基づく日本語の成立　② 方言と中央語の相違点や分布の割合
③ 心情や情景を表す語彙の豊かさの要因　④ 古典が現代の言葉の成り立ちにもたらした影響

6
① 今日に至るまでの歴史上の位置づけ　② 書き手の考えや目的、意図
③ 読み手の状況や認識、階層　④ 文章表現の特色や特長

7
① 作品の変遷や他作品からの影響　② 作品の成立した背景や他の作品などとの関係
③ 受け取る側の認識や目的、作品の意義　④ 作品内部の構成や同時代の作品の特徴

8
① 人間、社会、自然　② 心情、情景、背景
③ 文章、用語、表現　④ 文化、世態、風俗

9
① 現代の文化や表現を比較したり　② 作品に対する考えを論じたり
③ 自分なりに現代語訳をしたり　④ 和歌や俳諧、漢詩を創作したり

10
① 古典の言葉を現代の言葉と比較し　② 現代の社会と古典の社会背景を比較し
③ 享受する側の文化的背景を考察し　④ 各地の地域文化との関連や影響に着目し

【二】高等学校学習指導要領第一章総則(平成三十年告示)では、主体的・対話的で深い学びの実現に向けた授業改善を進める際の留意点として、各教科・科目等の特質に応じた物事を捉える視点や考え方(以下「見方・考え方」という。)を働かせることが重要になるとされている。このことを踏まえ、あなたは国語科の教員として、生徒が授業の中において「言葉による見方・考え方」を働かせることができるよう、どのように指導していきたいと考えるか。なお、授業を実施する際の具体的な展開を示しながら書くこと。

■二〇二四年度■栃木県■難易度

【三】「高等学校学習指導要領(平成30年告示)」及び「高等学校学習指導要領(平成30年告示)解説国語編」に関して、次の問い(問1・問2)に答えなさい。

問1 次のa～eが、「高等学校学習指導要領(平成30年告示)解説国語編」の内容に合致していれば○を、合致していなければ×を、それぞれ記しなさい。

a 全ての生徒に履修させる共通必履修科目「現代の国語」は、実社会における国語による諸活動に必要な資質・能力の育成に主眼を置いた科目として新設された。

b 国語科は、言葉を通じた理解や表現及びそこで用いられている言葉そのものを学習対象としている教科であって、様々な事象の内容を自然科学や社会科学等の視点から理解することを直接の学習目的とはしていない。

c 情報の扱い方に関する〔知識及び技能〕は国語科において育成すべき重要な資質・能力の一つであり、育成に向けて国語科の全科目に指導事項を設け、指導の改善・充実を図っている。

d 「言語文化」における「読むこと」の指導では、計画的に指導するとともに、古典と近代以降の文章との授業時数の割合は、一方に偏らないようにしなければならない。

e　読書は、国語科で育成を目指す資質・能力をより高める重要な活動の一つであることから、「国語表現」を除く科目において、〔知識及び技能〕に「読書」に関する指導事項を設けた。

問2　高等学校学習指導要領(平成30年告示)の第二章第一節国語「現代の国語」では、「2　内容」の〔思考力、判断力、表現力等〕における「B　書くこと」の指導すべき事項の「イ」として、次のように示している。

> イ　読み手の理解が得られるよう、論理の展開、情報の分量や重要度などを考えて、文章の構成や展開を工夫すること。

また、指導するための言語活動例の「イ」として、次のように示している。

> イ　読み手が必要とする情報に応じて手順書や紹介文などを書いたり、書式を踏まえて案内文や通知文などを書いたりする活動。

言語活動例の「イ」を参考にして、指導すべき事項の「イ」を指導する場合、あなたはどのような授業を構想するか。以下の条件に従って述べなさい。

・目標を明確に示すとともに、指導の過程が分かるように、具体的に書くこと。
・どのような種類の文章を書かせる活動にするか、明確に示すこと。
・原稿用紙の使い方に従って、二百四十字以上、三百字以内で書くこと。
・必要に応じて段落を設けること。

■二〇二四年度■静岡県・静岡市・浜松市■難易度

【四】次の１・２の問いに答えなさい。

１　次の(1)～(3)は、平成三十年三月告示の高等学校学習指導要領国語における「第２款　各科目」に示されている事柄である。［ア］～［ウ］に該当するものを、以下のａ～ｅの中からそれぞれ一つ選びなさい。ただし、(1)は「現代の国語」の「１　目標」、(2)は「言語文化」の「２　内容」、(3)は「文学国語」の「３　内容の取扱い」に示されている事柄である。

(1)　言葉がもつ価値への認識を深めるとともに、生涯にわたって読書に親しみ自己を向上させ、我が国の言語文化の担い手としての自覚をもち、［ア］を養う。

ａ　世界的視野に立って国際社会に貢献しようとする態度
ｂ　言語活動の中で、課題を自ら設定して探究しようとする態度
ｃ　社会人として、考えやものの見方を豊かにしようとする態度
ｄ　国語を尊重してその能力の向上を図ろうとする態度
ｅ　言葉を通して他者や社会に関わろうとする態度

(2)　時間の経過や［イ］などによる文字や言葉の変化について理解を深め、古典の言葉と現代の言葉とのつながりについて理解すること。

ａ　地域の文化的特徴
ｂ　言語文化全体の独自性
ｃ　我が国の言語文化の特質
ｄ　歴史的・文化的背景
ｅ　古典特有の表現

(3)　内容の〔思考力、判断力、表現力等〕における授業時数については、次の事項に配慮するものとする。

ア 「A書くこと」に関する指導については、30～40単位時間程度を配当するものとし、計画的に指導すること。

イ 「B読むこと」に関する指導については、［ウ］単位時間程度を配当するものとし、計画的に指導すること。

a 20～30　b 50～60　c 70～80　d 100～110　e 130～140

2 次の(1)と(2)は、『高等学校学習指導要領(平成30年告示)解説 国語編』(平成30年7月)における「第1章 総説」の「第4節 国語科の内容」と「第2章 国語科の各科目」の「第1節 現代の国語」に関する問題である。それぞれの問いに答えなさい。

(1) 次の文は、「2〔知識及び技能〕の内容」(3)我が国の言語文化に関する事項の「読書」に関する解説の一部である。文中の［エ］に該当するものを、以下のa～eの中から一つ選びなさい。

「現代の国語」では、実社会との関わりを考えるための読書の意義と効用、「言語文化」では、我が国の言語文化への理解につながる読書の意義と効用、「論理国語」では、新たな考えの構築に資する読書の意義と効用、「文学国語」では、人間、社会、自然などに対するものの見方、感じ方、考え方を豊かにする読書の意義と効用、「国語表現」では、自分の思いや考えを伝える際の言語表現を豊かにする読書の意義と効用、「古典探究」では、先人のものの見方、感じ方、考え方に親しみ、［エ］について理解を深めることを示している。

a 自分の生き方や社会との関わり方を支える読書の意義と効用
b 古典を翻案した近現代の物語や小説などを読むことの意義と効用
c 自分のものの見方、感じ方、考え方を豊かにする読書の意義と効用
d 読書を通して新しい知識を得たり、自分の考えを広げたりすることの意義と効用

e　自分自身の言語表現を豊かにする読書の意義と効用

(2)　次の文は、「3　内容〔思考力、判断力、表現力等〕」の「C　読むこと」の「精査・解釈、考えの形成、共有」に関する解説の一部である。文中の［オ］に該当するものを、以下のa～eの中から一つ選びなさい。

現代の社会生活で必要な論理的な文章や実用的な文章は、具体的な目的や働きといった明確な役割を担っている。この点は、「言語文化」で扱うような、社会的に高い評価を受け、文化的な価値を蓄積してきた評論や小説等とは異なっている。具体的な社会生活の場面の中でこれらの文章を読む際には、［オ］。これらの文章の文脈を意識した読む資質・能力の育成が、これからの時代には求められる。

a　書き手の考え方や生き方を追体験したり対象化したりすることにより、文章の深い意味付けも可能となる

b　何らかの目的に応じて文章の内容が解釈され、読み手の判断や行動が促されていく

c　既有の知識や経験が相対化され、それまでとは異なる価値をもつものとして、新たに意味付けられていく

d　それぞれの目的に応じて文章や図表などに含まれている情報が相互に関係付けられ、書き手の意図が解釈されるようになる

e　読み手の目的に応じて、既有の知識や経験を踏まえて読むという行動が促されていく

二〇二四年度　高知県　難易度

【五】次のⅠ～Ⅴは、「高等学校学習指導要領」（平成三十年三月告示　文部科学省）における、高等学校国語科の各科目の「内容」に示された〔知識及び技能〕に掲げられた指導事項である。それぞれの事項が該当する科目

名として適当なものを、以下のA～Eから一つずつ選び、その記号を書け。ただし、同じ記号は重複して解答しないこと。

Ⅰ　時間の経過や地域の文化的特徴などによる文字や言葉の変化について理解を深め、古典の言葉と現代の言葉とのつながりについて理解すること。

Ⅱ　人間、社会、自然などに対するものの見方、感じ方、考え方を豊かにする読書の意義と効用について理解を深めること。

Ⅲ　言葉には、自己と他者の相互理解を深める働きがあることを理解すること。

Ⅳ　実社会との関わりを考えるための読書の意義と効用について理解を深めること。

Ⅴ　言葉には、言葉そのものを認識したり説明したりすることを可能にする働きがあることを理解すること。

A　現代の国語　B　言語文化　C　論理国語　D　国語表現　E　文学国語

解答・解説

中学校

【一】 1 ④ 2 ① 3 ② 4 ① 5 ③ 6 ② 7 ③ 8 ④ 9 ① 10 ③

○解説○ 同項目について、学年で内容がどう異なるかを問う問題で、近年、他の自治体でもよく出題されている。内容の大まかな理解が前提になるが、これまで(特に前学年)の学習で何を学んだのか、それらを踏まえて、当学年で何を学ばせたいのかを整理すること。学習指導要領解説には項目が表形式で掲載されているものもあるので、参考にするとよいだろう。出題のほとんどは学年で内容が異なる箇所であり、重要な箇所である。直近の筆記試験で出題されることはあまりないだろうが、他の自治体で出題される可能性は十分にあること、面接試験や模擬授業など学習指導要領の理解が求められる試験では活用できること等から十分に学習してほしい。

【二】 (一) ② (二) ④ (三) ①

○解説○ (一) 国語科においては育成を目指す資質・能力を「知識及び技能」「思考力、判断力、表現力等」「学びに向かう力、人間性等」の三つの柱で整理している。このうち、「知識及び技能」「思考力、判断力、表現力等」の目標・内容等は本資料で示されているが、なお、「学びに向かう力、人間性等」については、教科及び学年の目標においてまとめて示すこととしている。「思考力、判断力、表現力等」にある「B 書くこと」の学習過程には八つの項目(題材の設定、情報の収集、内容の検討、構成の検討、考えの形成、記述、推敲、共有)があり、項目ごとに学習内容等が示されている。それぞれの項目がどのような役割を持ち、学年ごとに目標や内容を設定されているか、確認しておくこと。(二) 一方、漢字の書きについて学習指導要領解説では「学年別漢字配当表に示している漢字のうち、九〇〇字程度の漢字について文や文章の中で使えるように指導する。この場合、どの字種の漢字を指導するかについては明示していない。したがって、生徒の発達や学習の状況に応じて、日常生活や各教科等の学習の中で多く使われる漢字などに配慮して指導すべき字種を決める」としている。読み・書きで字数等が異なることに注意したい。(三) C～Eは小学校における配慮事項である。誤肢としては、他の学校種のものを使用するケースも多く見受けられるため、余裕があればチェックしておきたい。

【三】 生徒が合意形成に向けて考えを広げたり深めたりすることができるようにするために、立場や考えの違いを認めつつ、納得できる結論を目指して、生徒それぞれが建設的な意見を述べながら話し合う学習を行わせることが重要であると考えられる。

○**解説**○ 中学校学習指導要領解説 国語編の該当箇所には、「立場や考えの違いを認めつつ、納得できる結論を目指して、それぞれが建設的な意見を述べながら話し合うことが重要」と示されている。この箇所のキーワードを用いて論述できるよう、指導要領の要点をよく理解しておくこと。

【四】 問一 ウ 問二 オ

○**解説**○ 問一 第三学年で示されている「言葉遣い」という条件に注意。中学校学習指導要領解説「国語編」の「第3章 各学年の内容」における「1〔知識及び技能〕」の「(1)言葉の特徴や使い方に関する事項」の「ウ話や文章の種類とその特徴について理解を深めること。」の「○言葉遣い」の表の「第三学年」に「エ 敬語などの相手や場に応じた言葉遣いを理解し、適切に使うこと。」と示されている。アは小学校第五学年及び第六学年の事項、イは第二学年の事項、エは小学校第三学年及び第四学年の事項、オは小学校第一及び第二学年の事項であって、いずれも不適切である。詳細な部分の問いであるが、第三学年が義務教育の最終学年であることを念頭に置けば、敬語などの言葉遣いについて、もっとも高度な指導事項が示されているものを選択すれば正解を導くことができる。　問二　同様に「第2節　第二学年の内容」の「1〔知識及び技能〕」の「(3)我が国の言語文化に関する事項」の「〇読書」の表に記載されている。第二学年の「読書」の指導事項は「エ 本や文章などには、様々な立場や考え方が書かれていることを知り、自分の考えを広げたり深めたりする読書に生かすこと。」とある。アは「読書」の指導事項には記載されていない。イは第三学年の事項、ウは小学校第五学年及び第六学年の事項、エは第一学年の事項である。中学校学習指導要領及び同解説の国語に関する記述だけでなく、小学校学習指導要領の国語に関する記述も参照し、中学校との指導事項の違いを確認しておくことが必要である。

【五】問一　①ア　②オ　問二　①ウ　②オ

〇解説〇　問一　学習指導要領は教育課程の基準であり、これからの予測困難な時代である情報化、国際化社会を変化に主体的に向き合い、他者と協働して課題を解決していく「生きる力」の育成が求められている。教科目標も、「課題解決能力」育成のために、「国語で正確に理解し適切に表現する資質・能力」の定着を図っている。この学びは小・中・高を通じての、いわゆる「系統学習」である。まず、「基礎的知識及び技能」の習得を徹底し、その「生きて働く知識・技能」を活用し、「思考し、判断し、表現する力」(課題解決能力)を育成する。この指導を効果的にするために「言語活動例」が示されている。　問二「知識及び技能」は、教科目標の三つの柱の資質・能力育成の(1)の内容であり、設問は書写の指導に関する内容である。書写の配慮事項については「文字を正しく整えて速く書くことができるようにするとともに、書写の能力を学習や生活に役立てる態度を育てる」としていることを踏まえて考えること。

高等学校

【一】 1 ③ 2 ① 3 ② 4 ① 5 ④ 6 ② 7 ② 8 ① 9 ④ 10 ①

○解説○ 「古典探究」は「伝統的な言語文化に対する理解」をより深めるため、ジャンルとしての古典を学習対象とする科目であり、今回の改訂から設定された。目標は教科目標と同様、(1)から(3)まであり、それぞれ「知識・技能」、「思考力、判断力、表現力等」、「学びに向かう力、人間性等」の面から設定されていることを押さえておくこと。また、科目の特徴の一つとして、「思考力、判断力、表現力等」が「A 読むこと」のみで構成されていることが挙げられる。目標を踏まえて本科目では何が求められ、どのように指導するか、内容を具体的に追うことで理解しておきたい。

【二】 (解答例) 例えば、「現代の国語」の授業において、「現代の日本語の特徴を捉える」というテーマを設定した場合、グループに分かれてそれぞれテーマに関する素材を生徒自身で探し出し、その素材をもとに、特徴についてグループ内で意見を交換しながら特徴をまとめ、さらに発表の仕方も話し合いで工夫させ、後日、グループ単位で発表する。その際、他のグループは質問や意見を述べ合い、相互評価することで、発表内容をフィードバックする。最後に、発表体験とフィードバックを参考に、各自でテーマについて見解を深め、新たな気づきがあったことを文章にまとめ、考えを整理する。このようにして、知識を踏まえながら生徒相互に言葉によって見方・考え方を働かせ、主体的・対話的な深い学びの実現に向けた授業の指導を展開していく。

○解説○ 「言葉による見方・考え方」を働かせることについて、学習指導要領解説では「生徒が学習の中で、対象と言葉、言葉と言葉との関係を、言葉の意味、働き、使い方等に着目して捉えたり問い直したりして、言葉への自覚を高めること」と説明しており、「言葉を通じた理解や表現及びそこで用いられる言葉そのものを学習対象としている」とある。その点を踏まえつつ、国語科の各科目の内容に沿った形で学習を展開させるとよいだろう。

【三】問1 a ○ b ○ c × d × e × 問2 (解答例)「地域の魅力」について調べ学習を行い、文化祭で展示する活動を行う。そのために、「地域の行事」「地域の文化財」「地域の人口と年齢(高齢者や少子化対策)」「地域の自然」等をテーマにして、グループ活動を行う。「調べ学習」の授業内容は以下の通りである。

第一時限「目標の内容説明とテーマごとのグループ形成」

第二時限・第三時限「調べ学習」

第四時限「『調べ学習』のグループごとの中間報告と問題点の助言・指導」

第五時限・第六時限「『調べ学習』のまとめ」(情報を的確に伝えるための情報の内容確認と読み手の理解が得られる文章の作成)

第七時限「文章の推敲と助言・指導」

○解説○ 問1 c 情報の扱い方に関する〔知識及び技能〕は、国語科の全科目ではなく、「現代の国語」と「論理国語」のみである。 d 「言語文化」における「読むこと」の指導では、「古典」に関する指導時数は40〜45単位時間程度。近代以降の文章の指導時数は20単位時間程度となっている。 e 「読書」は「国語表現」の〔知識及び技能〕の指導事項にもある。「自分の思いや考えを伝える際の言語表現を豊かにする読書の意義と効用について理解を深めること」と示している。 問2 「思考力、判断力、表現力等」は、教科目標、学年目標であるとともに、「知識及び技能」の活用により育成する課題解決能力であり、「B 書くこと」は、表現力を培うための指導である。「現代の国語」は、今日の知識基盤社会で、様々な情報を見極め、知識の再構築を行い、実社会において国語の諸活動を通じ新たな価値を生み出す資質・能力の育成を図る教科である。「B書くこと」のイは、「構成の検討、考えの形成、記述」の指導事項である。読み手の理解が得られるように、自分の主張を筋道を立てて述べること。伝えたい情報を的確に伝えるために情報の多寡や情報の種類を考えること。以上を踏まえて、文章の構成や展開を工夫することが示されている。また「言語活動」のイは、指導事項イの指導をするための効果的な言語活動を示すもので、手順書、紹介文では、読み手が必要とする情報を的確に捉えたり想定したりすることが重要である。案内文や通知文では、一定の書式を踏まえることが必要である。解答例は紹介文の例である。学習指導要領解説によると、紹介文の定義としては「読み手が知らないことや知りたいと想定されることを伝える文章のこと」としており、対象となる文章は幅広く設定されている。一方、手順書とは「一般に、業務や作業を適切に行うための方法や基準を解説した文書のこと」としており、マニュアルもそのうちの一つとされている。本問については各文章の定義をしっかり押さえた上で、どのような文章を作成させるか、そのために必要な情報はどのようなものがあるか等、一つひとつ丁寧に見ていくことが重要だろう。

【四】 1 (1) e (2) a (3) d 2 (1) c (2) b

○**解説**○ 1 高等学校の国語科ではいくつかの科目がある。各科目の特徴を踏まえ学習内容を整理するとよい。(3)の「文学国語」は「現代の国語」及び「言語文化」により育成された資質・能力を基盤とし、主として「思考力、判断力、表現力等」の感性・情緒の側面の力を育成する科目として新設された科目であり、深く共感したり豊かに想像したりして、書いたり読んだりする資質・能力の育成を重視している。本科目では特に「B読むこと」を重視しており、配当時間が「A書くこと」より約三倍多いことに注視すべきであろう。 2 「現代の国語」は実社会における諸活動に必要な国語の資質・能力の育成に主眼を置いており、総合的な言語能力を育成する科目として新設された。他の教科・科目等の学習の基盤、とりわけ言語活動の充実に資する国語の資質・能力、社会人として生活するために必要な国語の資質・能力の基礎を確実に身に付けることをねらいとしている。つまり、すべての科目の基礎と位置づけられており、すべての生徒が履修するものとなっている。このことを踏まえ、目標・内容等を学習するとよいだろう。

【五】Ⅰ　B　Ⅱ　E　Ⅲ　D　Ⅳ　A　Ⅴ　C

○解説○　まずは、各科目の特徴を押さえておくこと。学習指導要領解説によると、「現代の国語」は実社会における国語による諸活動に必要な資質・能力を育成する科目。「言語文化」は上代から近現代に受け継がれてきた我が国の言語文化への理解を深める科目。「論理国語」は実社会において必要となる、論理的に書いたり批判的に読んだりする力の育成を重視した科目。「文学国語」は深く共感したり豊かに想像したりして、書いたり読んだりする力の育成を重視した科目。「国語表現」は実社会において必要となる、他者との多様な関わりの中で伝え合う力の育成を重視した科目となっている。そのことを踏まえ、キーワードを押さえておくとよい。なお、「古典探究」は生涯にわたって古典に親しむことができるよう、我が国の伝統的な言語文化への理解を深める科目、となっている。

学習指導法

実施問題

【二】国語科の第一学年「書くこと」の学習で、自分たちが選んだ絵画を校内に掲示し、その魅力を鑑賞文に書いて紹介する「□□中学校美術館の作品の魅力を伝えよう」という言語活動を設定した。次はその【単元の指導計画】である。以下の〔問一〕～〔問六〕に答えなさい。

【単元の指導計画】

単元の重点とする指導事項
〔思考力，判断力，表現力等〕　「B　書くこと」　ウ　考えの形成，記述
〔知識及び技能〕　(1) ウ　語彙

【つかむ過程】（１時間）
第１時　単元の課題を設定する。
《単元の課題》

絵画の具体的な特徴を根拠として挙げながら、□□中学校美術館の作品の魅力を伝えよう。

・ＩＣＴ端末に配信された絵画の特徴について話し合い、鑑賞する作品を決める。
・a 鑑賞文のモデルを読み、学習の見通しをもつ。

【追究する過程】（３時間）
第２時　作品を見て、具体的な特徴やそこから感じたこと、想像したこと等を整理する。
・付箋に作品の特徴を書き出し、書くために必要な情報をまとめる。
第３時　伝えたい魅力を決めて、その根拠となる具体的な特徴を選ぶ。
・前時に整理した付箋を基にして、伝えたい作品の魅力を明確にする。
第４時　言葉を吟味しながら、鑑賞文を書く。
・b 魅力を伝えるための適切な言葉や表現を選びながら鑑賞文を書き、互いにアドバイスする。

【まとめる過程】（１時間）
第５時　□□中学校美術館の鑑賞会を行う。
・グループ内でそれぞれの鑑賞文を読み、感想を学習支援ソフトに入力する。前時に交流した感想を参考に、単元で学んだことを振り返る。

〔問一〕　下線部ａ「鑑賞文のモデルを読み、学習の見通しをもつ」ことで、生徒のどのような姿が期待できるか、「学びに向かう力、人間性等」の観点から簡潔に書きなさい。
〔問二〕　第一時に、単元の課題を設定した後、鑑賞する作品を生徒のＩＣＴ端末に配信した。絵画の具体的な特徴を根拠として挙げさせるために、ＩＣＴを活用する利点を簡潔に二つ書きなさい。
〔問三〕　ある生徒は、公共の美術館のＷｅｂページから専門家の解説文を引用することで、自分の伝えたいことに説得力をもたせようと考えた。著作権を尊重する観点から、生徒が引用して記述する際に指導する内容を三つ書きなさい。
〔問四〕　下線部ｂ「魅力を伝えるための適切な言葉や表現」を選ぶ学習活動で、〔知識及び技能〕の指導事項と関連させて指導したいと考えた。本単元の言語活動において「語彙」と関連させるよさを、「語感」という言葉を使って簡潔に書きなさい。
〔問五〕　第四時に、鑑賞文を書いた後で互いに読み合い、アドバイスする学習活動を設定した。次の(一)、(二)の問いに答えなさい。
(一)　作品の魅力を伝える鑑賞文を書けるように、書くためのポイントを全体で共有させたいと考えた。本単元において学習してきた内容から考えられる、書くためのポイントを三つ書きなさい。
(二)　次は、あるグループの【生徒Ａの鑑賞文の一部】と【話合いの様子】である。このグループでは、話合いが停滞していたために、教師が助言を行うこととした。以下の〔注意点〕二点を踏まえて、══線についてどのように助言をするのか、実際に生徒に声をかけるように書きなさい。

【生徒Aの鑑賞文の一部】

……………

この絵の一つ目の魅力は、見た瞬間に目を奪われるような表現が使われていることだ。それは、動きのある絵になっていることだ。このことから、二柱の神の荒々しい様子が、印象的に表現されている。

二つ目の魅力は……

【話合いの様子】

生徒A　【資料】の絵についての鑑賞文を書いてみたけど、どうかな。
生徒B　今の文章だと、魅力が伝わりにくいと思うな。
生徒C　Aさんは、この絵のどんな魅力を伝えたいの。
生徒A　一番伝えたい魅力は、「今にも動き出しそうな様子」がすごく伝わってくることなんだよね。
生徒B　たしかに、この絵を見ていると、動きが感じられるね。
生徒A　でも、私の書いた「動きのある絵になっている」だけだと、あまり伝わらないよね。

【資料】

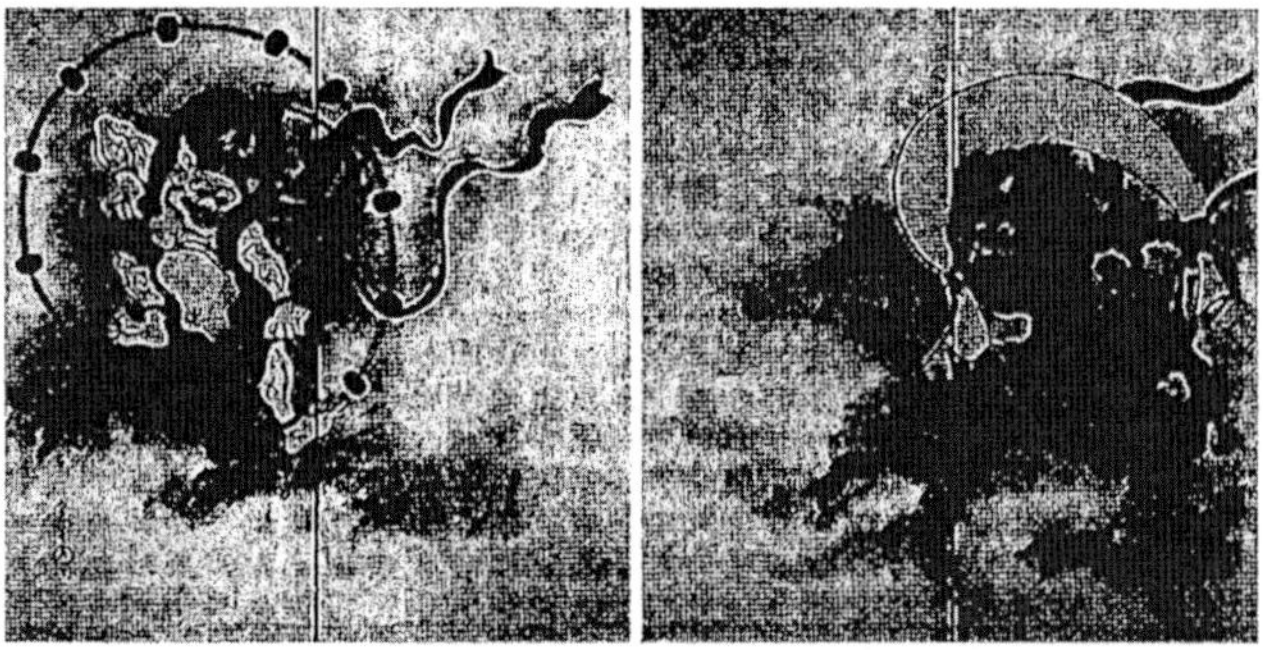

「風神雷神図屏風」

生徒C　この部分を詳しくしたいけど、どうすればいいかな。
生徒A　うーん。

〔注意点〕　○生徒が主体的に解決できるように助言すること
○「単元の課題」の解決に向けて助言すること

〔問六〕　本単元の指導事項を、国語科の他の単元で既習事項として取り扱うことがある。授業場面においてどのような言語活動の例が考えられるか、二つ書きなさい。

■二〇二四年度■群馬県■難易度

【二】次の設問に答えよ。

一　中学校の書写の指導について、次の設問に答えよ。

(1)　次は「中学校学習指導要領解説　国語編」(平成二十九年七月　文部科学省)における「内容の取扱いについての配慮事項」に関する記述の一部である。文章中の空欄(　A　)～(　C　)にあてはまる言葉の適切な組合せを①～⑤から選び、番号で答えよ。

ウ　書写の指導については、第2の内容に定めるほか、次のとおり取り扱うこと。
(ア)　文字を(　A　)整えて(　B　)書くことができるようにするとともに、書写の能力を学習や(　C　)に役立てる態度を育てるよう配慮すること。

① A 美しく B 速く C 社会
② A 正しく B 丁寧に C 生活
③ A 的確に B 素早く C 社会
④ A 正しく B 速く C 生活
⑤ A 美しく B 丁寧に C 生活

(2) 中学校で行うべき硬筆と毛筆の指導について適切でないものを①～⑤から選び、番号で答えよ。

① 硬筆を使用する書写の指導は各学年で行うこと。
② 硬筆を使用する書写の指導は各学年で行い、毛筆による書写の能力の基礎を養うよう指導すること。
③ 書写の指導に配当する授業時数については、第1学年及び第2学年では年間20単位時間程度、第3学年では年間10単位時間程度とする。
④ 書写の指導を取り上げて計画する場合には、〔知識及び技能〕や〔思考力、判断力、表現力等〕の指導と関連させた指導計画になるよう配慮することが重要である。
⑤ 各学年に示した書写の授業時数に応じて、毛筆を使用する書写の指導と硬筆を使用する書写の指導との割合を各学校と生徒の実態に即して、適切に設定することが求められる。

(3) 次の書写に関する事項で、第1学年の事項として適切なものを①～⑤から選び、番号で答えよ。

① 漢字の行書の基礎的な書き方を理解して、身近な文字を行書で書くこと。
② 毛筆を使用して、穂先の動きと点画のつながりを意識して書くこと。
③ 目的や必要に応じて、楷書又は行書を選んで書くこと。
④ 目的に応じて使用する筆記具を選び、その特徴を生かして書くこと。
⑤ 身の回りの多様な表現を通して文字文化の豊かさに触れ、効果的に文字を書くこと。

二　学習指導要領について、次の設問に答えよ。

（1）次は、「中学校学習指導要領解説　国語編」（平成二十九年七月　文部科学省）における「第3学年の内容」に関する記述の一部である。空欄（　A　）～（　C　）にあてはまる言葉の適切な組合せを①～⑤から選び、番号で答えよ。

ア　第2学年までに学習した常用漢字に加え、その他の常用漢字の大体を（　A　）。また、学年別漢字配当表に示されている漢字について、文や文章の中で使い慣れること。
イ　理解したり表現したりするために必要な語句の量を増し、慣用句や四字熟語などについて理解を深め、話や文章の中で使うとともに、和語、漢語、外来語などを使い分けることを通して、（　B　）語彙を豊かにすること。
ウ　話や文章の種類とその特徴について理解を深めること。
エ　（　C　）などの相手や場に応じた言葉遣いを理解し、適切に使うこと。

① A　書けること　B　語感を磨き　C　話し言葉
② A　読むこと　B　感性を磨き　C　敬語
③ A　読むこと　B　表現力を高め　C　敬語
④ A　読むこと　B　語感を磨き　C　敬語
⑤ A　書けること　B　感性を磨き　C　話し言葉

（2）次は、「中学校学習指導要領解説　国語編」（平成二十九年七月　文部科学省）における「学年の目標　第2学年」に関する記述の一部である。空欄（　A　）～（　C　）にあてはまる言葉の適切な組合せを①～⑤から選び、番号で答えよ。

論理的に考える力や共感したり（　A　）したりする力を養い、社会生活における人との関わりの中で（　B　）を高め、自分の思いや考えを広げたり（　C　）することができるようにする。

①　A　理解　B　考え合う力　C　強めたり
②　A　理解　B　伝え合う力　C　深めたり
③　A　想像　B　話し合う力　C　強めたり
④　A　想像　B　話し合う力　C　進めたり
⑤　A　想像　B　伝え合う力　C　深めたり

(3)　次は「高等学校学習指導要領（平成三十年告示　文部科学省）」における「情報の扱い方に関する事項」に関する記述の一部である。（　A　）～（　C　）にあてはまる適切な言葉の組合せを①～⑤から選び、番号で答えよ。

話や文章に含まれている情報の扱い方に関する次の事項を身に付けることができるよう指導する。

ア　（　A　）と論拠など情報と情報との関係について理解すること。
イ　個別の情報と（　B　）された情報との関係について理解すること。
ウ　推論の仕方を理解し使うこと。
エ　情報の妥当性や（　C　）の吟味の仕方について理解を深め使うこと。
オ　引用の仕方や出典の示し方、それらの必要性について理解を深め使うこと。

① A 意見　B 普遍化　C 関係性
② A 主張　B 一般化　C 信頼性
③ A 内容　B 抽象化　C 的確性
④ A 主張　B 一般化　C 関係性
⑤ A 意見　B 抽象化　C 信頼性

二〇二四年度　神戸市　難易度

【三】 高等学校学習指導要領(平成三十年告示)では、〔思考力、判断力、表現力等〕の各領域において、学習過程が一層明確化された。特に、自分の考えを形成する学習過程が重視され、探究的な学びの要素を含む指導事項が全ての選択科目に位置づけられた。

このことを踏まえ、「古典探究」において、「読むこと」の領域の(1)のク「古典の作品や文章を多面的・多角的な視点から評価することを通して、我が国の言語文化について自分の考えを広げたり深めたりすること。」を指導するにあたり、あなたはどのような授業を展開していくか。次の1～4について答えよ。

1　どのような単元を設定するか、単元名を答えよ。
　なお、単元は教材の名称ではなく、「……を……しよう」のように、中心となる言語活動の内容を表したものとして設定すること。
2　古典の作品や文章を多面的・多角的な視点から評価するためにどのような学習活動を行うか答えよ。
3　我が国の言語文化について自分の考えを広げたり深めたりするために、どのような学習活動を行うか答えよ。
4　3の学習活動において、我が国の言語文化について自分の考えを広げたり深めたりしているか、学習者一人ひとりの実現状況を、授業のどの場面でどのように見取るか答えよ。

■二〇二四年度 ■山梨県 ■難易度

【四】「話すこと・聞くこと」(思考力、判断力、表現力等)の指導に重点を置いた「説得力のある提案をしよう」という単元を設定しました。「環境問題について課題を見つけ、その解決策について自分の考えを同級生に提案する」プレゼンテーションを行います。次に示す【本単元に関わる指導事項】、【学習目標】、【学習の流れ】を参考にして、以下の問一、問二に答えなさい。

【本単元に関わる指導事項】

A 話すこと・聞くこと 中学校第3学年

(1) ア 目的や場面に応じて、社会生活の中から話題を決め、多様な考えを想定しながら材料を整理し、伝え合う内容を検討すること。

イ 自分の立場や考えを明確にし、相手を説得できるように論理の展開などを考えて、話の構成を工夫すること。

ウ 場の状況に応じて言葉を選ぶなど、自分の考えが分かりやすく伝わるように表現を工夫すること。

A 話すこと・聞くこと 高等学校第1学年「現代の国語」

(1) ア 目的や場に応じて、実社会の中から適切な話題を決め、様々な観点から情報を収集、整理して、伝え合う内容を検討すること。

イ 自分の考えが的確に伝わるよう、自分の立場や考えを明確にするとともに、相手の反応を予想して論理の展開を考えるなど、話の構成や展開を工夫すること。
ウ　話し言葉の特徴を踏まえて話したり、場の状況に応じて資料や機器を効果的に用いたりするなど、相手の理解が得られるように表現を工夫すること。

【学習目標】
・多様な方法で材料を集め、聞き手を意識して情報を整理する。
・資料や機器などを効果的に活用し、分かりやすいプレゼンテーションを行う。

【学習の流れ】
① 環境問題について多様な方法で材料を集め、情報を整理する。
② ①を基に課題を決定し、解決策について自分の考えを明確にする。
③ 収集した情報と自分の考えを整理し、プレゼンテーションの準備をする。
④ プレゼンテーションを行う。
⑤ お互いのプレゼンテーションを聞き合い、相互評価を行う。

問一　【学習の流れ】①を行う際に留意することとして適切でないものを次の1～5のうちから一つ選びなさい。

1　様々な考えを持った聞き手がいることを想定し、聞き手がプレゼンテーションの内容について納得できるように、信頼性のある材料を集めることが必要である。

2　情報収集の時間短縮と客観性を保つため、生成ＡＩを積極的に活用し、収集する材料の文章の種類や内容、分野の幅を広げることが考えられる。
3　図書館の目録やウェブページを検索することなども材料を集める方法である。これらはマトリックスやイメージマップに整理することで信頼性や妥当性を検討することかできる。
4　テレビや新聞、インターネットなどの、様々な媒体を通じて材料を集める他に、関係者にインタビューしたりすることも材料を集める方法に含まれる。
5　情報の重要度を明確にするため、比較や分類、関係付けを行い、それぞれの共通点を見いだして組み合わせたり、幾つかをまとめて抽象化したりすることが考えられる。

問二　この単元を評価する際に留意する点として適切でないものを、次の1～5のうちから一つ選びなさい。
1　自分の立場や考えを明確にし、聞き手を説得できるように論理の展開などを考えている。
2　プレゼンテーションを行う際に、視線の方向、聞き手のうなずきなどに注意し、聞き手の反応を判断しながら話している。
3　自分の考えが聞き手に分かりやすく伝わるように、書き方を工夫してプレゼンテーションの原稿を作成している。
4　説得力のあるプレゼンテーションを行うために、根拠を示すパンフレットやポスターなどの資料を提示している。
5　同音異義語などを使う際に、誤解が生じないよう、分かりやすい説明を加えたり、言い換えたりするなど、表現の工夫をしている。

解答・解説

【二】問一　生徒が単元のゴールを意識して学習することで、自分の学びの現状を踏まえながら、主体的に取り組む姿を期待できる。　問二　・拡大して細部まで確認することができる。　・絵に直接特徴を描き込んだり消したりが、容易にできる。　問三　・原文を正確に引用すること。　・自分の考えとの関係に注意すること。　・出典を明記すること。　問四　作品の魅力を伝えるために、必要感をもって様々な言葉を選んで鑑賞文を書くことで、語感が磨かれ、語彙の質を高めることができる。　問五　(一)　・作品の伝えたい魅力を明確にする。　・絵画から具体的な根拠を示す。　・魅力が伝わる言葉や表現を使う。
(二)　・「動きのある絵」を具体化できるといいね。　・三時間目に見つけた絵の特徴を使って、詳しく表現できないかな。　問六　・短歌や俳句を創作するなど、感じたことや想像したことを書く活動。　・本や新聞等の情報を活用しながら、考えたことを説明したり提案したりする活動。

○**解説**○　問一　学習指導要領　国語〔第一学年〕の目標の「学びに向かう力、人間性等」は「言葉がもつ価値に気付くとともに、進んで読書をし、我が国の言語文化を大切にして、思いや考えを伝え合おうとする態度を養う。」である。この観点を踏まえ、モデルを読むこと(=「進んで読書をし」)は、単元のゴールを意識して学びに自覚的になり、主体的に取り組もうとする意欲(=「思いや考えを伝え合おうとする態度」)を持たせることについて簡潔にまとめる。　問二　ICT端末の利点を絵画鑑賞にどう生かせるかを踏まえる。　問三　引用については、大学等で学んだ参考文献の扱い方を踏まえるとよい。　問四　〔知識及び技能〕(1)には「ウ　事象や行為、心情を表す語句の量を増すとともに、語句の辞書的な意味と文脈上の意味との関係に注意して話や文章の中で使うことを通して、語感を磨き語彙を豊かにすること。」とある。これを踏まえ、鑑賞を表現するために、どのような語彙を選ぶかについて自覚的になることで語感が磨かれていく点を記述するとよい。　問五　(二)【単元の指導計画】を参照し、伝えたい魅力を決める→具体的な根拠を探す→伝えるための語彙や表現を選ぶ、というポイントを押さえる。　問六　(二)「動きのある絵」という表現について、その根拠や具体的な特徴に目を向けさせる助言を考える。　創作や感想、考えや思いを伝える言語活動について、具体的な単元や教材との関係から例を挙げる。

【二】一　(1)④　(2)②　(3)①　二　(1)④　(2)⑤　(3)②

○**解説**○　一　(1)　書写の能力育成のねらいとして「各教科等の学習活動や日常生活に生かすことのできる」ことがあげられていることに注意したい。　(2)　②について、硬筆と毛筆の関係について、学習指導要領解説では「硬筆による書写の能力の基礎を養うために、毛筆による書写の指導が一層効果的に働くことが求められる」としており、毛筆を使用する書写の指導は各学年で行うとしている。　(3)　なお、②と④は小学校第5～6学年、③は第2学年、⑤は第3学年の事項である。　二　(1)〔知識及び技能〕における、「言葉の特徴や使い方」に関する指導事項に関する問題。〔知識及び技能〕については、他に「話や文章に含まれている情報の扱い方」、「我が国の言語文化」に関する指導事項が示されている。各指導事項は試験でも頻出なので、整理しながら覚えておくことが求められる。　(2)　学年目標は教科目標と同様、「知識及び技能」「思考力、判断力、表現力等」「学びに向かう力、人間性等」の三つの観点からも示されており、本問は「思考力、判断力、表現力等」からの出題。当然、「知識及び技能」「学びに向かう力、人間性等」からの出題も考えられるので、混同に注意しながら学習しておきたい。　(3)　情報の扱い方に関する「知識及び技能」は国語科において育成すべき重要な資質・能力の一つであり、内容としては「情報と情報との関係」、「情報の整理」の二つで構成される。高等学校では、これらの資質・能力の育成を「現代の国語」及び「論理国語」で行うとしており、本問では「現代の国語」における指導事項が示されている。誤肢の中には「論理国語」で使用されている語も含まれているので、混同に注意しながら整理したい。

【三】 1 自己や社会にとっての古典の意義や価値を探究し、古典をPRしよう。 2 グループで協働し、授業で扱う文章のもつ価値について、同じ時代の日本及び外国の他の文章や、同じテーマを持つ異なる時代の他の文章との比較を通して、判断の根拠を明確にしながら評価する活動。 3 古典の新刊書を販売する販売員に見立てた学習者が、古典の意義や価値、日本の言語文化について自らテーマを設定して探究し、得たことをもとに消費者役の級友に対してプレゼンテーションする活動。 4 学習者がプレゼンテーションするためのデジタルワークシートを作成している場面で、学習者一人ひとりの記述の内容や学習の過程を、教師用端末を用いて見取る。

○**解説**○ 古典の作品や文章を多面的・多角的な視点から評価することについて、学習指導要領解説では、その例として「ある作品や文章のもつ価値について、同じ時代の我が国の他の作品や文章、同じ時代の外国の作品や文章などと、共時的な観点から比較して評価したり、異なる時代の同じ題材やテーマをもつ他の作品や文章などと、通時的な観点から比較して評価したりすること」としている。問題1、3については、古典の長所や特徴をしっかり把握した上でアピールする必要があることを踏まえて設定するとよい。

【四】 問一 2 問二 3

○**解説**○ 問一 中学校・高等学校における情報収集手段について、学習指導要領等では「コンピュータや情報通信ネットワークの活用」は示されているが、生成ＡＩの活用については示されていない。 問二「書き方を工夫して原稿を作成している」が誤り。学習指導要領等では「自分の考えが聞き手に分かりやすく伝わるよう」

に工夫するのは「表現」としている。一般的に、プレゼンテーションの原稿は発表するときの台本、つまり他の生徒に示すものではないことを踏まえて考えるとよい。

●書籍内容の訂正等について

弊社では教員採用試験対策シリーズ（参考書，過去問，全国まるごと過去問題集），公務員試験対策シリーズ，公立幼稚園・保育士試験対策シリーズ，会社別就職試験対策シリーズについて，正誤表をホームページ（https://www.kyodo-s.jp）に掲載いたします。内容に訂正等，疑問点がございましたら，まずホームページをご確認ください。もし，正誤表に掲載されていない訂正等，疑問点がございましたら，下記項目をご記入の上，以下の送付先までお送りいただくようお願いいたします。

① **書籍名，都道府県（学校）名，年度**
（例：教員採用試験過去問シリーズ　小学校教諭 過去問　2025 年度版）
② **ページ数**（書籍に記載されているページ数をご記入ください。）
③ **訂正等，疑問点**（内容は具体的にご記入ください。）
（例：問題文では“ア～オの中から選べ”とあるが，選択肢はエまでしかない）

〔ご注意〕
○ 電話での質問や相談等につきましては，受付けておりません。ご注意ください。
○ 正誤表の更新は適宜行います。
○ いただいた疑問点につきましては，当社編集制作部で検討の上，正誤表への反映を決定させていただきます（個別回答は，原則行いませんのであしからずご了承ください）。

●情報提供のお願い

協同教育研究会では，これから教員採用試験を受験される方々に，より正確な問題を，より多くご提供できるよう情報の収集を行っております。つきましては，教員採用試験に関する次の項目の情報を，以下の送付先までお送りいただけますと幸いでございます。お送りいただきました方には謝礼を差し上げます。
（情報量があまりに少ない場合は，謝礼をご用意できかねる場合があります）。

◆あなたの受験された面接試験，論作文試験の実施方法や質問内容
◆教員採用試験の受験体験記

送付先
○電子メール：edit@kyodo-s.jp
○FAX：03-3233-1233（協同出版株式会社　編集制作部 行）
○郵送：〒101-0054　東京都千代田区神田錦町2-5
協同出版株式会社　編集制作部 行
○HP：https://kyodo-s.jp/provision（右記のQRコードからもアクセスできます）

※謝礼をお送りする関係から，いずれの方法でお送りいただく際にも，「お名前」「ご住所」は，必ず明記いただきますよう，よろしくお願い申し上げます。

教員採用試験「全国版」過去問シリーズ④
全国まるごと過去問題集
国語科

編　集　　© 協同教育研究会
発　行　　令和6年1月25日
発行者　　小貫　輝雄
発行所　　協同出版株式会社
〒101-0054　東京都千代田区神田錦町2－5
電話　03－3295－1341
振替　東京00190－4－94061
印刷所　　協同出版・POD工場

落丁・乱丁はお取り替えいたします。
